# 2014 上海国际经济贸易发展报告

上海市商务委员会编

上海科学技术文献出版社
Shanghai Scientific and Technological Literature Press

**图书在版编目（CIP）数据**

2014上海国际经济贸易发展报告 / 上海市商务委员会编. — 上海：上海科学技术文献出版社，2014. 11

（2014上海商务发展系列报告）

ISBN 978-7-5439-6342-9

Ⅰ. ①2… Ⅱ. ①上… Ⅲ. ①国际贸易—经济发展—研究报告—上海市－2014 Ⅳ. ①F752.851

中国版本图书馆CIP数据核字（2014）第166462号

责任编辑：忻静芬 祝静怡

2014上海国际经济贸易发展报告

上海市商务委员会

*

上海科学技术文献出版社出版发行

（上海市长乐路746号　邮政编码 200040）

全 国 新 华 书 店 经 销

上海市北印刷（集团）有限公司印刷

*

开本787 × 1092　1/16　　印张22.5　　字数426 000

2014年11月第1版　2014年11月第1次印刷

印数：1–1000

ISBN 978-7-5439-6342-9

定价：48.00元

http://www.sstlp.com

# 编审委员会

# 前　言

2013年，面对严峻复杂的外部经济环境和艰巨繁重的创新转型任务，在上海市委、市政府坚强领导下，上海市、区商务部门牢牢把握稳中求进的总基调，紧紧围绕国际贸易中心建设，全力推进稳增长、促改革、调结构、惠民生各项工作，上海国际经贸发展保持了"总体平稳、结构优化、稳中提质"的良好态势。

2013年上海对外贸易企稳回升，贸易结构更趋优化，全年上海市实现货物贸易进出口总额4 414.3亿美元，同比增长1.1%，占全国的10.6%；上海口岸进出口货物总值达到10 738.7亿美元，规模已超过新加坡(7 834.9亿美元)。全年上海市服务贸易进出口1 725.4亿美元，同比增长23.5%，在全国服务贸易总额中的比重达到32.0%，继续位居全国首位，服务贸易规模与新加坡、我国香港地区也越来越接近。

2013年上海利用外资再创新高，综合效益持续提升。外资企业对经济社会发展的贡献度持续提升。全年合同外资与实到外资双双实现两位数增长。其中，实到外资达167.80亿美元，同比增长10.5%，约占全国七分之一，已连续14年实现增长；合同外资达249.36亿美元，增长11.6%。新增跨国公司地区总部42家、外商投资性公司18家、外资研发中心15家，累计分别达到445家、283家和366家。其中，首次认定百威英博集团、英特奈国际纸业贸易(上海)有限公司、杰尼亚贸易(上海)有限公司等11家公司为跨国公司亚太区总部。上海继续成为中国大陆跨国公司地区总部和投资性公司最集中的城市。

2013年上海对外投资快速增长，"走出去"稳步发展。全年核准对外直接投资项目 347 个，对外直接投资总额 43.1 亿美元，同比增长 32.8%。新签对外承包工程合同额连续第六年超过 100 亿美元，达到 108.2 亿美元，同比增长 4.9%。完成对外承包工程营业额 80.7 亿美元，同比增长 18.5%。新签对外劳务合作人员合同工资总额 3.2 亿美元。

2014 年是贯彻落实党的十八大和十八届三中全会精神的重要一年，是全面推进中国(上海)自由贸易试验区建设和上海国际贸易中心功能提升的关键一年。上海将以中国(上海)自由贸易试验区建设为契机，着力构建开放型经济新体制，努力实现“六提速、六提质”，努力营造与国际接轨的贸易投资新环境，进一步提升上海参与国际经济合作竞争力。

本书作为 2014 年上海商务发展系列报告之一，全面反映了 2013 年上海国际经济贸易发展情况、工作成效以及 2014 年展望和工作重点。为突出 2013 年上海国际经贸发展的特点和成果，本书对以往报告的部分章节内容进行了调整，其中新增“自由贸易试验区”章节，详实阐述 2013 年自由贸易试验区运营情况、2013 年自由贸易试验区扩大开放和功能拓展领域、2013 年自由贸易试验区管理制度创新和 2014 年自由贸易试验区发展展望；单独设立“国际会展业”章，重点介绍上海国际展览业总体情况、国家会展综合体建设情况，以及中国华东进出口商品交易会、中国(上海)国际跨国采购大会和中国(上海)国际技术进出口交易会。“海关特殊监管区”章增加嘉定出口加工区，全面体现上海出口加工区建设成果和转型思路。

我们希望本书的出版能够有助于读者全面掌握和了解 2013 年上海国际经贸发展和上海国际贸易中心建设推进情况，帮助加快推进政府信息公开，推动全社会共同关注和促进上海国际经贸工作的全面提升、上海国际贸易中心建设的深入推进和中国(上海)自由贸易试验区改革和开放的全面展开。

编者

2014 年 8 月

# Preface

Against the background of global economic slowdown, in 2013, Shanghai remains focused on restructuring its economic mix. By boldly launching the pilot program of Free Trade Zone, the city continues to elevate its visibility in global trade.

In the trade sector, steady growth in commodity trading and its synchronization with service trade are vigorously pursued, all aims to promote the city's overall competitiveness in international trading. Shanghai's total commodity trading volume reached 441.43 billion US dollars, a year-on-year increase of 1.1%, making up 10.6% of the nation's total. EU, US, Japan and ASEAN remains to be the city's Big Four trading partners with their combined trade volume making up 62% of the city's total.

Meanwhile, the city's total service trade volume reached 172.54 billion US dollars, a year-on-year increase of 23.5%, making up 32% of the nation's total. It's worth mentioning that, for the first time over the last five years, export of services outnumbers import.

Thanks to an improved business environment, a double-digit growth in foreign investment market was achieved. In 2013, the city's paid-in FDI increased 10.5%, which is the $14^{th}$ year in a row and reached 16.78 billion US dollars, 1/7 of the nation's total. FDI by contract volume reached 24.936 billion US dollars, a year-on-year increase of 11.6%. More than 42 multinational corporations set up their regional headquarters in the city, among which, 18 are investment-oriented, 15 are R & D facilities. By streamlining administrative procedures and providing guidance, more local companies invested overseas. In all, 347 overseas investment projects, with a total volume of 4.31 billion US dollars, were approved, registering an annual growth rate of 32.8%. For the sixth year, Shanghai companies bagged more than 10 billion US dollar worth of engineering projects in foreign countries, an increase of 4.9%.

In the 2014 year book, special chapters elaborate on the city's achievements and experience in Free Trade Zone, MICE industry. In the Customs' Special Administrative Zone chapter, contents related to Jiading Export Zone are included to display the Zone's achievements and efforts of reform.

The author aims to offer those who closely follow Shanghai's economic development a panoramic view of the city's achievements in promoting economic ties with the rest of the world and its free trade zone project in the pursuit of its global ambitions.

The Author

August, 2014

# 目 录

## 附录

# Contents

## Chapter Four　Regions

## Appendix

# 第一篇

# 总　论

# 第一章 总 论

## 第一节 2013 年上海国际经贸发展总体概况

2013 年，面对严峻复杂的外部经济环境和艰巨繁重的创新转型任务，在上海市委、市政府坚强领导下，上海市、区商务部门牢牢把握稳中求进的总基调，以建设中国上海自由贸易试验区和提升上海国际贸易中心功能为主线，全力推进稳增长、调结构、促发展、惠民生各项工作，上海国际经贸发展保持了"总体平稳、结构优化、稳中提质"的良好态势。

### 一、对外贸易企稳回升，贸易结构更趋优化

2013 年上海市、区商务部门坚持一手抓货物贸易稳增长、调结构，一手抓服务贸易上规模、提层次，推动实现货物贸易与服务贸易的良性互动、协同发展，进一步提升了对外贸易的整体竞争力。其中，2013 年上海市实现货物贸易进出口总额 4 414.3 亿美元，同比增长 1.1%，占全国的 10.6%。其中，出口额 2 042.4 亿美元，同比下降 1.2%；进口额 2 371.9 亿美元，增长 3.1%。上海对外贸易呈现出货物贸易结构持续优化，一般贸易进出口持续增长，增速达 9.5%，快于加工贸易 16.4 个百分点，在上海市进出口中的占比达到 45.7%，比上年提高 3.3 个百分点；民营企业表现活跃，进出口增长 10.9%，分别快于国有、外资企业 19.7 和 11.3 个百分点；进出口市场更加多元，欧盟、美国、日本、东盟继续保持上海市前四大贸易伙伴地位，合计贸易额占上海市货物贸易进出口额的 62%。

2013 年上海市实现服务贸易进出口额 1 725.4 亿美元，同比增长 23.5%，在全国服务贸易总额中的比重达到 32.0%，继续位居全国首位。服务出口增速明显加快，近五年来首次超过进口（图 1.1）。

### 二、利用外资再创新高，综合效益持续提升

2013 年，上海坚持完善投资和营商环境，积极引导外资参与"四个中心"和新型产

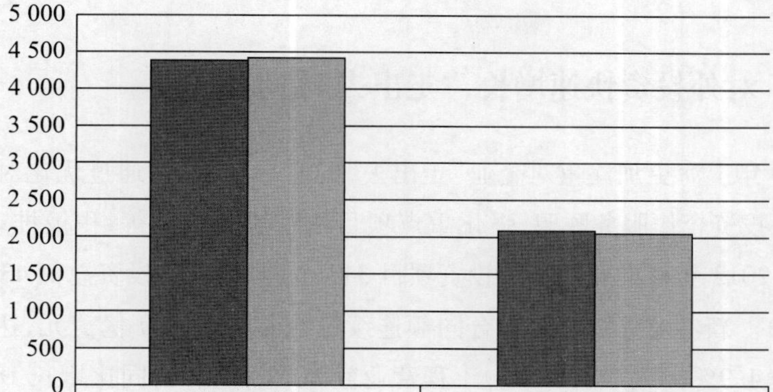


| | 进出口额 | 出口额 |
|---|---|---|
| ■2012年/亿美元 | 4 367.6 | 2 068.1 |
| ■2013年/亿美元 | 4 414.3 | 2 042.4 |

**图 1.1　2013 年上海市进出口情况示意图**

业体系建设，外资企业对经济社会发展的贡献度持续提升。在 2013 年上海市第三产业税收和工业税收百强企业中，外资企业分别达 50 和 67 家，纳税额分别占上榜企业纳税总额的 45.6% 和 32.0%。2013 年合同外资与实到外资双双实现两位数增长。其中，实到外资达 167.80 亿美元，同比增长 10.5%，约占全国七分之一，已连续 14 年实现增长；合同外资达 249.36 亿美元，同比增长 11.6%。服务业实际利用外资 135.67 亿美元，同比增长 7.0%，占上海市实到外资总额的 80.9%。新增跨国公司地区总部 42 家、外商投资性公司 18 家、外资研发中心 15 家，累计分别达到 445 家、283 家和 366 家（图 1.2）。

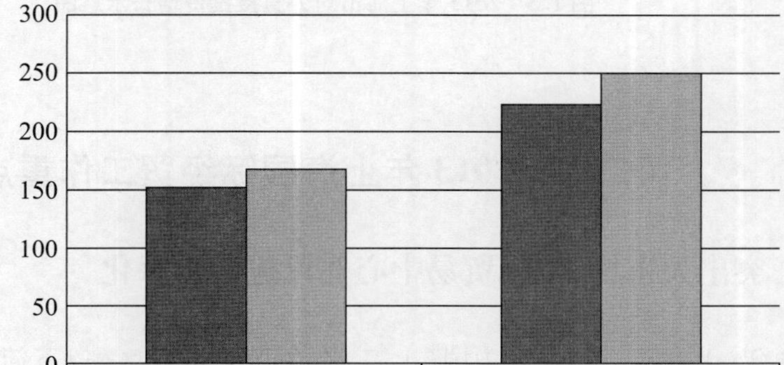


| | 实际利用外资 | 合同利用外资 |
|---|---|---|
| ■2012年/亿美元 | 151.85 | 223.38 |
| ■2013年/亿美元 | 167.80 | 249.36 |

**图 1.2　2013 年上海市利用外资增长示意图**

## 三、对外投资快速增长,“走出去”稳步发展

2013 年上海更加注重对企业“走出去”的引导和扶持,通过优化对外投资审批流程,建立对外投资合作服务联盟,强化重点项目跟踪服务机制等,积极推动上海企业参与全球竞争。2013 年核准对外直接投资项目 347 个,对外直接投资总额 43. 1 亿美元,同比增长 32. 8% 。新签对外承包工程合同额连续第六年超过 100 亿美元,达到 108. 2 亿美元,同比增长 4. 9% 。完成对外承包工程营业额 80. 7 亿美元,同比增长 18. 5% 。大型、特大型承包工程项目成为主流,占全市合同总额的 74. 7% 。新签对外劳务合作人员合同工资总额 3. 2 亿美元,实际收入 1. 0 亿美元(图 1. 3)。

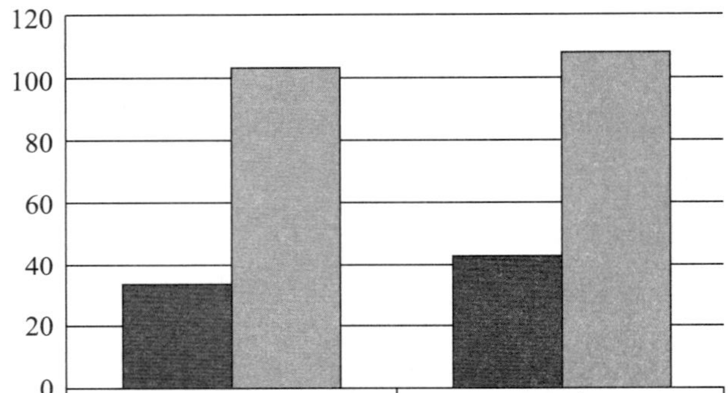


| | 2012年 | 2013年 |
|---|---|---|
| ■对外直接投资/亿美元 | 32.4 | 43.1 |
| ■对外承包工程项目营业额/亿美元 | 103.1 | 108.2 |

**图 1. 3　2013 年上海市对外直接投资增长示意图**

# 第二节　2013 年上海国际经贸工作重点

## 一、突出大市场,国际贸易中心建设进一步深化

2013 年,上海市成功争取中国(上海)自由贸易试验区(以下简称“自贸试验区”)落地,主动对接、紧密衔接,与商务部建立共同推进机制,成为部市合作的重要纽带,并就负面清单管理模式、外资审批制度改革、境外投资管理改革、服务业扩大开放、贸易便利化措施等开展政策梳理和研究,在自贸试验区成功实施以准入前国民待遇加负面清单为代表的投资管理模式。国家会展项目主体工程全面开工,北面场馆实现结构封

项，周边配套稳步推进。首届中国（上海）国际技术进出口交易会成功举办，31 个国家和地区的近千家知名科技企业与技术交易服务机构参展，赘语达成交易或意向项目 183 项。

## 二、立足大流通，消费对经济增长的拉动力进一步增强

上海推进跨境电子商务试点，制定完成"规范征税、快速通关"一般进口、"分送集报"一般出口、"集进分送"保税进口等三种模式的试点方案，"跨境通"平台正式上线运行。会展业国际化程度继续提高，2013 年累计举办各类展会 793 个，总展览面积 1 200 余万平方米，其中国际展会 271 个，展览面积 870 万平方米，在全市总量中占比达到 72.5%。

## 三、促进大开放，开放型经济水平进一步提高

上海努力转变外贸发展方式，制定《上海市贯彻〈国务院办公厅关于促进外贸稳增长、调结构若干意见〉的实施意见》，深化无纸化通关、两单一审、担保验放等试点，加大对企业海外参展、建设国际营销网络、中小外贸企业融资担保、出口信用保险等政策支持，扩大自主研发与自主品牌产品出口。提升发展服务贸易，巩固提高运输、旅游、计算机和信息服务等优势产业，稳步扩大专业服务、文化创意等领域交易规模，积极培育技术贸易、中医药贸易等新的增长点。提高利用外资综合效益，积极引导外资参与"四个中心"和新型产业体系建设，美国默沙东公司地区总部、英国石油公司地区总部、通用磨坊研发中心、壳牌研发中心、赢创工业集团研发中心、康宁中国研发中心等相继落沪；拓展利用外资新领域，文化、卫生领域吸引外资取得新进展，美国"梦工厂"设立上海东方梦工厂文化传播有限公司和上海东方梦工厂影视技术公司，美国医院管理集团设立上海卫展医院管理公司。上海 2013 年第三产业税收和工业税收百强企业榜单中，外资企业分别占 50 席和 67 席，纳税额分别占到上榜企业纳税总额的 45.6% 和 32%。加快"走出去"步伐，探索建立对外投资合作服务联盟，强化重点项目跟踪服务机制，促成上海万科集团、复星医药集团股份有限公司、涛石能源基金合伙企业、绿地集团等一批对外投资大项目；民营企业对外投资活跃，分别占 2013 年境外投资主体和金额的 72% 和 37%，较上一年度分别提高 9 个和 7 个百分点。

## 四、着眼大服务，政府职能转变与作风建设进一步加强

上海市商务委员会加快职能转变和行政审批制度改革，坚决落实"简政放权"各项要求，制定《市商务委深化职能转变和行政审批制度改革方案》，能不审批的坚决不批，能下放事项坚决下放，将审批事项由56项缩减至35项，精简率37.5%。

# 第三节　2014年上海国际经贸发展环境和趋势分析

## 一、2014年上海国际经贸发展环境

### （一）有利因素

1. 全球化的内涵不断升级

世界新一轮技术革命突出体现在"互移大平"四个方面，即无孔不入的互联网、市场新宠移动终端、产业化元年的大数据、快速发展的平台经济。互联网技术已由一种选择性工具演变为必要基础设施，推动了产业的互联网化和互联网的产业化，促进全球长尾市场形成。全球化正快速沿着"贸易全球化—生产全球化—资本全球化—消费全球化"的路径转移，有利于新兴产业发展和消费能级提升。

2. 区域贸易投资自由化进程加快

面对全球经济失衡以及复苏困局等挑战，各国加强区域经济合作力度，各种正式或非正式合作团体不断形成。一是发达国家加快投资贸易自由化。二是新兴市场国家抱团取暖，并努力提升经济发展独立性。三是区域自由贸易区谈判加快。全球区域化呈现出以发达国家为主构成的投资贸易自由化与发展中国家双边自由贸易协定形成的两极格局。

3. 我国构筑多方位经贸战略合作关系

随着各国力量此消彼长，一种新型的大国均势正在显现，这既能延长我国战略机遇期时间窗口，也能增强大国间在国际治理、经济增长、社会发展、政治对话等领域深度合作，实现互利共赢、和谐包容。例如，中俄舒展全面战略协作伙伴关系新画卷，为维护地区甚至整个世界的和平稳定提供了正能量。中印战略合作伙伴关系迈上新台阶，对中国西部稳定、向西开放具有重要作用。建立中非战略新型战略伙伴关系典范，有利于进一步维护中非的传统友谊，加强与非洲的经济政治合作。

4. 自由贸易试验区推动上海贸易和投资能级不断提升

自贸试验区建设为上海贸易投资转型发展提供了难得的机遇,对外贸易将延续近几年服务贸易快于货物贸易、进口快于出口、加工贸易向高端延伸的格局。利用外资质量、结构和效益明显提升,以跨国公司地区总部为代表的功能性机构集聚。上海对外直接投资保持全国前列,对外投资能力不断增强,投资领域、投资区域、投资方式都在发生积极变化,国有企业和民营企业"并驾齐驱"。

## (二) 不利因素

1. 世界经济复苏艰难

世界经济继续缓慢复苏,新兴经济体面临五"缺"风险,即增长缺速、通胀缺控、资本缺助、波动缺序、结构缺衡,而发达经济体整体呈现弱复苏,但仍面临五"高"困扰,即高失业、高赤字、高负债、高福利、高量化,增长后劲不足。世界经济复苏力度出现两大轮动趋势——复苏主要动力由新兴经济体向发达经济体转换、风险主要来源由发达经济体向新兴经济体转换。

2. 大国战略博弈日趋激烈

一是大国石油战略博弈激烈。叙利亚问题实质是石油战略问题,对未来石油安全及与中东的经贸合作都会产生不利影响。二是中美区域主导权暗战。一方面对中国推动的亚太经济一体化形成挑战,另一方面使中国崛起受到多种因素干扰。三是货币战不断升级。全球掀起了新一轮宽松浪潮,货币竞贬,对上海产品出口形成一定压力。

3. 中国出口面临多重挑战

中国劳动力、土地等要素成本仍处于持续上涨期,传统劳动密集型产业竞争力不断削弱。沿海地区出口企业用工成本在连续多年上涨后,目前已相当于越南、印度、柬埔寨等周边国家的2~3倍,甚至更高。贸易摩擦形势依然严峻,在全球经济低速增长、失业率总体偏高的情况下,一些国家为了维护本国产业的市场份额,仍在实行各种形式的贸易保护主义。不仅发达国家层层设置贸易壁垒,一些发展中国家也频频出台新的贸易限制措施,中国是近年来全球贸易保护主义的最大受害国。在国际竞争日趋激烈的环境下,贸易摩擦已经成为影响中国出口稳定增长的重要因素。

4. 上海贸易投资管理制度面临挑战

国际贸易规则与方式正在发生重大变化,国际产业竞争与合作的态势正在发生重大变化,外资企业在行政许可、知识产权保护、国民待遇、透明度、投资限制等方面的诉求日益增长,上海需要进一步完善贸易投资管理制度,提高城市综合竞争力。

## 二、2014 年上海国际经贸发展趋势

### （一）对外贸易

1. 外需波动成为新常态，上海外贸总体趋稳

2014 年全球贸易增长仍不乐观，发达国家进口萎缩成为常态，新兴经济体经济增长放缓，一些国家大力推行贸易保护主义，更使得市场需求存在较大不确定性。对上海而言，国际市场需求总体偏弱、劳动力等要素成本持续上涨等因素对上海的调整已经基本趋稳，外贸比较优势将发生明显变化，技术进步和结构升级成为上海外贸发展的常态。

2. 上海面临依托世界服务贸易快速发展参与全球要素再配置的契机

世界贸易结构正随着经济结构调整发展的方向而在向服务贸易倾斜，并正影响着产业资本的投资行为与投资环境。服务贸易与包括金融资本在内的相关资本流动将会进一步得到快速发展，并将成为下一轮经济全球化深化的主要推动力。上海在参与全球要素的再配置，推动国内产业结构升级方面将发挥更加重要的作用。上海将借助中国所具有的制造领域优势参与服务贸易领域竞争以获得新的比较优势，并提升中国经济在全球产业价值链中的地位。

3. 上海外贸在全球价值链中的位置逐步提升

近几年，上海外贸在巩固上海制造、上海加工的同时，大力推动外贸与服务业，特别是与高端服务业的融合，加快发展跨境电子商务、离岸贸易、检测维修、融资租赁等新型贸易，增强上海市外贸对信息技术、销售渠道、金融杠杆的使用能力，上海外贸在全球价值链中的位置将会进一步提高。

### （二）利用外资

1. 自贸试验区为上海进一步融入全球产业提供了平台

2014 年，全球经济贸易的制度框架将加速转型，即逐渐由多边框架发展到区域主义安排与 WTO 多边体制并存的多重框架。同时，国际贸易投资规则谈判的重点正在从贸易领域转向投资领域。这些新的国际贸易投资规则通过高标准的谈判方式，追求高水平的贸易投资自由化。

在此背景下，上海获得了代表国家参与国际贸易投资规则重构的机遇。一方面，上海在市场经济制度建设方面相对完善，具有参与国际贸易投资的先发优势。另一方面，

上海自贸试验区在规则设定的方方面面参照其他经济体自由港的做法或者TPP条款来实施,建设成为一个高标准的自由贸易区,将在价值链贸易时代,充分发挥上海的“桥头堡”作用,为中国整体迈入更高水平的开放型市场经济提供试验平台。

2. 上海总部经济功能将得到进一步提升

全球跨国投资重新布局,上海应整合全球资源加速转型升级。2014年,跨国公司开展跨国投资能力和意愿增强,将通过资产重组、并购、撤资等方式重新布局全球跨国投资。鉴于我国同时拥有低综合成本和国内大市场快速扩张两大优势,仍将继续保持对包括高级人才在内的高端生产要素和高端产业活动的强大吸引力。这给上海引进区域总部、高端制造、研发活动等高附加值产业活动提供了良好的机遇。

3. 上海利用外资的重点行业将发生变化

由于宏观调控要求不变和中心城区开发用地减少,上海房地产业外资将出现下降。由于上海的制造业成本偏高,使得企业规模发展空间不大,制造业的规模保持低位稳定。上海金融业、商务服务业、电子商务外资得益于这样的开放政策,将会得到快速发展。其中,电子商务开放以及与实体门店的融合发展、城镇化与外资品牌连锁全国布点,商贸服务外资保持增速。自贸试验区对总部经济的政策支持,以及新型服务业获得更大发展空间,商务服务保持增速。自贸试验区金融便利化、IPO从核准制改为注册制,金融服务外资加速发展。

### (三) 对外投资

1. 自贸试验区打开海外投资的窗口

从上海企业在海外投资的过往案例来看,缺乏海外并购的专业知识和先进的国际经营管理经验、缺乏对投资目的国文化和法律的了解,已经成为共性问题。上海自贸试验区的建立为准备“走出去”的企业提供了一个窗口和试点。首先,上海自贸试验区的建立无疑会引来众多国际顶尖企业的入驻,这些企业必定产生技术外溢,中国企业可从中学到先进的技术和国际经营管理经验;其次,准备海外投资的企业可先与自贸试验区内的外资企业打交道,从中了解、学习外国企业的文化、法律和工会组织等情况,以便在海外投资时先做好功课,降低海外投资和并购及经营的风险;最后,上海自贸试验区的外资企业也为企业提供了一个了解国外市场的窗口,提供了一个信息渠道,中国企业在获取国外市场信息方面获得了一条新的通道。

此外,国务院公布的《国务院关于印发中国(上海)自由贸易试验区总体方案的通知》,专门提到“构筑对外投资服务促进体系,改革境外投资管理方式,对境外投资开办企业实行以备案制为主的管理方式,对境外投资一般项目实行备案制”;“在风险可控前提下,可在试验区内对人民币资本项目可兑换、金融市场利率市场化、人民币跨境使用等方面创造条件进行先行先试”。这一方案无疑为我国企业海外投资减少了繁杂审批程序,带来了较大的投资便利。

2. 已经实现境外投资企业示范效应明显

目前,已有 4 家上海企业进入美国 ENR 全球承包企业 225 强,5 家上海地方企业进入《财富》世界 500 强,10 家上海地方企业进入全国跨国公司 100 强,51 家上海企业进入中国企业 500 强。而且部分企业整合全球价值链的能力明显提高,例如上工申贝实现技术并购,锦江国际运用品牌并购转型进军高端酒店管理,上海鹏欣并购资源,复星集团利用股权投资,实现中国动力嫁接全球资源等,这些企业的成功经验将为上海本土企业走出去和本土跨国公司的培育提供土壤。

3. 上海对外投资服务体系建设加速

上海不断完善投资服务体系建设,充分发挥各国驻沪投资促进机构和总领馆作用,做好国别服务,创新上海对外投资合作服务联盟功能,加大专业组团式服务力度,充分发挥海外救援中心作用,完善境外突发事件处置和风险防范工作机制,拓展服务网络,健全应急机制,加强与驻外使领馆协作互动,境内外协同监管和服务,将给企业境外投资带来更加充足的信息,降低企业海外投资的风险以及成本。

## 第四节 2014 年上海国际经贸发展的工作要点

2014 年,上海将全面贯彻落实党的十八大及十八届三中全会、中央经济工作会议、十届市委五次全会精神,坚持稳中求进、改革创新,坚持创新驱动发展、经济转型升级,坚持问题导向、需求导向,以自贸试验区建设为契机,着力构建开放型经济新体制,着力完善现代市场体系,更加注重提质增效、行稳致远,聚焦关键、坚定前行,努力实现“六提速、六提质”,打造国际贸易中心“升级版”。2014 年国际经贸主要预期指标是:货物贸易在保持增长的基础上进一步优化结构,服务贸易进出口增长 15% 左右;利用外资增长 10% 左右,新增跨国公司地区总部 45 家;对外直接投资增长 20% 左右,新签对外承包工程合同额约 100 亿美元。

### 一、国际贸易中心建设提速

按照三中全会全面深化改革的要求,坚持以“市场”为核心,加强贸易功能、贸易要素、贸易主体、贸易政策和贸易环境建设，激发各类市场主体活力，促进各类要素自由流动，使市场在资源配置中起决定性作用，使上海成为我国从贸易大国走向贸易强国过程中的重要节点城市。

### （一）稳步实施国际贸易中心条例

这是贸易中心建设的“总抓手”。上海将深化部市合作框架，制订落实新一轮贸易中心建设目标任务，发挥上海市国际贸易中心建设工作推进小组作用，加强委办合作与责任分工，进一步完善多层次共建体系。

### （二）全力推进自贸试验区改革创新

这是贸易中心建设的“重头戏”。按照上海市分工，商务部门牵头的是13项，重点包括：研究制订新版负面清单，推进服务业和一般制造业领域进一步对外开放。进一步深化外商投资管理体制改革，促进境外投资便利化。拓展贸易功能，发展新型贸易，推进全球维修检测基地建设，促进服务外包等服务贸易，以及跨境电子商务、融资租赁、大宗商品交易发展，争取“汽车平行进口”政策试点。按照可复制、可推广要求，探索将“负面清单管理模式”以一定方式复制到区外，发挥好自贸试验区的“溢出效应”。

### （三）加快集聚一批贸易型总部

这是贸易中心建设的“新主力军”。上海将制定并发布贸易型总部集聚扶持政策，发挥各类总部政策的辐射和叠加效应，加快集聚一批具有采购、分拨、营销、结算、物流、品牌培育等功能的贸易主体，提升贸易功能。

## 二、培育新业态、新模式培育提速

在稳定传统商业商务领域增长的同时，聚焦与投资、贸易、流通相关的各类新技术、新业态、新模式和新型企业，加快培育新的增长点。

### （一）大力发展平台经济

大力推进上海市平台经济发展，进一步完善发展环境，抓紧研究出台有针对性的支持政策，认定一批平台型重点企业。围绕钢铁、有色金属、化工、石油天然气等国内需求较大、上海也有优势的行业和领域，在自贸试验区建设一批整合资源、集成服务、辐射全国、连通国际的大宗商品交易和资源配置平台，积极打造万亿元级平台，促进“贸易倍增”。

### （二）加快推进跨境电子商务试点

进一步完善跨境贸易电子商务服务平台，优化商品进出境报关、检验检疫、结汇、退税和统计等环节的监管和服务，深化“一般货物进境、行邮税出区”的进口模式和“快件出口、集中退税”的出口模式，逐步扩大跨境电子商务进出口规模。

## 三、企业“走出去”提速

抓住三中全会和自贸试验区重大政策机遇，进一步确立企业及个人对外投资的主体地位，引导企业用好“两个市场、两种资源”，参与国际产业链、价值链和供应链的整合，推进对外投资便利化，提高企业的国际化经营能力和上海的国际影响力。

### （一）积极构建培育本土跨国公司政策体系

落实推动《关于进一步加快培育上海市国有跨国公司的实施意见》，逐项制订配套措施，助力国有企业国际化。研究促进民营经济总部集聚政策，打造民营企业走出去“桥头堡”。制订上海版“企业跨国经营行为准则”，引导“走出去”企业向国际通行的跨国公司行为准则靠拢。

### （二）着力扩大企业对外投资

进一步简化对外投资审批手续、创新对外投资方式，逐步推广以备案制为主的管理模式，引导和鼓励企业通过国际并购、股权投资等多种形式，抢占产业制高点、技术创新源，获取重要战略资源和科技研发力量。

### （三）进一步完善“走出去”服务机制

提升“走出去”服务联盟的功能和作用，搭建并完善政府部门、对外投资合作企业、外国驻沪机构、专业服务机构、行业商协会等共同促进“走出去”的国际化、组团式服务体系。

## 四、外贸结构优化提速

落实国家和上海市促进外贸稳增长、调结构政策措施，切实稳定进出口增速，进一步推动外贸总体结构,以及货物贸易、服务贸易自身结构优化和转型升级。

### (一) 优化传统外贸结构

重在增强核心竞争力:加强产业与贸易联动,聚焦民用航空、海洋工程装备、新能源、高端装备等战略性新兴产业和先进制造业,提升出口竞争能力。加强进口与出口联动,积极开拓新兴市场,优化关检合作和区域通关合作机制,发挥专业贸易平台辐射效应,提升上海口岸进口集散功能,做大做强进口贸易。加快加工贸易转型升级,支持出口加工区向综合保税区转型。

### (二) 优化服务贸易结构

重在提高服务出口能力:发布《上海市服务贸易促进指导目录》,巩固运输、旅游等传统优势领域,拓展专业服务、文化、中医药、教育、高新技术等新兴领域,提升"上海服务"品牌影响力。发展技术贸易和服务外包,举办好第二届国际技术进出口交易会,提升高附加值、知识密集型的流程设计和研发外包比例。

### (三) 优化贸易发展环境

落实贸易便利化各项改革创新政策和措施,深化上海口岸"一次申报、一次查验、一次通关"等改革试点,推动实施"通报通放"、"快检快放"、"即查即放"等通关模式,探索施行"国际贸易单一窗口"。依托自贸试验区金融开放优势,加强对离岸贸易等新型贸易方式的研究,加快突破外汇、税收等政策瓶颈制约,扩大上海离岸贸易规模。

## 五、利用外资质量提质

打造招商引资工作平台、外资企业综合服务平台和跨地区合作协调平台,进一步提升上海利用外资综合效益,促进引资、引技、引智有机结合,提高参与国际经济竞争与合作、参与全球价值链整合的能力。

### (一) 完善外商投资环境

推进外资管理制度创新,施行"告知承诺+格式审批"的准入管理方式。梳理各类准入限制条件,争取国家各部委支持,进一步扩大对外开放。整合上海市招商资源,完善市级层面和市、区两级招商引资联动与统筹机制,制订上海市招商引资工作指导意见。借助文化、旅游、体育等多种渠道,广泛宣传推介上海贸易投资环境与整体形象。推动嘉定、康桥等符合条件的开发区升级为国家级经济技术开发区。

### （二）提升外资总部经济能级

聚焦研发、投资、结算等核心功能，不断完善跨国公司地区总部、投资性公司和研发中心的支持政策，促进营运中心、结算中心、数据中心等外资功能性机构落沪，推动现有跨国公司地区总部能级提升，积极打造亚太总部城市。

### （三）引导外资参与现代产业体系建设

进一步扩大服务业开放，鼓励外商投资金融、航运、物流、现代商贸、信息服务、文化创意、旅游、会展等重点服务业，以及专业服务、高技术服务、医疗保健、教育培训、家庭服务等新兴服务业，支持外商投资新一代信息技术、高端装备制造、生物医药、新能源、新材料、节能环保、新能源汽车等战略性新兴产业。

## 六、转变政府职能提质

坚持"两高、两少、两尊重"和"负面清单"的"底线思维"，精简行政审批项目，加强行业管理，助推上海市"小而强政府、活而强市场、大而强社会"建设。

### （一）转变政府职能

根据上海市统一部署，扎实、逐项推进落实商务领域职能转变和审批改革方案，最大限度减少审批事项，充分发挥市场、社会和中介组织的作用，确保企业的投资主体地位。

### （二）创新管理方式

进一步树立服务意识，借鉴自贸试验区准入前国民待遇加负面清单模式，强化事中事后监管，加强营商环境建设，逐步释放市场活力，更多运用市场化、社会化、信息化的监管方式，以高水平管理体现高效率服务。

# Part One

## Chapter One
## Achievements of International Economic Ties in 2013

With a view to expanding Shanghai's economic relations with the rest of the world, the city's commerce authorities and affiliated agencies continue to push forward the development of Shanghai free trade zone (FTZ), adjusting the city's economic mix and pursue innovative approaches to economic development, which in turn translates into high quality economic growth. The cities' achievements in expanding international economic ties (IET) are summarized as below:

### I Better Trade mix

Shanghai's 2013 Economic Work in figures Shanghai registered 441.43 billion USD in commodity trading, up 1.1%, 10.6% of China's total; Export: 204.24 billion USD, down 1.2%; Import: 237.19 billion USD, up 3.1%; General trade: up 9.5%, 16.4% higher than processing trade sector.

The city registered faster import/export growth from the private sector, up 10.9%, which is 19.7% faster than state-owned companies and 11.3% faster than foreign-invested companies.

EU, US, Japan and ASEAN: Shanghai Big Four trading partners. Their combined trade volume: 62% of Shanghai's grand total.

### II Record FDI

In 2013, Shanghai attracted : Paid-in FDI: 16.78 billion USD, up 10.5%, 1/7 of China's grand total; FDI on contract: 24.936 billion USD, up 11.6%; FDI actual use in service sector: 13.567 billion USD, up 7%. 42 new MNCs regional Headquarters were established in Shanghai, among which, 18 are Investment-oriented, 15 R & D facilities. Shanghai now has 445 MNCs' regional headquarters, among which 283 are investment-oriented, 366 are R & D facilities.

### III Accelerated "Go-global" Initiative

For local companies investing abroad, Shanghai authorities streamlined approval procedures stepped up services to incubate the growth of major projects.

In 2013, in all Shanghai approved: FDI projects: 347, involving 4.31 billon US dollars, up 32.8%; Overseas engineering projects: 10.82 billion USD, up 4.9%; Completed such projects: 8.07 billion USD, up 18.5%; Salary for overseas laborers: 320 million USD, income 100 million USD.

## Chapter Two. Priorities of Shanghai's IET work

### I A Unified market

In collaboration with Ministry of Commerce, Shanghai issued a negative list for FTZ investors. This, together with other measures, aims to simply FDI approval procedures, expand service trade and facilitate trade growth.

Nearly a thousand exhibitors from 31 countries and regions attended the first China International Technology Trade Fair in Shanghai, 183 deals/ intentions are signed.

### II Faster Distribution

Pilot programs concerning cross-border e-commerce was launched with an aim to alleviate companies' tax burdens.

### III An Open Economy

To facilitate the changes of trade growth model, the city's commercial authorities have

- rolled out a series of measures regarding insurance and financing. Meanwhile, authorities also issued supportive policies to encourage more local companies to invest overseas;
- enhanced transport, tourism, computer and information services;
- identified technology trade and TCM trade as new growth points;

- improved the overall utilization of foreign investment
- expanded FDI into culture and public health sectors

In 2013, 50 foreign-invested companies are ranked Top 100 as tax contributors in the tertiary sector while 67 in the industrial sector, contributing 45.5% and 32% of the tax revenue of the aforementioned sectors respectively.

Accelerated local companies' "go-global" initiative. A comprehensive service alliance was established for outbound inve In 2013, 72% of the outbound investment projects were from the private sector, making up 37% of total capital.

### IV Better Service

Shanghai Municipal Commission of Commerce reduced "need approval" items from 56 to 35.

## Chapter Three

## An analysis of External Environment and Future Trend of Shanghai's IET Work

### I An SWOT Analysis for Shanghai's IET Development International environment in 2013

1. Opportunities

A. The connotation and rules of globalization is changing

The ubiquitous Internet, new mobile terminal devices, the advent of "big data" era and fast developing platform economy are revolutionizing the way we do business.

With the higher threshold of the service industry, Russia's recent WTO entry, world's trade system has become more extensive. Globalization is not limited to trade, production or capital. It now also include the level of consumption and emerging industries.

B. Polarizing globalization

To confront the global economic slowdown, countries across the globe are intensifying efforts of economic cooperation by forming various types of de facto trade blocs. Both developed countries and emerging economies, the current mainstays of globalization, are encouraging two-way trade and investment. More free trade agreements are under negotiation.

C. China's multi-level economic and strategic partnership

Under such circumstances, China, based on mutual benefit and tolerance, is enhancing cooperation with Russia, India and many countries in Africa on both economic and political fronts.

D. Shanghai's new measures

The recent launch of Shanghai's FTZ pilot program enables the city to improve its economic management. The city has witnessed faster growth in the trading of services than that of commodity, import than export. Its processing trade continues to move up the value chain. Thanks to a better business environment, more foreign companies are relocating their executive departments in Shanghai, one of the country's top FDI destinations.

2. Threats

A. Slow economic recovery

In 2013, the emerging economies are confronted with slower growth, runaway inflation, weak FDI, excessive volatility, imbalanced economic structures and lack of growth momentum, resulting in higher unemployment rate, more deficit and public debt. However, their governments are burdened with more welfare spending.

B. Fierce competitions among major powers

Cutthroat competition for oil among major powers will affect economic cooperation in the Middle East and energy safety in future. More scuffles between China and US will inevitably hamper China's leadership role in Asia-Pacific cooperation. Monetary easing policies adopted by major economies will hurt Shanghai companies' export.

C. Challenges to Chinese traders

Rising costs and declining competitiveness of China's labor-intensive industries in China, compounded by more trade protectionism will cause more trouble for the country's trade sector.

D. Challenges to Shanghai trade and investment management

Stricter international trade regime, more complaints against IP protection and investment restrictions, calls for national treatment and administrative transparency and fast growth in other regions in China, all are posing challenges to Shanghai's development as an open economy.

## II An Outlook of Shanghai's IET Work in 2014

1. Foreign trade

Shanghai's trading firms are facing grim challenges due to weaker demands, austerity plans and mounting debts of developed countries, slower growth prospect, more uncertainties of market demand in newly emerging economies, compounded by rising costs and relatively diminishing competitive advantages in labor-intensive sector of the city.

2. Opportunity in global re-allocation of resources

As global trade is gradually shifting toward the service sector, which in turn influences cross-border investment, Shanghai is expected to play an important role in the re-allocating of global business resources and promoting industrial upgrade of China. To this end, Shanghai companies should engage more in the innovation-based global production chain. In addition, more local companies should invest abroad.

3. Moving up the Global Value Chain

New forms of trade are being fostered in Shanghai, including cross-border e-commerce, offshore trade, maintenance and financial leasing, which in turn enables the city to better use information technology, distribution channel and financial leverage.

## III FDI Work

1. FTZ Pilot Program

Growing need for regional trade arrangement under a unified WTO framework is now a salient feature of the current global trade system; in addition, trade negotiations are shifting toward investment. Agreements in the US-led TPP and TTIP talks are likely to be reached in 2014, posing a potential risk for China. Since its inception, Shanghai FTZ incorporates globally recognized FTZ management practices, and aims to serve as a leader for the whole country in building a higher-level, more open market economy.

2. The Headquarters Economy

Banking on the relative low-cost and rapidly expanding domestic market, Shanghai will continue to attract more foreign companies to establish their high-end manufacturing and R&D facilities.

3. New Trend of Shanghai's FDI work

These trends are: less investment into property sector; moderate growth for the manufacturing sector meanwhile more investment is expected for the city's financial, business services and e-commerce sectors. More retail shops for foreign brands will be set up following the city's faster urbanization. Thanks to preferential policies, new forms of service industry have great potentials. Facilitation measures in the financial sector will also help to attract more foreign investment.

### IV The Go-global Initiative

1. FTZ Promotes Outbound Investment

Lacking M & A knowledge, advanced managerial expertise and understanding of cultural and legal knowledge of foreign countries is a common problem to Shanghai companies. Therefore, FTZ program will offer an excellent opportunity for local companies to learn from best international practices and apply in their own global operations.

The ***Master Plan for Shanghai FTZ*** issued by the State Council will greatly simplify approval procedures for foreign investors. Meanwhile, RMB convertibility under capital account will be put into trial given that risks involved are controllable. A newly installed registration system for foreign-funded projects will encourage more foreign investment.

2. Achievements for Local Companies

So far, four Shanghai-based companies are ranked 225$^{th}$ as ENR's global contractor, five are Fortune 500, 10 are China's Top 100 MNCs, 51 are China's Top 500. Their success will greatly encourage more local companies to invest overseas.

3. Better Services for Go-global companies

Shanghai is establishing an all-dimensional service network for outbound investors including consulate services, first-aid center in foreign countries, risk alerting and handling mechanism. These efforts aim to reduce risks and operation costs for Shanghai companies investing abroad.

## Chapter IV.
## Focus of Shanghai's IET Work in 2014

**Objectives for 2014:**

- Better trade mix while maintaining steady growth for commodity trading
- 15% growth for services trade
- 10% growth for FDI utilization
- 45 more regional headquarters for multinational corporations
- 20% growth for outbound investment
- 10 billion US dollars' worth of new overseas engineering projects

## I　Increasing Shanghai's Visibility in World Trade System The city will

• Step up trade reform under the guidance of Third Plenary Session of the 18th CPC National Congress

• Strengthen trade functions and build a better trade environment so that the market will play a decisive role in allocating resources.

• Push forward Shanghai's cooperation with Ministry of Commerce In terms of FTZ development, Shanghai will

• Draft a new Negative list for foreign investors

• Promote the opening-up of services and manufacturing sectors

• Reform FDI management system

• Facilitate outbound investment

• Expand new trade forms

• Build a Global Equipment Maintenance and Inspection Base

• Undertake more services for foreign countries, develop cross-border e-commerce, financial leasing and bulk commodity trading

• Launch pilot program for auto import

• Duplicate FTZ management expertise

Shanghai will foster the growth of model trading firms especially those experienced in sourcing, distribution, marketing, currency settlement, logistics and brand-building.

## II　Fostering New Forms of Business

While maintaining growth for conventional sectors, priorities will be given to new forms of businesses, technologies and business models regarding investment, trade and circulation.

Platform Economy

• Identify key platform businesses in steel and iron, nonferrous metals, petrochemical, liquefied natural gas.

• Rationalize Shanghai's business resources in FTZ and radiate its influence across the country

• Build trillion-RMB international platform for bulk commodity trading and resource allocation

• Push forward cross-border e-commerce, improve services including Customs clearance, inspection and quarantine, currency settlement, tax rebate and auditing.

## III Accelerate "Go-global" Initiative

Concrete measures include:

• Guide companies to make better use of both markets and resources, participate in global economic cooperation and competition, and facilitate trade

• Draft new edition of MNC Code of Conducts and foster their global competitiveness

• Simplify outbound investment administrative procedures, innovate new methods of outbound investment, encourage more companies to engage in M&A activities, obtain important resources and R&D capability.

• Improve outbound investment service

## IV Improve Trade Mix

Concrete measures include:

• Optimize conventional trade mix with focus on improving its core competitiveness. Special attention will be given to civil aviation, maritime equipment, new energy, high-end complete-set equipment

• Pursue coordinated development of import and export, vigorously explore new markets, optimize Customs inspections and enhance the handling capacity of Shanghai port

• Optimize service trade mix with focus on service export. Special attention will be given to transportation, tourism, culture, professional services, TCM, education and hi-tech industries.

• Improve trade environment with focus ton customs facilitation measures, make breakthroughs in trade methods, currency and tax policies, expand the size of offshore trade.

## V Improve the use of FDI

Concrete measures include:

• Attract not only foreign investment but also advanced technologies and talents

• Improve business environment for foreign investors. Approval procedures will be further simplified for foreign investors. The Municipal and district governments will establish a better administration system for investors.

• Promote the development of headquarters economy by attracting more R&D, investment and financial departments of foreign companies, meanwhile encouraging foreign investors to relocate their operation, settlement and big data centers in Shanghai.

• Expand the opening of services sector, encourage more foreign investment in finance, shipping, logistics, modern commerce, information services, creative culture, tourism, exhibition, professional business services, hi-tech services, healthcare, education and training and household services companies, foster the growth of foreign investment in new generation information technology, high-end equipment manufacturing, biological and pharmaceutical, new energy, new material, energy-saving and environmental technologies as well as fuel-efficient automobiles.

## VI Change Government Functions

Under the guidance of "building a small but efficient government with strong leadership", the commercial authorities will continue to simplify administrative procedures, improve services so as to let the market play a more vital role in a market-oriented economy based on information technology.

# 第二篇

# 国际经济与贸易

# 第二章　对 外 贸 易

## 第一节　外贸运行形势及展望

2013 年，面对外部需求不振与成本上升叠加双重影响的国内外错综复杂环境，上海认真落实国家和上海市委、市政府关于促进外贸稳增长、调结构的决策部署，以自贸试验区建设为契机，以促进外贸发展转型升级为重点，扎实做好各项工作，全年外贸发展稳中有进。

### 一、2013 年上海外贸运行情况及特点

根据海关统计数据，2013 年，上海市外贸全年实现进出口总额 4 414.3 亿美元，同比增长 1.1%，位列全国第三位；其中出口额 2 042.4 亿美元，同比下降 1.2%；进口额 2 371.9 亿美元，同比增长 3.1%（图 2.1）。

#### （一）进出口运行增速波动明显

2013 年上半年，进出口低位运行，一季度下降 1.2%，二季度下降 6%。特别是一季度单月进出口呈现出明显的波动起伏态势，1 月份进出口总额 364.3 亿美元，同比增长 14.7%；受春节放假因素影响，2 月份进出口总额 285.3 亿美元，呈现两位数负增长，同比下降 10.9%；3 月份进出口总额 362.4 亿美元，同比下降 6.2%，降幅又有所收窄。下半年，受益于国家稳定外贸增长有关政策利好，企业市场信心不断向好，止住逐季下跌态势，出现明显筑底企稳迹象，三季度增长 3.4%，四季度增长 8.1%（图 2.2）。

#### （二）商品结构进一步得到优化

2013 年机电产品实现进出口额 2 718.25 亿美元，同比下降 1.25%，占全市进出口总额的 61.58%。劳动密集型产品出口保持相对稳定。消费品进口增长较快。全年纺织品、服装等劳动密集型产品出口约 200 亿美元，同比增长 0.5%，占出口总值比重为

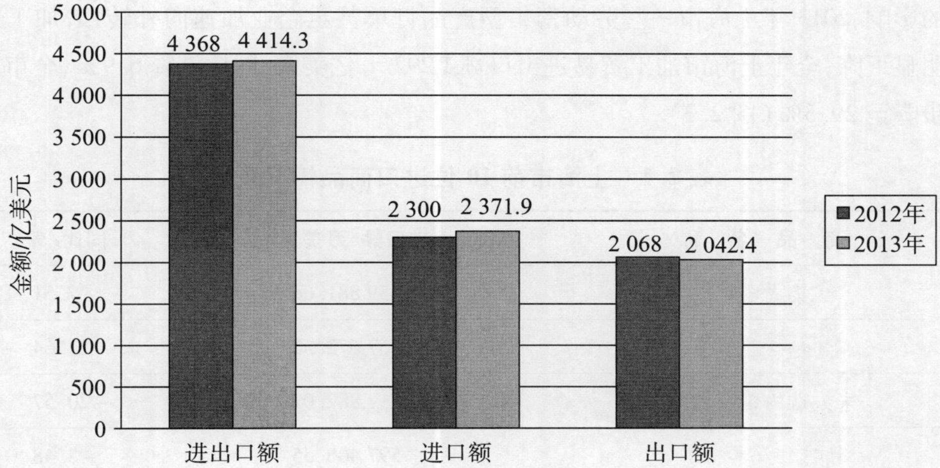


**图 2.1　2013 年上海外贸进出口额增长率**

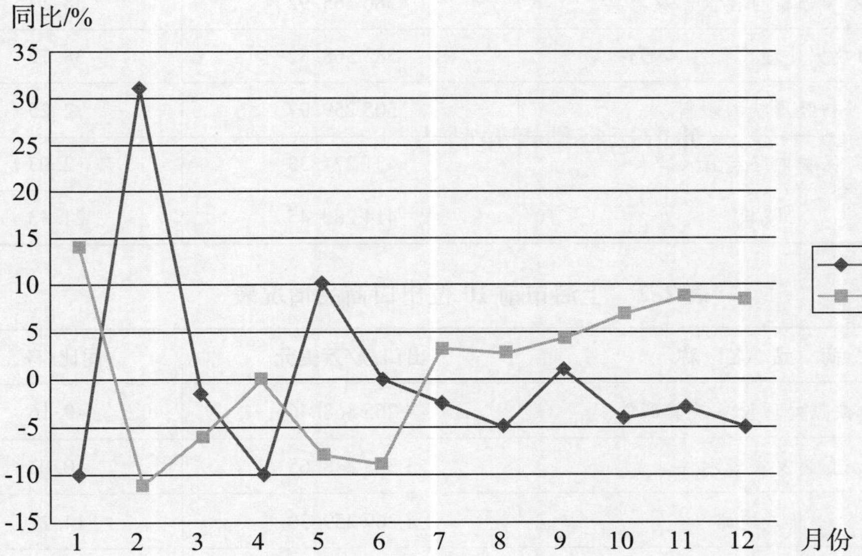


**图 2.2　2012—2013 年上海月度进出口额增长率**

9.8%。进口汽车(包括整套散件)25.9 万台,同比增长 41.1%;进口医药品 2.8 万吨,进口额 59.6 亿美元,同比分别增长 27.6%、22.6%(表 2.1,表 2.2)。

### (三) 一般贸易占比明显增加

2013 年上海市一般贸易进出口额 2 016.6 亿美元,分别增长 9.5%,占同期全市进出口总值的 45.7%,比重持续增加。同期,上海市特殊监管区域物流货物出口额 228.2 亿美元,同比大幅增长 11.8%。同时,受上海市土地、人力、生活等成本上升和外省市相关政策的影响,2013 年上海市一些劳动密集型产品订单甚至企业加速向外转移,加工贸易持续明显下降,全年上海市加工贸易进出口额 1 292. 1 亿美元,同比下降 6. 9% ,全市比重进一步降至 29. 3% ( 图 2. 3) 。

**表 2. 1　上海市前 10 位进口商品情况表**

| 商　品　名　称 | 进口额/万美元 | 同比/% |
|---|---|---|
| 集成电路 | 3 459 881. 66 | -7. 51 |
| 汽车(包括整套散件) | 1 167 672. 57 | 27. 64 |
| 未锻造的铜及铜材 | 1 117 882. 02 | -20. 57 |
| 铁矿砂及其精矿 | 597 460. 55 | -8. 48 |
| 医药品 | 595 496. 36 | 22. 60 |
| 计量检测分析自控仪器及器具 | 586 365. 92 | 8. 17 |
| 自动数据处理设备及其部件 | 583 368. 82 | -38. 72 |
| 初级形状的塑料 | 505 259. 97 | 2. 25 |
| 通断保护电路装置及零件 | 431 271. 33 | 2. 03 |
| 飞机 | 414 280. 45 | 24. 43 |

**表 2. 2　上海市前 10 位出口商品情况表**

| 商　品　名　称 | 出口额/万美元 | 同比/% |
|---|---|---|
| 自动数据处理设备及其部件 | 4 265 868. 46 | -9. 16 |
| 服装及衣着附件 | 1 363 248. 65 | 0. 03 |
| 集成电路 | 1 269 259. 30 | 14. 27 |
| 电话机 | 838 732. 03 | 13. 32 |
| 纺织纱线、织物及制品 | 636 275. 61 | 1. 45 |
| 船舶 | 424 360. 91 | -10. 03 |
| 自动数据处理设备的零件 | 358 433. 64 | 4. 95 |
| 汽车零件 | 355 091. 91 | 0. 80 |
| 机械提升搬运装卸设备及零件 | 341 727. 22 | 19. 96 |
| 通断保护电路装置及零件 | 329 377. 97 | 8. 08 |

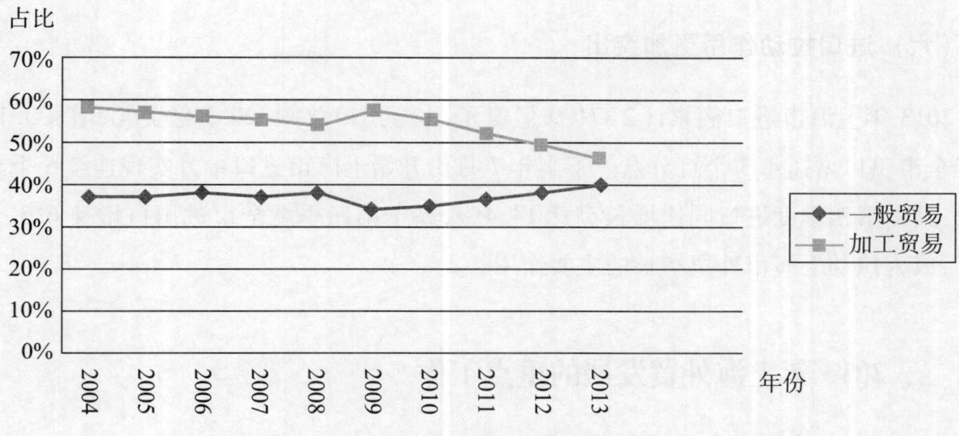


图 2.3　上海市近十年一般贸易和加工贸易年出口额占比变化情况

## (四) 民营企业逆势快速增长

2013 年面对外部市场萎靡不振和内部成本不断攀升的不利状况,上海市民营企业通过国外品牌收购、国际营销网络整合、新兴市场开拓等途径,逆势实现快速增长,全年进出口额 709. 5 亿美元,同比增长 10. 9%,占全市进出口总值比重提升至 16. 1%,对全市当年进出口增量贡献 148. 94%,其中出口和进口同比分别增长 6. 15% 和 16. 24%,分别快于全市 7. 4 和 13. 1 个百分点。同期,外资企业进出口额 2 886. 9 亿美元,同比下降 0. 4%,占全市进出口总值的比重下降至 65. 4%;国有企业进出口额 711. 8 亿美元,同比下降 8. 8%,全市占比下降至 16. 1%(图 2. 4)。

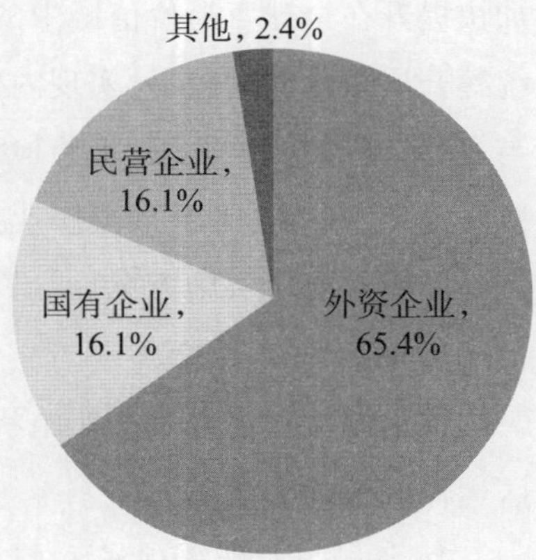


图 2. 4　2013 年上海市不同类型企业对外贸易占比情况

## (五) 进出口市场更加趋于多元

2013 年,中东地区、非洲等新兴市场成为上海市外贸新的增长亮点,与中东地区和非洲进出口额分别增长 5. 6% 和 14. 4%。与澳大利亚进出口额也实现了全年 10. 1% 的较大幅度增长。与日本进出口额持续下降,上海市对香港地区及美国、欧盟等主要市场进出口均实现了正增长,其中香港地区 174. 94 亿美元,增长 4. 0%;美国 734 亿美元,增长 4. 6%;欧盟 915. 8 亿美元,增长 1. 6%,传统市场份额整体保持了稳定。欧盟、美国和日本为上海前三大贸易伙伴,贸易额占上海市外贸约五成。

### （六）进口拉动作用更加突出

2013 年上海市进口额累计 2 371.9 亿美元，多于出口总额 329.5 亿美元，增长 3.1%，高于全市出口增速 4.3 个百分点。下半年 7 月份开始上海市进口单月实现连续 6 个月正增长，其中第四季度进口同比增长高达 14.4%，高于第四季度全市进出口增速 6.3 个百分点，成为拉动上海市外贸增长的主要作用。

## 二、2013 年上海外贸发展的重点工作

### （一）以推进自贸试验区建设为契机，外贸政策创新实现新突破

上半年，集中力量做好自贸试验区国际贸易部分总体制度框架设计工作，重点围绕积极培育贸易新型业态和功能，形成以技术、品牌、质量、服务为核心的外贸竞争新优势，加快提升在全球贸易价值链中的地位作用；支持试验区内企业发展离岸贸易；鼓励企业统筹开展国际国内贸易，实现内外贸一体化发展；加快培育跨境电子商务功能，试点建立与之相适应的海关监管、检验检疫、退税、跨境支付、物流等支撑系统，研究形成实现内外贸一体化、区内企业开展离岸业务、培育跨境电子商务服务功能和构建相对独立的货物贸易区域等四个实施方案。

1. 推动分类监管

推动海关对区内货物实施状态分类监管，实现区内企业内外贸一体化和保税货物入区运作的方式方法。

2. 推动退税政策创新

开展区内政策叠加研究，推动入区退税和离境退税两种政策同时实施，扩大企业政策选择空间，拓展自由贸易试验区贸易功能。

3. 拓展外贸收付汇功能

推动试点专户收支范围、账户融资功能及账户理财功能拓展，允许与贸易相关的服务贸易收付汇从一般结算户转入试点专户结算，允许有需求的企业在符合贸易真实性条件下，获得试点账户贸易融资功能和理财功能，提高账户资金收益率。

4. 深化离岸贸易课题研究

启动离岸贸易调研分析课题，会同相关论证并测算以财政补贴的方式补贴企业的比例，为企业降低所得税实际支出。目前，增值税发票问题已得到初步解决，在风险可控的前提下，区内企业可以开具增值税发票。

## （二）以申请全国试点城市为推手，跨境电子商务取得新成果

根据商务部《关于开展跨境电子商务试点地区申报工作的通知》精神，8 月份通过商务部联合调研组考察，被正式纳入全国首批跨境电子商务零售出口试点城市。试点批复以来，根据商务部等部门《关于实施支持跨境电子商务零售出口有关政策的意见》要求，积极推进试点工作开展。具体工作如下：

1. 组建工作小组

牵头成立由专家、企业和政府部门代表共同组成的上海市电子商务出口推进工作小组，推动各项工作落实。

2. 构建管理体系

开展电商企业调研，完成电子商务应用框架体系论证设计，跨境电子商务管理体系初步构建设想。

3. 完善税收管理

组织跨境电子商务运营特点分析，完成 B2C 保税进口、B2C 一般进口、B2B2C 进口、B2C 出口和 B2B2C 出口等五种模式分类及进出境报关、检验检疫、结汇、退税和统计等环节配套政策设计。

4. 研究实施方案

研究形成跨境电子商务实施方案，完成试点平台、试点企业、试点商品的认定标准制定。

5. 推动模式创新

目前，B2C 保税进口已由跨境通测试走通，于 12 月 28 日正式上线进入商业运营。自贸试验区红酒国贸有限公司利用保税仓储和保税展示开发的专业产品跨境电子商务平台——红酒国贸网已获批分送集报的报关模式，并已上线运营。研究将上海邮政物流速递国际枢纽复制到自由贸易试验区，协调相关部门打通支付、结汇和退税的环节，进一步突破功能。

## （三）以改进工作方式方法为重点，外贸运行分析取得新成效

以开发建立“上海市货物贸易运行监测系统”，带动和促进加强外贸运行情况分析和订单情况跟踪能力建设。具体如下：

1. 完善了外贸工作分析机制

建立区县外贸季度工作例会制度，及时了解区县外贸工作情况，交流工作经验，介绍外贸最新政策情况。建立与兄弟省市、上海市重点区县、重点区域外贸联系机制，跟踪做

好上海外贸进出口运行情况，进行监测分析。

2. 完成了外贸企业情况普查摸底

在分类分批走访企业的基础上，先后协调上海市发改委、财政、税务、海关、检验检疫等部门三次组织召开外贸企业座谈会，广泛发动市区两级商务部门、相关行业协会深入企业及时掌握企业运营情况和面临的实际困难，帮助解决企业解决在简化通关手续、企业分类管理和产品归类、加大对境外参展支持力度等方面的矛盾问题。

3. 调整完善了区县商务部门的外贸统计口径

按照海关代码进一步统一区县商务主管部门外贸统计口径，重新调整了隶属 17 个区县的企业统计数据，使区县与全市进出口额统计数据保持一致，方便区县能够全面掌握本区进出口情况，准确做好预测分析工作。

4. 完成了“上海市货物贸易运行监测系统”开发

为进一步创新上海市外贸运行情况监测分析方式，更加科学、系统、快捷地进行货物贸易进出口运行情况分析预警，2013 年 3 月份，启动了“上海市货物贸易运行分析监测系统”开发建设项目，先后完成了调研设计、系统开发调试、调研问卷设计、各区县监测站设立、信息员网络组建、样本企业落实六个阶段工作，并于 9 月份，投入试运行。

5. 建立了“外贸进出口调查监测系统统计报表制度”

推动上海市统计局将“外贸进出口调查监测系统统计报表制度”纳入市级政府部门统计调查项目。截至 12 月底，监测系统已进入正常运行，连续 4 个月对 689 家样本企业进出口在手订单、进出口趋势、政策诉求等运行情况进行调查分析，能够较好反映上海市外贸发展趋势变化，为企业分析判断外贸形势提供有益参考。

### （四）以增强工作效能为根本，贸易便利化水平有了新提高

坚持把推进贸易全程便利化、服务企业作为稳定外贸发展、提升外贸综合竞争力的主要抓手，努力推动构建协调高效的外贸工作服务机制。

1. 注重强化外贸发展合力

为有效应对 2013 年以来面临的进出口严峻形势和外贸转型压力，推动国务院常务会议和国办 83 号文件精神在上海市尽快落地生效，自 8 月初起，先后牵头组织召开 7 次不同类型外贸企业座谈会、4 次政府监管职能部门协调会，两次向周波副市长、徐逸波副秘书长汇报，制定出台了上海市《关于贯彻落实〈国务院办公厅关于促进进出口稳增长、调结构若干意见〉的实施意见》，以政府文件形式明确了上海市当前和今后一段时间外贸工作重点及相关监管职能部门的责任分工，较好凝聚了各方力量合力推进外贸工作落实。

2. 注重加大政策法规宣传力度

上海市商务委牵头编写发放了《上海市贸易便利化服务企业手册》,对各单位最新的贸易便利化政策和基本业务的操作流程以简洁明了的方式进行说明。在上海市商务委门户网站上设立贸易便利化专栏,及时公布最新的贸易便利化政策,方便企业查询。

3. 不断完善部门联动机制

在进一步健全完善全市贸易便利化联席会议机制的同时,继续推进完善贸检、贸关合作机制,进一步完善"一站式"服务中心的功能,积极引导有条件的区县和上海综保区及相关产业园区设立贸易便利化集中服务场所,组织海关、检验检疫、税务、商务等职能部门与相关贸易服务机构进驻,将进出口许可证受理打印终端延伸至自贸试验区综合服务受理大厅,并增设外贸进出口经营资质备案受理点,为区内企业提供一站式、一门式便利服务。

4. 积极推动提升通关效率

上海市商务委会同相关监管部门,大力推动"三个一"政策试点在上海口岸落地,实施分类查验和查验分流,创新试点"通报通放"、"快检快放"、"即查即放"等模式,在上海地区全面实施入境货物"通报通放"工作模式,实现企业自主选择分支机构办理出入境货物申报、报检、放行和签证手续,政府监管工作效能得到不断提升,上海市外贸环境更加优化。

### (五) 以促进产业融合发展为抓手,外贸转型升级达到新水平

面对严峻的外贸进出口形势,认真贯彻落实国务院常务会议精神,坚持突出原有政策延续,突出企业需求导向,突出推动创新转型,努力把国家政策与上海当前外贸发展实际结合起来,在稳定当前进出口增长的同时,推动加快外贸转型发展。

1. 加快推进国际营销网络建设

对上海市企业和行业组织建设完善国际营销网络的实际情况开展了摸底和调研,研究制定《上海市关于支持建设国际营销网络专项资金管理办法》,重点对建立境外销售渠道的重点企业、上海品牌产品海外展示(贸易)中心以及国际营销服务企业和机构给予财政支持,积极鼓励上海市企业和行业组织通过建立完善国际营销网络,直接掌握市场需求,减少贸易环节,扩大上海市企业品牌产品和高附加值产品出口,促进上海市外贸企业开展差异化竞争。2013 年上海市财政支持的 53 个出国境展览项目中新兴市场项目有 50 个,占 75%,比 2012 年新兴市场项目占比提高近 20%。

2. 努力提升各类基地建设质量

改组完成大虹桥服装服饰基地管理机构,推动新浦江轻工基地升级为国家级外贸转型发展示范基地,指导筹建奉贤家具产业园区。同时,积极鼓励企业打破行业界限,向两

端发展，大虹桥和新浦江基地以外贸公司为主，带动融合了一批生产企业，向材料采购、设计和研发、销售网络构建方向延伸，促进了出口竞争力的提升。

3. 大力加强品牌培育工作

大力培育和发展上海自主出口品牌，积极引进国际知名企业品牌、商品和服务品牌，通过品牌引进，带动上海外贸提升产业能级、经营水平、管理能力，加快推进上海市外贸结构调整。2013 年上海市实现货物贸易进出口总额 4 414. 3 亿美元，同比增长 1. 1%，占全国的 10. 6%。其中，出口额 2 042. 4 亿美元，同比下降 1. 2%；进口额 2 371. 9 亿美元，同比增长 3. 1%。并呈现出货物贸易结构持续优化，一般贸易进出口持续增长，增速达 9. 5%，快于加工贸易 16. 4 个百分点，在上海市进出口中的占比达到 45. 7%，比上年提高 3. 3 个百分点；民营企业表现活跃，进出口增长 10. 9%，分别快于国有、外资企业 19. 7 和 11. 3 个百分点；进出口市场更加多元，欧盟、美国、日本、东盟继续保持上海市前四大贸易伙伴地位，合计贸易额占上海市货物贸易进出口额的 62%。

### （六）以规范市场秩序为关键，会展业产业化发展获得新进展

为切实转变政府职能，减少政府行政审批事项、提高政府行政工作效率，紧紧围绕“发展、规范、提升”总体要求，突出“国际化、专业化和市场化”标准，积极推动发展政策瓶颈突破，不断优化上海市会展业发展环境和功能布局，积极打造有利于行业能级提升的软实力。

一是积极推进《上海市展览业管理办法》修订，配合公贸处做好相关课题调研、意见建议征集和《上海市展览业管理办法》修订工作。多次牵头组织召开上海市展览业管理部门联席会议、主办单位工作会议和场馆单位工作会议，形成国际经济技术类来展否决项目原因分析、会展场馆管理国际经验借鉴等 10 份专题调研报告。

二是着力打造上海市会展业信息公共服务平台，配合《上海市展览业管理办法》修订后网上备案实施，牵头组织开发了上海市会展业信息公共服务平台，通过平台运行推动和实现上海市国际经济技术来展行政审批事项改革，将审批改为备案，并通过信息加技术的方式，提高政府行政工作效率，实现管理公开、透明、可控。

三是大力推进会商旅文联动发展，启动相关调研工作，初步形成推动会商旅文发展的建议方案。

四是精心落实展会组展工作，先后组织完成了第 114、115 届广州交易会上海交易团组展、第 23 届中国华东进出口商品交易会和上海交易团组展、跨国采购会、减灾展组展以及中国品牌商品美国展、非洲展、约旦展、中国东盟博览会、亚欧博览会上海组展等内外展组展工作。截至目前，大部分展会项目都顺利完成，展会执行情况整体好于 2012 年，出国境展会项目已达成成交额 3. 78 亿美元，跨采会预计实现采购金额 240 亿美元。

## 三、2014年上海外贸发展环境分析

2014年,受世界经济缓慢复苏影响,全球贸易量将略有扩大,但上海市正处于转型换档时期,低成本竞争优势逐渐丧失,技术、品牌等新的高端优势还未形成,一些劳动密集型产品订单甚至企业正在加速向外转移,进出口面临的压力依然不小。具体表现在:

### (一)出口情况展望

2014年预计有望保持2013年的规模,总量在2 100亿美元左右。占全市出口超过20%的自动数据处理设备(主要是代工方式生产的笔记本电脑),受英业达股份有限公司、广达电脑股份有限公司等企业产能转移影响将在2013年下降10%～12%的基础上再下降10%左右,造成40亿美元左右的减量;服装及纺织品约占全市出口10%,据纺控集团等主要企业集团反映2014年将持平;集成电路约占全市出口6.5%左右,2014年国际需求仍将持续,且上海企业竞争力较强,预计可实现10%以上的增长,并带来13亿美元左右的增量;船舶约占全市出口的2%左右,2014年形势将有所回暖,外高桥船厂预计增长5.6%,沪东中华增长40%,上海船厂增长46%,江南造船集团亦将增长,这四家企业约占船舶出口的50%以上,但考虑到部分企业2014年将转为军品,出口将大幅减少,2014年全市船舶行业的出口将略有增长;此外,电话机、汽车零件等出口2014年也将持平或略有增长。

### (二)进口情况展望

预计上海2014进口规模在2013年的基础上略有增长,总量在2 400亿美元左右。其中:从上海大众汽车有限公司、沃尔沃集团、捷豹汽车有限公司、路虎公司等企业调研情况来看,2014汽车及其零部件将稳定增长,飞机及其零部件仍将保持一定增速,中国东方航空公司预计2014年计划进口70架飞机,比2013年多20架,医药品以及中高端消费品进口仍将保持一定增速;自贸试验区内占地面积最广、体量最大的综合仓库近日开工,将缓解区内仓储面积不足的矛盾,将为扩大进口创造条件;一些连接国际国内两个市场的新平台特别是大宗商品交易平台将落户自贸试验区,有望带来进口新的增量。

### (三)企业预期

借助"上海外贸进出口调查监测系统"平台,对上海市707家重点外贸企业进行了调查分析。当前73.2%的出口企业、75.7%的进口企业对2013年进出口前景保持乐观。

1. 进出口订单形势回稳

出口订单同比增长及持平的企业比重为76.8%,较2013年12月份回升6.8个百分点;进口订单同比增长及持平的企业比重为77.9%,比2013年12月份上升4.8个百分点,一直处于7成以上小幅波动。

2. 订单短期化程度下降

出口短期订单为主的企业比重为47.6%,比2013年11、12月份下降1.4个百分点;进口短期订单为主的企业比重为45.9%,比2013年年底上升0.4个百分点,但短期化幅度继续收窄。

3. 企业出口利润略有上升

1月份,企业出口利润率比去年同期增加或持平的占60.3%;进口利润同比增加及持平的比重为83.9%,较2013年12月份上升5.4个百分点。原材料成本、汇率、用工成本仍是影响出口的三大主因,外需疲软压力不断加大。

4. 美国、欧盟、日本市场出口同比增长

三大传统出口市场出口预期同比增长或持平的企业分别为76.7%、74.1%和72.6%,均超过7成。

### (四) 不确定因素

1. 大宗商品进口仍然低迷

受价格下跌、国内需求不足、库存尚未消化等影响,2014年大宗商品进口可能依然不振。特别是2013年以来,国内电解铜产量大幅增加、交易所库存和保税库存大幅增加(铜库存约100万吨以上),国内外价格倒挂,加之年初国内信用证收紧及相关投资萎缩,引发铜的转口贸易增加,进口量减少,此外国内下游产业需求疲软也导致铜、铁矿砂等主要大宗商品进口大幅下降。

2. 第三方物流企业业务转移

随着加工贸易产能转移,提供配套服务的部分大型第三方物流企业也将业务转移到上海以外省市。

3. 中高档消费品需求下降

汽车、钻石、手表、箱包等中高档消费类商品进口额下降,也在一定程度上制约了进口额的上升。

总的来看,2014年上海市外贸在依然困难的同时会略有好转,预计全年上海市货物贸易进出口总额在与2013年基本持平的基础上,有望实现一定幅度的增长。同时,当前也正处于上海优化贸易结构的窗口期和机遇期。

## 四、2014 年上海外贸发展的工作思路

2014 年,上海市、区商务部门在稳定传统外贸增长的同时,积极借助中国(上海)自由贸易试验区建设深化推进的契机,聚焦与投资、贸易、流通相关的各类新技术、新产业、新模式和新业态,加快培育和形成上海市外贸新的增长点,全面提升上海市外贸质量。

### (一) 推动贸易功能创新,拓展外贸发展空间

1. 深化跨境电子商务试点

搭建完成跨境电子商务公共服务平台,推动跨境电子商务监管制度创新,优化商品进出境报关、检验检疫、结汇、退税等环节的监管和服务。推动海关跨境贸易电子商务监管模式(代码 9610)在上海落地实施。发挥跨境电子商务行业协会等机构的作用,研究制定跨境电子商务交易统计办法和数据分析制度。探索建立跨境电子商务产业集聚区,优化物流、分拣、仓储功能,形成集聚和示范效应。年内,重点扩大招商规模,支持跨境通、EMS、东航产地直达走好、走量,推动 1 号店、亚马逊(美国)等国内外重点电商平台与东方支付系统实现信息对接。2014 年,上海市力争实现跨境电子商务 B2C 保税模式完成报关 1 万票,交易总额增长 10 倍;直邮模式完成运送商业包裹 190 万件,交易额 7 亿元。

2. 拓展离岸业务规模范围

深入推进亚太营运商计划,鼓励跨国公司及本土跨国企业建立集销售管理、供应链管理、资金结算为一体的亚太营运中心,统筹亚太市场,拓展离岸业务。积极推动金融、外汇、税收等政策突破,支持跨国公司在沪设立亚太分拨中心,鼓励和推动符合条件的企业开展转口、中转、中转集拼和沿海捎带业务,扩大国际分拨功能。2014 年,在目前 20 家跨国企业亚太总部的基础上,争取培育更多具备销售管理、供应链管理和资金结算功能的亚太分拨中心,提升上海市国际贸易运营服务能级。

3. 加快推进新型贸易发展

继续加强区内政策叠加研究,推动海关对区内货物实施状态分类监管,实现区内企业内外贸一体化和保税货物入区运作的方式方法,拓展自由贸易试验区贸易功能。大力推进全球维修检测基地建设,推动区内全球维修业务开展,研究建立第三方检测结果采信制度,引进国际知名检测机构。跟踪关注融资租赁改革进展,研究探索相关外贸配套运作模式。积极鼓励上海外贸综合服务企业拓展业务范围,提升上海关区外贸服务质量。2013 年,重点在自贸试验区推进小批量多品种平行进口车试点,探索建立支持产销分离、多品牌经营的汽车平行进口模式,进一步增强上海口岸对国际市场吸引和国内市

场辐射能力。

### （二）推动外贸企业转型，提升贸易主体能级

1. 促进企业提升产品质量

深入推进“以质取胜”战略，大力强化“质量兴贸”理念，推动外贸企业加强技术研发和产品创新。健全公共服务体系，增强外贸企业公共研发、检测服务平台功能，完善服务内容和区域布局，积极为中小企业提供更加方便的公共技术服务。推动建设“国家级出口工业产品质量安全示范区”，加大对产品质量优良、品质水平稳定的外贸企业的政策优惠，引导企业强化质量意识。当前，重点结合落实市政府质量工作考核要求，促进全市外贸工作和外贸产品质量提升。

2. 促进企业加强品牌建设

推动完善上海市外贸品牌建设促进配套支持政策，积极协调解决企业在市场开拓、技术创新、商标注册、品牌收购等方面的困难。建立健全商务、工商、质检、海关和行业协会等部门和社会机构联动的外贸品牌保护机制，为企业提供品牌推介、信息咨询、人才培训、商标代理、打假维权等各方面服务，提高企业品牌意识和品牌战略管理能力。下半年，结合广交会品牌展位基数重核，调整优化上海参展企业和参展商品结构，扩大“上海制造”宣传，增强国际市场对“上海制造”的知晓度和认同感。

3. 促进企业延伸价值链条

以推动出口加工区和各类外贸示范基地功能升级为牵引，鼓励和引导企业利用自己的信息资源、金融杠杆、运输渠道、国际营销网络等服务资源优势，打破行业界限，逐步向采购、设计、研发、销售网络构建等产业链两端延伸发展，向供应链管理和总部型企业转型提升。2013 年，在完善 5 个国家级外贸转型升级示范基地管理机制的同时，推动建立新的市级外贸示范基地认定和培育机制，重点做好青浦民用航空、临港高端装备制造、奉贤家具和金山化工 4 个市级基地的培育和认定工作。

### （三）推动营销网络整合，深化国际市场参与

1. 加快推进海外营销网络建设

积极鼓励和引导企业在境外组建直销网络，通过新设、收购、参股、合作等多种方式，深度融入国际市场体系。适时对上海市已批准设立的境外经贸办事机构、贸易企业以及各类商品展示中心、营销服务机构进行调查摸底，促进境外营销网络真正落地并良性运行。2013 年，以国家级出口基地、跨境电子商务和大型外贸综合服务企业为重点，支持推动企业建立海外营销中心、海外公共展示中心、跨境电子商务海外仓储物流中心，直接掌

握市场需求,减少贸易环节,开展国际市场差异化竞争。

2. 加大企业开拓新兴市场支持力度

加大双边自贸协定宣传力度,提高贸易优惠政策企业知晓度,逐步提高自贸试验区市场进出口份额比重。鼓励和支持企业开拓国际市场,优先支持中小企业参加境外重点展会。进一步完善上海市中小企业开拓国际市场资金管理办法,将新增资金向新兴市场开拓项目倾斜,组织和扶持企业重点开拓东南亚、中东、非洲和南美等市场。

3. 强化进口促进创新示范区功能作用

以外高桥"国家进口贸易促进创新示范区"为重点,加快推进生物医药、国际机床、高端汽车等主题产业园区发展,强化酒类、钟表、生物医药、医疗器械、机床、化妆品、健康产品、高端消费品等十大专业贸易平台辐射功能,提升上海进口贸易集聚效应。继续推动国别商品中心建设,推动泰国、俄罗斯、立陶宛等一批进口商品国别馆落地自贸试验区。结合跨境电子商务发展,建设国别商品中心线下体验店,使国别商品中心线上线下同步发展。

4. 扩大大宗商品进出口规模

发挥自贸试验区政策优势,推动大宗商品进出口市场建设,发展大宗商品、重要原材料贸易优势,集聚和引导国际贸易公司、跨国公司在自贸试验区内外从事大宗商品现货跨境保税交易、离岸贸易和转口贸易。同时,积极推动和发展期货在沪保税交割,不断提升上海国际市场话语权和定价权。2014 年在保持现有 800 亿美元规模的基础上,推动工业原材料、原油、粮食等主要大宗商品进出口全年实现 10% 以上增长。

### (四) 推动产业融合联动,提高外贸发展层级

1. 加大重点支柱产业贸易扶持

注重发挥外贸渠道优势,重点推进制造业设备更新和产品升级换代,推动生物医药、汽车、石油化工及精细化工、电子信息、成套设备和精品钢材等六大重点支柱产业发展。结合产业结构和产业布局调整,积极推动新材料、环境保护、现代物流等战略性新兴产业发展,着力培育上海外贸长远发展后劲。

### (五) 推动贸易便利化,优化外贸运营环境

1. 召开 2014 年上海市贸易便利化联席会议

初定于 2014 年 5 月底召开 2014 年联席会议,总结 2013 年联席会议各成员单位的工作推进情况,并制定 2014 年的工作目标。

2. 推进自贸试验区监管制度创新

围绕自贸试验区改革创新的目标,进一步推进简政放权和模式创新。完善"一线放开、二线安全高效管住、区内自由"的监管制度。完善海关"先入区、后报关"、"分送集报、自行运输"模式,扩大试点企业范围。强化海关检验检疫物控系统,实施卡口智能化改造。推进货物状态分类监管模式,争取在自贸试验区的洋山和机场区预试点。总结贸易监管方面比较成熟的便利化监管制度规范和操作办法,力争在 2014 年下半年复制推广。

3. 研究探索"单一窗口"管理模式

深化"单一窗口"系统建设和可行性方案研究,推动制定相应管理规范和操作流程,提升上海市国际贸易的效率和效益。年内,联合各口岸监管单位,争取启动"单一窗口"运作试点,实现企业一次提交相关数据即可满足相关监管部门的监管要求。

### (六) 推动会商旅文联动发展,发挥政策叠加效应

积极发挥展览业对宣传城市形象、带动旅游、扩大消费等方面的促进作用,推进"会商旅文"联动发展。通过定期汇总、集成发布当期展会展览、商业营销活动、文化演出、大型体育赛事、景点及旅游线路等信息,推动会展、商业、旅游、文化等产业间实现信息互联、资源互用、渠道共享,促进协同发展、形成叠加效应。

# 案例 1　东方国际集团

东方国际集团作为处于国际市场竞争最前沿的具有较大体量的贸易服务型企业集团,近几年来,承受了外需不足、内需不振、人民币持续升值、原材料和劳动力成本上涨、用工荒、国际贸易壁垒等多重压力。面对变幻莫测的经营环境,集团认真研究国际市场变化和国家外贸政策变化等因素,不断调整贸易业务结构,加快转变贸易发展方式,努力培育和提升以质量、技术、品牌、服务为核心的竞争新优势,保持了集团主营业务稳中有进和创新发展。

## 一、坚持在调整中创新,转变贸易发展方式

### (一) 推进外贸业务转型,提升外贸发展质量

集团采取综合性的鼓励措施稳出口,坚持不懈地调整产品结构、客户结构、市场结构

和贸易方式，加大出口营销力度，努力开发新产品、开拓新客户、开辟新市场。同时，推进外贸业务转型，构筑以技术、品牌、质量、服务为核心的出口竞争新优势。

一是加大科技投入，现已建成 8 家设计技术打样中心，以技术支撑和优质服务提高产品附加值。

二是扩大自营。集团重点稳定和发展自营业务，自营出口业务从 2012 年占出口总额的23%，争取每年递增 5%，2013 年和 2014 年的自营出口比例分别提高到 28% 和33%。

三是完替代理。扩大有质量、有效益、风险可控的代理业务，将代理业务当作自营业务做好、做精、做优、做强。

四是探索快速消费品进口。集团在稳出口的同时积极扩大进口，充分利用贴近国际市场的优势，注重将进口商品与内需热点相衔接，大力开拓与百姓生活密切相关的消费品进口业务。红酒、牛奶、食品等快速消费品进口业务已取得显著成效。

### （二）积极开拓内贸业务，走内外贸一体化发展道路

集团在外贸日益困难的形势下，积极实施内外贸并举，主动对接国内市场需求，多渠道、多方式开拓内贸市场，将拓展新兴内贸业务作为落实集团“十二五”创新转型发展战略的重大举措。目前，集团主要通过自主品牌内销、国外品牌代工内销、代理国外品牌的国内经销等方式扩大内贸业务，年内销收入已达 13 亿元以上。集团出台扶持内销业务的激励政策，建立推进内贸发展联席会议制度，鼓励公司积极探索网上销售和实体门店相结合的内贸经营模式，内外贸联动取得实质性成果。

一是培育自有品牌。集团正在培育发展一系列自有品牌，如东方创业的“KOOL”男装、家纺公司的“麻雀 333”床上用品、利泰公司的“SNOWFLAKES”女装和“SUNFLOWER”童装、纺织公司的“蓝蓝”印花布和丝绸集团公司的“海上丝韵”工艺礼品等。

二是开展网上营销。集团与百联 E 城、1 号店、淘宝网等国内电商平台合作，扩大集团商品在网上的销售品种和销售规模。创业公司自建自营“KOOL”电子商务平台。

三是开实体店。集团鼓励“KOOL”、SUNFLOWER 童装、“麻雀 333”、“海上丝韵”等自主品牌扩大实体销售网络，有计划地开设品牌专卖店。

### （三）投资并购进军电商领域

集团发展电子商务的三大标志性项目，包括玛萨玛索、跨境电商、物流电商，均已取得重要进展。

一是投资并购国内知名电商玛萨玛索。中长期内将进一步打造 MaSaMaSo 作为国内中高端男装第一阵营电商品牌的形象。

二是跨境电子商务项目。集团积极参与中国(上海)自由贸易试验区建设,成为自贸试验区跨境电商平台“跨境通”的重要合作方。投资参股上海美华系统有限公司及其全资子公司上海数字贸易有限公司,成为后者第一大股东,建设统一的进口商品直供、直达和分销服务的供应链平台。

二是“物流天下”电子商务公共服务平台。集团以现有的海运电子订舱平台为龙头和基础,进一步发展成为专业、可靠、优质、便捷、高性价比的一站式综合物流公共服务平台,持续推进线上业务与实体运作(O2O)的融合,快速做大做强“物流天下”电商平台。

## 二、坚持供应链管理和服务再造,提升企业核心竞争力

集团从改造原有传统外贸运作模式入手,着力推进供应链再造,强化增值服务功能。利用大集团内的各种资源优势,从设计打样、原辅料采购、生产、仓储配送、运输直到出口,为客户提供一揽子的全程服务。

### (一) 建设设计、技术、打样中心,完善生产基地

集团已建有成衣服装制品、纺织品、针织品、家用纺织品和丝绸等种类齐全的纺织服装类产品设计打样中心或技术中心。

集团鼓励子公司在业内主动率先“走出去”建设海外生产基地,抢占成本低点。

### (二) 加快自主品牌建设,推进品牌战略的实施

集团一方面积极承揽国外著名品牌的定牌生产业务,争取国际著名品牌的代理权和专营权,促进产品结构向中高档方向转变;另一方面努力培育自主产品品牌,开拓和扩大自主品牌产品的出口。

### (三) 加强物贸联动,提高大项目承接能力

集团推进物贸联动和合作,通过加强贸易与物流相互合作,联手承接大型项目等举措,既提升了物流服务功能,又拓展了进出口业务,初步形成两大主业联手开拓新市场、发展新业务的战略格局。集团现代物流业务取得长足进展,通过实施大客户战略,为联合利华、飞利浦、博世、施耐德、上海电气、上海建材等客户提供贴身一站式的综合物流服务,实现单一服务向复合型业务、低服务附加值向高服务附加值、传统货代粗放型服务向

全程集约精细型服务转变。

### （四）建设服务贸易大平台，推进贸易又好又快发展

集团推进服务外包流程创新，服务外包既做接包方，同时也做发包方。集团以项目为抓手，健全贸易服务各理功能，提供标准化服务，在大项目的执行过程中，建立规范流程，编制服务产品菜单，形成为社会各种客户提供专业服务的标准化体系。集团具有国内外旅游、会展、人力资源服务等经营资质，通过调整转型和改制，培育新型服务企业，向现代服务业拓展。

## 三、加强业务指导和协调，鼓励业务稳定发展

集团十分注重加强业务经营过程中的具体指导和统筹协调，定期组织召开业务工作会议、业务务虚会以及产品专业化、系列化的现场会，推广业务工作先进经验；每年都要精心组织华交会、广交会以及中国－东盟博览会等国内外各类交易会和博览会的筹展参展工作，每次展会都取得了组展和成交的预期目标。

集团成立了贸易摩擦应对小组，建立了商情、汇率分析队伍加强贸易动态跟踪和政策指导工作，研究应对汇率政策变化；还积极与银行合作，争取优惠的结汇汇率，并运用、开发一些金融产品来规避政策风险。

针对全球金融危机持续造成外需低迷的严峻形势，2009 年起至今，集团已连续六年推出“调结构、转方式、促发展”的一揽子支持业务发展的中长期、综合性措施，这些政策措施的出台，对各子公司促成交、扩出口，全面完成主业发展目标，加快转型发展起到了极大的作用。集团还与海关、中信保、商检等部门建立战略合作关系，争取统一的贸易便利服务条件或优惠政策，对扩大出口和保障出口收汇安全起到了较好作用。

## 四、进一步推进外贸转型升级发展

集团充分发挥综合优势，主动对接和融入上海国际贸易中心、国际航运中心建设，进一步创新发展，加快建设成为以货物贸易和现代物流为主业，以相关资产经营管理与投资为配套支撑，具有面向国际和国内市场产业链整合能力、供应链管理能力和跨国运营能力，内外贸相结合、实体经营和电子商务协同发展的综合性、特大型、现代化的贸易服务“总集成商”。

### （一）创新提升

集团努力以创新引领发展，鼓励业务创新，加快转变发展方式，着力培育壮大贸易与物流领域的新型业态和新增长点，以提升集团主业核心竞争力。主要推进两种经营：一是推进面向国际和国内两个市场，内外联动、内外贸一体化的贸易经营；二是推进港口物流业务与现代仓储和物流管理、城市配送一站式服务相结合的物流经营。

### （二）集成服务

集团主业发展以完善贸易服务“总集成商”功能（集研发、设计、生产、营销、物流配送为一体）为手段，全面发展专业化、集成化，一站式、一揽子服务的能力。着力于“六结合、六联动”：一是进口与出口结合，达到进出口联动；二是自营与代理结合，达到规模效益联动；三是外贸与内贸结合，达到内外贸联动；四是生产与贸易结合，达到技工贸联动；五是物流与贸易结合，达到物贸联动；六是实体与网络结合，达到线上线下联动。

### （三）项目聚焦

集团将集中倾注人财物聚焦重点项目，以对重大项目、创新型项目的大力投入和重点培育努力形成驱动集团可持续发展的动力因素。目前正在研究实施四类重点项目：一是海外品牌并购和海外生产基地建设项目；二是现代仓储设施基地和物流地产项目；三是建立海外进口货品电子商务平台项目，并利用海外电商平台扩大出口；四是物流和贸易一体化联动的项目。

## 案例 2　上海等势线计算机科技有限公司

ETW 国际（包括 ETW）是上海等势线计算机科技有限公司的简称及注册商标，注册资金是 1 018 万元，目前有 300 多名员工，有多名博士和硕士以及归国留学生，ETW 国际是政府批准可以雇用外籍员工的内资企业，公司拥有 50 多名外籍员工，来自世界不同的国家，他们和中国员工一起把中国出口企业推到国际市场中去。

公司服务 4 000 多家企业，其中包括 200 多家上市公司和行业龙头，如上海柴油机股份，常林股份，国机重工，得力文具，金龙客车等，公司成立以来，积累了很多客户，如上海柴油机股份与公司合作 7 年。

公司利用 23 个国家本土网络置放 18 种语言的企业产品和企业信息，实现对中国传统出口市场和新兴国家市场的覆盖,因而获得国际市场(信息覆盖下的空间就是市场);通过对企业实景拍摄的视频,让采购商能了解企业的真实情况,获得采购商的信任;通过设立在多个国家的常年展馆让采购商能就近、就便看货,降低采购商采购前的风险。

## 一、多国网络营销

使用多个国家的本土网营销,克服网络和语言带来的障碍,公司已经在 23 个国家的网络中建立多语言的数据库,以便对不同群体的信息覆盖,实现"信息覆盖下的空间就是市场"的目的,至今已经使用 18 种语言和 23 个国家的网络,为出口企业积累 2 600 多万国外在网上找产品的人(应是潜在采购商)的信息(图 2.5)。

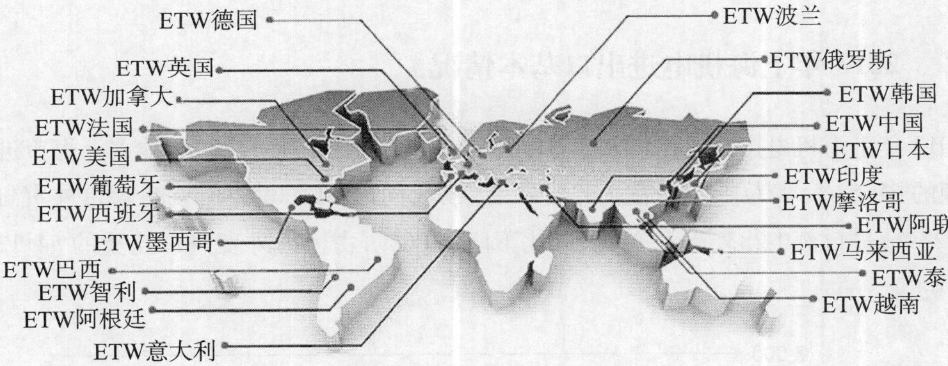


**图 2.5 ETW 国际多国网络使用分布图**

## 二、多国视频营销

网络信息给人的信赖度很低,特别是文字和图片等信息很难全面表述企业的真实性与可靠性,这给跨文化、跨国境、跨语言的国际采购带来更多采购心理障碍,因此,公司开发了多国投放、多语言配音(18 种母语)、能让不同国家的采购商在自己的国家通过流畅的播放视频、能听懂的解说,了解所出口的企业情况,增加采购商的信任度。

## 三、多国常年展馆

在世界多国设立常年展馆,第一批有美国、日本、葡萄牙、智利、阿根廷(分馆),第二批有俄罗斯、巴西、德国、阿联酋、南非、摩洛哥、埃及等国家(可能会有部分变动),其中日本馆已经开放,美国馆和智利馆也很快开放。利用展馆和网络配合,让人通过网络知道"常年展馆"的展出产品,展馆既是365天的展会,也是企业海外的营销点,甚至企业未来走出去的前期窗口。没有网络营销带来国际买家,孤立的展馆是很难有效果的。而线上全球营销,线下让采购商能就近看货,就能降低采购费用和风险。

目前为止,公司已经在美国、日本、智利等国建立了常年展馆,下一步还将会在俄罗斯、葡萄牙等国投资建馆,计划将有11个常年展馆。至2014年5月,ETW国际已经积累了2 600万外国采购商(在网上找产品的人)信息,每天还新增3万多人。这些不同国家在网上找产品的人会形成一个巨大的中国企业的国际市场。

## 第二节　机电产品贸易

### 一、2013年上海机电进出口基本情况

2013年上海机电产品进出口额2 718.25亿美元,同比下降1.25%,约占上海市进出口总额的61.58%。其中,出口额1 434.47亿美元,同比下降1.42%,占上海市外贸出口的70.23%;进口额1 283.78亿美元,同比下降1.06%,占上海外贸进口比重的54.12%(图2.6)。

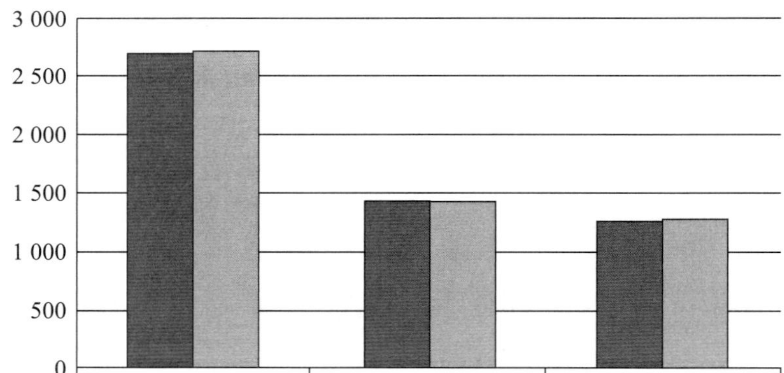


| | 进出口额 | 出口额 | 进口额 |
|---|---|---|---|
| ■2012年/亿美元 | 2 693.82 | 1 433.15 | 1 260.67 |
| ■2013年/亿美元 | 2 718.25 | 1 434.47 | 1 283.78 |

**图2.6　2012—2013年上海市机电进出口额情况**

## 二、2013年上海市机电进出口主要特点

### （一）外资企业是上海机电出口的主要企业类型

外资企业出口额1 145.44亿美元，同比下降2.13%，占上海市机电出口的79.85%；民营企业出口额154.26亿美元，同比增长9.06%，国有企业出口额127.86亿美元，同比下降6.56%（图2.7）。

### （二）机电产品中一般贸易出口增长较快

上海机电产品一般贸易出口额390.42亿美元，同比增长5.87%，超过上海市机电产品出口增速7个百分点。加工贸易方式出口仍为机电产品出口的主要贸易方式，累计出口额848.16亿美元，占机电产品出口总额的59.13%。

### （三）上海机电产品出口的传统市场出口增速均有所放缓

美国、中国香港、日本、东盟是上海机电产品出口主要市场。上海对美国机电出口额399.83亿美元，同比增长0.28%；对中国香港出口额141.25亿美元，同比增长7.2%；对日本出口额142.93亿美元，同比增长1.07%；对东盟出口额143.52亿美元，同比增长0.31%（图2.8）。

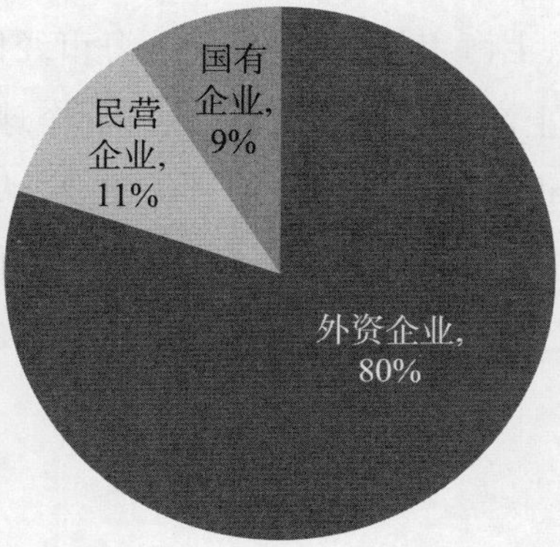


图2.7 2013年上海市机电产品出口企业类型

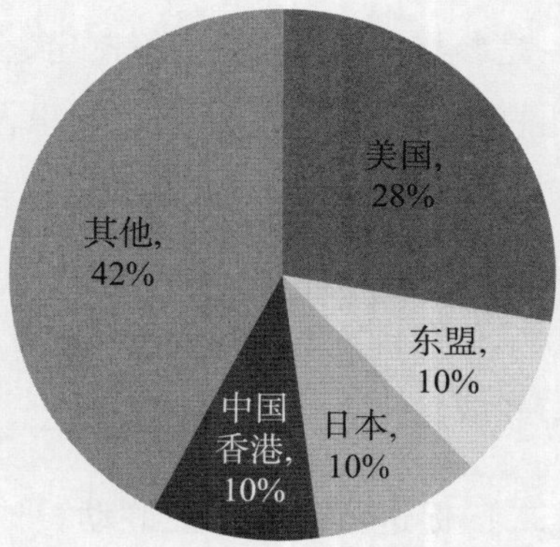


图2.8 2013年上海市机电产品出口市场结构

### （四）自动数据处理设备及其部件、船舶两大类产品出口下降

上海机电产品出口前5位的产品出口额占了上海市机电产品出口比重的51%，分别

是自动数据处理设备及部件、集成电路、电话机、船舶、自动数据处理设备的零件，这些产品出口变化对上海市机电产品出口影响较大。自动数据处理设备及其部件是目前机电产品出口排名第一位的产品，全年出口额426.59亿美元，同比下降9.16%，是拉动上海市机电出口下降的最大产品。排名第四位的船舶出口额42.44亿美元，同比下降了10.03%。

### （五）上海机电产品进口规模呈现下降态势

外资企业机电产品进口占上海机电进口比重的80.33%，同比下降了0.56%，是拉动上海市机电产品进口下降的主要企业类型。自动数据处理设备及部件是拉动上海市机电产品进口下降最主要的产品类型，汽车（包括整车散件）进口增长较快。上海机电产品进口前十位的产品占上海机电产品进口比重的60%。其中，自动数据处理设备及部件进口额58.34亿美元，大幅下降了38.72%。主要由于以代工生产为主的该类产品产能向中西部地区转移，出口大幅下降导致了机电产品进口需求的下降。汽车（包括整车散件）进口额116.83亿美元，同比增长27.71%。

## 三、2013年上海市机电产品贸易工作情况

### （一）推进自贸试验区建设

一是参与自贸试验区政策制定，会同上海海关、上海市检验检疫局、上海市经信委、上海市自贸试验区管委会等部门，出台了《在中国（上海）自由贸易试验区开展全球维修业务实施意见的通知》。该文件通过梳理企业政策诉求结合上海转型升级需要，从企业准入、海关监管、检验检疫等5个方面对在自贸试验区试验内开展全球维修业务进行了规范。二是在自贸试验区一门式服务窗口服务设点工作，在自贸试验区办事大厅设立机电进口专线。

### （二）促进贸易与产业联动

一是推进国家级出口基地建设，用好政策杠杆，建好公共服务平台。组织汽车及零部件出口基地、船舶出口基地和科技兴贸基地三个国家级出口基地开展申报，最终25家企业的28个平台通过审核，对进一步做大基地的公共服务功能具有重要意义。提高各基地公共服务和外向型发展水平。汽车及零部件出口基地在美国设立海外服务中心，帮助基地内企业拓展美国市场。汽车及零部件出口基地建设保税仓库，扩大服务功能。二

是创建市级外贸基地会同上海市科委、上海市财政局、上海市进出口商会等多部门，最终认定临港产业区域（高端装备）和青浦出口加工区（民用航空）为首批市级基地，形成了提高贸易与产业联动的着力点，为上海市进一步优化外贸结构打下了基础。

### （三）推动加工贸易转型升级

与浦东新区等部门一起，推动昌硕公司开展全球维修业务，推动产业链向高端延伸，提高加工贸易企业的能级。加大对漕河泾、青浦等出口加工区的指导，引导其结合重大项目进行功能拓展。

### （四）积极落实国家鼓励政策，推动高技术产品进出口

落实完成2013年度国家“进口贴息”工作。共有128家上海企业通过商务部、财政部审核，进口贴息资金多用于支持信息技术、高端装备制造等战略性新兴产业，发挥了进口在推动产业升级中的积极作用。组织上海市企业做好2013年度技术出口贴息申报，共有18家企业获得资金支持。

### （五）推动贸易便利化工作

1. 深入推进贸检合作

积极推动国家出口工业品质量安全示范区申报工作。

2. 启动加工贸易审批权下放工作

结合简政放权的要求，制定下放加工贸易内销审批权限的方案。在静安区开展下放加工贸易内销审批权限试点。按上海市审改办要求做好逐步向上海市推广准备。

### （六）搭建展会平台，推动出口企业扩大销售渠道

根据商务部要求，启动并完成了2013年中国加工贸易产品博览会的上海团招展、组展、参展的各项工作。做好上海市汽车及零部件企业参加海外展的组织和申报工作。组织汽车零部件企业参加2013年北京汽车配件展览会、俄罗斯（莫斯科）国际汽车配件展览会、法国巴黎国际汽车工业展。

## 四、2014年主要工作思路

### （一）结合自贸试验区建设，增强贸易功能

一是根据自贸试验区挂牌前出台的全球维修业务实施意见，推动自贸试验区内全球

维修业务开展。会同上海海关、上海市商检局等部门，完善服务监管体系，帮助更多企业开展维修业务，推进全球维修基地建设。二是联合相关部门，简化旧机电产品进口手续，推动转口贸易发展。对经自贸试验区转口的二手工程机械采取更为便利化的措施，提高效率，降低成本，推动自贸试验区二手工程机械转口贸易的发展。

### （二）做好机电产品进口促进工作，扩大高端机电产品进口

一是继续做大机床、医疗器械等专业进口平台，支持自贸试验区扩建机床进口平台，提升医疗器械进口平台功能。二是用好进口贴息等政策杠杆，进一步扩大先进技术、关键设备进口。加大对重点行业的宣传力度，提升上海市重点产业抓住发展机遇，扩大产能，提高水平。

### （三）加快推动加工贸易转型升级

一是帮助出口加工区实现功能拓展，引导上海市出口加工区用好现有政策资源，结合电子商务等新型业态，以及大型项目需求，拓展保税物流、仓储、展示等功能，发挥好特殊监管区的政策优势。适时推进有条件的出口加工区转型。二是引导现有加工贸易企业实现产业结构和产品结构调整，继续推进企业开展高端维修。在自贸试验区开展全球维修业务的同时，提升青浦的航空维修能级，扩大国际维修规模。完善企业开展维修业务的监管体系，做好环境保护。帮助现有代工企业优化产品结构。结合现有代工企业希望在上海继续发展的意愿，支持广达电脑集团公司、昌硕科技上海有限公司、英业达股份有限公司等企业进一步发展高附加值产品，稳定加工贸易规模，提高加工贸易生产水平。

### （四）加强出口基地建设，促进贸易和产业联动

一是建好国家级出口基地，继续完善汽车、船舶和生物医药三个国家级出口基地公共服务平台建设。支持上海汽车及零部件出口基地在美国设立营销网络，帮助基地企业拓展海外业务，建立售后维修渠道。重点建好检测中心、保税仓库等公共平台，提高公共服务水平和对外辐射能力。二是培育好市级外贸基地，在指导好青浦、临港基地做好规划，搭建平台，确定运营单位的基础上，结合不同特点开展工作。围绕青浦出口加工区民用航空产品成熟的条件，指导企业进一步扩大规模、提高产品国际竞争力。针对临港产业区发展再制造产业的契机，重点推动二手工程设备、汽车零部件的再制造发展。

### （五）推进贸易便利化工作

一是简化加工贸易审批程序，在对静安区试点下放加工贸易内销审批权限基础上，研究向上海市推广方案。二是进一步推广进口机电产品网上申报许可证，逐步简化申请材料递交要求。三是加强贸检合作，与上海检验检疫局共同推动“国家级出口工业产品质量安全示范区”建设。对重点企业进口料件继续实行快检快放，通过进口促进出口。

## 第三节 服务贸易

### 一、2013年上海服务贸易发展基本情况

据外管局上海分局国际收支统计数据，2013年上海服务贸易进出口总额1 725.4亿美元，同比增长23.5%。其中，出口额595.4亿美元，同比增长26.6%，进口额1 130.0亿美元，同比增长21.9%。上海服务贸易继续保持平稳增长的势头，占全国服务贸易进出口总额的比重达到32.0%，占同期上海对外贸易总额的比重提高到28.1%，对上海开放型经济的贡献程度进一步加强(图2.9)。

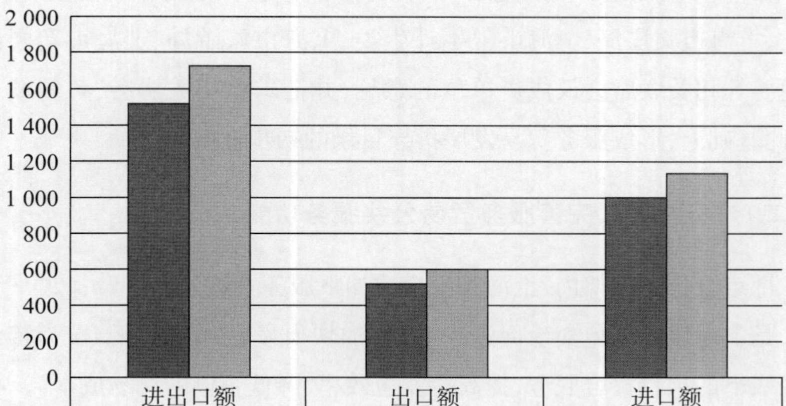


| | 进出口额 | 出口额 | 进口额 |
|---|---|---|---|
| 2012年/亿美元 | 1 515.6 | 515.3 | 1 000.3 |
| 2013年/亿美元 | 1 725.4 | 595.4 | 1 130.0 |

**图2.9 2012—2013年上海服务贸易进出口情况**

2013年上海的服务贸易总体呈现出“基础好、发展快、规模大、结构全”的良好态势，主要有三个特点：

一是增长速度快、全国占比高。上海服务贸易增速超过货物贸易增速，占全国服务

贸易比重超过30%，规模位居全国首位。

二是优势领域多、发展潜力大。在运输、旅游等传统服务贸易领域，上海保持总量领先；在咨询、广告宣传、计算机和信息技术、金融保险和商业服务等新兴、高附加值服务贸易领域，规模居于全国前列。

三是模式创新化、业态多样化。服务外包作为实现跨国服务交易的重要创新模式已日益受到各国的重视和关注。2013 年，上海离岸服务外包合同金额达到66.18 亿美元，同比增长27.32%；离岸执行金额达到43.79 亿美元，同比增长20.73%。上海服务外包正逐步形成以提供解决方案和高端研发业务为主的服务外包结构。此外，上海还鼓励发展大宗商品交易智能服务、移动网络应用方案研发、云计算和大数据的平台服务等一系列前沿业态，推动服务贸易向创新化、高端化和多样化方向发展。

## 二、2013 年上海服务贸易工作推进情况

### （一）加强引导，编制“上海服务贸易促进指导目录”

根据《上海市推进国际贸易中心建设条例》的要求，上海市商务委结合上海市服务贸易和服务外包“十二五”发展规划，听取上海市宣传部、上海市发改委、上海市城乡建设和管理委、上海市文广局、上海市卫生计生委、上海市旅游局、上海市新闻出版局以及上海市交通委等相关联席会议成员单位的意见，并征求各相关协会、各领域企业和专家的意见，在此基础上，形成服务贸易发展指导目录的初步框架。

### （二）搭建平台，完善服务贸易公共服务功能

在部市合作的框架内，上海积极搭建如下服务贸易公共平台：

一是上海服务外包交易促进中心，它加快研发在线交易平台，为接包方和发包方提供线上线下的项目撮合服务，提高接发包效率，降低企业的交易成本。

二是上海文化贸易语言服务基地，它依托上海外国语大学和中国对外翻译出版有限公司，在提供语言服务的同时，加强职业培训和数据平台功能，为翻译知识产权问题提供法律咨询和维权服务。

三是上海中医药国际服务贸易促进平台，作为全国第一个中医药服务贸易专业服务平台，以公共服务平台方式，集中上海国际合作的优质资源和渠道，提高中医药服务贸易专业化运作能力。在第二届中国（北京）国际服务贸易交易会上海主题日的活动中，商务部和上海市领导共同为上述三个平台揭牌。

### （三）落实政策，打造服务贸易政策体系

一是在落实资金支持政策方面，组织企业申报商务部文化出口、软件贴息和服务外包资金。在市级层面会同上海市发改委和上海市财政局优化服务贸易专项资金和服务外包专项资金使用结构，发挥财政资金“四两拨千斤”的作用，引导企业加大在人才培养、海外市场开拓和提升服务标准等方面的投入。

二是在落实税收优惠政策方面，依托“税贸合作”机制，联合上海市税务局做好离岸服务外包合同的备案管理和业务确认工作，支持服务外包企业按规定享受离岸服务外包业务免征增值税的政策；联合上海市科委累计认定300家技术先进型企业，经认定的企业享受企业所得税15%的税率。

三是在加大金融支持力度方面。联合央行上海总部认定10家服务贸易和服务外包最佳伙伴银行，就金融需求、外汇波动等议题召开多次银企对接会，为企业融资设立便捷的通道。

### （四）聚焦重点，培育重点领域市场主体

一是继续推进运输等传统服务贸易优势领域发展。开展“营改增”后国际货代企业税负情况调查，并形成“关于‘营改增’实施以来上海市国际货代企业有关情况的报告”。

二是优先发展软件和信息技术服务、文化服务、专业服务、中医药服务等新兴知识密集型领域。在软件出口方面，帮助软件贸易企业开拓国际市场，组织企业参加高德纳(Gartner)峰会等有影响力的国际会议；在文化贸易方面，组织企业申报国家文化出口重点企业和重点项目，共35家企业和10个项目获得审核通过，并联合上海市委宣传部修订《上海文化产品和服务进出口统计报表制度》；在专业服务方面，联合上海市司法局召开上海市专业服务贸易单位工作会议，研究进一步加强行业规范和培育本土品牌；在中医药服务方面，联合上海市卫生计生委、上海市中医药办联合制定发布《上海市中医药服务贸易发展规划纲要(2014—2018年)》，加强对行业发展的宏观指导。

三是重点关注医疗、教育、创意设计等基于信息技术逐渐实现跨国服务交易的潜力领域。做好相关领域潜力企业的跟踪、调研工作。

四是通过行业协会，发布每年度的“上海服务贸易优势和潜力企业(百强)名单”，着力推进重点区域发展。联合上海市发改委、上海市经信委，推动服务外包示范区、专业园区和软件出口园区发展，出台《上海市服务外包示范区综合评价管理办法》，鼓励各区域错位发展，优势互补，打造各具特色的服务贸易集聚区。提升重点企业的国际竞争力。通过在服务贸易各领域内建立重点企业认定和联系机制，如联合国际货代协会认定国际

物流(货代)重点企业,联合上海市经信委认定市软件出口重点企业,联合上海市财政局、上海市司法局认定专业服务贸易重点单位,联合上海市中医药办认定中医药服务贸易试点单位等,并给予服务贸易和服务外包重点企业资金支持和贸易便利化等政策倾斜,研究制订各具特色的重点企业推介策略和国际市场拓展方案,帮助企业做大做强。

### (五) 着眼需求,优化服务贸易便利化环境

一是在打造服务贸易城市竞争力方面,上海正逐步从以财税政策驱动向以优化环境的战略转变,在各部门的合力推动下,根据企业的需求导向和问题导向,出台了多项服务贸易便利化举措。

二是在外汇管理方面,联合外管局上海市分局为服务外包重点企业提供"外汇业务绿色通道",并鼓励企业进行人民币跨境贸易结算的试点,将服务贸易和服务外包重点企业确定为人民币经常项目简化业务流程的试点对象,并做好跨境电子商务外汇支付业务试点,便利跨境电子商务相关的资金清算服务,提升上海服务贸易的国际竞争力。

三是在检验检疫方面,联合上海市卫生计生委、上海检验检疫局设立"张江快速检验绿色通道",简化张江高科技园区进口生物材料检验检疫审批手续,并依托自贸试验区框架进一步扩大试点范围。

四是在人员出入境方面,联合上海市公安局出入境管理局出台服务贸易企业外籍高管的签证和居留便利政策。

五是在知识产权方面,联合上海市知识产权局落实《关于加强上海市服务外包产业知识产权工作的若干意见》,加强知识产权保护的宣传和培训工作,培育良好的接发包环境。此外,联合上海海关在海关保税监管、联合上海市人力资源和社会保障局在特殊工时制度等方面落实便利化举措。

### (六) 加强宣传,提升服务贸易品牌形象

一是举办和参加一系列服务贸易促进活动,联合上海市经信委举办第十一届上海软件贸易发展论坛,搭建了企业推介、宣传和交流的平台;组织企业参加中国(北京)国际服务贸易交易会、大连软件信息服务交易会、中国(深圳)文化产业博览交易会、中国(杭州)服装服饰博览会、慕尼黑物流展等海内外的重要展会,宣传和提升上海服务贸易的品牌形象。

二是编制发布《上海服务外包优势和潜力企业名录》及《上海服务贸易企业成功案例选编》,集中推介上海市服务外包、国际货代、软件出口、文化贸易等重点领域的优势和潜力企业,提升本地企业在海内外的知名度。

三是举办服务贸易系列讲座，邀请政府官员、专家学者和资深从业人士进行行业发展分析、政策解读和前瞻性研究的宣讲，并指导上海市国际服务贸易行业协会编制《服务贸易百问》等宣传册，不断加强服务贸易的宣传和知识普及工作。

### （七）集聚人才，形成服务贸易人才高地

近年来，上海市商务委通过认定一批服务外包“培训基地”和“实训基地”，来缩短大学毕业生到企业工作的适应期；通过国家和地方服务外包人才培训资金，来增强外包企业吸纳大学生就业的能力；通过联合上海市教委推进校企合作，召开高校与服务贸易企业的对接会；加强与服务外包培训机构的联动，建设服务外包人才培训中心等平台；不断完善“政府引导、机构主导、企业支持”的三级培训网络。此外，联合相关部门，积极引进一批具有国际背景、熟悉业务、具备全球战略眼光的海外人才，在全上海市逐步形成大学生为主体、中高端人才为骨干，海外高层次人才和本地创业型人才为引领的服务人才结构。

## 三、上海服务贸易发展面临的瓶颈

### （一）转型升级缺乏指导

随着上海商务成本和人力成本不断攀升，上海服务贸易企业纷纷向高附加值的业务转型，但在转型过程中缺乏对行业整体情况的把握以及上海市重点推进领域的了解，无法有效率地进行资源配置，需要在宏观层面加强指导。

### （二）上海服务尚未形成品牌

上海市服务贸易企业在开拓海外市场时往往容易受到客户的质疑。海外客户对上海的服务品牌还缺乏信任，需要组织企业参与多形式、多渠道的促进和推介活动，提升在国际上的品牌形象。

### （三）便利化工作需进一步深化

服务贸易便利化工作是打造良好发展环境的关键所在。目前在100人/份以上生物样本通关等具体操作层面还存在一定的困难和障碍，需要在联席会员框架内进行协调。同时，对外汇管理、生物样本通关、人员出入境等方面的一些较为成熟的试点工作，可以考虑扩大试点范围。

### （四）政策调整较为滞后

服务贸易的基础是服务业，它和制造业的发展路径有较大的不同。对推进制造业行之有效的政策，未必适合服务业和服务贸易的发展。因此，对服务贸易政策体系有必要进行不断的调整和优化，比如优化服务贸易专项资金的使用结构等，来应对服务贸易快速发展的趋势。

## 四、2014 年上海服务贸易工作思路

### （一）围绕“自贸试验区”建设，加快培育服务贸易市场主体

聚焦国家文化贸易基地建设，加快形成文化产品与服务的集聚辐射效应。加快发展生物医药、软件信息和数据处理等服务外包重点领域，并在商务部指导下，积极研究离岸和在岸业务的协调发展。继续认定一批国际物流（货代）、软件和信息技术服务、专业服务和服务外包重点企业（单位），增强企业主体的竞争力。

### （二）针对贸易中心立法条例，抓紧出台服务贸易促进指导目录

结合上海市服务贸易和服务外包“十二五”发展规划以及前期调研的成果，在汇聚市服务贸易发展联席会议成员单位意见的基础上，加快出台“上海服务贸易促进指导目录”，制定服务贸易各重点领域的发展标准，支持服务贸易企业做大做强。

### （三）落实部市合作项目，努力建好三个服务贸易促进平台

加快建设上海文化贸易语言服务基地，依托语言服务平台加快本土文化企业“走出去”的步伐；加快推进中医药服务贸易平台的建设，完善平台的远程会诊功能，拓展国际远程服务终端，扩大中医药跨境服务项目；着力打造集信息咨询、金融支持、标准化及交易促进等功能于一身的服务外包交易促进中心；研究在教育等新兴服务贸易领域搭建公共服务平台。

### （四）产业贸易联动，开展服务贸易行业运行分析工作

加强企业调研，分析各行业产业与贸易的联动关系、各领域重点企业的新情况、新模式和新业态。加强服务贸易统计分析，做好《上海市国际服务贸易统计季报》的编制工作，加强对服务贸易趋势性和规律性发展因素的研究。做好地方服务外包示范区综合评

价体系的数据采集、整理和分析工作,全面梳理上海服务外包的产业基础、发展环境以及结构特征。

### (五) 完善工作机制,形成各委办、各区县经验共享、共同发展

通过完善上海市服务贸易发展联席会议成员单位联络员制度和区县例会制度,加强委办间、区县间交流沟通方式。从制度上有效保障服务贸易发展战略和各项措施的贯彻与落实,形成各方共同合力推进服务贸易发展局面。

### (六) 优化企业发展环境,深化服务贸易便利化政策

结合服务贸易企业的特点和需求,出台和落实生物医药样品通关便利化举措,简化相关的备案流程;研究开发本地化服务外包合同管理系统,加快推进无纸化合同申报;同时,鼓励最佳伙伴银行与服务贸易、服务外包企业合作,特别是为中小型服务贸易企业提供融资便利。

### (七) 聚焦重点领域发展,加大对服务贸易关键环节的支持力度

在上半年完成国家各类资金申报的基础上,启动上海市服务贸易和服务外包发展专项资金的申报工作,从国际认证、人才培训、促进活动和海外设点等方面对国际物流、软件出口、文化服务、专业服务和服务外包等重点领域的关键环节给予资金支持,帮助企业不断开拓海外市场,加快打造核心竞争力。

### (八) 拓展海外市场业务,组织服务贸易各类推介促进活动

组织上海市具有比较优势的服务贸易和服务外包重点企业参加商务部海外推介活动,扩大上海企业的海外知名度;筹备和举办 2014 上海软件贸易发展论坛,创建软件出口城市品牌。

### (九) 优化人才培养模式,努力探索服务贸易校企项目合作

联合上海市教委、上海市人保局举办“软件和信息服务企业千人招聘会”,创新招聘会模式,邀请知名服务外包企业家到高校进行宣讲,并组织高校毕业生到企业进行参观和交流,以缩短应届大学毕业生到服务贸易企业的适应期。联合相关协会对高校课程设置和培养方案进行调研,加强高校和企业在人才培养方面的对接。进一步做好服务外包实训基地和培训基地认定工作,并加强服务外包实训基地和高等院校在实习生培训方面的合作,为企业发展营造良好的人才环境。

### （十）加强政策宣传研究，做好服务贸易创新发展研究课题

在继续举办好服务贸易系列讲座，编撰年度服务贸易发展报告的基础上，开展自贸试验区建设和服务贸易创新发展研究课题，进一步探讨通过服务贸易管理体制、促进政策和市场主体等创新，来提升本土服务企业国际竞争力，扩大出口。

# 第四节　服务外包

## 一、服务外包发展基本情况

### （一）总体情况和特点

近年来，在商务部等国家部委持续有力的政策支持下，上海服务外包平稳快速发展。据商务部服务外包业务管理和统计系统数据，2013 年 1—12 月，上海离岸服务外包合同金额 66. 18 亿美元，同比增长 27. 32%；离岸服务外包执行金额 43. 79 亿美元，同比增长 20. 73%（扣除补报的部分，2013 年实际离岸执行金额 32. 7 亿美元，同口径同比增长 18. 37%）（图 2. 10）。

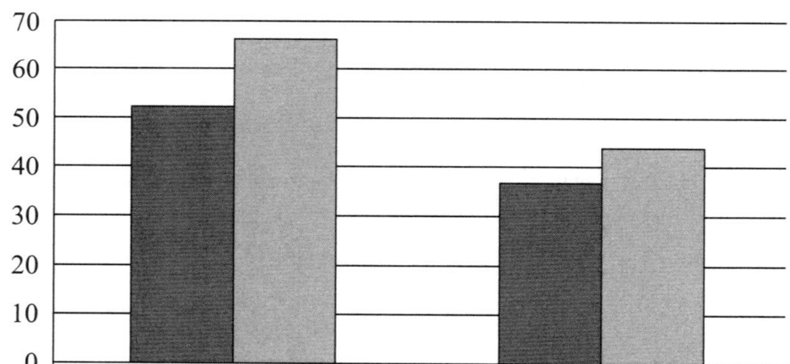


| | 服务外包合同金额 | 离岸执行金额 |
|---|---|---|
| ■2012年/亿美元 | 51.98 | 36.27 |
| ■2013年/亿美元 | 66.18 | 43.79 |

**图 2. 10　2012—2013 年上海服务外包情况**

1. 点面结合、覆盖上海市

5 个服务外包示范区（浦东新区、长宁区、闸北区、黄浦区和漕河泾新兴技术开发区等）和 12 个服务外包专业园区（张江金融信息、张江生物医药、南汇生物医药、卢湾人力资源、陆家嘴信息技术、浦东软件园信息技术、长宁数字媒体、天地信息技术、张江信息技

术、金桥研发设计、嘉定汽车研发设计以及财经大学金融服务外包专业园区),159家服务外包重点企业分布在上海市大部分区县。

2. 专业集聚、联动发展

目前,上海5个服务外包示范区集中了上海市80.4%的服务外包执行金额。有159家服务外包重点企业和300家技术先进型服务企业,还有10个软件出口(创新)园区和30家"市软件和信息技术服务出口重点企业",基本形成了专业集聚、联动发展的格局。同时,中心城区通过发展服务外包,产业推进升级效应已经显现,并为长三角乃至中西部地区承接在岸服务外包创造了条件。

3. ITO增长较快,BPO和KPO略有增长

信息技术外包(ITO)执行金额增长42.72%,业务流程外包(BPO)增长4.85%,知识流程外包(KPO)下降19.76%。剔除补报的数据,ITO执行金额增长26.9%,BPO增长0.2%,KPO增长1.83%。其中KPO增长放缓的原因是,部分研发企业改为申报跨境服务免征增值税,不在本系统中申报合同,使得申报企业数量有所下降。

4. 企业数量持续扩大

截至2013年12月底,上海市共有服务外包企业1 378家,比2012年新增132家。埃森哲有限公司、汇丰银行和花旗银行等世界500强企业纷纷在沪设立亚太或全球数据处理中心,跨国企业也将财务、人事等业务流程共享中心设在上海,国内知名外包企业也以上海作为重要战略部署地。

5. 从业人员迅速增加

截至2013年12月底,上海市服务外包企业已经吸纳就业人员25.45万人,其中大专以上学历人员占全部从业人员86.4%,比2012年底新增2.11万人。

6. 业务来源地广泛

截至2013年12月底,居服务外包发包地前五位的国家和地区为美国、日本、中国香港、新加坡和法国,业务占比分别为40.7%、11%、11%、5.6%和4.5%。

### (二) 2013年上海服务外包工作推进情况

1. 全面落实服务外包支持政策

首先是做好政策延续工作,《国务院办公厅关于进一步促进服务外包产业发展的复函》下发后,上海市商务委依托"上海市服务贸易发展联席会议"机制,做好服务外包政策延续工作,同时加强对企业的政策宣传,帮助企业了解政策延续的具体情况。

其次是落实财政资金支持政策,上海市商务委积极组织企业申报国家服务外包专项资金,2013年共获得国家服务外包人才培训和认证项目支持资金共计3 642.4万元,极大

地增强了服务外包企业吸收就业的能力,加快培育服务外包人才;同时,继续实施上海市促进服务外包发展专项资金政策,市、区县两级财政支持资金超过 7 700 万元,为上海服务外包企业发展提供了资金支持。

再次是落实离岸服务外包业务免征增值税政策。2013 年,上海服务外包企业享受离岸业务免征增值税 4.10 亿元,极大地减轻了企业的税收负担,增强了企业的国际竞争力。

2. 加快服务外包公共服务平台建设

一是联合浦东新区商务委搭建上海服务外包交易促进中心。该中心获商务部和上海市分管领导揭牌,其在线平台也已上线运营,帮助发包方和接包方进行需求对接,目前注册企业会员达到 200 余家,发布外包项目超过 150 件。二是做好服务外包公共平台资金的评审工作。经历政策宣传、专家评审等一系列阶段,最终对 9 个服务外包公共服务平台项目给予支持,支持资金合计为 571 万余元。平台的类型包括信息、技术和培训等三个方面,服务领域也包含了服务外包的三种主要形式(ITO、BPO 和 KPO)。建设公共服务平台对于整合资源、提升服务外包产业发展环境具有积极的促进作用

3. 加大服务外包市场主体培养力度

首先是推进服务外包重点区域发展。在服务外包示范区推进方面,根据商务部关于示范城市综合评价文件的要求,出台《上海市服务外包示范区综合评价管理办法》,评估重点区域的发展情况;并转认定黄浦区为服务外包示范区。在专业园区推进方面,联合财大金融服务外包专业园区组织金融服务外包沙龙;梳理专业园区内服务外包企业名单,深化统计体系,并加强横向对比。

其次是培育服务外包重点企业。认定新一批上海市服务外包重点企业共 37 家。目前,上海市目前共有重点企业 159 家,业务范围覆盖软件和信息技术、业务流程设计和管理、生物医药研发、工程设计、动漫网游、产品技术研发、呼叫中心等大多数服务外包领域。重点企业是推动上海服务外包发展的主要力量。因此,在政策设计上,上海市服务外包资金支持政策向重点企业进行了适当的倾斜,给予重点企业人才培训配套资金适当高于一般企业,鼓励其做大做强。

再次是加快认定技术先进型企业。加强政策宣传和解读,协同上海市科委进行技术先进型企业认定,2013 年共有 17 企业通过技术先进型服务企业的认定。同时,开展针对离岸占比在 35%～50% 之间的企业的调研工作,为扩大政策试点范围做好调研。

4. 加快出台服务外包便利化举措

抓住上海建设自由贸易试验区的机遇,在服务外包便利化方面形成政策突破,并开展一系列服务外包便利化的试点工作:

一是联合上海市出入境管理局出台服务贸易和服务外包企业外籍高层次管理人员签证便利政策。对上海市商务委认定的服务贸易便利化重点联系企业(含服务外包企业)的外籍高管,可办理2～5年的长期居留许可。二是联合上海市卫计委出台医药研发外包企业进口特殊物品方面的便利化举措。简化对企业报送材料的要求,减少专家重复评审。

5. 加大服务外包人才培养力度

一是加快建设服务外包培训基地和实训基地。修订《上海服务外包人才培训基地认定管理办法》和《上海服务外包人才实训基地认定管理办法》,并进行服务外包培训、实训基地的认定。2013年共认定服务外包培训基地13家,实训基地11家,并依托区县商务主管部门给予资金支持。二是积极推进校企合作。上海市商务委联合上海市教委组织举办信息技术外包和生物医药研发外包2个专场校企合作座谈会,为人才的供需双方提供交流平台,探索解决大学生就业和外包企业人才招聘问题的合作机制。

6. 做好服务外包研究和宣传工作

首先是完成商务部关于服务外包示范城市综合评价体系表格的填写工作。经前期发放问卷、企业调研和计算汇总后,完成表格的初步填写工作。相关数据经上海市统计局审核后,由上海市商务委和上海市统计局联合上报市政府。通过该项统计工作,全面了解上海作为服务外包示范城市的竞争力和不足之处。

其次是加强新模式、新业态以及存在问题的调研。开展法律服务外包的调研工作,完成上海市法律服务外包发展现状和潜力的调研报告。此外,结合商务部分管领导来沪调研工作,撰写上海市服务外包发展瓶颈和问题的调研报告。

再次是加强服务外包的促进和宣传工作。举办第十一届"上海软件贸易发展论坛",推动业界交流和海内外项目对接;指导上海市服务外包协会开展多次政策培训,并邀请业界专家宣讲行业发展趋势,帮助企业把握发展机遇。

## 二、2014年上海服务外包工作思路

1. 围绕自贸试验区建设,挖掘服务外包发展潜力

建设自贸试验区是上海推进服务外包的重大机遇。自贸试验区推进工作中明确提出要在自贸试验区内发展医药研发和数据处理等服务外包重点领域。依托自贸试验区开放的契机,深入研究金融服务外包创新发展和医药研发外包价值链,完成相关的课题研究和调研报告,了解服务外包新需求、新模式和新业态,挖掘上海服务外包发展的潜力。

2. 依托服务贸易发展指导目录的编制，聚焦服务外包重点领域

依托上海服务贸易发展指导目录的编制工作，研究对各服务外包重点领域的分类指导和相关政策设计，不断扩大软件和信息技术外包和医药研发外包等服务外包重点领域的规模，重点推进金融服务外包、创意设计服务外包、数据处理服务外包等上海具备竞争力的潜力领域。对重点领域的企业，将继续依托上海市商务部软件出口贴息资金、服务外包人才培训和国际认证资金，以及上海市服务外包专项资金，帮助其做大做强。对潜力领域的企业，将在重点企业的认定中将加大新领域、新模式、新业态的比重，逐步增强对潜力领域的政策倾斜，并做好相关企业样本的调研和跟踪工作。

3. 完善公共服务功能，营造服务外包发展良好环境

一是增强对服务外包的金融支持。在前期认定服务贸易和服务外包最佳伙伴银行的基础上，鼓励伙伴银行出台定制化的融资产品和方案。此外，研究企业金融相关数据的采集和对接，帮助金融机构了解服务外包企业的发展状况和特点。二是研究深化服务外包相关的便利化政策。研究扩大外汇管理、生物医药样本通关、高端外包人才居留等方面的便利化政策的试点范围；联合上海市卫生计生委研究100人份以上生物医药样本通关的操作路径。三是搭建服务外包公共服务平台。依托协会和园区搭建信息、培训、检测和知识产权保护等公共服务平台；修订服务外包公共服务平台的资金管理办法，增加对产业研究平台的支持；加快建设上海服务外包交易促进中心，促进接包能力和发包需求的有效对接，降低项目搜寻和项目对接的交易成本，进一步释放服务外包发展的潜力。

4. 加强服务外包人才培训，搭建校企合作平台

一是联合上海市教委举办校企对接会。加强高校和企业之间的沟通和交流，并将组织高校学生到服务外包企业参观，加深对外包企业的了解。二是联合高校举办服务外包专场招聘会。帮助企业有针对性地招聘人才，并增强服务外包吸收就业的功能。三是联合上海市教委加强服务外包人才分布和就业情况的研究。摸清各专业毕业生在服务外包企业的分布情况，了解外包企业对各专业人才的需求，研究出台相关的报告。

5. 打造服务外包品牌，加强服务外包的促进和宣传工作

一是加大服务外包国际市场开拓力度。组织企业参加商务部服务外包海外促进活动，以及中国（北京）国际服务贸易交易会、中国国际服装服饰博览会等国内知名展会，增强上海企业在海内外的影响力。此外，举办第十二届"上海软件贸易发展论坛"，打造信息共享、交流互助、项目对接的平台。二是做好服务外包宣传工作。指导上海市服务外包企业协会编制服务外包案例选编，加强企业间的经验交流，并制作上海服务外包宣传片，浓缩展示上海服务外包的发展情况，宣传上海作为服务外包示范城市的竞争力。

# 第五节 跨境电子商务

跨境电子商务是将传统贸易中的展示、洽谈和成交环节数字化、电子化,最终实现产品进出口的新型贸易方式。推进上海市跨境电子商务的发展,是扩大企业海外营销渠道,提升品牌竞争力,实现上海市外贸转型升级的有效途径。国办发 89 号文和自贸试验区总体方案中都为上海跨境电子商务发展提供了前所未有的机遇。

## 一、上海市跨境电子商务政策试点基本情况

2012 年 12 月,国家发改委和海关总署共同开展的国家跨境贸易电子商务服务试点工作,上海被列为 5 个试点城市之一,上海东方电子支付有限公司为“跨境贸易电子商务试点单位”。2013 年 6 月上海市发改委通过上海市政府办公厅向海关总署报送《上海市跨境贸易电子商务服务试点项目实施方案》。同年 8 月海关总署正式批复原则同意上述方案的业务流程和技术方案。2013 年 8 月在国务院办公厅转发商务部等部门《关于实施支持跨境电子商务零售出口有关政策意见的通知》,上海亦被列入试点城市。2013 年 10 月国家外汇管理局向国内 17 家第三方支付机构授予了跨境电子商务外汇支付业务试点牌照,上海市拥有其中的 8 家。

## 二、上海市跨境电子商务企业实践

### (一) 上海邮政速递模式

上海邮政速递是全国首家获口岸监管部门审批通过,具备自主承运各类进出境快件、货物及邮件资质的物流服务平台。在上海开展跨境电子商务试点前,上海邮政速递实际已经以个人行邮税征税放行监管模式开展跨境电子商务零售进口业务。主要是根据境外合作电商的商品信息,按照行邮税征税标准进行商品预归类和预审价,消费者支付货款,税款由国际枢纽统一进行代扣代缴。

### (二) 跨境通模式

跨境通电子商务平台,包含跨境通网站、报关报检、个人行邮税网上征缴、跨境外汇

支付等系统。主要业务包括两部分:一是为国内消费者在线上提供国外优质商品一站式导购服务,帮助跨境电子商务企业实现直销中国的市场目标。国内消费者能够通过跨境通网站实现全球网络直购。二是为跨境电子商务企业提供线下贸易代理、仓储物流以及代理报关报检服务,企业通过跨境通的仓储物流系统可以实现“保税货物进口、行邮物品出区”,做到从仓库到消费者的直销模式。

### (三) Ebay 模式

Ebay(中国)是跨境电子商务的先行者,注册在上海,通过全球化平台和 Paypal 支付工具推动跨境电子商务发展,也是目前国内最大的跨境电子商务出口平台。在上海开展跨境电子商务试点之前,Ebay(中国)已经在上海建立跨境电子商务平台,集聚了大量的国内跨境电子商务企业,为其提供商品展示、交易撮合、货款收付服务,并根据境外客户的反映对入驻平台企业的信用、商品知识产权、产品售后服务等进行管理维护。

### (四) 东航物流模式

该模式主要是通过“一般贸易进口、国内电子商务零售”的 B2B2C 的方式实现货物进口贸易,其主要特点是进口环节属一般贸易进口,国内分销通过电子商务平台直接面对个人消费者,实现进口商与国内零售商合一。2013 年 9 月 2 日,“东航产地直达”正式上线,实现“产地直采、航空快运、自营配送和实施信息跟踪”的全产业链运作,产品来自 30 余个国家和地区,品种涵盖生鲜乳制品、海鲜、肉制品、水果、零食等 150 余个品种。2014 年 6 月该公司启动的美国车厘子货包机进口业务,得到了美国农业部等部门的高度重视,其进口车厘子占领国内约三分之二的车厘子 B2C 电子商务市场。同时,东方航空物流公司是具有采购功能的物流企业,非常重视跨境电子商务业务,在全国范围内率先倡议成立了上海跨境电子商务行业协会,吸纳了东方航空物流、东方国际集团、上海 EMS、联邦快递中国公司(FEDEX)、中国银行上海分行、快钱支付、1 号店等 62 家行业龙头企业。

## 第六节　跨境贸易人民币结算

2009 年 7 月跨境贸易人民币结算试点在上海首先启动,经过四年多的发展,跨境贸易人民币结算业务以点带面发展迅速,有效满足了市场、企业和银行的需求。跨境人民币结算业务促进了对外贸易的发展,为境内外投资提供便利,帮助企业规避国际结算汇率风险，进一步推动人民币国际化进程，为上海建设国际贸易中心奠定了基础。

随着开展跨境人民币结算的境外地区逐渐扩大、试点企业数量持续增加以及境外企业持有人民币的投资渠道的拓宽，上海市跨境人民币结算业务量快速增长。截至 2013 年 12 月底，上海市共有 17 493 家企业开展跨境人民币结算业务，试点以来累计激活企业 20 470 家。2013 年全年新增跨境人民币结算量 9 148.14 亿元，试点以来累计 17 411.82 亿元。其中：货物贸易出口额 2 558.3 亿元，货物贸易进口额 5 853.1 亿元，服务及其他经常项目收入 1 911.7 亿元，支出 2 568 亿元，资本项目收入 3 051.3 亿元，支出 1 469.4 亿元（图 2.11）。

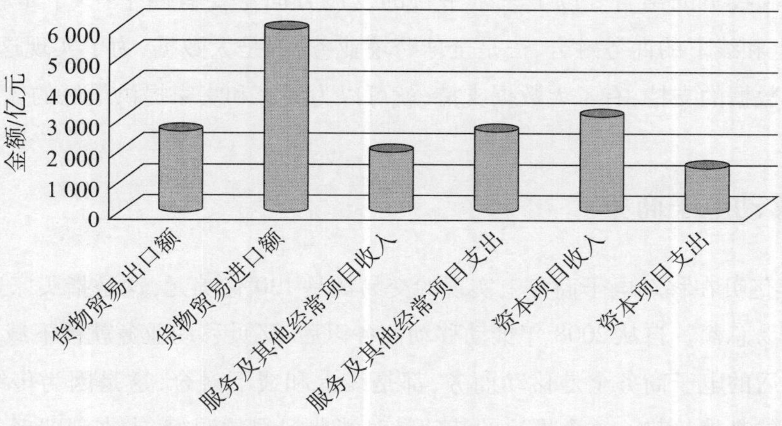


**图 2.11　不同类型贸易的跨境人民币结算规模比较**

在上海市委、市政府领导下，在各相关部门的大力支持下，上海市跨境人民币结算取得了初步成果，有效满足了市场对跨境人民币结算的现实需求。首先，跨境贸易人民币结算有利于企业有效规避汇率风险。其次，当中国企业以人民币进行跨境贸易结算时，通常其经营成果较为透明，表现为进口企业的成本和出口企业的收益能够较为清晰地固定下来，这有利于企业进行财务核算。再次，节省了企业进行外币衍生产品交易的有关费用。第四，节省了企业两次汇兑所引起的部分汇兑成本。最后，跨境贸易用人民币结算可以加快结算速度，提高企业资金使用效率。

实行跨境贸易人民币结算，开创了商业银行国际结算业务的新领域。首先，境外商业银行可以在境内指定商业银行开立人民币账户，开立账户后，铺底资金可以向境内代理银行购买人民币。其次，境外参加银行开立账户后，如果人民币资金不足，境内代理银行可为其在限额内购售人民币。此外，境外企业短缺人民币时，现在能直接向境内代理银行购买，也就是公司可以直接向境外企业借款。

# 案例3 亿　　贝

亿贝是电子商务企业,2012 年亿贝的总商业交易总量达 1 750 亿美元,亿贝旗下有三个主要的平台,第一个是 Paypal,这是公司的支付平台,第二个是亿贝网站是网上交易平台,第三个平台是 GSI,GSI 是亿贝帮助零售商成为电商,为他们提供电商技术的一个技术平台。准确来讲,亿贝是一个平台商,主要的宗旨就是帮助并且推动传统产业和零售商实现线上和线下的结合。以上三个平台的发展方向主要有四个:一个是移动电子商务,二是线上和线下的商务融合,三是全球跨境业务,四是大数据,为了实现这三个方向,就需要有大数据的支持,有了大数据支持,就可以为买家和卖家提供最好的体验。

## 一、移动电子商务

2012 年亿贝在移动电子商务上实现的交易额是 130 亿美元,这是指买家通过移动设备购买的交易总额。自从 2008 年推动移动商务以后,亿贝移动业务就被下载了 1 亿 6 千多万次。今后的电子商务全是移动商务,都是线上和线下融合,这是因为传统商务和电子商务发展的必然趋势。这个推论的基础是对消费习惯的洞察,未来消费者的要求的消费方式是全方位多渠道的零售。以长宁区为例,实现无线网络覆盖后,大家从手机上就可以看到区内所有商家所卖的产品。比如用户早上急着去公司,想买一杯咖啡喝,有了这个移动的商务用户,就可以在路上先用 Paypal 付款,到了咖啡店前,因为有定位技术,咖啡店的员工已事先把咖啡准备好,用户不用排队就可享用咖啡。这样的消费习惯成为一个必然的趋势。现在很多传统的零售商都在考虑如何转型成电商,这种全方位的消费习惯的迁移与所有传统零售商和电商都是融合的。也许五年到十年以后就没有人问传统零售商和电子商务的区别在哪里,因为这两个业态已经紧紧融合在一起。

## 二、线上和线下的商务融合

线上和线下的融合需要很多技术上的创新,例如:当日送达是亿贝在美国纽约和旧金山推出的一项创新服务。假如用户坐在咖啡店里面跟人聊天,突然发现今天是女朋友的生日,却忘了买生日蛋糕了。坐在咖啡店里的用户既不想晚上被女朋友责骂又不想被哥们笑话,怎么办呢? 他只要拿出手机,找到亿贝的应用,看到所有的蛋糕销售情况,通过 Paypal 付款,亿贝就会派人把蛋糕送到用户所在的咖啡店。这是怎么做到的?因为手机上有地理围栏定位技术,所以亿贝知道用户在哪里,通过手机用户也可以查到他订的蛋糕在哪里了。还有一个关于移动创新的例子,比方说用户觉得穿的这件衬衫非常漂亮,想买一件一样的衬衫,怎么办呢?用户拿起相机对着衬衫拍一张照片,亿贝自动搜索功能就可以给用户找到同样的质量、同样的款式、同样的颜色的衬衫,用户就可以马上买到想要的产品。这些技术创新其实只有在移动设备上才能实现,在以前这些是很难做到的。

## 三、大数据支持

亿贝另外一个战略方向就是大数据,举个例子,用户正在看电视剧《辣妈正传》,对某主角穿的衣服十分感兴趣,就可以在亿贝应用上输入电视剧的名称,因为亿贝平台有相关的数据支持,马上就可把那名主角穿的衣服的价格以及在售的商店推送给用户。公司在这里用大数据为客户提供了精细化的搜索。移动设备上因为大家手机屏幕非常小,没有办法让用户一下子看到很多很多的商品。用户同样也希望自己迅速找到非常匹配的商品,但公司不能浪费用户的上网流量。公司做的就是如何尽快地帮助客户找到跟用户愿望匹配的商品,这也需通过大数据进行精细搜索。同时,通过这个功能实现用户的付款和购买流程也非常便捷,甚至在购买以后物品的追踪、纠纷的解决都能够在移动设备上解决。像这样的个性化的体验,是以后所有电商和传统零售商都需要具备的。

## 四、全球跨境业务

亿贝一个重要的发展方向就是全球化。全球贸易的壁垒越来越小,如今跨境电子商务的发展迅猛。亿贝全球的平台上,跨境贸易已经占了 20%,亿贝大中华区一个重要的使命,就是帮助中国的卖家把商品卖到世界各地。亿贝在全球拥有近 40 个站点,不仅覆盖了英国、美国、澳大利亚、德国这些传统市场,还覆盖了很多新兴市场,所以跨境电子商务的趋势,与移动商务还有线上和线下融合的趋势是一体的。

2013 年公司做了一个调研,根据公司内部的数据显示,跨境零售出口商在地域分布上形成了沿海领跑内地的格局。沿海的传统的外贸强省的地位得到了进一步的巩固,而内陆地区也开始涌现出一批成绩非常优秀的跨境电商,而且随着专业化运作的发展,一些沿海跨境零售商开始把它的运营中心搬迁往内地,也带动了当地的零售业的发展。广东、香港、上海、浙江、北京、台湾、江苏、福建占据了大中华区跨境零售电商出口总交易额的前 8 位,且继续保持高速增长的趋势。截至 2013 年 6 月 30 号,通过亿贝平台,销售额增长最快的三个省份依次是福建、浙江和江苏。

什么是跨境交易当中几个主要的推动因素呢? 根据公司最近针对大中华区跨境零售卖家的调研,他们的反馈结果显示,第一个是快捷安全的支付方式,第二要有合适的产品,第三要有强有力的平台能够把它们的产品推到国外去,第四是高性价比的物流解决方案。跨境电商相比本地交易面临着更多的困难,跨境交易的主要挑战基本上有三个:

一是物流的问题。对于电子商务而言,物流一直是最大的挑战,跨境贸易尤其如此。首先跨境物流的价格是很高的,还有各种各样的税务壁垒。其次买家和卖家也会面临安全方面的挑战,正是因为这样的瓶颈限制,很多跨境电商只能卖重量比较轻的东西,或者价格低廉的产品,如果要做全球化的电商平台,就需要对物流供应链进行完全的颠覆。传统的外贸出口的物流模式是从工厂到出口商到进口商再到零售商再到终端消费者的手里。这样的环节也要缩减,亿贝是把 B2B 模式的供应链移植到 B2C 的上面来。例如把海外仓储模式改造成 B2C 的模式让中国的工厂可以通过直接正规的渠道把货物直接送达海外的消费者,然后再和海外消费者线上线下的创新消费体验相结合,打通跨境交易物流供应链,这是非常重要的环节。

二是资金链的问题,即资金流。商家做生意最重要的就是赚钱,买家买东西的时候最关心的也是钱,如果出现纠纷买家能不能把自己的钱拿回来,这是大多数买家都会问的问题。所以资金流的问题对电子商务的发展至关重要,跨境交易的资金流问题其实更复杂,比如它跟外汇兑换业务以及买卖双方的保护政策有关系,买家向外国人买东西的时候顾虑更多,因为外国人地理上离得很远,消费习惯也很不同,大家都不了解。而中国的卖家到新兴市场开拓新市场也很紧张,害怕血本无归。现在亿贝正在尝试更多的资金流的管理办法,要能够解决在买家和卖家交易过程当中所有环节的问题。跨国纠纷需要公平和公开的纠纷解决机制,如果在外汇兑换、纠纷仲裁、风险管理这三个方面的问题没有办法解决,跨境交易的壁垒会非常高。这也是亿贝和 Paypal 努力的方向,也需要政府的支持,政府监管措施也能够帮助公司完善这些问题的解决方案,公司也在积极寻求和政府的合作,替中国的外销厂商创造更大的商机。

三是诚信问题。这对电子商务也是非常关键的。广义来讲,诚信指的就是买家的体验,现在一个很有趣的现象就是传统零售商转型做电商,电商要做到的就是零售商的标准。所谓零售商标准就是让买家放心。比如用户买一条棉被,到实体店可以拿手摸摸,问店员很多的问题,如果用户想退货也有标准。电子商务如何做到零售商标准呢? 亿贝一直在这方面进行着努力,比如公司推出买家保护政策,就是要让买家安心地来买,不管有什么问题,公司都会照顾用户。只有对买家的保护才能提供最好的买家体验,才能够把买家留住。希望电子商务能够尽量发展零售业的标准,比如说免费快速的配送,目的就是为了创造更好的消费体验。

四是要强调对知识产权的保护。所有的买家都不想买到假货,所有的买家都希望对产品的描述是真实的,所以亿贝有非常严格的机制保障这一点。另外,所有的厂商都可以举报侵权的物品,而且亿贝也有严格的政策来确保卖家在这方面符合法律法规的要求。跨境电商孕育着极大的商机也面临着很大的挑战,公司会不断地努力,寻求更好更优的解决方案,为全球的买家和卖家提供更好的体验。

## 第七节　贸易便利化

2013 年,面对外部需求不振与成本上升叠加双重影响的国内外错综复杂环境,上海市贸易便利化联席会议各成员单位积极贯彻国务院和上海市委市政府关于外贸稳增长、调结构的决策部署,坚持以加快国际贸易中心建设为中心,以推进自由贸易试验区建设为契机,以促进外贸发展转型升级为重点,聚焦关键环节,加强联动协作,着力创新突破,全市贸易便利化工作取得新的成效。

### 一、2013 年上海贸易便利化工作基本情况

#### (一) 主要成效

1. 贸易政策创新快速推进

货物状态分类监管探索研究启动,进境货物预检验及核销管理、动植物产品检疫审批权限下放、金融机构分账核算单元方式初步形成,监管部门数据和信息对接共享取得突破。截至 2013 年 12 月底,“泛长三角检验检疫机构合作机制信息平台”共发出工作联系单 12 627 批,每批可为企业节约通关时间至少 1 天以上。

2. 贸易模式功能更加丰富

积极注重建立完善新型贸易相关配套政策措施,促进贸易功能拓展。跨境电子商务保税进口和直邮模式正式启动,全球维修业务取得突破性进展,“前店后库”保税展示交易功能不断增强,高端消费品、汽车配件、船用关键件及机电设备等一批面向国际和国内两个市场的专业化展示中心和贸易平台初步建成。2013 年,洋山国际口岸中转箱量

157.2 万标箱，同比增长 43.2%；浦东机场航空国际转运业务总运单达 502 万票、分运单 50.6 万票，分别增长 96.1% 和 96.7%。

3. 政府监管效率不断提高

大力创新监管模式，在安全监管的同时监管效率明显提升。2013 年，上海关区通关无纸化签约企业 16.7 万家，放行通关无纸化报关单 887 万票；上海口岸"一次申报"货物 859 批，共同实施查验货物 4 946 批，联网放行货物 86 587 批；货物到港提货入区时间缩短 2～3 天，平均过卡时间从 6 分钟缩短至 30 秒。

4. 服务配套措施逐步完善

"上海市货物进出口贸易监测系统"正式上线运行，"通报通放"、"快检快放""即检即放"试点推行，重点企业外籍高级管理人才 2～5 年长期居留许可及网上办理业务正式实施，第三方支付机构试点等改革成效明显，出口退税进度不断加快。去年，上海跨境人民币结算总量 9 149 亿元，同比增长 86%，总体规模上升到全国第二位。

5. 企业运营成本明显下降

2013 年 1 月 1 日起，全面执行调整后的出入境检验检疫收费标准。8 月 1 日起，免收 5 个月相关检测费用。8 月 15 日起，对 1 507 个海关编码项下的一般工业制成品不再实行出口商品检验。2013 年全年，上海地区累计减免检验检疫费用人民币 5.97 亿元、中小企业原产地证书签证费用 70 余万，自贸试验区企业物流成本平均减少 10%。

### （二）主要开展的工作

1. 对接国际标准，大幅推动政策突破

充分发挥自贸试验区先行先试优势，聚焦政策创新，着力推动制度政策框架与国际规则衔接。借鉴引入负面清单管理理念，按照国际公约和国家现行管理规定，发布了 34 条适用试验区进出口（境）货物的贸易管理措施细目，明确了 4 种国家禁止进出境和 57 种涉及进出口监管证件的商品。支持新型贸易业态发展，初步形成货物状态分类监管方案，制定推出跨境电子商务"一线以保税货物进境、二线按行邮物品监管出区"模式。开展跨国公司外汇资金集中运营试点，优化保税监管区域外汇管理和国际贸易结算，推动总部经济向更高层次发展。目前，浦东机场波音公司项目试点的项号级备案、工单式核销等配套监管方案，使相关货物到港通关时间缩短至 3 天之内；洋山保税港区初步形成大宗商品物流集散地，吸引花旗商贸等 9 家世界 500 强企业入驻；外高桥文化基地已经聚集上海文化产权交易所、星空卫视等 173 家企业，实现贸易总额人民币 41 亿元。

2. 坚持简政放权，全力释放市场活力

围绕促进市场主体作用发挥，大力精简政府审批事项，简化工作流程，吸引优质贸易主体集聚，最大限度激发市场活力。取消海关特殊监管区域外汇登记管理和支付结汇审核手续，允许企业异地付汇，简化贸易付汇审核单证。通关无纸化改革不断深化，关检合作"三个一"试点范围稳步扩大，"先进区、后报关"、"自行运输"、"分送集报"等监管试点顺利推进，部分卡口完成智能化升级改造，让企业在运输工具、物流管理等方面拥有更大的自主选择权。

3. 提前优化布局，积极巩固口岸优势

适应上海国际贸易发展需求，提前筹划做好配套基础设施建设。精心论证完成洋山保税港区扩区方案，积极推进围网封关建设。及时向国家发改委申请核准洋山深水港四期工程项目，批复上海浦东国际机场第四跑道工程可行性研究报告，做好粮食、棉花等农产品进口关税配额的初审转报工作。完善口岸－属地业务信息共享交互，加快推动转关运输单证和船舶进出港监管手续，推进大通关协作，着力推动改善上海口岸基础环境，提升上海口岸竞争优势，强化上海口岸辐射带动能力。

4. 推动政策落实，着力规范贸易秩序

综合利用各类信息载体和媒介，加大政务公开，改善执法环境。编写发放《上海市贸易便利化服务企业手册》，向企业集中介绍近年来上海市贸易便利化政策成果和业务操作流程；在市商务委门户网站设立贸易便利化专栏，动态跟进发布上海市贸易便利化最新相关政策措施；结合贯彻落实国办发 83 号文和市政府办公厅 53 号文件精神，对区县商务部门相关人员和企业负责人组织专题政策培训，不断扩大政策措施公众知晓度，强化贯彻落实自觉性。注重加强沟通联系，调整充实内部监管机制，探索建立主体监管模式，及时监测分析外汇资金集中运营管理试点企业和银行的业务数据，处理试点政策所涉问题；借助出口退税审核系统，主动加强对基层分局退税审核期限的排查和考核，积极督促 20 个工作日审核期限落实。

5. 适应企业诉求，努力提高服务水平

搭建完善境外投资服务促进平台，推动强化融资、保险、法律、咨询、会计、信息等配套服务。在自贸试验区综合服务大厅设立"一口受理"服务窗口，提供政策咨询指引、企管手续办理、创新试点指导等"一站式"服务。试点开展工单核销模式，实时采集企业投料工单数据，对企业生产进行定量、动态监管，帮助解决生产制造企业料件形态多样、单耗变更频繁、难以准确申报等难题。加大企业涉税问题调查研究力度，并及时向国家税务总局提出相关政策建议，最大限度争取政策支持。将原本由直属关统一办理的报关员登记注册业务下放至窗口，并可在 4 个区域间自主选择办事地点，方便企业"区内事、区外办”。截至 2013 年年底,窗口累计接受咨询 5 696 人次,办理企管业务 876 起。

## 二、2014 年度上海贸易便利化工作安排

2014 年,是贯彻落实中央关于全面构建开放型经济新体制战略决策的开局年,是实施“十二五”规划的承前启后年,更是自贸试验区推进建设和形成示范的关键年。2013 年,上海市贸易便利化工作的总体思路是:认真贯彻落实市委市政府各项决策部署,始终围绕加快上海“四个中心”特别是国际贸易中心建设,聚焦上海外贸发展提速提质,充分发挥自由贸易试验区先行先试优势,提升监管效率,优化贸易环境,扩大口岸优势,努力为构建上海开放型经济新体制做出新的更大贡献。2014 全年将围绕推动“五个提升”,开展重点工作。

### (一) 对接国际标准,进一步提升贸易政策便利化水平

1. 完善扩大自贸试验区制度创新成果

重点围绕“一线放开、二线管住、区内自由流动”,优化整合“先进区、后报关”、“分送集报”、货物状态分类监管和区内货物“自行运输”等管理模式,统一简化货物进境备案清单。创新完善“申报前检疫”工作模式,试行境外入区货物“免签”政策,推动实施境外货物预检验及核销管理、动植物产品建议审批权限下放等举措。推行工商一口受理模式,简化企业注册备案流程。下半年,争取形成一批比较成熟的贸易便利化监管制度和操作办法,并向全市推广。

2. 推动建立“单一窗口”管理模式

启动上海“单一窗口”建设与国际先进水平比较研究课题,深化“单一窗口”系统建设研究。提升上海市国际贸易的效率和效益。联合各口岸监管单位,推动制定相应管理规范和操作流程,争取实现企业一次提交相关数据即可满足相关监管部门的监管要求。6 月份,在自由贸易试验区启动“单一窗口”运作试点。

### (二) 继续深化改革,进一步提升企业通关便利化水平

1. 深化推进通关无纸化改革

加强对企业实际问题的关注,完善通关无纸化改革措施,提高通关无纸化整体效能。继续细化完善“三个一”运作模式、合作机制、技术手段和实现方式,提高作业流程信息化整合水平。推动实施自贸试验区电子通关单联网核查,加快推进检验检疫无纸化报检试点,开展原产地证无纸化申报;加快推进放行信息传输网络基础设施和系统建设,实现航

空口岸出口放行无纸化，试点开展公共港散杂货放行无纸化；加快建立完善国际转运监管作业系统，推动实现转关运输单证、转关监管信息、船舶进出港手续和海运、空运货物国际转运无纸化。

2. 提高上海口岸服务全国、面向世界水平

探索推进“亚太示范电子口岸网络”建设。推动上海电子口岸与长三角以及长江流域地方电子口岸的互联互通和信息数据资源共享，开展跨区域联防联控和联合执法，深化完善长三角、川渝沪以及上海与中部六省的通关协作机制。深入推进启运港退税试点，提升上海口岸辐射带动和服务全国水平。

### （三）推动政策突破，进一步提升支付和资金便利化水平

1. 推动总部经济向更高发展

深入推进亚太营运商计划，深化跨国公司外汇资金集中运营管理试点，支持在沪跨国公司拓展管理、结算等功能，设立亚太分拨中心，创造条件鼓励和推动企业开展转口、中转、中转集拼和沿海捎带业务，扩大国际分拨功能。

2. 加快出口退税进度

积极探索优化、简化出口退税审核、审批、办理流程，建立完善管理模式，进一步加快退税进度。国家税务总局《税务系统出口货物劳务增值税和消费税管理规定》下发后，做好相应宣传培训工作，跟踪关注政策执行情况，确保出口退税工作有序衔接，不断不乱。

3. 加大外贸企业信贷支持力度

推动金融机构加大对进出口企业资金支持力度，增加对有订单、有效益的企业及项目的小微企业贷款规模。通过产业管理部门有效甄别有市场发展前景进出口企业，批量向金融机构推荐，促进银企有效对接，引导金融机构加大资金支持。

### （四）聚焦重点产业，进一步提升新型贸易便利化水平

1. 推动跨境电子商务发展

搭建完成跨境电子商务公共服务平台，推动跨境电子商务监管制度创新，优化商品进出境报关、检验检疫、结汇、退税等环节的监管和服务。推动海关跨境贸易电子商务监管模式（代码 9610）在上海落地实施，研究制定跨境电子商务交易统计办法和数据分析制度。探索建立跨境电子商务产业集聚区，优化物流、分拣、仓储功能等政策配套，形成集聚和示范效应。

2. 推动国际展会发展

简化监管手续,探索完善大型展会监管模式。2013 年,重点保障好环球马术冠军赛上海站的举办,做好迪士尼项目监管服务工作。

### (五) 完善基础配套,进一步提升外贸综合服务水平

1. 推动外贸综合服务企业发展

积极鼓励上海外贸综合服务企业拓展业务范围,支持大中型外贸综合服务企业加强与融资担保机构合作,开展融资担保业务,发挥再担保机制作用,为中小外贸企业提供全流程、专业化配套服务。

2. 强化进口促进创新示范区功能作用

以外高桥"国家进口贸易促进创新示范区"为重点,加快推进生物医药、国际机床、高端汽车等主题产业园区发展,强化酒类、钟表、生物医药、医疗器械、机床、化妆品、健康产品、高端消费品等十大专业贸易平台辐射功能,提升上海进口贸易集聚效应。继续推动国别商品中心建设,推动泰国、俄罗斯、立陶宛等一批进口商品国别馆落地自贸试验区。结合跨境电子商务发展,建设国别商品中心线下体验店,使国别商品中心线上线下同步发展。

3. 加大人才流动便利

做好总部型机构外籍高层次人才享受跨国公司地区总部出入境便利政策调研、申报工作,深化自贸试验区外国人签证便利化措施和签证报备制度可行性研究,进一步扩大外国人办证受理点设点布局工作。

4. 推进政府信息资源融合共享

加快建设信息服务和共享平台,实现各部门联合监管和协同服务,初步建成自贸试验区信息共享平台信用管理系统。完善综合执法制度,建立健全安全审查和反垄断审查机制,鼓励社会组织参与市场监督。

# 第八节　公 平 贸 易

## 一、2013 年全国及上海国际贸易摩擦情况概述

### (一) 2013 年全国国际贸易摩擦情况

2013 年全年,国外对中国提起的贸易救济调查新立案件 105 起(其中:反倾销案

70 起，反补贴案 16 起，保障措施案 19 起，特别保障措施案 2013 年未发生）。涉及的国家和地区达 21 个，分别为：巴西 14 起，美国 12 起，加拿大和印度各 10 起，哥伦比亚 9 起，澳大利亚和阿根廷各 7 起，欧盟 6 起，印尼和墨西哥各 5 起，土耳其 4 起，中国台湾地区 3 起，智利、乌克兰、南非和菲律宾各 2 起，韩国、马来西亚、越南、吉尔吉斯斯坦和秘鲁各 1 起。

自 2001 年 12 月 11 日中国加入世贸组织以来 12 年的时间里，成员方对中国发起的贸易救济调查新立案件总数已达 955 起，年均约 80 起（其中：反倾销案 720 起，反补贴案 80 起，保障措施案 126 起，特别保障措施案 29 起）（图 2. 12）。

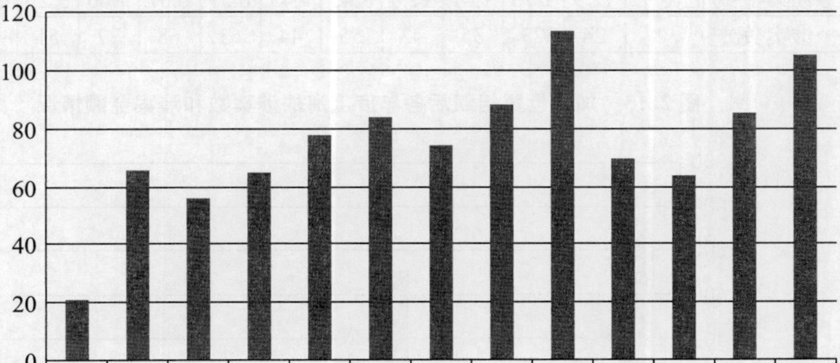


| | 加入世贸组织前23年 | 2002年 | 2003年 | 2004年 | 2005年 | 2006年 | 2007年 | 2008年 | 2009年 | 2010年 | 2011年 | 2012年 | 2013年 |
|---|---|---|---|---|---|---|---|---|---|---|---|---|---|
| ■涉案数/起 | 21 | 66 | 56 | 65 | 78 | 84 | 74 | 88 | 113 | 70 | 64 | 85 | 105 |

**图 2. 12　中国加入世贸组织前后历年受贸易救济调查新立案件数**

### （二）2013 年上海贸易摩擦情况

2013 年，上海遭受成员方贸易救济调查新立案件 65 起，调查发起的 19 个成员方为：加拿大 8 起，美国和巴西各 7 起，欧盟 6 起，印度、澳大利亚和阿根廷各 5 起，哥伦比亚 4 起，墨西哥和印尼各 3 起，乌克兰、土耳其和中国台湾地区各 2 起，韩国、马来西亚、越南、秘鲁、南非和菲律宾各 1 起，全年总涉案金额 4. 86 亿美元（其中：反倾销 4. 41 亿美元，反补贴 0. 36 亿美元，保障措施 0. 09 亿美元）（图 2. 13）。

统计加入世贸组织后 2001 年 12 月 11 日至 2013 年 12 月的 12 年时间里，上海企业遭受贸易救济调查新立案件达 575 起（其中：反倾销案 445 起，反补贴案 65 起，保障措施案 46 起，特别保障措施案 19 起）。2013 年的新发案件数 65 起，远高于加入世贸组织后发案的年平均数 47. 6 起（图 2. 14）。

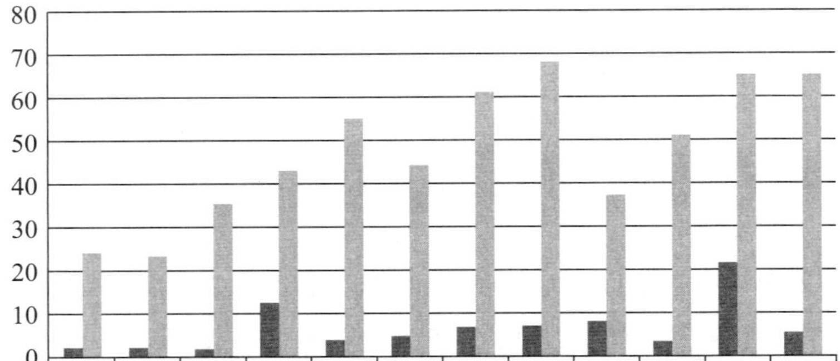

| | 2002年 | 2003年 | 2004年 | 2005年 | 2006年 | 2007年 | 2008年 | 2009年 | 2010年 | 2011年 | 2012年 | 2013年 |
|---|---|---|---|---|---|---|---|---|---|---|---|---|
| ■涉案金额/亿美元 | 1.59 | 1.76 | 1.41 | 12.0 | 3.43 | 4.45 | 6.31 | 6.67 | 7.66 | 3.25 | 21.3 | 4.86 |
| ■涉案数/起 | 24 | 23 | 35 | 43 | 55 | 44 | 61 | 68 | 37 | 51 | 65 | 65 |

**图 2.13　加入世贸组织后各年度上海的涉案数和涉案金额情况**

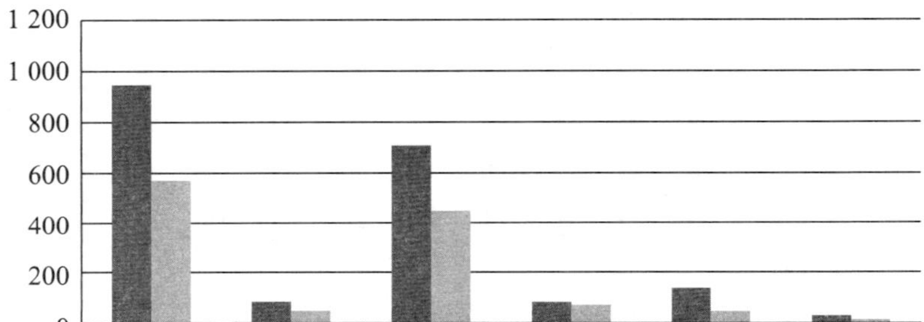

| | 总数 | 平均数 | 反倾销案 | 反补贴案 | 保障措施案 | 特别保障措施案 |
|---|---|---|---|---|---|---|
| ■全国/起 | 955 | 80 | 720 | 80 | 126 | 29 |
| ■上海/起 | 575 | 48 | 445 | 65 | 46 | 19 |

**图 2.14　加入世贸组织后全国及上海受贸易救济调查案件数**

## 二、2013 年上海市公平贸易主要工作

### （一）积极应对贸易摩擦

2013 年上海市新发的 65 起贸易摩擦案件共涉及上海市企业近 300 家；同时，在美国新发起的“337”调查中有 1 起案件涉及上海市企业（被列为强制应诉方）；而在进口案件贸易救济方面，上海市主要涉及商务部对双酚 A 反倾销措施期终复审产业损害调查。

1. 重点突破，统筹推进贸易摩擦案件应对

近年来，光伏产品是当前欧美对华重点立案领域，欧盟光伏“双反”案也是“入世”

以来上海市涉案金额最高的贸易摩擦案件。在案件初裁及初步达成价格承诺协议以后,上海市商务委多次通过深入企业调研、召集行业座谈等形式,了解企业应对诉求,积极协调商务部和机电商会及上海市新能源行业协会,反映上海市企业诉求。根据12月5日欧盟公布的最终结果,上海市共有16家企业进入价格承诺名单,基本涵盖了上海市所有应诉企业,取得了较理想的结果。在2013年新发案件中,发展中国家对上海发起调查案件明显增加,对此上海市商务委多次召开应诉协调会。特别是在印度对华U盘反倾销案中,根据涉案企业的需求,协助其联系上海驻印度经商处,帮助其争取市场经济地位。

除欧盟光伏案外,2013年上海市共有18家企业在7起贸易摩擦案件中获得了较理想的终裁结果。其中,上海恒逸聚酯纤维有限公司在巴基斯坦涤纶短纤维反倾销案中,以无损害结案;宝山钢铁股份有限公司在欧盟有机涂层钢板反倾销案中获得的反倾销税率为0;赛德家庭用品(上海)有限公司在欧盟成卷铝箔反倾销案中,获得了14.2%的最低税率。

2. 系统梳理上海市补贴政策

在涉及对上海市有关补贴政策的案件或质疑中,进一步加强上海市政府部门间的协调联动。先后在美国硬木装饰胶合板、欧盟光伏产品、太阳能玻璃等反补贴案以及美方对上海补贴政策质疑应对中,组织协调上海市有关政府部门填答问卷,开展反补贴应诉及问卷回复工作。其中,在美方对上海补贴政策质疑应对中,共协调上海市8个政府部门,对13条质疑政策进行了梳理。

3. 全面推进知识产权海外维权

在2013年美国新发起的一项针对手机输入法的"337调查"中,上海汉翔信息技术有限公司被列为强制应诉企业,其"触宝"手机输入法被控侵犯了申诉方美国钮昂斯公司的5项专利共123项权利要求,一旦侵权事实成立,美方将对该企业发出永久排除令和禁止令,彻底阻断其在美国的市场。对此,上海市商务委多次赴企业就涉案产品知识产权问题开展调研,和企业共同研究应对策略,经各方努力,该案最终以申诉方撤诉而取得胜利,并被商务部作为首例软件产品知识产权完胜案例予以收集。

### (二) 有效推进行业标准化工作

继续组织上海市相关行业协会开展标准制修订、标准化专项资金项目和技术性贸易措施专项项目、标准化项目的申请工作,并协助上海市商务行政事务中心,协调上海市质量技术监督局,报送并正式启动了"上海市商务行政事务中心商务行政事务服务标准化试点"。起草完成上海市电子商务标准化三年行动计划。

### （三）开展经营者集中反垄断审查工作

依据反垄断法，配合商务部就经营者集中反垄断审查征求相关方面意见，协助商务部反垄断局就有关经营者集中申报开展实地调研，并就有关附条件执行案件审查召集上海市集成电路行业企业召开座谈会；同时，还开展了反垄断法的宣传培训。

### （四）产业调查工作

在进口案件救济调查上，加强与企业的协调联系，开展了上海市 2012 年度贸易救济涉案企业情况调查，并形成产业竞争力年度报告；配合商务部产业损害调查局开展丙酮反倾销案效果跟踪调研及双酚 A 反倾销措施期终复审产业损害调查实地核查。

### （五）地方世贸工作

配合商务部启动《国别贸易投资环境报告 2014》的编写工作；结合上海 2012 年度地方世界贸易组织的具体工作，完成《中国世界贸易组织年鉴（2013）》地方卷上海部分的编撰工作。

## 三、商务法制

### （一）行政审批制度改革工作

完成上海市委、市政府重点课题中有关商务行政审批制度改革部分调研，形成上报上海市商务委《关于行政审批制度改革的情况报告》和相关“补充报告”。对上海市商务委现有的行政审批事项进一步取消、下放、整合、转移，并探索在保留的审批事项中对审批流程进行优化再造。根据改革方案，与上海市审改办签署了确认书，对拟取消和拟调整的行政审批事项进行了确认。

### （二）展览业立法修订工作

《上海市展览业管理办法》修订为 2013 年度市政府正式立法项目。为做好《办法》的修订工作，上海市商务委成立了上海市会展业发展综合课题调研暨立法修订工作组，先后赴上海市展览企业、展馆场所、行业协会等单位开展调研，听取有关方面对修订的意见和建议。截至 2013 年底，该《办法》已初步完成修订稿草案的编制工作，有关格式合同文本也已通过专家评审。

### （三）协助自贸试验区法制建设

牵头完成在自贸试验区内协助国家开展经营者集中反垄断工作机制的制度安排；完成《外商投资企业备案管理办法》、《境外投资开办企业备案管理办法》及《开展全球维修业务的实施意见》等3部规范性文件的制定工作；参与《中国（上海）自由贸易试验区管理办法》制定起草。

### （四）积极推动全年立法任务落实

围绕商务中心工作，开展各项立法及规范性文件的制定或修订工作，其中规章立法2件、规范性文件3件，具体包括：《上海市活禽交易管理办法》、《上海市食用农产品安全信息追溯管理办法》、《上海服务外包示范区综合评价管理办法》、《上海服务外包人才培训/实训基地认定管理办法》、《上海市贸易型总部认定办法》等。围绕《上海市酒类商品产销管理条例》立法修订起草调研报告。就《市人大常委会五年立法规划（2013—2017年）》、《上海市促进改革创新决定》、《上海市碳排放交易管理办法》、《上海市鼓励新能源汽车推广应用实施暂行办法》、《上海市促进生活垃圾分类减量办法》等法规，研究形成修改意见后进行反馈。

### （五）妥善处理涉及上海市商务委的行政复议、行政诉讼案件

妥善应对2013年涉及上海市商务委的行政复议案件1件，行政诉讼案件5件，取得了较好的应诉效果。

## 案例4　欧盟对华光伏产品“双反”案

2012年9月6日及11月8日，欧盟先后对原产中国的光伏产品进行反倾销和反补贴立案调查，成为中国加入世贸组织以来涉案金额最大的贸易摩擦案件，调查当年上海市涉案金额达10亿欧元。2013年6月5日，欧盟公布初裁结果，决定先期对输欧光伏产品统一征收11.8%的临时反倾销税。在商务部的指导下，中国机电商会代表国内行业与欧盟委开展了价格谈判，并于7月27日宣布双方以“限量、限价”的方式达成价格承诺。案件发生及初裁决定公布以后，上海市商务委员会多次赴上海晶澳、上海超日等上海市主要光伏生产企业开展调研，指导企业开展应诉工作，并协调商务部、机电商会及上海市新能源行业协会，组织企业参加中欧价格承诺谈判，反映上海市企业诉求。根据12月5

日欧盟公布的终裁及最终价格承诺结果，上海市共有 16 家企业进入价格承诺名单，基本涵盖了上海市所有应诉企业，取得了较理想的结果。

## 第九节 贸易主体

2013 年，根据进出口贸易总额、出口总额、进口总额三个统计口径，汇总得出各指标在上海市排名前 100 的公司，具体情况如下：

### 一、总体情况

2013 年，累计进出口总额指标统计上海市排名前 100 的企业，共计进出口总额 1 889.34 亿美元，约占上海市进出口总额的 42.8%。其中，累计排名前 10 的企业进出口总额 814.52 亿美元，约占上海市进出口总额的 18.45%，行业集中度较高。

2013 年，累计出口总额指标统计上海市排名前 100 的企业，共计出口总额 1 009.18 亿美元，约占上海市出口总额的 49.41%。其中，累计排名前 10 的企业出口总额 545.88 亿美元，约占上海市出口总额的 26.73%，行业集中度极高。

2013 年，累计进口总额指标统计上海市排名前 100 的企业，共计进口总额 1 060.38 亿美元，约占上海市进口总额的 44.71%。其中，累计排名前 10 的企业进口总额 375.31 亿美元，约占上海市进口总额的 15.83%，行业集中度较高（表 2.3）。

**表 2.3　2013 年根据不同口径统计的企业进出口额、出口额、进口额情况**

| 项　　目 | 前 100 企业 | | 前 10 企业 | |
|---|---|---|---|---|
| | 总额/亿美元 | 占比/% | 总额/亿美元 | 占比/% |
| 进出口 | 1 889.34 | 42.80 | 814.52 | 18.45 |
| 出　口 | 1 009.18 | 49.41 | 545.88 | 26.73 |
| 进　口 | 1 060.38 | 44.71 | 375.31 | 15.83 |

通过以上数据可知，进出口额、出口额、进口额分别排名前 100 的企业，其进出口额、出口额、进口额分别累计占到上海市相应指标的一半左右。排名前 10 企业的进出口额、出口额、进口额则又大约分别占到前 100 企业总量的 20%。

## 二、企业性质

2013 年,根据进出口总额指标统计上海市排名前 100 的企业,其中,国有企业 21 家,私营企业 10 家,外资企业 69 家(图 2.15)。

2013 年,根据出口总额指标统计上海市排名前 100 的企业,其中,国有企业 28 家,私营企业 6 家,外资企业 66 家(图 2.16)。

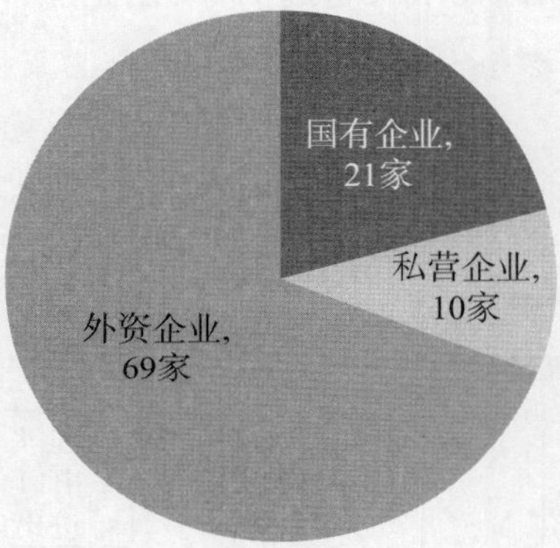


**图 2.15　2013 年上海进出口总额排名前 100 企业性质结构**

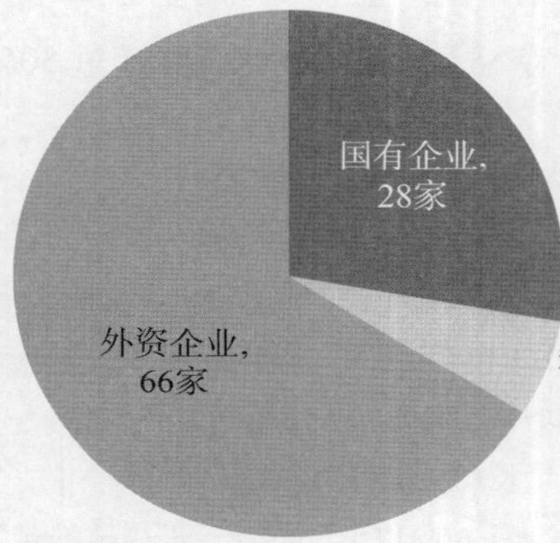


**图 2.16　2012 年上海出口总额排名前 100 企业性质结构**

2013 年,根据进口总额指标统计上海市排名前 100 的企业,其中,国有企业 22 家,私营企业 10 家,外资企业 68 家(图 2.17)。

通过以上数据可知,外资企业在进出口贸易方面占据着市场绝对优势。上海的商贸环境为外资企业从事进出口贸易创造了良好的外部条件,有利于促进吸引外资企业进驻上海。另外,从出口和进口额单项统计指标看,在前 100 企业中,外资企业总数超过 60 家。与 2012 年相比,进口、出口的前 100 企业中,国有企业和私营企业的数量增长较快。

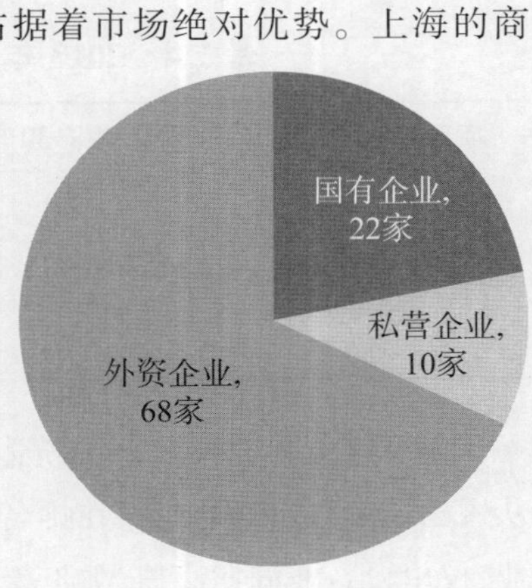


**图 2.17　2013 年上海进口总额排名前 100 企业性质结构**

## 三、企业进出口增长情况

在统计的进出口总额排名前 100 的企业中,与

2012 年相比,进出口额同比增长的企业有 56 家,其中同比增长超过 30% 的企业 24 家,包括 6 家同比增长超过 100% 的企业;同比下降的企业有 44 家,其中同比下降超过 30% 的占 9 家。

在统计的出口总额排名前 100 的企业中,与 2012 年相比出口额同比增长的企业有 48 家,其中同比增长超过 30% 的企业 23 家,包括 7 家同比增长超过 100% 的企业;同比下降的企业有 52 家,其中同比下降超过 30% 的占 12 家。

在统计的进口总额排名前 100 的企业中,与 2012 年相比进口额同比增长的企业有 62 家,其中同比增长超过 30% 的企业 29 家,包括 9 家同比增长超过 100% 的企业;同比下降的企业有 38 家,其中同比下降超过 30% 的占 13 家(图 2. 18,表 2. 4)。

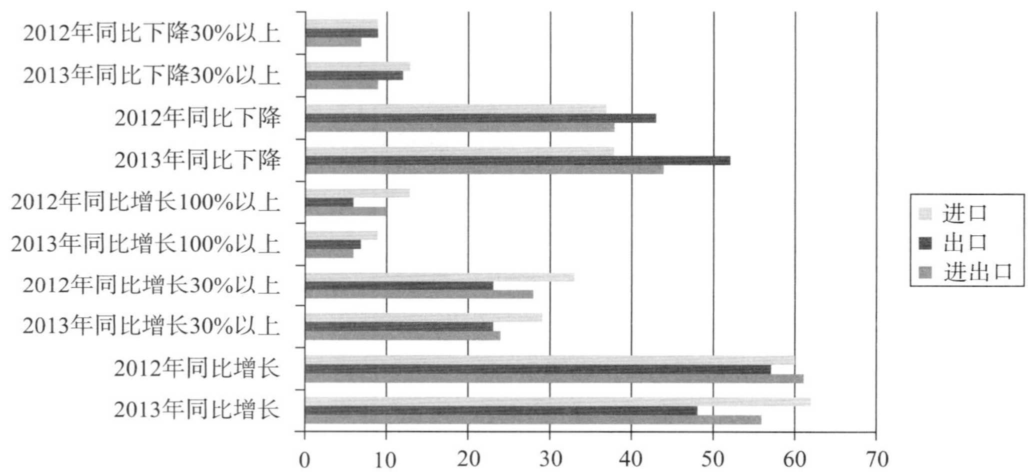


图 2. 18　2013 年进出口前 100 企业同比增长与下降情况与 2012 年对比

**表 2. 4　2013 年进出口前 100 企业同比增长与下降情况**　　家

| 项目 | 同比增长 | 同比增长 30% 以上 | 同比增长 100% 以上 | 同比下降 | 同比下降 30% 以上 |
|---|---|---|---|---|---|
| 进出口 | 56 | 24 | 6 | 44 | 9 |
| 出　口 | 48 | 23 | 7 | 52 | 12 |
| 进　口 | 62 | 29 | 9 | 38 | 13 |

通过以上图表可知,金融危机后经过数年的调整,国际经济环境已经有所改善,无论从进出口额、进口额来看,在排名前 100 的企业中,同比增长的企业都多于同比下降的企业,仅出口企业同比下降数略多于同比增长,但按不同分类的同比增长企业数量比较,2013 年同比增长企业数量均少于 2012 年,而同比下降的企业数量多于 2012 年,显示外部经济环境依然严峻复杂。

## 四、进出口龙头企业

2013 年,在统计的进出口总额排名前 100 的企业中,排名前三的依次是达功(上海)电脑有限公司、昌硕科技(上海)有限公司、丹沙物流(上海)有限公司三家外资公司,前十位中第四位是宝山钢铁股份有限公司,第八位是上海浦东国际机场进出口有限公司,这两家都是国有企业,但与前三家外资公司相比差距较大,两家国有公司进出口总额之和不及第一位的一半。

2013 年,在统计的出口总额排名前 100 的企业中,排名前八的都是外资企业,其中前三位的是达功(上海)电脑有限公司、昌硕科技(上海)有限公司、英顺达科技有限公司,其中达功和昌硕公司出口总额继续保持在 100 亿美元以上,在出口方面稳坐市场龙头地位。

2013 年,在统计的进口总额排名前 100 的企业中,丹沙物流(上海)有限公司以 73.06 亿美元进口额位列榜首,而第二、三位的则是宝山钢铁股份有限公司和昌硕科技(上海)有限公司(表 2.5)。

**表 2.5　2013 年上海进出口额排名前五企业概况**

| 企　业 | 进出口总额/亿美元 | 同比/% | 出口总额/亿美元 | 同比/% | 进口总额/亿美元 | 同比/% |
|---|---|---|---|---|---|---|
| 达功(上海)电脑有限公司 | 226.23 | -17.8 | 209.30 | -12.61 | 16.93 | -52.59 |
| 昌硕科技(上海)有限公司 | 190.59 | 3.84 | 145.75 | -3.75 | 44.84 | 39.62 |
| 丹沙物流(上海)有限公司 | 83.85 | -43.18 | 10.80 | -34.49 | 73.06 | -44.27 |
| 宝山钢铁股份有限公司 | 66.26 | -17.75 | 14.85 | -20.13 | 51.42 | -17.03 |
| 英顺达科技有限公司 | 47.76 | 13.03 | 44.70 | 14.70 | 3.05 | -6.82 |

通过表 2.5 可知,排名第一的达功(上海)电脑有限公司在 2013 年进口额、出口额均有所下滑。而处于第二位的昌硕科技(上海)有限公司进出口额稳步增长,其中进口额增长迅速,如能继续保持此增长速度,将有望赶超排名第一的企业。

**表 2.6　进口百强企业表**

| 企　业　名　称 | 企业性质 | 2013 年进口额/亿美元 | 同比/% |
|---|---|---|---|
| 丹沙物流(上海)有限公司 | 外资 | 73.06 | -44.27 |
| 宝山钢铁股份有限公司 | 国有 | 51.41 | -17.03 |

（续表）

| 企　业　名　称 | 企业性质 | 2013 年进口额/亿美元 | 同比/% |
|---|---|---|---|
| 昌硕科技(上海)有限公司 | 外资 | 44.84 | 39.62 |
| 捷豹路虎汽车贸易(上海)有限公司 | 外资 | 43.11 | 42.38 |
| 英特尔贸易(上海)有限公司 | 外资 | 38.37 | 1 025 679.67 |
| 东方航空进出口有限公司 | 国有 | 36.60 | 32.42 |
| 保时捷(中国)汽车销售有限公司 | 外资 | 30.32 | 0.85 |
| 英运物流(上海)有限公司 | 外资 | 23.82 | 6.08 |
| 全球物流(上海)有限公司 | 外资 | 23.74 | -32.82 |
| 安靠封装测试(上海)有限公司 | 外资 | 23.18 | 51.56 |
| 上海浦东国际机场进出口有限公司 | 国有 | 23.10 | -11.24 |
| 上海大众汽车有限公司 | 外资 | 21.75 | 12.51 |
| 世天威物流(上海外高桥保税物流园区)有限公司 | 外资 | 17.59 | -49.77 |
| 沃尔沃汽车销售(上海)有限公司 | 外资 | 17.36 | 661.24 |
| 晟碟半导体(上海)有限公司 | 外资 | 17.00 | -10.28 |
| 达功(上海)电脑有限公司 | 外资 | 16.93 | -52.59 |
| 环旭电子股份有限公司 | 外资 | 16.60 | 14.62 |
| 上海同盛物流园区投资开发有限公司 | 国有 | 14.88 | 40.88 |
| 上海近铁国际物流有限公司 | 外资 | 14.03 | 23.82 |
| 星科金朋(上海)有限公司 | 外资 | 13.81 | -9.85 |
| 上海洋山保税港区世天威物流有限公司 | 外资 | 13.26 | 140.31 |
| 上海中储临港物流有限公司 | 国有 | 12.10 | 49.96 |
| 上海通用汽车有限公司 | 外资 | 11.27 | -1.88 |
| 上海大众国际仓储物流有限公司 | 国有 | 11.16 | 1.72 |
| 上海罗氏制药有限公司 | 外资 | 11.13 | 54.88 |
| 金士顿科技(上海)有限公司 | 外资 | 11.04 | 54.07 |
| 上海液化天然气有限责任公司 | 国有 | 10.65 | 24.94 |
| 瑞表企业管理(上海)有限公司 | 外资 | 10.23 | 2.35 |
| 永裕(上海)医药物流营运有限公司 | 外资 | 9.77 | 18.71 |
| 上汽通用汽车销售有限公司 | 外资 | 9.30 | 57.40 |
| 上海国储天威仓储有限公司 | 国有 | 9.17 | 0 |

（续表）

| 企 业 名 称 | 企业性质 | 2013 年进口额/亿美元 | 同比/% |
|---|---|---|---|
| 国药控股分销中心有限公司 | 国有 | 9.09 | 6.21 |
| 宝矿国际贸易有限公司 | 国有 | 8.81 | -1.48 |
| 上海汽车进出口有限公司 | 国有 | 8.37 | 10.81 |
| 上海康及通物流有限公司 | 民营 | 8.34 | 475 343.78 |
| 中国金山联合贸易有限责任公司 | 国有 | 8.11 | -27.74 |
| 上海外高桥物流中心有限公司 | 国有 | 8.07 | -24.59 |
| 上海同华储运有限公司 | 民营 | 7.91 | -32.40 |
| 拜耳材料科技(中国)有限公司 | 外资 | 7.84 | 0.56 |
| 达伟(上海)物流仓储有限公司 | 外资 | 7.49 | -31.21 |
| 日月光封装测试(上海)有限公司 | 外资 | 7.46 | -2.17 |
| 上海吉开伊物流有限公司 | 民营 | 7.34 | -28.96 |
| 上海华信石油集团有限公司 | 国有 | 6.93 | 35.92 |
| 罗氏诊断产品(上海)有限公司 | 外资 | 6.92 | 22.87 |
| 达丰(上海)电脑有限公司 | 外资 | 6.80 | -49.23 |
| 上海兆龙国际物流有限公司 | 民营 | 6.66 | 84.78 |
| 上海贝尔股份有限公司 | 外资 | 6.66 | 20.81 |
| 上海三凯进出口有限公司 | 国有 | 6.63 | -0.64 |
| 中芯国际集成电路制造(上海)有限公司 | 外资 | 6.62 | 65.33 |
| 东芝电子(上海)有限公司 | 外资 | 6.61 | 30.17 |
| 英业达科技有限公司 | 外资 | 6.52 | -13.76 |
| 友达光电(上海)有限公司 | 外资 | 6.48 | -6.96 |
| 惠普贸易(上海)有限公司 | 外资 | 6.36 | -27.96 |
| 尼康映像仪器销售(中国)有限公司 | 外资 | 6.29 | -24.18 |
| 国基电子(上海)有限公司 | 外资 | 6.24 | -5.30 |
| 索尼物流贸易(中国)有限公司 | 外资 | 6.19 | -12.10 |
| 宝钢资源有限公司 | 国有 | 6.15 | 22.44 |
| 福特汽车(中国)有限公司 | 外资 | 5.96 | 239.04 |
| 上海怡世翔物流有限公司 | 民营 | 5.82 | -20.09 |
| 上海诺华贸易有限公司 | 外资 | 5.70 | 33.61 |

（续表）

| 企业名称 | 企业性质 | 2013年进口额/亿美元 | 同比/% |
|---|---|---|---|
| 上海添马行物流有限公司 | 民营 | 5.63 | 9.42 |
| 联合汽车电子有限公司 | 外资 | 5.57 | 15.16 |
| 上海振华重工(集团)股份有限公司 | 国有 | 5.54 | -0.39 |
| 昆仑国际贸易有限公司 | 国有 | 5.29 | 61.19 |
| 上海胜握胜林业有限公司 | 国有 | 5.28 | 180.92 |
| 上海联油国际贸易有限公司 | 国有 | 5.28 | 37.32 |
| 上海益海商贸有限公司 | 外资 | 5.26 | 49.46 |
| 上海日东光学有限公司 | 外资 | 5.23 | 13.57 |
| 路威酩轩时装(上海)贸易有限公司 | 外资 | 5.21 | -3.19 |
| 上海新发展进出口贸易实业有限公司 | 国有 | 5.04 | 28.13 |
| 英华达(上海)科技有限公司 | 外资 | 5.00 | -34.44 |
| 威宏电子(上海)有限公司 | 外资 | 4.79 | -56.21 |
| 上海新金桥国际物流分拨有限公司 | 国有 | 4.77 | -81.33 |
| 通用电气药业(上海)有限公司 | 外资 | 4.62 | 36.36 |
| 明尼苏达矿业制造(上海)国际贸易有限公司 | 外资 | 4.49 | 11.14 |
| 上海中燃船舶燃料有限公司(保) | 国有 | 4.46 | -15.47 |
| 雅培贸易(上海)有限公司 | 外资 | 4.42 | 25.54 |
| 嘉吉投资(中国)有限公司 | 外资 | 4.36 | -53.29 |
| 上海索广映像有限公司 | 外资 | 4.28 | 29.50 |
| 亚东石化(上海)有限公司 | 外资 | 4.16 | -0.26 |
| 美敦力(上海)管理有限公司 | 外资 | 4.05 | 20.24 |
| 国家物资储备局上海七处(保) | 国有 | 4.03 | -63.41 |
| 上海鹏益物流有限公司 | 民营 | 3.97 | 69.51 |
| 远纺工业(上海)有限公司 | 外资 | 3.95 | 1.29 |
| 中化国际(控股)股份有限公司 | 国有 | 3.94 | -34.08 |
| 上海酩悦轩尼诗国际贸易有限公司 | 外资 | 3.92 | -15.70 |
| 上海外高桥造船有限公司 | 国有 | 3.88 | 65.70 |
| 上海良友(集团)有限公司 | 国有 | 3.82 | 53.96 |
| 埃克森美孚化工商务(上海)有限公司 | 外资 | 3.80 | -4.00 |

（续表）

| 企 业 名 称 | 企业性质 | 2013 年进口额/亿美元 | 同比/% |
|---|---|---|---|
| 古驰（上海）企业管理有限公司 | 外资 | 3.80 | 4.25 |
| 法拉利玛莎拉蒂汽车国际贸易（上海）有限公司 | 外资 | 3.71 | 118.43 |
| 华硕电脑（上海）有限公司 | 外资 | 3.62 | -1.78 |
| 上海森联木业发展有限公司 | 国有 | 3.53 | 122.30 |
| 上海市工艺品珠宝首饰进出口有限公司 | 国有 | 3.52 | 2.56 |
| 上海惠普有限公司 | 外资 | 3.46 | -25.69 |
| 上海市振戎石油有限公司 | 民营 | 3.35 | 523.79 |
| 巴斯夫（中国）有限公司 | 外资 | 3.32 | 24.57 |
| 上海东松国际贸易有限公司 | 国有 | 3.31 | 8.69 |
| 泰科电子（上海）有限公司 | 外资 | 3.27 | 3.48 |

# 第三章 利 用 外 资

## 第一节 2013 年上海利用外资总体情况

2013 年，上海积极适应经济全球化的新形势，不断优化引进外资结构，不断拓展对外开放深度，不断完善国际化、法治化的营商环境，全年利用外资稳中有进，质量和水平进一步提高。

### 一、利用外资再创历史新高

2013 年，上海实际利用外资 167.8 亿美元，同比增长 10.5%，增幅高出全国水平 5.2 个百分点，连续 14 年实现增长；合同外资 249.36 亿美元，同比增长 11.6%，连续 3 年超过 200 亿美元，并再创年度引资规模新高(图 3.1)。

截至 2013 年底，上海累计引进外资项目 7.2 万个，合同外资 2 425.01 亿美元，实际吸收外资 1 509.93 亿美元，占全国累计吸收实到外资的比重超过 10%。

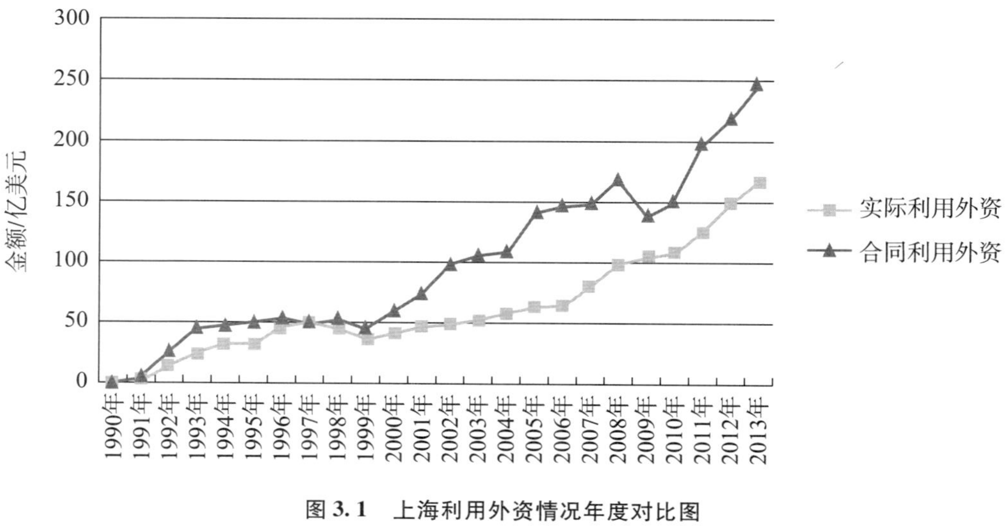


图 3.1 上海利用外资情况年度对比图

## 二、产业结构不断优化

服务业利用外资稳步增长,全年实际利用外资 135.67 亿美元,同比增长 7.0%,服务业实到外资占比超过 80%。服务经济为主的引资结构不断优化,商贸业、租赁和商务服务业、物流服务业呈现较快增长态势,实到外资同比分别增长 29.4%、23.3% 和 37.6%,占上海全市实到外资的比重较上年度分别提高了 2.7、2.2 和 0.5 个百分点。2013 年上半年新设外资房地产大项目较少,房地产业实到外资同比下降 18.4%,随着港资新鸿基拍得徐家汇中心等项目的资金陆续到位,预计 2014 年房地产业实到外资会有所增长。金融服务业是近两年外资发展较快的领域,全年新设项目 105 个,同比增长近五成,受 2012 年远东国际租赁实到外资 4.8 亿美元影响,2013 年金融服务业实到外资同比微降 0.3%(表 3.1)。

**表 3.1　2013 年上海服务业利用外资分产业情况**

| 按产业分 | 实际利用外资/亿美元 | 同比/% | 占比/% |
|---|---|---|---|
| 服务业 | 135.67 | 7.0 | 80.9 |
| 商贸业 | 31.08 | 29.4 | 18.5 |
| 租赁和商务服务业 | 35.58 | 23.3 | 21.2 |
| 物流服务业 | 4.93 | 37.6 | 2.9 |
| 房地产业 | 38.48 | -18.4 | 22.9 |
| 金融服务业 | 8.23 | -0.3 | 4.9 |

制造业实到外资 31.84 亿美元,同比增长 29.8%。民用航空、高端装备、电子信息、新材料等战略性新兴产业加快发展,氰特工程材料(上海)有限公司 3155 万美元实到外资到位,从事商用飞机材料的制造;新引进易欧司光电技术(上海)有限公司从事 3D 打印材料技术的研发、英华达(上海)科技有限公司新增 3D 打印机研发制造业务;新设康宁(上海)光学材料有限公司从事光纤预制棒的研发生产;赢创德固赛特种化学(上海)有限公司增加为境外关联公司的提供研发和工业改进外包服务。

## 三、总部经济集聚发展

2013 年,新认定跨国公司地区总部 42 家,其中,百威英博集团、英特奈国际纸业(上海)贸易有限公司、杰尼亚(上海)贸易有限公司等 11 家公司认定为亚太区总部;新增投资性公司 18 家、研发中心 15 家。截至 2013 年底，累计落户上海的跨国公司地区总部、投资性公司、研发中心分别达到 445 家、283 家、366 家，上海成为中国大陆投资性公司和跨国公司地区总部最集中的城市(表 3.2)。

表 3.2　上海总部经济项目情况

| 年　份 | 投资性公司/家 | 地区总部/家 | 研发中心/家 |
|---|---|---|---|
| 2006 | 20 | 30 | 26 |
| 2007 | 15 | 30 | 34 |
| 2008 | 13 | 40 | 30 |
| 2009 | 13 | 36 | 30 |
| 2010 | 22 | 45 | 15 |
| 2011 | 27 | 48 | 15 |
| 2012 | 25 | 50 | 17 |
| 2013 | 18 | 42 | 15 |
| 累　计 | 283 | 445 | 366 |

## 四、对外开放进一步扩大

服务业吸引外资领域不断延伸和突破。金融服务业开放位列全国前列，商业保理试点取得积极成效，试点一年多来，批准新设外资商业保理企业 17 家，注册资本 2.71 亿美元，合同外资 1.91 亿美元；融资租赁行业加快发展，全年新引进外资融资租赁企业 89 家，累计吸引外资融资租赁企业 219 家，设立 36 个外商投资融资租赁公司 SPV 项目；股权投资、创业投资、保险经纪、货币兑换、第三方支付等新兴金融服务领域的外国投资日趋活跃，引进上海浦东新区亚联财小额贷款有限公司(上海首家外资小额贷款公司)、上海张江艾西益外币兑换有限公司、奥氏(上海)海外投资基金管理有限公司。互联网销售、电子商务等贸易新业态发展迅速，全年新批准 121 家企业增加网上销售业务；文化产业、社会服务业利用外资实现新突破，引进东方梦工厂影视技术有限公司、佳士得上海有限公司、上海卫展医院管理有限公司、金卫医保信息管理(中国)有限公司等项目。

## 五、外资管理改革不断深化

自贸试验区挂牌 3 个月以来，新设外资企业 239 家，90% 的企业属负面清单外通过备案设立。6 个服务业领域的开放措施基本落地，推动自贸试验区引资结构不断调整，除原保税区优势产业商贸和物流外，专业服务、金融、文化领域的外商投资快速增长，占比分别达到27.6%、2.8%、1.6%。25个国家和地区选择到自贸试验区内新设企业，其中中国香港投资最多，占比为44%，其次为美国、中国台湾、日本、加拿大、新加坡。

## 六、利用外资方式不断拓展

外商投资渠道进一步拓宽，全年跨境人民币直接出资31亿美元，占全市合同外资的比重升至近13%。"引进来"和"走出去"相结合，全年新批外商投资企业对外直接投资项目49个，投资总额5.1亿美元，同比增长近六成，占上海企业走出去对外投资额的12%。英国石油公司在上海投资的碧科清洁能源技术有限公司再投资1亿元人民币到美国，开展能源技术领域的研发；三林万业（上海）企业管理有限公司赴新加坡设立股权投资企业；上海日立电器公司在意大利设立欧洲技术服务中心。"引进来"和"走出去"的联动发展，推动上海利用国际国内两个市场、两种资源，在更大范围、更广领域、更高层次上参与国际经济技术合作和竞争。

## 七、投资来源地结构多元化

2013年，实到外资主要来自亚洲，占全市实到外资的比重接近70%，实到外资金额116.47亿美元，同比增长12.9%；欧洲实到外资11.81亿美元，同比下降26.5%，占比为7%；美国实到外资12.64亿美元，同比增长80%，占比为7.5%（表3.3，图3.2）。

**表3.3　2013年上海外商直接投资前10位资金来源地**

| 排名 | 国家或地区 | 实到外资金额/亿美元 | 同比增长/% | 占全市实到外资的比重/% |
|---|---|---|---|---|
| 1 | 中国香港 | 83.52 | 22.0 | 49.8 |
| 2 | 日　本 | 16.61 | -8.3 | 9.9 |
| 3 | 新加坡 | 12.74 | 30.6 | 7.6 |
| 4 | 美　国 | 12.64 | 80.0 | 7.5 |
| 5 | 毛里求斯 | 4.73 | -4.9 | 2.8 |
| 6 | 英属维尔京群岛 | 3.79 | -44.1 | 2.3 |
| 7 | 德　国 | 3.09 | 22.3 | 1.8 |
| 8 | 开曼群岛 | 2.72 | -35.2 | 1.6 |
| 9 | 法　国 | 2.25 | -20.9 | 1.3 |
| 10 | 荷　兰 | 2.24 | -37.2 | 1.3 |

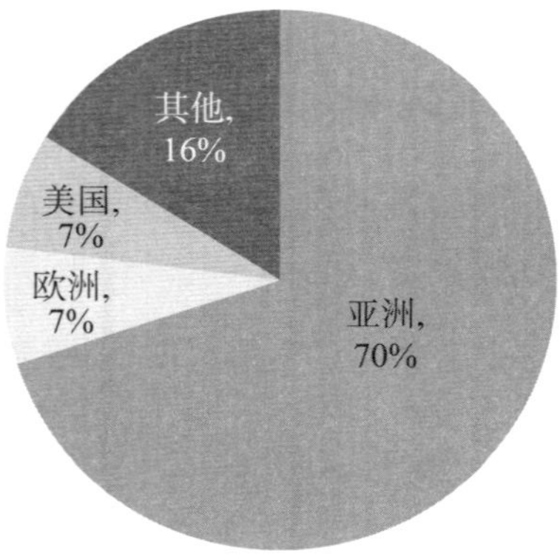


图 3.2　2013 年上海实到投资来源地占比情况

截至 2013 年底,在上海投资的国家和地区已达 157 个。从主要资金来源地看,2013 年中国香港在沪投资实到外资同比增长了 22%,由于近期中国香港投资大项目集中获批,2014 年来自中国香港的实到外资仍有望继续保持增长;日本投资实到外资下降 8.3%、合同外资下降 38.7%,受中日关系紧张、日本海外投资更多地流向东南亚国家等因素影响,预计日本在沪新增投资可能继续减少;欧洲国家中,德国投资增长,法国、荷兰下降,分化日益明显;2013 年美国在沪实到外资大幅增长 80%,主要得益于前两年批准的迪士尼、中航通用电气民用航电系统等大项目资金集中到位,2013 年美国投资合同外资下降了 32.7%,受此影响 2014 年实到外资可能会有所回落;自由港中,英属维尔京群岛、毛里求斯、开曼群岛、萨摩亚等地的对沪投资都呈现出下降趋势,考虑到全球范围内自由港投资总体呈现上升趋势,预计 2014 年可能会出现恢复性反弹。

## 八、外商投资企业效益良好

根据纳入可比口径的 17 635 家外商投资企业运营情况监测结果,2013 年,外商投资企业主营业务收入同比增长 12.6%、利润增长 13.5%、纳税增长 10.3%。其中,金融服务业营业收入增长 19.2%、商贸业销售收入增长 18.8%、租赁和商务服务业营业收入增长 12.7%、制造业企业营业收入增长 5.2%(图 3.3)。

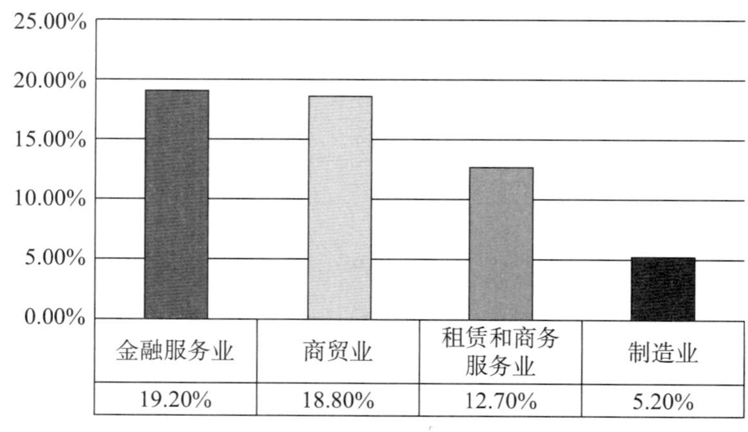


图 3.3　外商投资企业运营部门增长情况

## 第二节　2014 年上海利用外资工作展望

打造招商引资工作平台、外资企业综合服务平台和跨地区合作协调平台，进一步提升上海利用外资综合效益，促进引资、引技、引智有机结合，提高参与国际经济竞争与合作及全球价值链整合的能力。

### 一、完善外商投资环境

推进外资管理制度创新，施行“告知承诺 + 格式化审批”的准入管理方式，完善事中事后监管。梳理各类准入限制条件，争取国家各部委支持，进一步扩大对外开放。建立外商投资企业信息申报及共享公示制度，探索建立外国投资者信用管理和境外追偿保障机制。加强对国家级经济技术开发区的分类指导，推动嘉定、康桥等符合条件的开发区升级为国家级经济技术开发区。加强开发区生态文明建设，促进低碳、绿色、循环发展。借助文化、旅游、体育等多种渠道，广泛宣传推介上海。

### 二、提升外资总部经济能级

完善跨国公司地区总部、投资性公司和研发中心政策体系，聚焦研发、投资、结算等核心功能，促进营运中心、结算中心、数据中心等外资功能性机构集聚发展。为外资总部机构提供更为便利的跨境资金管理和运营管理环境，鼓励设立亚太区总部、亚太营运中心，提高总部机构调配资源的能力。

### 三、引导外资参与现代产业体系建设

进一步提高金融、教育、文化、医疗等服务领域的开放程度。大力发展外资融资租赁、商业保理、股权投资、保险经纪、小额贷款等金融服务业。发挥上海与台港澳地区经贸往来密切的优势，推进新兴服务业领域对台港澳地区率先开放。鼓励外商投资新一代信息技术、高端装备制造、生物医药、新能源、新材料等战略性新兴产业和一般制造业。积极引进拥有知识产权、专利技术、管理经验、品牌优势的外资企业。

## 四、提高招商引资工作水平

出台全市招商引资工作指导意见,充分利用各类外资平台,提高招商效率。建立全市招商工作统筹协调和信息共享机制,加强对区县、开发区招商工作的支持和服务。聚焦重点区域、重点领域和重点企业,建立和完善重大外资项目协调推进机制。充分利用驻沪使领馆较多、外国商会较多、结对友好城市较多等优势资源,提升经贸外事服务水平,推动高层交流,提高招商质量。

# 第三节　总 部 经 济

## 一、2013 年上海跨国公司地区总部的基本情况

2013 年,上海进一步完善跨国公司地区总部政策,吸引跨国公司地区总部继续保持良好的发展势头,全年新引进跨国公司地区总部 42 家,截至 2013 年底,累计落户上海的跨国公司地区总部 445 家。上海是中国大陆吸引跨国公司地区总部最多的城市。2013 年上海跨国公司地区总部的基本特点:

1. 从投资国别和地区看,以美、欧、日企业为主

2013 年,欧洲企业设立地区总部 15 家,占 35.7%;美国企业 8 家,占 19.0%;日本企业 8 家,占 19.0%;其他亚洲企业 11 家,占 26.2%,其中新加坡企业 4 家,中国香港企业 3 家,中国台湾企业 2 家,韩国和泰国企业各 1 家。从落户上海的跨国公司地区总部整体看,美国企业设立地区总部 138 家,占 31.0%;欧洲企业 119 家,占 26.7%;日本企业 101 家,占 22.7%(图 3.4)。

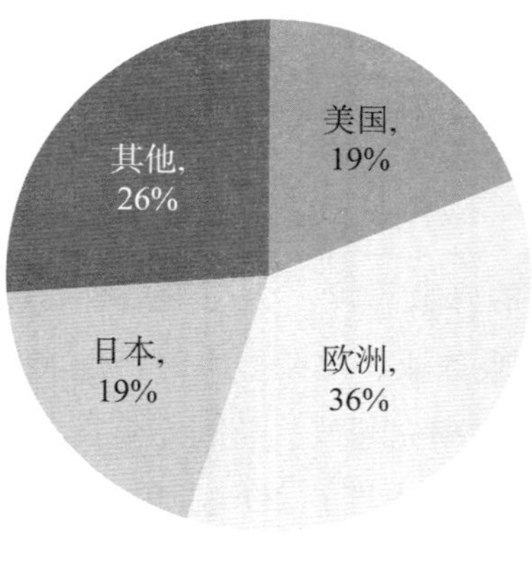


图 3.4　2013 年上海跨国公司地区总部投资来源地分布

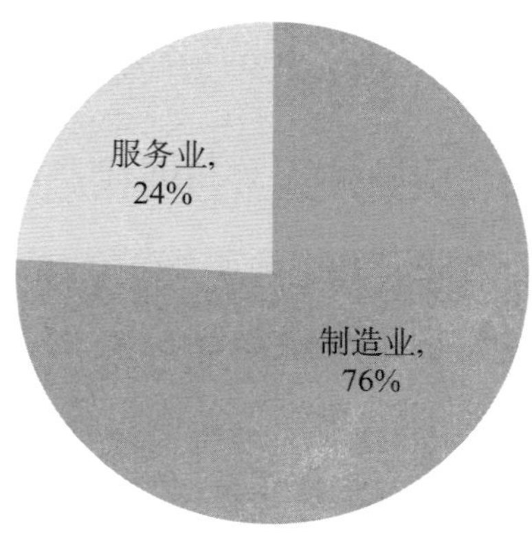


图 3.5　2013 年上海新设跨国公司行业分布

2. 从行业分布看,以制造业企业为主

2013 年,制造业跨国公司设立地区总部 28 家,占 2/3;服务业企业 14 家,占 1/3。从落户上海的跨国公司地区总部整体看,制造业企业设立地区总部 338 家,占 76.0%,服务业企业 107 家,占 24.0%(图 3.5)。

3. 从落户区域看,浦东是吸引跨国公司地区总部的主要区域

2013 年,落户浦东的跨国公司地区总部 21 家,占 50.0%;其他区域分布为:徐汇 8 家,闸北 5 家,黄浦、静安各 2 家,宝山、闵行、嘉定、松江各 1 家。从落户上海的跨国公司地区总部整体看,落户浦东的地区总部 210 家,占 47.2%(图 3.6)。

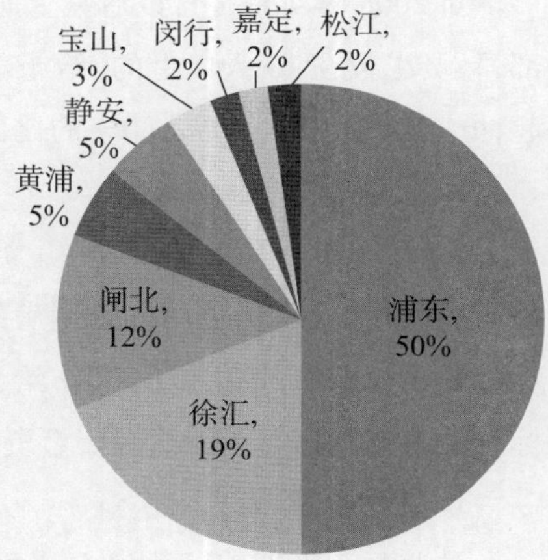


**图 3.6　2013 年上海新设跨国公司落户区域情况**

4. 能级不断提升

2013 年,新认定百威英博集团、英特奈国际纸业贸易(上海)有限公司、杰尼亚贸易(上海)有限公司等 11 家公司为亚太区总部,英国石油公司、三井仓库株式会社、默沙东制药有限公司、第一三共制药集团、沃尔沃建筑设备集团、托克贸易集团等国际行业巨头在上海设立了地区总部。总体来看,落户上海的跨国公司地区总部不断拓展功能,使在沪地区总部成为集多种营运职能为一身的"综合性总部"。95% 以上的在沪跨国公司地区总部具有两种以上的功能,82% 的地区总部具有投资决策功能、61% 的地区总部具有资金管理功能、54% 的地区总部具有研发功能、35% 的地区总部具有采购销售功能。

5. 功能逐渐完善,资源整合能力增强

逐步将研发、设计、采购、营销等功能和公司高级管理团队集中到上海。特别是在上海设立结算中心的趋势越发明显。

6. 对上海经济发展的贡献突出

据外商投资企业联合年检数据,2012 年,落户上海的跨国公司地区总部实现营业收入 3 961.43 亿元,税收总额(包括关税)266.87 亿元。

## 二、2013 年总部工作主要举措

### (一) 制定出台《上海市鼓励跨国公司地区总部发展专项资金使用和管理办法》

根据《上海市鼓励跨国公司设立地区总部的规定》及《关于〈上海市鼓励跨国公司设

立地区总部的规定〉若干实施意见》的有关要求，为规范上海市鼓励跨国公司地区总部发展专项资金的使用和管理，提高财政资金使用效益，上海市商务委、上海市财政局制定出台《上海市鼓励跨国公司地区总部发展专项资金使用和管理办法》（以下简称《办法》）。《办法》主要明确了跨国公司地区总部发展专项资金的支持方式和标准。

1. 开办资助的标准

对 2008 年 7 月 7 日以后在上海市注册及迁入上海市，以投资性公司形式设立地区总部，且员工数在 10 人以上的，给予 500 万元开办资助，自注册或迁入上海市的下一年度起，分三年按 40%、30%、30% 的比例发放开办资助资金。

2. 租房资助的标准

对 2008 年 7 月 7 日以后在上海市注册及迁入上海市，且员工数在 10 人以上的跨国公司地区总部，租赁自用办公用房的，以不超过 1 000 平方米办公面积、每平方米每天不超过 8 元的标准，按租金的 30% 给予三年资助；购建自用办公用房的，按租房资助的同等标准的三年总额给予一次性资金资助。

3. 奖励的标准

对上海市 2008 年 7 月 7 日以后认定为国家级跨国公司地区总部，且自认定年度起的年营业额首次超过 10 亿元的投资性公司，或 2008 年 7 月 7 日以前认定为国家级跨国公司地区总部，且自 2008 年起年营业额首次超过 10 亿元的投资性公司，给予 1 000 万元的一次性奖励。

对上海市 2008 年 7 月 7 日以后认定为管理性公司地区总部且自认定年度起的年营业额首次超过 5 亿元的，或 2008 年 7 月 7 日以前认定为管理性公司地区总部且自 2008 年起的年营业额首次超过 5 亿元的，给予 500 万元的一次性奖励。

对上海市 2012 年 1 月 1 日以后认定为投资性公司地区总部，且自认定年度起的年营业额首次超过 10 亿元的，或 2012 年 1 月 1 日以前认定的投资性公司地区总部，且自 2012 年起的年营业额首次超过 10 亿元的，给予 500 万元的一次性奖励。该项奖励与本条第一项奖励不重复享受。奖励分三年按 40%、30%、30% 的比例发放。

4. 对在沪跨国公司地区总部提升能级的资助

2012 年 1 月 1 日以后在上海市新设立的跨国公司亚洲区、亚太区或更大区域的总部，员工人数不少于 50 人，且母公司任命的负责人及与总部职能相关的主要高级管理人员常驻上海工作的，可获得 800 万元的开办资助，分三年按 40%、30%、30% 的比例发放。

已设立的跨国公司地区总部升级为亚洲区、亚太区或更大区域总部，员工人数不少于 50 人，且母公司任命的负责人及与总部职能相关的主要高级管理人员常驻上海工作的，可获得 300 万元的一次性资助。

5. 对投资性公司地区总部整合股权的资助

对上海市需要重点引进的投资性公司地区总部因其内部股权整合而产生的成本和费用,经上海市商务委、上海市财政局和相关部门审定后,给予适当资助。此外,《办法》还明确了专项资金的具体负担办法、企业申请材料、申报与审核程序、资金拨付及使用监督等问题。

### (二) 举办第23批跨国公司地区总部颁证仪式

2013年9月22日,上海市第23批跨国公司地区总部颁证仪式在兴国宾馆举行。上海市副市长周波为2012年认定的38家跨国公司地区总部颁发认定证书。此次获颁证的新一批38家跨国公司地区总部中,母公司业务主要为制造业的有28家,涉及IT、汽车、医药、能源等行业,包括上海惠普有限公司、沃尔沃汽车(中国)投资有限公司、阿斯利康投资(中国)有限公司等;母公司业务主要为服务业的有10家,涉及商业、物流等行业,如历峰商业有限公司、芒果服饰(中国)有限公司、罗森(中国)投资有限公司等。

根据2013《财富》世界500强排行榜,此次获颁证的38家跨国公司地区总部中,有4家的母公司为世界500强企业,分别为英国石油公司(BP)(第6位)、美国惠普公司(第43位)、美国默沙东公司(第214位)和英国阿斯利康公司(第413位)。另外,还有世界四大粮商之一的美国ADM公司、全球排名第二的卫生用品制造商瑞典爱生雅公司以及全球最大的体育用品零售商迪卡侬公司等全球行业领先企业(表3.4)。

**表3.4 2013年上海市认定地区总部名单**

| 企业名称 | 认定年月 | 区县 | 母公司 | 行业 | 类型 |
|---|---|---|---|---|---|
| 富乐胶投资管理(上海)有限公司 | 2012年8月 | 浦东 | 美国 | 制造 | 管理性 |
| 德凯达企业管理(上海)有限公司 | 2012年8月 | 闸北 | 德国 | 服务 | 管理性 |
| 精诚(中国)企业管理有限公司 | 2012年9月 | 徐汇 | 中国台湾 | 服务 | 管理性 |
| 美利肯企业管理(上海)有限公司 | 2012年9月 | 徐汇 | 美国 | 制造 | 管理性 |
| 默沙东(中国)投资有限公司 | 2012年9月 | 徐汇 | 美国 | 制造 | 投资性 |
| 迪脉(上海)企业管理有限公司 | 2012年9月 | 浦东 | 法国 | 服务 | 管理性 |
| 胜狮货柜管理(上海)有限公司 | 2012年9月 | 宝山 | 新加坡 | 制造 | 管理性 |
| 阪东(上海)管理有限公司 | 2012年9月 | 浦东 | 日本 | 制造 | 管理性 |
| 希杰希界维(上海)企业管理有限公司 | 2009年9月 | 闸北 | 韩国 | 服务 | 管理性 |
| 碧辟(中国)投资有限公司 | 2012年10月 | 浦东 | 英国 | 制造 | 投资性 |
| 三井仓库(中国)投资有限公司 | 2012年10月 | 浦东 | 日本 | 服务 | 投资性 |

（续表）

| 企 业 名 称 | 认定年月 | 区县 | 母公司 | 行业 | 类 型 |
|---|---|---|---|---|---|
| 三樱（中国）投资有限公司 | 2012 年 11 月 | 嘉定 | 日本 | 制造 | 投资性 |
| 爱特思亚太企业管理有限公司 | 2012 年 12 月 | 静安 | 西班牙 | 服务 | 管理性 |
| 尚泰投资有限公司 | 2012 年 12 月 | 闸北 | 泰国 | 服务 | 投资性 |
| 莱克斯诺工业企业管理（上海）有限公司 | 2012 年 12 月 | 闸北 | 美国 | 制造 | 管理性 |
| 第一三共（中国）投资有限公司 | 2012 年 12 月 | 浦东 | 日本 | 制造 | 投资性 |
| 采埃孚转向系统（上海）管理有限公司 | 2012 年 12 月 | 松江 | 德国 | 制造 | 管理性 |
| 朝日啤酒（中国）投资有限公司 | 2012 年 12 月 | 静安 | 日本 | 制造 | 投资性 |
| 凯斯纽荷兰（中国）管理有限公司 | 2013 年 1 月 | 浦东 | 意大利 | 制造 | 管理性 |
| 沃尔沃建筑设备投资（中国）有限公司 | 2013 年 1 月 | 浦东 | 瑞典 | 制造 | 投资性 |
| 托克投资（中国）有限公司 | 2013 年 1 月 | 浦东 | 美国 | 服务 | 投资性 |
| 全耐塑料投资（上海）有限公司 | 2013 年 1 月 | 徐汇 | 法国 | 制造 | 投资性 |
| 美国船级社（中国）有限公司 | 2013 年 2 月 | 黄浦 | 美国 | 服务 | 管理性 |
| 瓦锡兰企业管理（上海）有限公司 | 2013 年 2 月 | 浦东 | 芬兰 | 制造 | 管理性 |
| 上海永达投资有限公司 | 2013 年 2 月 | 浦东 | 中国香港 | 服务 | 投资性 |
| 英特奈国际纸业投资（上海）有限公司 | 2013 年 5 月 | 徐汇 | 中国香港 |  | 投资性 |
| 纽迪希亚生命早期营养品管理（上海）有限公司 | 2013 年 5 月 | 浦东 | 新加坡 | 制造 | 管理性 |
| 昆泰企业管理（上海）有限公司 | 2013 年 5 月 | 徐汇 | 新加坡 | 服务 | 管理性 |
| 川崎重工管理（上海）有限公司 | 2013 年 2 月 | 黄浦 | 日本 | 制造 | 管理性 |
| 凯米拉（上海）管理有限公司 | 2013 年 7 月 | 徐汇 | 芬兰 | 制造 | 管理性 |
| 杰尼亚（中国）企业管理有限公司 | 2013 年 9 月 | 浦东 | 意大利 | 服务 | 管理性 |
| 奥托昆普管理（上海）有限公司 | 2013 年 9 月 | 浦东 | 芬兰 | 制造 | 管理性 |
| 赫升瑞（中国）企业管理有限公司 | 2013 年 9 月 | 浦东 | 新加坡 | 制造 | 管理性 |
| 全球国际货运代理（中国）有限公司 | 2013 年 9 月 | 浦东 | 中国香港 | 服务 | 管理性 |
| 环菱中央化学管理有限公司 | 2012 年 7 月 | 闵行 | 日本 | 制造 | 管理性 |
| 亿光照明管理（上海）有限公司 | 2013 年 2 月 | 徐汇 | 中国台湾 | 制造 | 管理性 |
| 爱步企业管理（上海）有限公司 | 2013 年 3 月 | 浦东 | 丹麦 | 制造 | 管理性 |
| 科立思管理（上海）有限公司 | 2013 年 3 月 | 浦东 | 日本 | 制造 | 管理性 |
| 雷尼绍（上海）管理有限公司 | 2013 年 10 月 | 闸北 | 英国 | 服务 | 管理性 |
| 伊萨焊接切割器材（上海）管理有限公司 | 2013 年 3 月 | 浦东 | 荷兰 | 制造 | 管理性 |
| 恩坦华管理（上海）有限公司 | 2013 年 4 月 | 浦东 | 美国 | 制造 | 管理性 |
| 泰科电子（上海）有限公司 | 2013 年 5 月 | 浦东 | 美国 | 制造 | 管理性 |

# 案例5　迅销(中国)商贸有限公司

作为一家比较早进入中国电子商务领域的外资品牌,迅销(中国)商贸有限公司的快速消费品品牌优衣库取得了令人瞩目的成就。2009 年 4 月正式入驻淘宝商城,优衣库官方网络旗舰店第一年的销售额即达到上亿元,而当时整个电商团队仅仅有 4 名成员。在刚刚结束的“双十一”年终大促活动中,优衣库官方网络旗舰店单店单日销售额突破历史性的 1.2 亿元,总计销售超过百万件商品,同比增长超过 500%;来自全国 34 个省、直辖市、自治区,超过 300 个城市的顾客成功抢购了网上的商品;11 月 11 日当天访问优衣库官方网络旗舰店的人次数更是超过 5 000 万人次,同比增长超过 300%,这是在传统零售行业的实体门店完全无法达到的集客容量和销售成果。

优衣库电子商务的成长,正是中国电子商务市场飞速发展的一个缩影,电子商务近几年来在国内发展过程中所经历过的各种困难、挑战与转型,优衣库无一例外全部经历过。作为一个国际品牌,在电子商务本土化进程中,所面临的困难与挑战更甚于一些国内线上品牌所面临的困难,甚至更甚于一些国内的传统品牌在转型中所面临的挑战。公司经常从客户心声中,听到这样的一些抱怨:“优衣库为什么不多搞点优惠活动?”“优衣库为什么不发优惠券?”“其他品牌都是线上价格比线下便宜,为什么优衣库不这样做?”同时,公司也得到了不少消费者的认同,譬如:“优衣库线上线下商品是完全一样的品质与款式,值得信赖。”“优衣库线上线下是同步优惠的,不用担心买贵了。”“优衣库大促的折扣是真实的折扣,不是提高售价后再降价的虚假折扣。”

正是在这样的背景下,优衣库希望能够从商业模式中进行创新、从营销方式上进行变革、以客户体验和诉求为切入点建立起新型的经营模式,从而在恶性低价竞争的电商市场上立足,谋求长远发展。而其中 O2O 模式,即大家所熟知的线上到线下或者线下到线上,是优衣库所进行尝试的模式之一,优衣库从中汲取了非常多的经验教训并积累了不少的成功经验,为将来新型商业模式的建立提供了丰富的实践基础。

## 一、优衣库 O2O 的成功案例

2010 年 12 月,优衣库在当时最热门的社区类网站之一人人网发起了“LUCKY LINE——优衣库网上排队”活动。参与者用自己的人人网账号登录活动页面,选择一个卡通形象,就可以用这个卡通形象和其他人一起在优衣库的虚拟店面前排起一串长长的队伍。除了每天随机送出一台 iPhone 手机或者 iPad 平板电脑外,如果参与者在队伍中恰好排到第 10 万或者第 50 万这一个的幸运数字,还可以得到 4 999 元的旅游券或者 20 件衣服组成的大礼包。而中到 9 折优惠券的机会几乎人人有份,这些都为参与活动的排队者提供了源源不断的动力。

除了本土化的奖项设置,优衣库还在活动设计中加入了更多的中国元素,在总计 15 个场景和大约 50 种排队的人物或卡通造型中,在北京烤鸭、大红灯笼、石狮子和小笼包围绕的中国街道上,大熊猫、孙悟空、打太极或骑自行车的人们排起了长长的队伍。同时,排队的队伍每 5 分钟重置一次,参与者可以无限次重复参与,大大增加了中奖几率。

该活动的主要策划基础,是针对热衷于网上沟通的年轻群体们,其在虚拟世界中十分依赖好友间的口碑影响,好友的互动行为,往往能直接促进他们进行"跟风型"的从属行为;因此优衣库希望在新年到来之际,在目标用户——大学生和年轻白领群体中引发对品牌的一次深刻印象,并能促进目标用户们对品牌的热爱和拥戴。

活动的效果非常显著,在短短的一周多的时间内,总计排队人次数达到 133 万,大大超过了之前在日本举办时的 17 万人次与在中国台湾地区举办时的 60 万人次的记录。人人网的优衣库粉丝数在活动期间就激增了 13 万余人;粉丝群在人人网上将自己参与的排队活动分享给自己朋友的次数达到 157 万次,而这些分享被转发的次数更是高达 300 多万次。

线上的虚拟排队对应到线下实体店的联动,在于几个方面。首先线上优衣库虚拟店面的场景设置,完全按照线下店铺所在城市、店铺所在位置以及店铺名称等进行设计,让消费者有身临其境的感受;其次,活动中所发放的优惠券,全部都是可以在实体门店中使用的优惠券,从而将线上的消费者引导到线下门店中去,同时也把部分经常在线下实体店消费的顾客吸引到线上来参与活动;最后,优衣库在线下准备了非常丰富的外围商品,对线上活动进一步进行支持与推广,例如印有孙悟空和大熊猫的 T 恤衫等。

在第一次活动成功举办的前提下,优衣库后续与新浪合作,在新浪微博上同样成功举办了两次"Lucky Line"的活动。这两次活动的主题,是配合优衣库 2011 年下半年度数十家新店的开店计划,从 2011 年 8 月起持续举行,在每家新店正式揭幕之前,优衣库都将于前一日 10:00 至开张当日 10:00 举行为时 24 小时的限时网上排队活动。相比第一次活动,优衣库升级了新活动的奖品设置,从而以更大力度来吸引消费者参与活动。同时,优衣库更加强化了 O2O 模式下的线上线下的联动,除了原有的实体店优惠券之外,伴随着实体店铺的正式揭幕,优衣库官方网络旗舰店与揭幕新店同步进行促销活动。因此,在新店揭幕区域之外的顾客也可同期以新店优惠价格在优衣库官方网络旗舰店购买到活动促销商品。

从近几年的商务实践来看，过去的成功经验已经不再能够满足消费者日益增长的服务需求和情感诉求，O2O模式的发展分支已经在不同行业形态、不同商业领域中演化出数十种不同的表现形式。其中最为典型的就是通过各种线上渠道发放线下实体门店的优惠券、线上订购线下本地生活化的服务等。这些形态的O2O无一例外都是基于线上推广资源的廉价性、高效性和爆发性，商家希望通过线上低成本的推广来实现短期内爆发式地提升营业规模从而降低运营成本的目的，或者通过线上预售模式来确定消费倾向从而按订单生产，以减少生产成本投入的不确定性，更有甚者通过线上低价倾销来消化线下的巨大库存或汇拢流动资金。但是这些模式是否能够最终真正做到让利于消费者，提升消费者满意度，仍然存在巨大的疑问。

优衣库对于O2O模式的探索从未停息过，所有的探索的出发点只有一个，回归生意的根本，即在最大限度上提升客户满意度和客户体验。所有的探索与尝试都是围绕着这个命题进行的，如果某个尝试在当时属于比较时髦或者比较热门，但是测试下来的结果并不能给公司的大多数客户带来本质上的体验或者满意度提升的，公司就会进行不断改善或者果断放弃。在探索和尝试的过程中，优衣库也走过弯路，也经历过失败，但是这些都不会消磨和阻碍优衣库为了追求客户体验的提升而不断变革创新的意志和步伐。

## 二、优衣库在O2O方面所进行的探索和尝试的例子

例子Ⅰ:2012年第三季度，优衣库发起“暖起来 Warm Up”的市场推广活动。这次活动的主要目的是在全国范围内进一步推广优衣库品牌的市场渗透率，同时通过活动设计推广轻型羽绒服系列产品的市场认知度。这是优衣库第一次采用移动端应用(即公司通常所说的手机APP)来进行活动的参与和推广。消费者可以在电脑网页上参与活动游戏，或者持有安装活动应用的手机在实体店铺中参与活动游戏，电脑端和手机端的游戏设计是不一致的，希望能够通过手机端的游戏增加实体店铺的集客力。这次活动的最终效果和市场知名度无法复制曾经辉煌的“Lucky Line线上排队”活动，但是实际操作的过程，尤其作为在移动营销领域的初次尝试给优衣库带来了极其丰富的实践经验的积累。

例子Ⅱ:2013年第2季度，优衣库正式推出了官方手机应用。汲取“暖起来”的经验教训，此次官方手机应用的推出取得了出乎意料的成功。在短短两周时间内，优衣库官方手机应用的下载量跻身苹果应用商城生活类应用第6名，总榜的第45名；下载后激活应用并使用的客户数量，在两周内超过30万名，也就是说，有超过30万名客户下载手机应用后，前往公司的实体店铺进行了消费。截至2013年第3季度，虽然仅仅支持苹果

IOS 平台和安卓系统平台，优衣库官方手机应用的下载并激活量，已经接近 150 万，这是作为非平台类单一品牌手机应用所取得的异常成功的典型代表。持有安装优衣库官方手机应用的顾客群，每周都会得到及时的优惠促销信息，还有不定期发放的针对官方手机应用用户的礼券，从而到实体店铺进行消费，实现线上线下的销售转化。

例子Ⅲ：2013 年第 3 季度，优衣库官方网络旗舰店初步尝试了“线上下单、线下取货”的模式。线上的顾客在网店下单并付款之后，网店从仓库发货快递至顾客指定的实体门店，实体门店在收货后即通知顾客可以前往取货。第一期尝试仅限于上海的三家门店，主要目的是测试消费者对于这个模式的接受度、系统开发的成熟度、网店和实体门店联合运营的复杂度等方面。活动持续了三个月时间，收集了大量的数据及实践经验，为第二期的推广和革新奠定了坚实的基础。

综上所述，优衣库将秉持以客户的最大满足为追求的理念，在中国电商市场中执着地进行变革与创新，尤其希望在 O2O 领域内成为行业的引领者，走在理论与实践相结合的最前沿，为客户满意度和客户体验的提升尽自己最大的努力并做出卓有成效的贡献。

# 第四章　对外经济合作

## 第一节　对 外 投 资

### 一、2013 年上海对外投资情况和重点工作

#### （一）对外投资完成情况及主要特点

2013 年，上海企业加快“走出去”步伐，对外投资的质量、水平和能级不断提高，全年共核准对外直接投资项目（新设、并购、增资项目）347 个，核准对外直接投资总额 43.1 亿美元，同比增长 32.75%，再创历史新高；核准中方投资额 36.2 亿美元，同比增长 21.96%。2013 年对外投资呈现的主要特点是对外投资质量和水平明显提高，结构不断优化。具体表现在：

1. 境外投资项目以私营企业为主力军，但国有企业占据投资额的半壁江山

在 347 个项目中，私营企业占 249 家，占境内投资主体数量的 71.76%，投资金额占比 36.70%；国有企业 49 家，投资金额占比为 51.45%；外资企业 49 家，投资金额占比为 11.85%（图 4.1）。

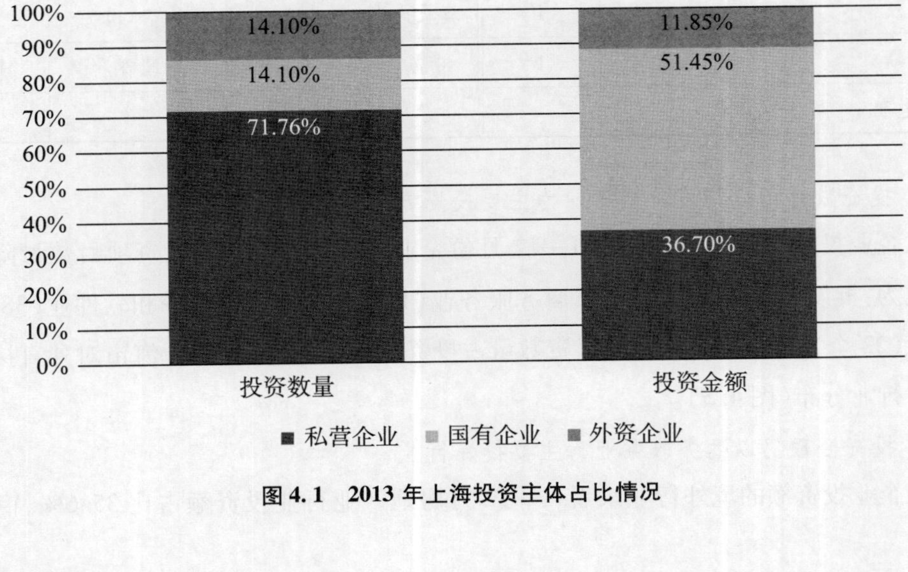


图 4.1　2013 年上海投资主体占比情况

2. 对外直接投资项目地区以亚洲为主，企业数目也在亚洲占主要比重，投资额占比与上月基本持平

上海市企业对亚洲投资总量为 323 924.1 万美元，占比 75%；其次为北美洲投资总量为41 864.9 万美元，占比 9.7%；南美洲（含避税地），投资总量为 30 873.7 万美元，占比 7.2%。企业数目方面，2013 年上海企业在中国香港投资的有 112 家，约占 38.5%；其次是在美国投资，有 50 家，约占 17.2%；其余国家和地区直接投资的公司数量都相对偏少，都在 12 家以内（图 4.2，表 4.1）。

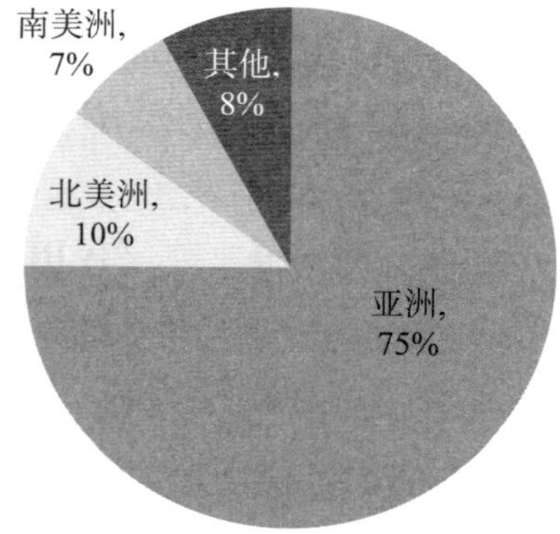


图 4.2　2013 年上海投资项目地区占比情况

表 4.1　2013 年上海对外投资项目情况

| 国家或地区 | 境外投资企业/家 | 国家或地区 | 境外投资企业/家 | 国家或地区 | 境外投资企业/家 | 国家或地区 | 境外投资企业/家 |
|---|---|---|---|---|---|---|---|
| 安哥拉 | 1 | 法　国 | 4 | 马来西亚 | 1 | 尼日利亚 | 2 |
| 澳大利亚 | 8 | 韩　国 | 3 | 马　里 | 1 | 新加坡 | 11 |
| 巴　西 | 2 | 荷　兰 | 3 | 毛里求斯 | 1 | 新西兰 | 1 |
| 保加利亚 | 1 | 加拿大 | 1 | 美　国 | 50 | 意大利 | 2 |
| 比利时 | 1 | 柬埔寨 | 3 | 蒙　古 | 3 | 印　度 | 2 |
| 波　兰 | 2 | 开曼群岛 | 13 | 缅　甸 | 1 | 印度尼西亚 | 3 |
| 德　国 | 12 | 肯尼亚 | 1 | 摩洛哥 | 1 | 英属维尔京群岛 | 12 |
| 东帝汶 | 1 | 老　挝 | 1 | 莫桑比克 | 1 | 越　南 | 3 |
| 俄罗斯 | 4 | 尼泊尔 | 1 | 南苏丹 | 1 | 中国香港 | 112 |
| 罗马尼亚 | 1 | | | | | | |

3. 投资数量仍以批发与零售业为主要投资方向

从企业投资的境外趋势来看，1—12 月份企业主要投资方向按投资项目数量降序排列依次为：批发与零售业（123 个）、商务服务业（115 个）、计算机服务和软件业（38 个）、制造业（22 个），上述四个行业的投资数量占投资总数量的 86%，是上海市对外直接投资的主要行业分布（图 4.3）。

4. 投资金额仍以商务服务业为主要投资行业

从企业投资额的境外行业来看，1—12 月房地产业行业投资额占比 35.6%，商务服

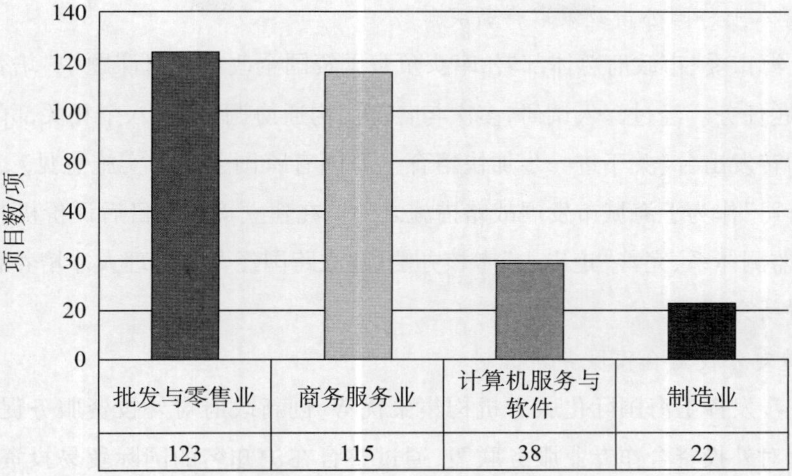


**图 4.3　2013 年上海投资行业方向数量情况**

务业的投资额占比 33.5%，制造业占比 10.6%，批发零售业占比 6.3%，信息传输、计算机服务和软件业占比达 3.7%，科学研究、技术服务和地质勘查业占比 1.7%（图 4.4）。

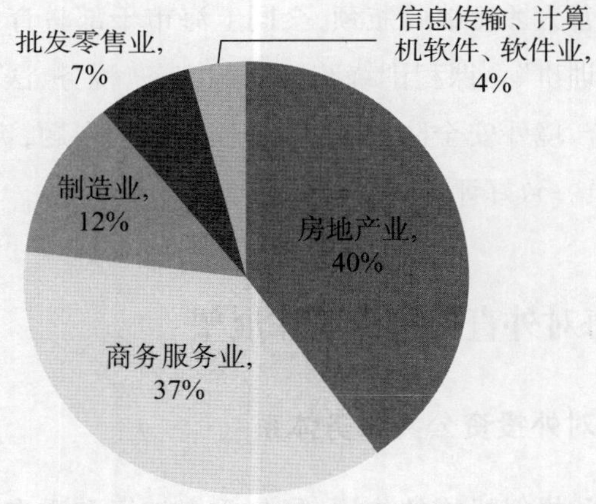


**图 4.4　2013 年上海投资行业金额占比情况**

## （二）对外投资重点工作

### 1. 境外投资体制改革率先在自贸试验区实施

抓住自贸试验区建设的难得机遇，全力推动境外投资备案制在自贸试验区率先落地，制订出台《中国（上海）自由贸易试验区境外投资开办企业备案管理办法》，商务部给予自贸试验区对外投资备案的权限从中方投资额 1 亿美元提高到无上限。自贸试验区备案实行“一口受理、网上办理、限时办结”，大大方便企业境外投资，激发了市场主体活力。

2. 培育本土跨国公司政策取得新突破

按照上海市委、市政府总体部署，牵头负责国资国企改革调研课题中“培育本土跨国公司”分课题任务。经过深入调研，多次与各部门沟通协调，牵头八个相关部门制订并由市府办公厅转发出台《关于进一步加快培育上海国有跨国公司的实施意见》，首推“培育本土跨国公司”作为上海城市发展战略措施之一。在建立境外项目后评价机制、健全“走出去”动态监测体系、完善“走出去”考核办法、建立跨国经营和管理人才培养和激励机制等方面取得新突破。

3. 打造对外投资合作服务新机制

为进一步发挥上海国际化服务机构集聚优势，创新政府对外投资服务促进体制，牵头组建上海对外投资合作专业服务联盟，通过整合在沪知名的国际贸易投资促进机构、国际投资咨询企业、会计师事务所、律师事务所，以及人力资源、金融、保险、投资基金、境外安全救援等机构，为“走出去”企业提供组团式服务。第一批 10 业务板块共 26 家国际化服务机构已正式加盟。

4. 突破瓶颈开办中高级人才培训班

为突破企业跨国经营人才短缺的瓶颈，会同上海市干部教育中心共同举办“上海市跨国经营中高级人才培训班”。课程围绕跨国并购实务、税务、法务和风险防范、境内外融资安排、境外文化融合、境外安全防范、投资合作政策等专题，突出案例教学与理论学习相结合，受到培训学员一致好评。

## 二、2014 年上海对外直接投资工作展望

### （一）进一步完善对外投资公共服务体系

充分发挥中介机构和投促机构的作用，聚焦重点地区和重点行业，整合对外投资信息服务，以“走出去”战略合作联盟为核心，加强对外投资促进，进一步完善重大对外投资合作项目协调服务机制。鼓励社会力量和专业机构提供企业切实需要、针对性高、实用性强的跨国经营人才培训。

### （二）加快推进全球价值链高端资源整合

在世界经济进入深度转型调整期的形势下，瞄准全球价值链高端资源，加快推进上海企业通过控股并购、股权投资、战略联盟、技术许可、基金投资、走出去和引进来相结合等多种创新方式，获取国外先进技术、知名品牌、高端人才等创新资源，鼓励企业在发达

国家高新技术产业集群所在地设立研发中心和设计中心。

### （三）加快推进优势制造业境外生产布局

从全球化的角度，优化生产布局，加快推进汽车、纺织服装、轻工等优势制造业有序向新兴市场及发展中国家投资，促进产业结构调整和转型升级。支持国内市场严重过剩而国际市场有需求的行业"走出去"，引导钢铁、化工、电力等行业将部分产能向能源资源富集国转移。

## 案例 6　上海药明康德新药开发有限公司

2013 年，药明康德按计划拓展各项业务，各项指标继续保持强劲增长，进一步巩固了全球第八、亚太第一的行业地位。全年总销售额预计达 5.8 亿美元，公司最近股价为 37.5 美元，全年增长高达 2.5 倍。

### 一、战略部署如期到位

2013 年，药明康德各项重要战略部署相继如期到位：

5 月，药明康德与保瑞医药的合资企业——上海康德保瑞医学临床研究有限公司正式开始运营，迈出建设高标准临床研究服务公司的第一步。

8 月，药明康德全资子公司——合全药业顺利通过美国 FDA 药品生产质量管理规范（GMP）认证，并成功通过 FDA 关于 Pharmacyclics 创新抗癌新药 ibrutinib 中间体的预批准生产审核。这标志着合全药业成为中国少数能为美国市场商业化生产 GMP 中间体及原料药的 FDA 认证企业之一。

10 月，药明康德基因组学临床实验室通过美国卫生部关于《临床实验室改进修正案》标准的审查，成为目前中国唯一一家获得该认证的临床实验室。

11 月，药明康德无锡公司成功扩建并投入使用 2 个 2000 升的一次性生物反应器，这是目前世界已知容量最大的一次性生物反应器。这标志着无锡公司成为国内规模最大的一次性反应器生物制剂生产基地，并将有能力向全球客户提供包括治疗性抗体和重组蛋白药物三期临床生产及商业化推广在内的一站式服务。

11 月，药明康德获得梅奥医学 PDX 模型独家使用授权。梅奥医学个性化医疗中心将向药明康德独家授权使用其人源异种移植（PDX）小鼠模型，用以支持药明康德全球客户的癌症药物研发及个性化医疗研究活动。

## 二、国内外客户和合作伙伴的项目进展顺利

2013 年是药明康德与美国礼来公司合作的第十年。礼来公司盛赞药明康德是其“最可信赖、最高质量、最具价值”的战略合作伙伴,支持和帮助了礼来公司半数以上的新药研发项目。

7 月和 9 月,药明康德参与投资的 Agios Pharmaceuticals 公司和 Foundation Medicine 公司分别在纳斯达克成功上市。

11 月,药明康德参与研发的默克丙肝新药 MK－5172MK－8742 被美国 FDA 认定为突破性药物。葛兰素史克、百济神州、珐博进等公司的一体化项目、CMC 项目顺利进入临床试验。

## 三、为中国生命科学、生物医药产业作出创新性贡献

作为亚洲最大的 CRO 公司,药明康德积极发挥行业排头兵的作用,为生命科学、生物医药产业发展而做出创新性奉献。对此,十一届全国人大常委会副委员长桑国卫曾称赞药明康德开放式、一体化的研发服务平台有效加速了新药开发进程。

2013 年以来,药明康德开始为华北制药、恒瑞医药、扬子江药业等 10 余家国内大型制药企业提供全新药物的研究开发服务,计划在 10 年内帮助中国制药企业陆续研发出全球首创的全新药物,让“中国创造”的新药真正走向世界。

在“药明康德生命化学研究奖”的历届获奖者中,已有 8 位当选中国两院院士,彰显了该奖项的国家级学术水平和地位。

2013 年 10 月,药明康德连续 6 年入选商务部中国服务外包十大领军企业,李革博士再次荣获年度中国服务外包杰出贡献人物称号。

## 四、未来发展设想

2014 年是开启全面深化改革大时代的关键年。药明康德将继续打造全方位、世界级生物医药研发平台,力争为人民健康作出更大贡献。

(1) 致力于打造生物医药研发“淘宝平台”。药明康德已经建立了开放式、一体化的新药研发平台,提供一站式新药研发解决方案。下一步,将围绕新药创新的各个环节,整

合知识服务、成果交易、研发试剂、投融资等一系列创新业务，利用电子商务模式，让客户可以在平台上购买到想要的新药研发服务。

(2) 致力于为老百姓研制和生产符合国际原研药标准的高质量仿制药。在创建新药研发平台的同时，药明康德启动了“百药计划”，计划在未来 5－8 年里利用国际化平台，按照国际原研药标准开发并生产出百种最常用及急需的高质量仿制药，帮助解决“付得起”与“吃得到”的双重难题，为我国医改及减轻老百姓用药负担尽一份力。

(3) 借助自贸试验区东风，建设高品质的国际医疗机构，进军大健康产业。将凭借丰富的国际资源，探索把世界一流的医疗机构管理模式引入自贸试验区，把药明康德现有的药物研发平台进一步建设成为“研发、生产、医疗一体化大健康平台”，让中国病人享受与西方同样的治疗方案。同时，探索辐射东南亚、东北亚地区的病患需求，促进跨地区、中西方间的研究治疗良性互动，为中国医疗走向世界打开一扇窗口。

## 第二节 对外承包工程及劳务合作

### 一、2013 年上海对外承包工程及劳务合作的情况

#### (一) 对外承包工程相关情况

2013 年，上海企业新签对外承包工程合同额达 108.1 亿美元，同比增长 4.9%，连续第六年超过 100 亿美元，名列全国各省市第二位；完成营业额达 80.69 亿美元，同比增长 18.5%，名列全国各省市第三位。对外承包工程的主要特点有：

一是高新技术产业独树一帜，对外承包工程项目产业结构进一步优化调整，技术含量较高的制造加工设施建设业和电力工程建设业新签合同额占比分别为 34% 和 23.3%，成为上海对外承包工程具有比较优势的行业。

二是业务地区分布集中在亚、非等地区，对外承包工程企业新签项目主要集中在亚洲地区和非洲地区，亚洲地区合同额占总额的 49.7%；非洲地区合同额占总额的 26%。

三是大型、特大型承包工程项目成为主流，新签对外承包工程项目合同额超 5 000 万美元的大型、特大型项目有 44 个，合同总额为 80.8 亿美元，占全市合同总额的 74.7%。

四是国有企业是境外承包工程的主力军，国有企业积极参与境外承包工程项目，新签境外承包工程项目合同额为 89.7 亿美元，占全市合同额总额的 82.9%。

#### (二) 对外劳务合作相关情况

2013 年，上海对外劳务合作新签劳务人员合同工资总额为 32 048 万美元，同比增加

65. 15%；劳务人员实际收入总额为 10 322 万美元；同比下降 44. 31%；派出各类劳务人员 180 32 人次（其中境外工程承包项目项下派出劳务人员 4 337 人），同比减少 15. 11%，职业拓展至厨师、空乘、邮轮服务员、IT 技术人员等中高端专业技术领域；期末在外人数为 25 135 人（其中境外工程承包项目项下期末在外人数为 7 284 人），同比减少 14. 36%（图 4. 5）。

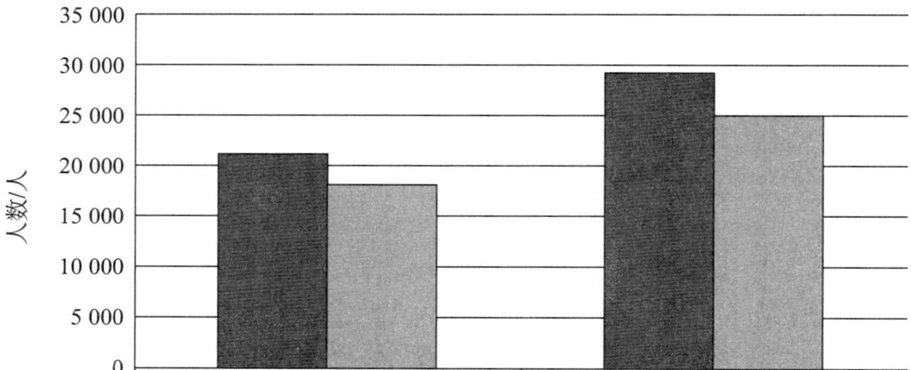


| | 派出劳务人员 | 在外人数 |
|---|---|---|
| ■2012年 | 21 244 | 29 350 |
| ■2013年 | 18 032 | 25 135 |

**图 4. 5　2012—2013 年上海外派劳务完成情况**

## 二、2013 年上海对外承包工程及劳务合作主要工作

### （一）专题调研对外承包工程转型升级

为鼓励上海市对外承包工程企业适应国际工程市场发展趋势，将境外承包工程与对外投资有机结合起来，开展以 BOT（建设—经营—转让）、PPP（公私合营）等方式承接国际承包工程的探索，牵头开展了“对外工程企业创新和转变境外项目承包模式”课题研究，对于政府支持企业转变境外工程承包模式进行了研究，为相关政策的设计提供了参考依据。

### （二）解决对外劳务合作备用金问题

国务院出台《对外劳务合作管理条例》明确规定，对外劳务合作经营企业必须缴纳 300 万元劳务风险处置备用金，企业表示压力是很大的。在主动走访调研多家企业，征询商务部意见和建议后，会同相关银行研究讨论制定《对外劳务合作风险处置备用金托管协议》,在既不违反商务部关于备用金的规定,不违反相关法律法规的前提下,又按照财务管理的要求,尽可能减少企业的利息成本,为企业提供良好的经营环境。

### (三) 连续两年保持境外安全事故"零发生率"

牵头会同上海市安监局、上海市外办、上海市发改委、上海市建交委、上海市国资委等六部委分别两次开展境外中资企业安全大检查,对全市的境外中资企业、境外工程承包项目和对外援助项目进行了安全大检查。通过动员发动、自查整改、督促检查等各企业查找问题、消除隐患、完善措施,确保境外企业项目安全,连续两年保持上海境外安全事故"零发生率"。

### (四) 加大从业人员培训力度,提高责任意识

为进一步提高外经企业的从业人员素质,提高责任意识、危机意识和应急处置能力,充分发挥行业专家委员会的作用,及时呼应企业的反映和诉求,解决企业困难和问题。会同行业协会开展从业人员培训,宣讲新政策,分析新形势,解决新问题。邀请商务部承包商会、检疫专业人员、行业专家等专题授课,提高企业从业人员境外安全风险防范能力和水平。

## 三、2014年对外承包工程及劳务合作工作展望

### (一) 进一步创新对外工程承包模式

抓住全球基础设施投资合作机遇,加快推进上海有实力的企业承揽周边国家和非洲等地区的电力、电信、交通、工业制造等大型建设项目。支持企业以投资与工程相结合、BOT(建设—运营—移交)、PPP(公私合营)、EPC(设计—采购—施工总承包)等多种创新模式开拓境外工程市场。

### (二) 加强行业规范管理和风险防控机制

充分发挥海外救援服务中心和境外安全工作机制作用,编制境外安全防范工作指南,实施境外安全管理人员轮训制度,加强风险防控。引导"走出去"企业遵守相关法律法规,尊重当地风俗习惯,重视安全、质量、知识产权和环境保护,履行必要的社会责任。借鉴国际通行规则,结合"走出去"发展实际,编制推行上海市企业"跨国经营行为准则"。

## 第三节　对 外 援 助

### 一、2013 年上海对外援助情况及主要工作

2013 年，开办援外培训班 31 个，培训学员 513 名；援外成套建设项目 9 个，金额 31.6 亿元；物资援助项目 15 个，金额 5 071 万元。一批企业通过援外积累人脉，树立形象，推动在受援国的市场开拓进程，推动企业加快“走出去”步伐。

### 二、2014 年上海对外援助展望

进一步发挥援外的先导功能和带动效应。积极对接“一带一路”国家重大战略构想，争取“丝绸之路经济带”、“21 世纪海上丝绸之路”、孟中印缅经济走廊和中巴经济走廊等国家战略项下的基础设施互联互通工程项目。积极承接国家对外援外物资项目，支持援外培训基地建设。

# 第三篇

# 专题

# 第五章　中国(上海)自由贸易试验区

2013 年 9 月 18 日，国务院正式批准《中国(上海)自由贸易试验区总体方案》。在党中央、国务院的关心指导下，在国家各相关部委的共同推进下，9 月 29 日，自贸试验区正式挂牌启动，这是我国新时期深化改革开放的重大举措，是上海和浦东推进转型发展的重大机遇。

## 第一节　2013 年中国(上海)自由贸易试验区运营情况

根据《中国(上海)自由贸易试验区总体方案》(国发〔2013〕38 号)要求，自贸试验区按照先行先试、风险可控、分步推进、逐步完善的方式，把扩大开放与体制改革相结合、把培育功能与政策创新相结合，形成与国际投资、贸易通行规则相衔接的基本制度框架。经过两至三年的改革试验，加快转变政府职能，积极推进服务业扩大开放和外商投资管理体制改革，大力发展总部经济和新型贸易业态，加快探索资本项目可兑换和金融服务业全面开放，探索建立货物状态分类监管模式，努力形成促进投资和创新的政策支持体系，着力培育国际化和法治化的营商环境，力争建设成为具有国际水准的投资贸易便利、货币兑换自由、监管高效便捷、法制环境规范的自由贸易试验区，为中国扩大开放和深化改革探索新思路和新途径，更好地为全国服务。

### 一、中国(上海)自由贸易试验区基本概况

自贸试验区范围涵盖外高桥保税区、外高桥物流园区、洋山保税港区和浦东机场综合保税区 4 个海关特殊监管区域。

外高桥保税区是 1990 年 6 月经国务院批准设立的我国第一个保税区，规划面积 10 平方公里。经过 20 多年的发展，外高桥保税区已集聚各类企业 7 000 多家，是国内经济

规模最大,业务功能最丰富的海关特殊监管区。2011 年 9 月外高桥保税区被商务部授予全国第一个"国家进口贸易促进创新示范区",已成为上海重要的国际贸易基地。同时,外高桥保税区做大做强酒类、钟表、汽车、工程机械、机床、医疗器械、生物医药、健康产品、化妆品、文化产品十大专业贸易平台,其中文化贸易平台被文化部授予全国首个"国家对外文化贸易基地"。

外高桥保税物流园区是 2003 年 12 月经国务院批准设立的我国第一个保税物流园区,规划面积 1.03 平方公里。保税物流园区是国内首个实施"区港联动"的试点区域,可同时享受保税区、出口加工区相关政策和上海港的港航资源。依托"区区联动"、"进区退税"等政策功能优势,保税物流园区与外高桥保税区相辅相成、联动发展,现已成为跨国公司面向东北亚的出口采购中心和有色金属、IT 零部件进口分拨基地。

洋山保税港区是 2005 年 6 月经国务院批准设立的我国第一个保税港区,规划面积 14.16 平方公里,由小洋山港口区域、陆域部分和连接小洋山岛与陆地的东海大桥组成。作为上海建设"国际航运发展综合试验区"的核心功能区域,洋山保税港区已累计引进企业 800 家,集聚了近 60 家通信及电子产品、汽车及零部件、高档食品、品牌服装的分拨配送中心,基本形成了面向欧美的分拨配送基地、大宗商品产业基地、面向国内的进口贸易基地以及航运龙头企业集聚地。目前,洋山税收、进出口等指标均在全国保税港区中排名第一,是全国 14 家保税港区中发展最快、产出效益最高的保税港区。

浦东机场综合保税区于 2009 年 7 月经国务院批准设立,规划面积 3.59 平方公里。机场综保区充分发挥其亚太航空复合枢纽港优势,积极打造"临空服务创新试验区",已引进各类企业 160 家,包括 20 余家电子产品、医疗器械、高档消费品等全球知名跨国公司空运分拨中心以及 100 多个融资租赁项目,UPS、DHL 和 FedEx 三大全球快件公司均入区发展,一批重点功能性项目已启动运作,机场综保区已逐步形成空运亚太分拨中心、融资租赁、快件转运中心、高端消费品保税展销等临空功能服务产业链。

## 二、2013 年中国(上海)自由贸易试验区商务运行情况

2013 年自贸试验区紧抓机遇,充分发挥功能创新"先行先试"优势,全面推动制度创新、扩大开放、功能拓展、产业升级等方面的工作任务,保持了自贸试验区的顺畅运作和试点的稳步推进,促使区域经济继续保持稳中有进、稳中趋好的态势。

### （一）主要指标完成情况

2013 年自贸试验区投资企业完成经营总收入 14 200 亿元，同比增长 10.5%，其中商品销售额 12 260 亿元，增长 11.5%；航运物流服务收入 1 000 亿元，增长 17.6%，共完成进出口总额 1 134 亿美元，同比基本持平，完成工商税收 476 亿元，同比增长 10.8%。工商税收和商品销售额在全国 111 个海关特殊监管区域中的比重分别达到 53.4% 和 51.6%（表 5.1）。

**表 5.1　2013 年自贸试验区主要指标完成情况**

| 指　标 | 单　位 | 2013 年 | 2012 年 | 增　长/% |
|---|---|---|---|---|
| 经营总收入 | 亿元 | 14 200 | 12 850 | 10.5 |
| 商品销售额 | 亿元 | 12 260 | 10 998 | 11.5 |
| 航运物流服务收入 | 亿元 | 1 000 | 850 | 17.6 |
| 工业总产值 | 亿元 | 645 | 728 | -10.0 |
| 进出口总额 | 亿美元 | 1 134 | 1 130 | 0.3 |
| 其中:进口额 | 亿美元 | 839 | 867 | -3.2 |
| 工商税收 | 亿元 | 476 | 429 | 10.8 |
| 新增注册企业 | 个 | 4 416 | 788 | 460.4 |
| 合同外资 | 亿美元 | 19.1 | 16.1 | 18.6 |
| 内资企业注册资本 | 亿元 | 854 | 56 | 14.25 倍 |
| 港区集装箱吞吐量 | 万标箱 | 3 058 | 2 951 | 3.6 |

注：进出口总额是指试验区所涵“四区”的进出口额合计数

### （二）运行情况及特点

1. 贸易业商品销售额两位数增长

自贸试验区贸易企业依托洋山新兴贸易业务以及外高桥重点企业拉动作用，在上年较高水平的基础上，继续保持两位数增长。2013 年自贸试验区完成商品销售额 12 260 亿元，比上年增长 11.5%，净增 1 260 亿元。

一是内需市场增长快，龙头企业作用大。贸易企业面对国内市场的销售额达到 10 180 亿元，增长 14%，所占比重进一步提升至 83%。外高桥消费类商品在销售额中的比重达到 35%，其中电子消费品类增长 12%、医疗用品及器材类增长 18%、食品饮料类增长 14%。排名前三的龙头企业“苹果电脑”、“三星半导体”和“捷豹路虎”合计占试验区商品销售额总量的 21%（图 5.1）。

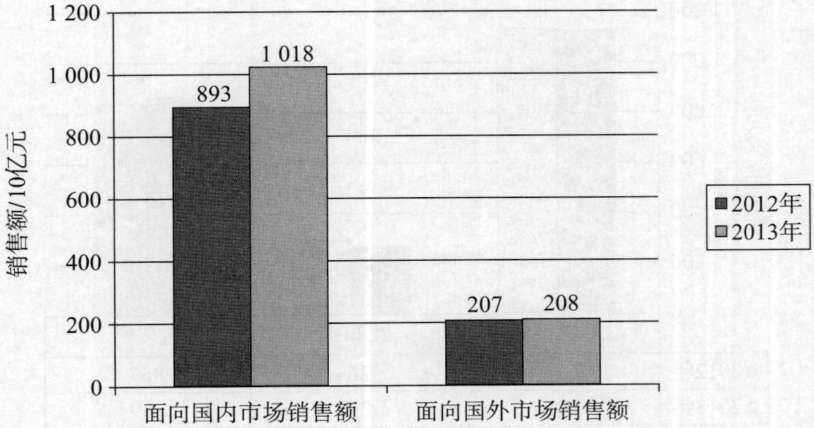


**图 5.1　2012—2013 年自贸试验区内贸易企业销售额市场分布**

二是功能突破形成经济规模，大宗商品产业加快集聚。全年洋山大宗商品企业完成销售额 650 亿元，比上年增长 1.2 倍，净增销售额 360 亿元。国际贸易结算中心试点企业通过专用账户完成的销售额达到 250 亿元，比上年增长 30%。

三是新兴贸易企业数量增加，新增亮点不断涌现。全年有 25 家企业销售额首次超过 10 亿元大关，如经营金属的“原舰能源”和“天物浩通”、经营食品原材料的“励骏国贸”、经营化工制品的“现代能源”、经营电子存储设备的“东芝国贸”以及经营液晶显示屏的“晶端显示”等，且部分贸易企业的离岸业务占相当比重。

四是部分行业贸易增速受到限制。但与此同时，受到外需和宏观环境影响，部分行业、部分重点企业销售出现一定程度下滑，制约了贸易业增速的加快。比如：由于国内宏观调控，经营钢材的企业销售普遍下降超过 20%；由于市场竞争激烈，经营电子元器件的企业销售下降也超过 20%；由于业务被区外整合，部分企业销售下降 90% 以上。

2. 进出口总额稳中有增

在全球国际贸易增速回落，我国外贸形势逐步企稳的背景下，自贸试验区努力提高贸易便利化水平，加大功能拓展力度，促使进出口贸易“前低后高”，扭转了上半年的跌势，全年实现增长。2013 年前三季度，自贸试验区的区内投资企业完成进出口总额 839 亿美元，同比基本持平，占全市的 25.8%，其中进口额 622 亿美元，下降 4%，占全市的 36%。2013 年全年，自贸试验区所涵“四区”共计完成进出口额 1 134 亿美元，比上年增长 0.3%，占全市 25.7%（全市增长 1.1%）。其中进口额 839 亿美元，比上年下降 3.2%，占全市 35. 4%（全市增长 3. 1%）；出口额 295 亿美元，比上年增长 12%，占全市 14. 4%（全市下降 1. 2%）（图 5. 2）。

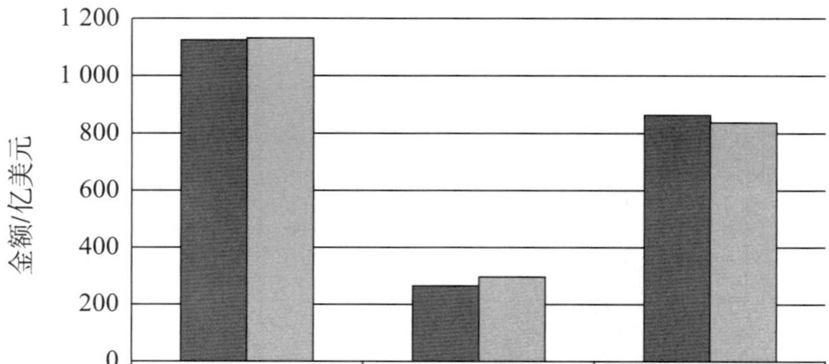


| | 进出口额 | 出口额 | 进口额 |
|---|---|---|---|
| ■2012年 | 1 130 | 263 | 867 |
| □2013年 | 1 134 | 295 | 839 |

**图 5. 2　2012—2013 年自贸试验区内企业进出口情况**

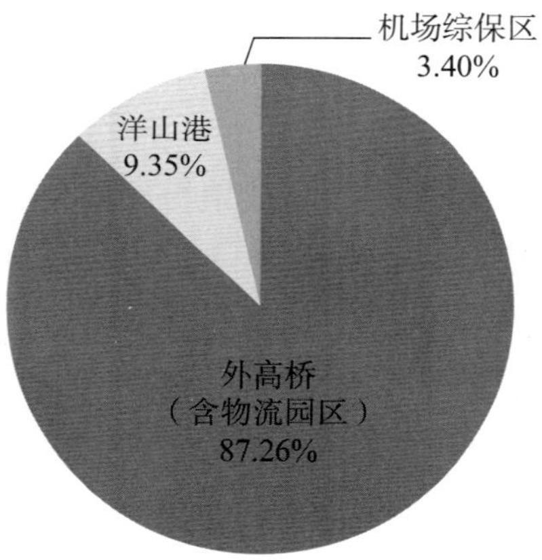


**图 5. 3　2013 年自贸试验区分区域进出口分布情况**

一是外高桥小幅回落，洋山两位数增长，机场倍增。外高桥（含物流园区）完成 989. 5 亿美元，比上年下降 2. 8%。洋山完成 106 亿美元，比上年增长 13. 7%。机场综保区完成 38. 5 亿美元，比上年增长 1 倍（图 5. 3）。

二是出口额保持两位数增长。从贸易方式来看：出口分拨业务继续带动物流货物出口额保持较大规模，全年完成 212. 3 亿美元，比上年增长 11. 9%；加工贸易出口额触底反弹，完成 38. 7 亿美元，比上年增长 18. 6%；一般贸易出口额小幅增长，全年完成 43. 8 亿美元，比上年增长 7. 1%。

三是进口额略有下降。从贸易方式来看：一般贸易完成 156. 2 亿美元，比上年增长 19. 3%；加工贸易完成 47. 8 亿美元，比上年增长 9. 5%；物流货物进口额 629. 3 亿美元，比上年减少 9. 6%。

3. 招商引资再掀高潮

一是新增注册企业数量呈现“井喷”现象。全年试验区新增注册企业超过 4 000 家；吸引合同外资和内资企业注册资本均创历史新高。其中试验区挂牌后新增注册企业 3 614 家，合同外资近 10 亿美元，内资企业注册资本 700 亿元。

二是投资额较大的功能性项目明显增加。全年新增和增资合同外资超过1 000万美元的外资大项目以及内资企业注册资本超过5 000万元的内资大项目双双超过40家。

三是服务业扩大开放新领域不断实现项目落地。在试验区扩大开放的六大服务业领域23项措施中,已有15项可以实施,成功吸引外资银行、外资游戏游艺设备生产销售、外资工程设计、融资租赁兼营商业保理、增值电信、国际船舶管理、中外合资旅行社、外资演出经纪等方面的20余个项目落地。

4. 境外投资成为新亮点

自贸试验区改革境外投资管理方式,对区内企业到境外投资开办企业和一般境外投资项目实行备案制管理,提高境外投资便利化程度。截至2013年底,共办结8家企业的境外投资新设备案,投资总额超3亿美元,同时完成4家企业的境外投资变更备案。8家新设企业中,有6家以贸易为主,2家作为企业拓展海外业务的境外投资平台。

## 第二节　2013年中国(上海)自由贸易试验区服务业扩大开放和功能拓展

### 一、服务业扩大开放

自贸试验区选择金融服务、航运服务、商贸服务、专业服务、文化服务以及社会服务等六大领域,实施23条开放措施(表5.2),暂停或取消投资者资质要求、股比限制、经营范围等准入限制措施,营造有利于各类投资者平等准入的市场环境。

**表5.2　自贸试验区服务业扩大开放措施**

| 一、金融服务领域 | |
|---|---|
| 1. 银行服务(国民经济行业分类:J金融业——6620货币银行服务) | |
| 开放措施 | (1) 允许符合条件的外资金融机构设立外资银行,符合条件的民营资本与外资金融机构共同设立中外合资银行。在条件具备时,适时在试验区内试点设立有限牌照银行。 |
| | (2) 在完善相关管理办法,加强有效监管的前提下,允许试验区内符合条件的中资银行开办离岸业务。 |
| 2. 专业健康医疗保险(国民经济行业分类:J金融业——6812健康和意外保险) | |
| 开放措施 | 试点设立外资专业健康医疗保险机构。 |

（续表）

| 3. 融资租赁（国民经济行业分类：J 金融业——6631 金融租赁服务） | |
|---|---|
| 开放措施 | （1）融资租赁公司在试验区内设立的单机、单船子公司不设最低注册资本限制。 |
| | （2）允许融资租赁公司兼营与主营业务有关的商业保理业务。 |
| **二、航运服务领域** | |
| 4. 远洋货物运输（国民经济行业分类：G 交通运输、仓储和邮政业——5521 远洋货物运输） | |
| 开放措施 | （1）放宽中外合资、中外合作国际船舶运输企业的外资股比限制，由国务院交通运输主管部门制定相关管理试行办法。 |
| | （2）允许中资公司拥有或控股拥有的非五星旗船，先行先试外贸进出口集装箱在国内沿海港口和上海港之间的沿海捎带业务。 |
| 5. 国际船舶管理（国民经济行业分类：G 交通运输、仓储和邮政业——5539 其他水上运输辅助服务） | |
| 开放措施 | 允许设立外商独资国际船舶管理企业。 |
| **三、商贸服务领域** | |
| 6. 增值电信（国民经济行业分类：I 信息传输、软件和信息技术服务业——6319 其他电信业务，6420 互联网信息服务，6540 数据处理和存储服务，6592 呼叫中心） | |
| 开放措施 | 在保障网络信息安全的前提下，允许外资企业经营特定形式的部分增值电信业务，如涉及突破行政法规，须国务院批准同意。 |
| 7. 游戏机、游艺机销售及服务（国民经济行业分类：F 批发和零售业——5179 其他机械及电子商品批发） | |
| 开放措施 | 允许外资企业从事游戏游艺设备的生产和销售，通过文化主管部门内容审查的游戏游艺设备可面向国内市场销售。 |
| **四、专业服务领域** | |
| 8. 律师服务（国民经济行业分类：L 租赁和商务服务业——7221 律师及相关法律服务） | |
| 开放措施 | 探索密切中国律师事务所与外国（港澳台地区）律师事务所业务合作的方式和机制。 |
| 9. 资信调查（国民经济行业分类：L 租赁和商务服务业——7295 信用服务） | |
| 开放措施 | 允许设立外商投资资信调查公司。 |
| 10. 旅行社（国民经济行业分类：L 租赁和商务服务业——7271 旅行社服务） | |
| 开放措施 | 允许在试验区内注册的符合条件的中外合资旅行社，从事除台湾地区以外的出境旅游业务。 |
| 11. 人才中介服务（国民经济行业分类：L 租赁和商务服务业——7262 职业中介服务） | |
| 开放措施 | （1）允许设立中外合资人才中介机构，外方合资者可以拥有不超过70%的股权；允许港澳服务提供者设立独资人才中介机构。 |
| | （2）外资人才中介机构最低注册资本金要求由30万美元降低至12.5万美元。 |
| 12. 投资管理（国民经济行业分类：L 租赁和商务服务业——7211 企业总部管理） | |
| 开放措施 | 允许设立股份制外资投资性公司。 |

（续表）

| 13. 工程设计（国民经济行业分类：M 科学研究与技术服务企业——7482 工程勘察设计） | |
|---|---|
| 开放措施 | 对试验区内为上海市提供服务的外资工程设计（不包括工程勘察）企业，取消首次申请资质时对投资者的工程设计业绩要求。 |
| 14. 建筑服务（国民经济行业分类：E 建筑业——47 房屋建筑业，48 土木工程建筑业，49 建筑安装业，50 建筑装饰和其他建筑业） | |
| 开放措施 | 对试验区内的外商独资建筑企业承揽上海市的中外联合建设项目时，不受建设项目的中外方投资比例限制。 |
| **五、文化服务领域** | |
| 15. 演出经纪（国民经济行业分类：R 文化、体育和娱乐业——8941 文化娱乐经纪人） | |
| 开放措施 | 取消外资演出经纪机构的股比限制，允许设立外商独资演出经纪机构，为上海市提供服务。 |
| 16. 娱乐场所（国民经济行业分类：R 文化、体育和娱乐业——8911 歌舞厅娱乐活动） | |
| 开放措施 | 允许设立外商独资的娱乐场所，在试验区内提供服务。 |
| **六、社会服务领域** | |
| 17. 教育培训、职业技能培训（国民经济行业分类：P 教育——8291 职业技能培训） | |
| 开放措施 | （1）允许举办中外合作经营性教育培训机构。 |
| | （2）允许举办中外合作经营性职业技能培训机构。 |
| 18. 医疗服务（国民经济行业分类：Q 卫生和社会工作——8311 综合医院，8315 专科医院，8330 门诊部〔所〕） | |
| 开放措施 | 允许设立外商独资医疗机构。 |

注：以上各项开放措施只适用于注册在中国（上海）自由贸易试验区内的企业。

数据来源：摘录自中国（上海）自由贸易试验区总体方案

在政策推进层面，23 项服务业扩大开放措施中，有 15 项开放措施已经可以做，而游艺设备生产销售、演出经纪、娱乐场所、增值电信这 4 项措施，正在走流程，需要在相关行政法规和国务院文件调整后实施，两者相加，19 项措施 2013 年年底可以落地。此外，还剩国际运输管理、国际船舶管理、有限牌照银行、法律服务 4 项措施，需要国家有关部委进一步明确有关管理办法或细则，再进行推进。同时在项目引进层面，外资金融机构设立外资银行、外资游戏游艺设备生产销售、外资工程设计、融资租赁兼营商业保理已有一批项目落地。教育培训、医疗服务、投资管理、增值电信、旅行社等开放领域也已形成一批项目储备。自贸试验区管委会将根据相关政策的操作流程和具体要求，抓紧推动各项开放措施实现项目落地。

## 二、功能拓展

围绕《总体方案》明确地将实施鼓励跨国公司建立亚太地区总部、积极培育贸易新型业态和功能等涉及功能拓展的10多项试点任务，自贸试验区管委会积极深化贸易、金融、航运等领域的试点内容，并形成与上海四个中心建设的联动机制，成为上海贸易中心建设的重要平台、金融中心建设的重要突破口和航运中心建设的重要载体。

1. 贸易中心建设方面

一是培育亚太营运中心。实施亚太营运商计划，推动首批20家亚太营运商获得集团总部授权，建立整合贸易、物流、结算功能的亚太营运中心，打造具有国际水准的贸易便利化环境，提升企业国际竞争力，进一步促进自贸试验区离岸业务发展。

二是搭建保税展示交易平台。创新海关监管服务模式，在森兰区域推出了国内首个采取“前店后库”运作模式的进口高端消费品保税展示交易平台。

三是建立跨境贸易电子商务服务平台。创新跨境贸易电子商务“一般货物进境、行邮税出区”的进口模式和“快件出口、集中退税”出口模式，国内首个跨境贸易电子商务服务平台“跨境通”已上线试运行。

四是建立混合型全球维修检测基地。外高桥已试点运作首批10家混合型全球维修检测中心，上海波音整机维修项目已在浦东机场启动运作，洋山德国曼恩、浦东机场中外运－捷普电子等维修项目正积极推进，逐步建立涵盖飞机、船舶、设备维修的混合型全球维修基地，三区全面开展境内外高技术、高附加值的维修业务。五是加快对外文化贸易基地建设。引进佳士得拍卖、华谊兄弟、中图集团、盛大网络等20多家国内外文化行业龙头企业，文化贸易基地入驻文化企业已超过170家，全国首个艺术品保税仓库已建成并投入使用。

2. 金融中心建设方面

一是积极搭建面向国际的交易平台。上海联合产权交易所已在区内设立联合产权交易服务公司。上海国际能源交易中心已注册成立，注册资本50亿元，主要开展原油、天然气、石化产品等能源类衍生品的上市交易、结算和交割业务。同时发挥大宗商品金融功能，积极搭建期现结合的大宗商品资源配置平台。

二是做好金融机构的引进和服务工作。目前已有银行、证券、期货、保险、基金、股权交易等48家金融机构获批金融牌照入驻自贸试验区，包括9家中资银行在区内设立分行和12家外资银行在区内设立支行。此外，有243家金融信息服务、投资与资产管理企业落户区内。

三是推动融资租赁全面发展。自贸试验区新设9家外资融资租赁母公司,目前累计引进融资租赁项目201个,租赁资产规模超过55亿美元,租赁标的物包括47架民航客机、26艘远洋船舶以及飞机发动机、挖掘机、医疗器械等大型设备,自贸试验区管委会将推动内外资融资租赁公司设立项目子公司由试点转为常态化运作,并探索建立融资租赁产权交易平台。

3. 航运中心建设方面

一是拓展国际中转集拼功能,在洋山完成国际中转集拼首单试点基础上,11月21日敦豪快运(DHL)北亚枢纽在浦东机场启动了航空快件国际中转集拼业务。自贸试验区管委会还将在外高桥保税物流园区拓展国际中转集拼功能,促进上海港和浦东机场进一步提升货运中转比例,优化集疏运结构。

二是发展航运服务业,积极发展航运金融、国际船舶运输、国际船舶管理、国际航运经济等产业,推动落实国际船舶登记政策。

此外,在科技创新方面,依托自贸试验区进口研发设备、研发耗材免税政策,积极发展创新型研发中心和技术服务中心,开展产品设计、生产研发、技术创新等业务活动。在战略性新兴产业方面,通过探索经营总部加生产型分支机构的做法,并积极落实选择性纳税政策,推动高端制造企业的区内外联动,吸引一批战略性新兴产业项目落户发展。

## 第三节　2013年中国(上海)自由贸易试验区管理制度创新

《中国(上海)自由贸易试验区总体方案》提出,要把扩大开放和体制改革相结合,把培育功能与改革创新相结合,形成与国际投资贸易规则相衔接的基本制度框架。根据总体方案的要求,2013年自贸试验区建设主要突出四个方面的制度创新:

### 一、投资管理制度创新

借鉴国际通行规则,按照简政放权、转变政府职能的要求,积极推进投资管理体制改革,提高投资便利化水平。

#### (一)落实准入前国民待遇加负面清单管理制度

2013版负面清单根据国民经济所有18个经济行业门类,涉及89个大类、419个中类和1 069个小类,编制特别管理措施共190项(相对于国民经济分类的1 069个小类,约有

17.8%的小类有特别管理措施)。对负面清单之外的外商投资项目核准和企业合同章程审批改为备案管理。截至2013年11月底,自贸试验区管委会办理外资新设97户,其中投资行业在负面清单以外实行备案的84户,占86.6%,与负面清单设计时备案项目占比85%的预测目标非常接近,符合自贸试验区产业发展导向。2013年12月已启动2014年版负面清单的编制工作。

### (二) 实施工商"一口受理"制度

建立了自贸试验区管委会、工商、税务、质监四个部门"一表登记、一口受理、并联办事"的服务模式,外资企业新设备案4天可取得备案证明、营业执照、企业代码和税务登记,比原来需要的29天时间大幅缩减,大大方便了投资者。

### (三) 改革境外投资管理制度

实行境外投资备案管理,管委会可在5个工作日内出具境外投资项目、境外投资开办企业备案意见(证书)。目前已有上汽商贸(投资方上海汽车)、锦韶(投资方锦江集团)、东展船运(投资方万象集团)等6家企业办结境外投资相关备案手续,共计对外投资3.1亿美元。自贸试验区管委会将进一步完善境外投资管理操作流程,营造跨境投资便利化环境,搭建境外投资管理平台,打造国内企业"走出去"的重要基地。

### (四) 改革商事登记制度

在工商登记方面,自贸试验区企业将试行认缴登记制、先照后证登记制、年度报告公示制,并放开外商投资广告企业准入限制,享受"一表申报"、"一口受理"服务,并领取到与区外企业完全不同的新版营业执照。上海市工商局出台了《国家工商行政管理总局关于支持中国(上海)自由贸易试验区建设的若干意见》(简称《若干意见》),大胆吸纳了尚处于探索期的商事登记制度改革的核心内容,加快转变政府职能,改革创新政府管理方式,按照国际化、法治化的要求,积极探索建立与国际高标准投资和贸易规则体系相适应的行政管理体系。

1. 注册资本认缴登记制

除法律、行政法规对公司注册资本实缴登记另有规定的外,其他公司试行注册资本认缴登记制。试行认缴登记制后,工商部门登记公司注册资本,不登记公司实收资本。除法律、行政法规、国务院对特定行业注册资本最低限额另有规定的外,取消有限责任公司最低注册资本3万元、一人有限责任公司最低注册资本10万元、股份有限公司最低注册资本500万元的规定;并不再限制首次出资额及比例、货币出资比例、出资期限。

2. “先照后证”登记制

除法律、行政法规、国务院决定规定的企业登记前置许可事项外，自贸试验区企业向工商部门申请营业执照后即可从事一般生产经营活动。如企业需从事许可经营项目的，可具体分为两种情况：经营项目属于企业登记前置许可事项的，在取得许可证或者批准文件后向工商部门申领营业执照；其他经营项目则需在领取营业执照后向主管部门申请办理相关许可证或者批准文件，然后才能开展该项目经营活动。

3. 年度报告公示制

自贸试验区内将企业年度检验制度改为企业年度报告公示制度，扎实推进政府管理由注重事先审批转为注重事中、事后监管。企业应当按年度在规定的期限内，通过市场主体信用信息公示系统向工商部门报送年度报告，并向社会公示，任何单位和个人均可查询。企业对年度报告的真实性、合法性负责。同时建立经营异常名录制度，市场主体信用信息公示系统将记载未按规定期限公示年度报告的企业。

4. 外商投资广告企业项目备案制

作为一次转变管理模式的有益尝试，《若干意见》将试行外商投资企业广告企业项目备案制，全面放开外商投资广告企业的准入限制，对申请经营广告业务的外商投资企业试行准入前国民待遇，取消对投资方主体资格、广告经营业绩的条件限制，取消投资方成立和运营的年限要求、取消外商投资广告企业设立分支机构在注册资本和广告业绩方面的要求。在办理时，将试验区内外商投资广告企业的项目审批和设立分支机构的审批改为备案制。

5. 企业设立“一口受理”

“一口受理”是指由工商部门统一接收工商、自贸试验区管委会（即经授权的外资审批或备案部门）、质监和税务部门的申请材料，通过部门间内部流转完成审批或备案流程，再由一口受理窗口统一向申请人发放各类审批结果文书或证照。企业可通过中国上海门户网站（www. shanghai. gov. cn）或在自贸试验区综合服务大厅提交申请，各相关职能部门对登记申请进行审查，其中工商部门在 3 个工作日做出登记决定。质监、税务部门自工商部门做出核准决定之日起 1 个工作日核发证照。内资企业及属于外商投资准入特别管理措施列表（负面清单）外的外商投资企业可在 4 个工作日内领取到包括营业执照、机构代码证、税务登记证等在内的各类证照。

## 二、贸易监管制度创新

围绕推动海关特殊监管区域转型升级的目标，创新监管模式，推进实施“一线放开”，坚决实施“二线安全高效管住”，进一步强化监管协作，促进自贸试验区内货物、服务等各类要素自由流动，形成公开、透明的管理制度。围绕在全球竞争中加快总部集聚和离岸业务发展的目标，推动贸易转型升级。围绕推动航运中心功能和物流效率提升的目标，积极探索具有国际竞争力的航运发展制度和运作模式。

### （一）推动贸易便利化

一是为建立国际航运中心，海关创新了“一线放开”的监管模式，将“先报关、后入区”的现行做法，通过升级改造信息化系统，允许利用舱单备案信息“先入区，再报关”，进一步提升自贸试验区内企业开展国际分拨、中转集拼等业务的竞争力；二是为适应自贸试验区对产业链布局和物流快速流转需求，将采取企业“分批送货，集中报关”并自行运输模式，并打造新型的监管制度，在组成自贸试验区的4个海关特殊监管区域之间以及与周边海关特殊监管区域间形成高效、便捷的保税物流监管体系；三是为保证上述目标的实现，将在自贸试验区创建统一的海关信息化管理系统和中央监控平台，协调4个海关特殊监管区域的物流监管，同时升级卡口的智能化，探索对自贸试验区电子围网管理。

上海海关已启动试点凭舱单“先入区、后报关”模式，新模式下货物入区通关时间可缩短2至3天，平均节约物流成本10%左右，在此基础上进一步探索简化进境备案申报要素。同时，海关在自贸试验区内简化货物流转手续，启动试点“分送集报、自行运输”模式，实现自贸试验区四个区域间货物自由流转。检验检疫部门按照“进境检疫，适当放宽进出口检验；方便进出，严密防范质量安全风险”的原则，积极推动、探索建立新的检验检疫制度体系，减少中间检验检测等查验环节。借鉴国际惯例和通行做法，建立与国际接轨的质量安全保障体系、技术基础支撑体系和高效便捷的质量技术监督服务体系。检验检疫部门已对“一线”进境货物，实施进出境检疫和重点敏感货物检验的监管模式。

### （二）促进新型贸易业态发展

一是大力促进发展服务贸易，支持自贸试验区内开展销售、结算、物流、维修和研发等业务，不断创新优化与新型贸易业态相适应的海关监管；二是支持扩大期货保税交割业务试点品种、企业和范围，拓展进出口业务，增强我国在国际贸易中定价的话语权；三是支持符合条件的区内企业，在提供税收担保情况下开展区外保税展示交易，促进国际与国内两个市场持续、健康发展；四是支持自贸试验区开展跨境电子商务试点；五是对自贸试验区内企业生产、加工并经“二线”销往区外的货物，实施选择性征税政策；六是中国

(上海)自贸试验区是国家有关部门管理政策最为密集的一个区域,海关将加强部门间协同配合,不断根据新出台的有关政策,调整海关监管模式。

### (三) 维护保障贸易秩序

一是海关作为国家进出关境的监督管理机关,依法维护国家政治安全,有效防止危害国家安全的意识形态渗入和滋生;二是依法行政,在全国打击走私犯罪活动的整体安排下开展工作,同时防止在自贸试验区内出现黄、赌、毒等现象,维护良好的经济发展环境。

## 三、金融监管制度创新

金融监管制度核心内容是在风险可控前提下,在资本项目可兑换、人民币跨境使用、利率市场化等方面先行先试,并建立与自贸试验区相适应的外汇管理体制。围绕金融为实体经济服务、促进贸易和投资便利化的目标,2013 年 12 月 2 日,中国人民银行发布了《关于金融支持中国(上海)自由贸易试验区建设的意见》,提出了自贸试验区金融改革 30 条细则,主要包括以下六个领域的制度创新:

### (一) 创新有利于风险管理的账户体系

一是自贸试验区内的居民可通过设立本外币自由贸易账户(以下简称居民自由贸易账户)实现分账核算管理,开展本意见第三部分的投融资创新业务;非居民可在试验区内银行开立本外币非居民自由贸易账户(以下简称非居民自由贸易账户),按准入前国民待遇原则享受相关金融服务。

二是居民自由贸易账户与境外账户、境内区外的非居民账户、非居民自由贸易账户以及其他居民自由贸易账户之间的资金可自由划转。同一非金融机构主体的居民自由贸易账户与其他银行结算账户之间因经常项下业务、偿还贷款、实业投资以及其他符合规定的跨境交易需要可办理资金划转。居民自由贸易账户与境内区外的银行结算账户之间产生的资金流动视同跨境业务管理。

三是居民自由贸易账户及非居民自由贸易账户可办理跨境融资、担保等业务。条件成熟时,账户内本外币资金可自由兑换。建立区内居民自由贸易账户和非居民自由贸易账户人民币汇兑的监测机制。

四是上海地区金融机构可根据人民银行规定,通过设立自贸试验区分账核算单元的方式,为符合条件的区内主体开立自由贸易账户,并提供相关金融服务。

### （二）探索投融资汇兑便利

1. 促进企业跨境直接投资便利化

自贸试验区跨境直接投资，可按上海市有关规定与前置核准脱钩，直接向银行办理所涉及的跨境收付、兑换业务。

2. 便利个人跨境投资

在区内就业并符合条件的个人可按规定开展包括证券投资在内的各类境外投资。个人在区内获得的合法所得可在完税后向外支付。区内个体工商户可根据业务需要向其在境外经营主体提供跨境贷款。在区内就业并符合条件的境外个人可按规定在区内金融机构开立非居民个人境内投资专户，按规定开展包括证券投资在内的各类境内投资。

3. 稳步开放资本市场

区内金融机构和企业可按规定进入上海地区的证券和期货交易场所进行投资和交易。区内企业的境外母公司可按国家有关法规在境内资本市场发行人民币债券。根据市场需求，探索在区内开展国际金融资产交易等。

4. 促进对外融资便利化

根据经营需要，注册在自贸试验区内的中外资企业、非银行金融机构以及其他经济组织（以下简称区内机构）可按规定从境外融入本外币资金，完善全口径外债的宏观审慎管理制度，采取有效措施切实防范外债风险。

5. 提供多样化风险对冲手段

区内机构可按规定基于真实的币种匹配及期限匹配管理需要在区内或境外开展风险对冲管理。允许符合条件的区内企业按规定开展境外证券投资和境外衍生品投资业务。自贸试验区分账核算单元因向区内或境外机构提供本外币自由汇兑产生的敞口头寸，应在区内或境外市场上进行平盘对冲。试验区分账核算单元基于自身风险管理需要，可按规定参与国际金融市场衍生工具交易。经批准，自贸试验区分账核算单元可在一定额度内进入境内银行间市场开展拆借或回购交易。

### （三）扩大人民币跨境使用

一是上海地区银行业金融机构可在“了解用户的客户”、“了解用户的业务”和“尽职审查”三原则基础上，凭区内机构（出口货物贸易人民币结算企业重点监管名单内的企业除外）和个人提交的收付款指令，直接办理经常项下、直接投资的跨境人民币结算业务。

二是上海地区银行业金融机构可与区内持有《支付业务许可证》且许可业务范围包

括互联网支付的支付机构合作，按照支付机构有关管理政策，为跨境电子商务（货物贸易或服务贸易）提供人民币结算服务。

三是区内金融机构和企业可从境外借用人民币资金，借用的人民币资金不得用于投资有价证券、衍生产品，不得用于委托贷款。

四是区内企业可根据自身经营需要，开展集团内双向人民币资金池业务，为其境内外关联企业提供经常项下集中收付业务。

## （四）稳步推进利率市场化

（1）根据相关基础条件的成熟程度，推进自贸试验区利率市场化体系建设。

（2）完善区内居民自由贸易账户和非居民自由贸易账户本外币资金利率的市场化定价监测机制。

（3）将区内符合条件的金融机构纳入优先发行大额可转让存单的机构范围，在区内实现大额可转让存单发行的先行先试。

（4）条件成熟时，放开区内一般账户小额外币存款利率上限。

## （五）深化外汇管理改革

一是支持试验区发展总部经济和新型贸易。扩大跨国公司总部外汇资金集中运营管理试点企业范围，进一步简化外币资金池管理，深化国际贸易结算中心外汇管理试点，促进贸易投资便利化。

二是简化直接投资外汇登记手续。将直接投资项下外汇登记及变更登记下放银行办理，加强事后监管。在保证交易真实性和数据采集完整的条件下，允许区内外商直接投资项下的外汇资金意愿结汇。

三是支持自贸试验区开展境内外租赁服务。取消金融类租赁公司境外租赁等境外债权业务的逐笔审批，实行登记管理。经批准，允许金融租赁公司及中资融资租赁公司境内融资租赁收取外币租金，简化飞机、船舶等大型融资租赁项目预付货款手续。

四是取消区内机构向境外支付担保费的核准，区内机构直接到银行办理担保费购付汇手续。

五是完善结售汇管理，支持银行开展面向境内客户的大宗商品衍生品的柜台交易。

## （六）监测与管理

一是区内金融机构和特定非金融机构应按照法律法规要求切实履行反洗钱、反恐融资、反逃税等义务，及时、准确、完整地向人民银行和其他金融监管部门报送资产负债表及相关业务信息,并根据相关规定办理国际收支统计申报;配合金融监管部门密切关注跨境异常资金流动。

二是上海市人民政府可通过建立试验区综合信息监管平台,对区内非金融机构进行监督管理。可按年度对区内非金融机构进行评估,并根据评估结果对区内非金融机构实施分类管理。

三是自贸试验区分账核算单元业务计入其法人行的资本充足率核算,流动性管理以自求平衡为原则,必要时可由其上级行提供。

四是区内实施金融宏观审慎管理。中国人民银行可根据形势判断,加强对试验区短期投机性资本流动的监管,直至采取临时性管制措施。加强与其他金融监管部门的沟通协调,保证信息的及时充分共享。

五是人民银行将根据风险可控、稳步推进的原则,制定相应细则后组织实施,并做好与其他金融监管部门审慎管理要求的衔接。

2013 年 12 月 5 日,人民币跨境使用业务已率先启动,跨境人民币双向资金池、跨境人民币借款两项新兴业务落地实施。目前相关部门正在抓紧制定"央行 30 条"的操作细则和管理办法,自贸试验区管委会与市金融办、一行三局紧密合作,配合中国人民银行分账核算操作办法,对区内存量企业进行梳理排摸,帮助银行建立企业数据底账。同时支持中国人民银行加快建设自贸试验区资金监控系统,并做好与区内综合信息监管信息平台的对接工作,落实各项风险防范机制,为金融政策落地做好承接准备工作。中国人民银行上海总部准备用三个月时间实现"央行 30 条"各项措施的落地实施,争取用一年左右的时间形成可复制、可推广的经验和做法。

## 四、综合监管制度创新

综合监管制度核心内容是深化行政管理体制改革,创新政府管理方式,减少行政审批事项,推进政府管理由注重事前审批转为注重事中、事后监管。自贸试验区管委会主要通过建立协同和联合监管制度、社会信用制度、综合执法制度、社会组织参与市场监管制度、安全审查和反垄断审查协助监管制度以及综合评估制度等六个方面推进自贸试验区综合监管制度建设。近期重点聚焦以下几项制度:

一是建设信息共享和服务平台,初步建立政府各相关部门的协同和联合监管制度。依托上海市网上行政审批平台,自贸试验区已建成"试验区网上行政审批子平台",实现工商、税务、质监、发改、商务等部门在企业投资准入环节的系统对接、信息共享和并联办事。工商部门通过自贸试验区监管信息共享平台上传、接收、反馈企业登记、备案、许可审批、年度报告、行政处罚信息,实现各部门信息共享。

二是建设社会信用体系,形成“一处违法、处处受限”的信用制度。自贸试验区依托市公共信用信息服务平台,建设企业信用子平台,实现企业基本信用信息的查询服务,在此基础上推动各相关部门加强对企业信用信息的记录,并实现区域企业信用信息共享。比如,登记机关建立经营异常名录制度,将未按规定期限公示年度报告或者通过登记的住所(经营场所)无法取得联系等的企业载入经营异常名录,从而加大企业失信成本,促进企业守法经营,推动社会诚信体系建设。

三是建设综合执法体系,形成高效监管制度。自贸区在已实施的城管综合执法基础上,着重理顺事权、机制、队伍等关键环节,形成包括市场监管、文化市场、城市建设、知识产权等领域在内的综合执法体系,加强集中统一的市场监管。同时,自贸试验区还将通过引进和发挥行业协会与中介机构作用,初步建立社会组织参与市场监督制度,积极鼓励社会力量参与市场监督。

四是通过引进和发挥行业协会与中介机构作用,初步建立社会组织参与市场监督制度。鼓励社会力量尤其是行业协会和中介机构参与自贸试验区市场监督,目前自贸试验区管委会已经与上海现代服务业协会等行业组织、普华永道等具有较强影响力的中介机构,达成了在行业监管和第三方评估方面的初步合作意向。

## 第四节　2014 年中国(上海)自由贸易试验区发展展望

建设好和管理好中国(上海)自由贸易试验区,是党中央交给上海的一项重大战略任务。2014 年是深入落实自贸试验区各项工作任务的关键一年。总的工作要求是:以十八届三中全会精神为指引,以高标准国际投资贸易规则为标杆,加快建设具有国际水准的自贸试验区,聚焦制度创新,全面推进落实总体方案各项目标任务,不断深化拓展改革创新试点,尽快形成可复制、可推广的试验成果,使自贸试验区更好地发挥改革攻坚排头兵和创新探索先行者的示范作用,为打造中国经济升级版和实现中华民族伟大复兴的中国梦作贡献。

### 一、完善投资管理制度创新

#### (一) 完善负面清单管理模式

在总结评估 2013 年版负面清单的基础上,借鉴国际经验,重点围绕增加透明度、减少限制措施等对清单内容作进一步梳理，制定出台2014年版负面清单，并完善外商投资备案管理办法和操作流程。

### （二）完善境外投资备案管理

完善相关备案管理办法，进一步优化境外投资流程，搭建境外投资服务促进平台，实现融资、保险、法律、咨询、会计、信息等配套服务功能。

### （三）深化商事登记制度改革

在完善注册资本认缴登记制、“先照后证”登记制等措施基础上，抓紧推进年度报告公示制相关规定和操作流程的发布实施工作，并建立经营异常企业名录和企业分类监管制度；推动法律服务、会计审计等中介服务机构发挥积极作用。

### （四）完善工商“一口受理”制度

推进工商“一口受理”制度由企业新设环节向变更等环节扩展，完成变更等业务的“一口受理”流程设计并启动系统建设，形成完整的工商“一口受理”服务模式；进一步优化操作流程，研究企业“一口受理、并联办事”的电子化操作流程；搭建综合性投资服务平台，为投资者提供全流程的便利服务。

## 二、推进贸易监管制度创新

### （一）推进“一线放开”

制定公布海关“先入区、后报关”试点企业的相关标准，年内将试点范围扩大至整个自贸试验区符合条件并自愿参加的企业；企业凭进口舱单相关信息要素，分别向关检部门发出提货申请，无需检疫的货物直接放行入区；简化并统一进出境备案清单格式；完善联网核放制度，全面实现通关无纸化。

### （二）落实“二线安全高效管住”

支持海关、检验检疫完善物流监控系统，加快推进企业运营信息与监管系统的对接，落实风险监控措施；加快推进卡口智能化改造；检验检疫依企业申请实施预检验，货物分批核销出区；依托信息共享和服务平台，实现关检数据对接和信息共享，推动关检“一次申报、一次查验、一次放行”试点。

### （三）完善"区内自由"监管方式

扩大区内"分送集报、自行运输"试点范围，形成公开透明的制度标准；推动海关保税货物流转管理系统在自贸试验区先行先试，实现关区内和跨关区海关特殊监管区域之间货物的高效便捷流转。检验检疫加快推动进出口商品检验采信第三方检验鉴定结果试点。

### （四）推进货物状态分类监管模式

完成货物状态分类监管方案，争取国家相关部门支持，年内在洋山保税港区和浦东机场综保区选择企业启动货物状态分类监管模式曲试点工作。

### （五）探索"国际贸易单一窗口"管理制度

加快研究"国际贸易单一窗口"管理制度的系统建设和可行性方案，制定相应的管理规范和操作流程，争取年内启动试点运作，实现企业一次提交相关数据即可满足相关监管部门的监管要求。

### （六）探索促进服务贸易发展的监管和服务方式

支持各类融资租赁公司开展跨境租赁等租赁业务和租赁产品创新，出台维修检测、服务外包等服务贸易领域实施细则，研究建立服务贸易重点领域中高端人才引进和培训的合作机制。

## 三、落实金融监管制度创新

### （一）推进有利于风险管理的账户体系

落实中国人民银行关于金融支持自贸试验区建设意见，出台相关政策细则。推动金融机构通过设立自贸试验区分账核算单元的方式，为区内居民和非居民开立自由贸易(FT)系列账户；加快人民币跨境收付信息管理系统自贸试验区功能模块建设，推动与自贸试验区综合信息监管系统的信息交换，落实风险防范机制。

### （二）推进投融资汇兑便利

建立符合宏观审慎管理框架要求的自贸试验区全口径外债管理制度，提高区内企业融资便利化水平。支持区内银行业金融机构发展跨境融资业务和推进跨境投资金融服务;允许符合条件的中资银行在区内开展离岸银行业务。稳步推进资本市场开放,支持区内符合条件的机构和个人按照规定双向投资于境内外证券期货市场,探索合格境内投资者境外投资试点。支持保险机构在区内开展境外投资试点,积极研究在区内试点扩大保险机构境外投资范围和比例。

### (三) 推进人民币跨境使用

推动"跨境双向人民币资金池"和"跨境人民币借款"等业务,简化区内机构办理经常项下、直接投资跨境人民币结算业务的手续;推动符合条件的支付机构开展跨境电子商务人民币支付服务;支持保险机构在自贸试验区开展人民币跨境再保险业务;鼓励区内金融要素市场和大宗商品市场的交易以跨境人民币计价、交易。

### (四) 推进利率市场化试点

建立自由贸易(FT)系列账户本外币资金利率的市场化定价和监测机制;推动区内符合条件的金融机构在区内先行先试大额可转让存单发行,推动在条件成熟时开放一般账户小额外币存款利率上限,加快推进自贸试验区利率市场化体系建设。

### (五) 推进外汇管理改革

扩大跨国公司总部外汇资金集中运营管理试点,进一步简化外币资金池管理,深化国际贸易结算中心外汇管理试点;简化直接投资外汇登记手续,允许区内外商直接投资项下的外汇资金意愿结汇;取消区内机构向境外支付担保费的核准;完善结售汇管理,支持银行开展面向境内客户的大宗商品衍生品的柜台交易;制定各类金融机构投融资外汇管理政策。

## 四、推动事中事后监管制度创新

### (一) 建立健全联合监管与协同服务制度

依托已有的市级平台,加快建设信息服务和共享平台,推动各部门监管数据和信息的对接共享,实现自贸试验区各部门联合监管与协同服务。

### (二) 建立健全社会信用体系

依托市公共信用信息平台,初步建成自贸试验区信息共享和服务平台信用管理系统，实现自贸试验区相关部门和企业信用信息的查询服务，推动监管部门建立企业信用信息记录、共享、使用的标准和工作规范。

### （三）建立健全综合执法制度

理顺执法事权，建立与市相关部门、驻区监管部门的合作协调和联动执法工作机制，规范相对统一的法律文书和执法程序，构建自贸试验区条块结合、运转顺畅的综合执法新体系。

### （四）建立健全安全审查和反垄断审查制度

以切实维护国家安全和市场公平竞争为原则，建立区内涉及外资的国家安全审查工作机制，健全经营者反垄断审查工作机制。

### （五）建立健全社会组织参与市场监督制度

积极支持行业协会、中介机构等社会力量参与自贸试验区市场监督，推动行业协会制定市场准入、违反行业规范惩罚等行业管理标准、行业公约。鼓励推动区内企业年度财务会计报表由注册会计师进行审计。

### （六）建立健全综合评估制度

对区内重点行业开放情况、典型企业、特殊企业运营过程的代表性问题开展综合评估，形成监测、评价、反映的工作流程，建立年度评估和重大突发事项评估相结合的动态评估机制，加强风险监测防范，提出后续改革试点建议。

### （七）探索完善信息公开制度

提高行政透明度，加快形成相关制度安排，对于自贸试验区管委会制定的制度规范，应及时予以公开，主动作出解读和说明，制定过程应给予当事人参与的机会。加强相关制度规范的事后监管，探索建立投资者有权向自贸试验区管委会提出意见建议的制度，以及提请市政府对自贸试验区管委会制定的自贸试验区相关规范性文件进行审查的制度。

### （八）探索完善公平竞争制度

投资和产业准入扩大对内开放，梳理和取消在投资和产业准入方面对民营资本的限制性规定，消除各种隐性壁垒，鼓励支持民营资本进入区内特许经营领域。加强环境保护管理，鼓励区内企业申请国际环境和能源管理体系标准认证。完善政府采购操作规范,形成区内采购对各类企业实行公平待遇的操作规则。

### (九) 探索完善权益保护制度

加大对区内生产、销售、进出口等环节知识产权侵权违法行为的监管力度,建立知识产权纠纷多元解决机制,并健全完善与之相适应的行政管理体制和工作机制;加强对跨太平洋伙伴关系(TPP)、与贸易有关的知识产权协议(TRIPS)等相关知识产权保护标准差异研究以及知识产权保护国际规则新趋势研究。借鉴国际经验完善仲裁规则,探索在知识产权商事纠纷等领域,开辟仲裁绿色通道,并对中小企业的小额仲裁收取最低标准仲裁费用。研究在区内实行相对集中行政复议权(地方事权),建立高效便捷的行政争议解决机制。

## 五、深化扩大开放和功能拓展

### (一) 探索进一步扩大开放

加快推进总体方案明确的服务业 23 项开放措施,对于其中 4 项尚未落地的开放措施,加大与国家相关部委的沟通协调,尽快制定有关管理办法和操作细则。对育幼养老、建筑设计、会计审计、商贸物流、电子商务、检测检验认证、影视出版等服务业领域提出扩大开放的举措,对海洋工程装备、航空航天制造、新能源等新兴制造业领域提出放宽外资准入的开放措施。

### (二) 打造总部经济

加强跨国公司亚太营运中心以及本土跨国企业海外营运中心建设,推进亚太营运商计划,培育具备销售管理、供应链管理、资金结算功能的营运中心,支持有需求的跨国公司统筹亚太市场,拓展离岸业务,发展成为实体运作的亚太地区总部。依托境外投资服务促进平台,支持国内企业"走出去"开展国际收购、兼并以及对外投资,在自贸试验区集聚中国本土跨国公司的国际总部。

### (三) 深化贸易平台功能

在区内建立若干个面向国际、服务国内的大宗商品交易平台。加快对外文化贸易基地建设,拓展进口文化设备租赁功能,完善艺术品交易产业链,打造上海国际艺术品保税展示交易中心。做大做强酒类、钟表、汽车、工程机械、生物医药、医疗器械、机床、化妆品、健康产品、高端消费品等十大专业贸易平台。探索开展品牌汽车多渠道进口经营模式的试点。加快自贸试验区进口商品国别交易中心建设,推动一批进口商品国别馆落地。

### (四) 发展新型贸易和服务贸易

推进全球维修检测基地建设,大力引进国际知名检测机构。打造信息产业平台,吸引和鼓励云计算、大数据、物联网等机构形成信息产业集群,带动区内信息技术、数据服务外包和生物医药研发等服务贸易发展。促进跨境贸易电子商务服务平台发展,进一步创新进出口服务模式,引进国内外知名电商、贸易商、品牌商形成规模化发展。

### (五) 引进境内外金融类机构

推动银行、企业集团财务公司、金融资产管理公司、金融租赁公司、汽车金融公司、消费金融公司、证券、基金、期货子公司及分支机构、保险公司等各类金融机构以及私募股权投资基金、私募证券投资基金、第三方支付公司,互联网金融企业等各类新型金融机构进入自贸试验区开展业务。积极推动民营资本进入金融领域,争取民营银行在自贸试验区落户。

### (六) 建设面向国际的金融交易市场

鼓励金融创新,积极推进上海国际能源交易中心挂牌上市原油期货,推动中国外汇交易中心、上海证券交易所、上海黄金交易所、中国金融期货交易所、上海股权托管交易中心、上海联合产权交易所等金融服务平台新设、增设交易场所,加快金融市场产品创新,积极推进离岸保险市场建设,打造自贸试验区多层次的金融市场体系。

### (七) 开展跨境投融资业务

鼓励区内具备条件的企业开展对外直接投资,创新股权投资基金对外投资模式。支持区内机构根据经营需要、按规定从境外融入本外币资金,鼓励区内企业境外母公司按有关规定在境内资本市场发行人民币债券。争取通过债权、股权、资产证券化等多种方式拓展区内企业融资渠道,支持实体经济发展。

### (八) 拓展融资租赁功能

取消境外融资租赁债权审批,允许境内融资租赁业务收取外币租金;简化飞机、船舶等大型融资租赁项目预付货款手续。年内搭建飞机、船舶、成套设备等融资租赁跨境资产交易平台。

### （九）推动国际中转集拼业务

推动洋山保税港区、外高桥保税物流园集装箱国际中转集拼业务的规模化运作，加快推动“洋山保税港区国际中转集拼中心”建设。支持浦东机场增加国际中转货运航班，逐步拓展试点范围，提升货运中转业务量。

### （十）探索国际船舶登记制度

加强与国家有关部门的协调对接，完善国际船舶登记相关的配套支持政策，推动落实国际船舶登记试点工作。

### （十一）发展航运运价衍生品交易业务

建设全国班轮运价备案中心，完善集装箱运输监管制度，形成航运运价衍生品交易业务发展方案，争取年内启动运作。

### （十二）促进技术创新

依托自贸试验区进口研发设备、研发耗材免税政策，积极发展创新型研发中心和技术服务中心，开展产品设计、生产研发、技术创新等业务活动。

## 六、加强法制和政策保障

### （一）加强法制保障

起草自贸试验区条例，按程序提请市人大常委会审议通过。根据自贸试验区新的试点内容和法制保障需求，梳理形成新一轮行政法规和国务院文件在区内调整实施方案。

### （二）加强政策支持

积极争取国家相关部门发文明确融资租赁出口退税试点和完善启运港退税试点相关政策内容。加快深化研究适应境外股权投资和离岸业务发展的税收政策，争取政策落地。

各单位要按照分工落实责任，对标高标准国际投资贸易规则，加大推进落实和深化完善的工作力度，力争 2014 年下半年在国家各有关部门的指导协调下，将制度创新、管理创新、流程创新、服务创新等方面比较成熟的改革举措，形成可复制、可推广的试点成果;对于事关全局和长远发展的重大事项,要坚持问题导向和需求导向,加强前瞻性研究,并积极争取国家部门的支持,将更多的改革事项放在自贸试验区先行先试。领导小组办公室要会同市相关部门加强对各项任务进展情况的跟踪分析和总结评估,督促落实相关工作。

### 案例7　上海文化创意产业法律服务平台知识产权调解中心(协力律所)

市场经济的本质就是法制经济。首先,介绍协力律师事务所,自1998年成立,2011年改制为上海首家特殊的普通合伙制律师事务所,同时,也是首家入驻上海自贸试验区的律师事务所,总部设在上海陆家嘴,在中国北京、苏州、长沙、南通、无锡、郑州设有分所,并在大阪、米兰、巴黎、新加坡设有办公室。全国律师300多位,其中专业从事知识产权的有60位。律所有三个平台:律师队伍,专利代理公司,上海知识产权研究所。研究所主要从事涉及知识产权的实务研究。是研究与实务相结合的机构。

提供的法律服务中涉及知识产权的有:①知识产权代理服务,产权登记,专利申请,商标注册。②知识产权交易中的法律服务③企业并购中的产权交易服务,例如,加多宝商标许可到期后的归属,由于当时没有约定,至今官司仍未有定论。

第二是法律服务平台,重点介绍一下,2013年11月20日在自贸试验区揭牌的上海文化创意产业法律服务平台知识产权调解中心法律调解中心,是纯粹的民间调解机构,调解的优势:①花费少,甚至可以不请律师,只有少量的调节费。②解决时间快。③不伤和气。④无管辖约束。

在文化创意产业中做了很多案例,近期还将出一本《文化创意产业点评》,将近3年来的文化创意产业中各种案例做一个梳理汇编。同时,承担了大量政府课题研究,包括上海市《版权产业报告》,浦东新区知识产权局的《技术秘密管理指南(2011版)》,指南非常有效,对于技术人员跳槽等实用性问题很有借鉴意义。此外,还有各类资讯期刊报告。

## 第五节　2014年中国(上海)自由贸易试验区负面清单修改思路及原则

在党和国家领导人的关怀下,在商务部、国家发展改革委等国家相关部委的指导和支持下,上海市商务委员会会同上海市发展改革委、上海市法制办、上海自贸试验区管委会、上海市经济信息化委、上海市交通委等相关部门于 2013 年 11 月启动了自贸试验区进一步扩大开放工作和负面清单修订工作。在修订过程中,广泛听取了相关协会、商会、部分外资企业、研究机构、专业咨询机构以及相关行业主管部门的意见,认真研究社会各方对 2013 版负面清单的评价。上海市领导多次专题听取修订工作汇报,研究协调解决有关问题。在开展修订工作的同时,积极梳理自贸试验区进一步扩大开放的措施,最终确定了 31 条扩大开放措施,已经征得国家相关部委同意,正式上报国务院。在 31 条扩大开放措施的基础上,形成了《中国(上海)自由贸易试验区外商投资准入特别管理措施(负面清单)(2014 年修订)》(送审稿)。总体修订思路和原则如下:

## 一、修订的总体思路

深入贯彻党的十八届三中全会精神,根据自贸试验区总体方案的要求,进一步提高开放度、增加透明度,进一步与国际通行规则相衔接,强化负面清单作为准入阶段对外商投资采取与国民待遇不符的管理措施的作用,体现外商投资管理的国际化水平。

## 二、修订的基本原则

### (一)进一步提高开放度

一是在上海自贸试验区内先行先试,对金融、教育、文化、医疗等有序开放领域,育幼养老、建筑设计、会计审计、商贸物流、电子商务等放开领域,以及一般制造业领域的管理措施,能取消则取消,能放宽则放宽。二是《外商投资产业指导目录(2011 年修订)》中鼓励类无中方控股要求的管理措施不列入负面清单。三是实践中已突破或 CEPA 已经放开的管理措施,不列入负面清单。

### (二)进一步增加透明度

对无具体限制条件的管理措施,协调相关行业主管部门明确具体限制条件。对于无法明确限制条件的管理措施,征求行业主管部门意见后可以取消的予以取消,尽最大努力减少无明确限制条件的限制措施。

### (三)进一步与国际通行规则相衔接

一是继续采用《国民经济行业分类》作为分类标准。在国际投资协定的负面清单采用的分类方法中，既有协议各方共同采用国际标准产品分类（CPC）标准的模式，也有分别采用各自国家产业分类标准的模式，还有不注明分类标准的。上海自贸试验区负面清单作为我国自主开放的一次重大探索，是东道国的政策承诺，采用本国国民经济行业分类法符合国际通行规则。二是按照国际通行做法，将农业、采矿业、金融服务、电信服务、航空服务、基础设施等涉及资源、民生和国家安全的领域和中药、茶叶、黄酒、手工艺品等我国传统产业领域的管理措施予以保留。三是对于内外资均有限制或禁止要求的管理措施，按准入前国民待遇原则不再列入负面清单。

## 三、修订的主要内容

### （一）表述方式的修订

1. 调整负面清单发布名称

2013 版负面清单发布名称为：《中国（上海）自由贸易试验区外商投资准入特别管理措施（负面清单）（2013 年）》，修订后的负面清单发布名称为：《中国（上海）自由贸易试验区外商投资准入特别管理措施（负面清单）（2014 年修订）》。今后负面清单以修订年份为标识。

2. 调整负面清单的表现形式

按照国际上负面清单突出限制措施的惯例，将行业分类代码调整到管理措施的后面，并将涉及不同代码的同一行业相关措施适当归并。同时，为方便投资者查询，在管理措施前面统一加注了序号。

3. 增加了负面清单的说明内容

根据负面清单 2014 年修订情况，对负面清单的说明进行三处修订：一是将“经国务院同意的中国（上海）自由贸易试验区 2014 年扩大开放措施”列为修订依据。二是对负面清单作用的描述进行了完善。根据《政府核准的投资项目目录（2013 年本）》和《外商投资项目核准和备案管理办法》，负面清单已无法作为外资项目核准或备案的唯一依据，因此按照《中国（上海）自由贸易试验区条例》（草案）相关条款对负面清单的作用进行了修订。即：负面清单之外的领域，外商投资企业设立和变更实行备案管理；外商投资项目实行备案制，但国务院规定对投资项目保留核准的除外。负面清单之内的领域，外商投资企业设立和变更实行审批管理；外商投资项目实行核准制，但国务院规定对投资项目实行备案的除外。三是增加了对因内外资均有限制或禁止要求而未列入负面清单的领域的管理要求，即：外商投资未列入负面清单但对内外资企业实施同等限制性或禁止性措施的领域,应执行国家有关投资准入和行业管理规定。

### (二) 特别管理措施的修订

修订后的特别管理措施由原先的 190 条调整为 139 条,调整率达 26.8%,其中:因扩大开放而实质性取消 14 条,因内外资均有限制而取消 14 条,因分类调整而减少 23 条。从开放的角度看,实质性取消 14 条,实质性放宽 19 条,进一步开放的比率达 17.4%。按措施类型分,限制性措施 110 条,禁止性措施 29 条;按产业分,第一产业 6 条,第二产业 66 条(其中制造业 46 条),第三产业 67 条。

具体如下:

(1) 为进一步提高开放度,实质性取消或放宽 33 条管理措施。取消 14 条管理措施:属于服务业领域进一步开放的管理措施 7 条,属于制造业等其他领域进一步开放的管理措施 7 条。

放宽 19 条管理措施:涉及制造业领域 9 条,房地产领域 1 条,基础设施领域 1 条,商贸服务领域 4 条,航运服务领域 2 条,专业服务领域 1 条,社会服务领域 1 条。

(2) 为进一步增加透明度,减少了无具体限制条件的管理措施。经各行业主管部门反复努力,修订后的负面清单中,无具体限制条件的管理措施由原先 55 条缩减为 25 条。

(3) 为进一步与国际通行规则衔接,对内外资均有限制或禁止要求的不再列入负面清单,取消 14 条管理措施。其中农业领域 1 条,制造业领域 6 条,基础设施领域 2 条,金融领域 1 条,房地产领域 1 条,文化领域 3 条。

(4) 为进一步与国际通行规则衔接,对管理措施进行分类调整,减少 23 条管理措施。按照国际上负面清单突出限制措施的通行做法,将涉及不同代码的同一行业相关管理措施适当归并,从而减少了 23 条管理措施,主要涉及制造业、采矿和勘探、基础设施建设、商贸服务、通用航空服务、法律服务、文化服务等领域。

# 第六章　国际会展业

## 第一节　国际展览业总体情况

2013 年,上海市展览业受到国内外经济环境影响,展览项目数量有所减少,规模增速有所放缓,但是总展出规模仍保持全国会展城市之首,展览会的国际化、专业化、市场化、品牌化特征继续凸显。

随着中国博览会会展综合体的建设,以及其他几个场馆的改扩建,展览业“硬件”日臻完善,展览市场格局面临巨大变化;同时,《展览业管理办法(修订)》已经进入反复征求意见阶段,展览业公共服务平台,管理、鼓励政策等都在紧锣密鼓地论证过程中,上海城市会展环境将日趋优化,为 2015 年上海基本建成国际会展中心城市的目标奠定了扎实的基础。

### 一、上海展览业更加国际化、市场化、专业化、规模化

#### (一) 展会项目数量及展出面积进一步增加

2013 年在上海举办的展览会项目数量为 798 个,同比减少 8 个;展出总面积 1 200. 8 万平方米,同比增长 8. 25%。一是举办国际展览会项目 247 个,同比减少 14 个;展出面积 874. 5 万平方米,同比增长 7. 57%;国际展览会平均单项面积达到 3. 54 万平方米。二是举办国内展览会项目 551 个,同比增加 6 个;展出面积 326. 3 万平方米,同比增长 10. 10%;国内展览会平均单项面积为 0. 59 万平方米。根据“十二五”会展业发展规模,至 2015 年上海展览会总规模达到 1 500 万平方米计算,“十二五”后两年,即 2014 年、2015 年,上海的展览规模每年递增速度必须达到 12% 以上(表 6. 1)。三是博华、国展等 23 家会展企业年办展面积在 10 万平方米以上(表 6. 2)。

### 表 6.1　2013 年上海展览会举办情况表

| 项　　目 | | 2012 年 | 2013 年 | 增减/% |
|---|---|---|---|---|
| 展览会项目数/个 | | 806 | 798 | -1.12 |
| 展出面积/万平方米 | | 1 109.3 | 1 200.8 | 8.25 |
| 其中 | 国际展数量/个 | 261 | 247 | -5.75 |
| | 国际展展出面积/万平方米 | 812.92 | 874.5 | 7.45 |
| | 国内展数量/个 | 545 | 551 | 1.10 |
| | 国内展展出面积/万平方米 | 296.38 | 326.3 | 10.10 |

### 表 6.2　2013 年展览会总规模超过 10 万平方米的主办单位排名表

| 企　业　名　称 | 项目/个 | 室内规模/万平方米 |
|---|---|---|
| 上海博华国际展览有限公司 | 4 | 66.474 |
| 上海市国际展览有限公司 | 8 | 53.920 |
| 上海现代国际展览有限公司 | 10 | 42.650 |
| 法兰克福展览(上海)有限公司 | 6 | 42.156 |
| 中国国际贸易促进委员会纺织行业分会 | 3 | 37.970 |
| 上海万耀企龙展览有限公司 | 9 | 34.000 |
| 汉诺威米兰展览(上海)有限公司 | 3 | 24.738 |
| 上海环球展览有限公司 | 1 | 21.670 |
| 上海国际展览中心有限公司 | 5 | 18.950 |
| 上海博万会展有限公司 | 4 | 16.800 |
| 亿百媒会展(上海)有限公司 | 3 | 16.700 |
| 上海外经贸商务展览有限公司 | 6 | 16.180 |
| 中国五金制品协会 | 1 | 14.136 |
| 上海纺织技术服务展览中心 | 2 | 14.052 |
| 上海世博(集团)有限公司 | 1 | 13.800 |
| 上海科学技术开发交流中心 | 1 | 13.800 |
| 华汉国际会议展览(上海)有限公司 | 3 | 13.574 |
| 慕尼黑展览(上海)有限公司 | 2 | 12.986 |
| 上海协升展览有限公司 | 1 | 11.500 |
| 上海百文会展有限公司 | 1 | 11.500 |
| 励展华百展览(北京)有限公司 | 1 | 11.500 |
| 亚太区皮革展有限公司 | 1 | 10.434 |
| 中国缝制机械协会 | 1 | 10.350 |
| 合计: | 77 | 529.840 |

### （二）展会规模化又上一个新台阶

通过对2013年举办的247个国际展览会项目分析，展览会项目继续向规模化发展。如：3万平方米以上的展会项目达到了85个，同比增加8个，增长10.4%；展出总面积684万平方米，同比增长13.3%。其中3万～5万平方米的35个，同比增加5个；5万～10万平方米的26个，同比持平；10万～20万平方米的17个，同比增加3个；20万平方米以上的7个，同比持平（表6.3）。

**表6.3　2013年上海3万平方米以上展览会项目情况分析表**

| 类别<br>规模 | 项目/个 | | | 项目规模/万平方米 | | |
|---|---|---|---|---|---|---|
| | 2012年 | 2013年 | 增长率/% | 2012年 | 2013年 | 增长率/% |
| 20万以上（含） | 7 | 7 | 0 | 140.00 | 140.00 | 0 |
| 10万以上（含）～20万 | 14 | 17 | 21.43 | 169.40 | 213.93 | 26.29 |
| 5万（含）～10万 | 26 | 26 | 0 | 177.90 | 193.52 | 8.78 |
| 3万（含）～5万 | 30 | 35 | 16.67 | 116.10 | 136.30 | 17.40 |
| 合计： | 77 | 85 | 10.39 | 603.40 | 683.75 | 13.32 |

### （三）展会国际化、市场化、品牌化程度进一步提高

一是国际化程度同比提高0.7%。据测算，2013年上海国际展览会境外参展面积占比为26%，比2012年提升零点七个百分点。二是国际展览会项目市场化运作率提高1%。据测算，2013年国际展览会项目市场化运作率达到97%，比2012年提高一个百分点。三是专业化程度提高2%。据测算，2013年上海国际展览会项目的专业化程度达到92%，比2012年提升了两个百分点。四是品牌展、优秀展经复评确认项目53个。年展出总面积达340万平方米，占国际展览会总规模的40%左右。

### （四）本土企业办展能力进一步增强

2013年上海共举办1万平方米以上展览会项目218个，总展出面积917万平方米。其中在本土注册的会展企业办展155个，占比71.1%；办展面积631.6万平方米，占比68.9%，比上年增长2.46个百分点；本土企业办展能力较上年进一步提升。

## 二、企业服务质量提升的表现

### （一）自主办展企业的项目主题演绎、活动内容不断深化

百文展览有限公司的美容博览会，协升展览有限公司的自行车展，国际展览有限公司的汽车展，博华展览有限公司的家具展，现代国际展览有限公司的广印展，法兰克福展览有限公司的汽配展，环球展览有限公司的建筑展、东浩集团的中国国际工业博览会、海事学会的海事展等，在主题演绎、活动创意等方面有了新的创意和提升。例如百文会展公司的国际美容展的开幕式与客户联谊活动相结合，整个活动就像一个奥斯卡颁奖盛典，且年年都在创新；协升公司的国际自行车展连续多年对展台进行评定，极大地提升了展会质量，增强了参展企业参展的信心；海事学会举办的海事展，通过展商与专业观众有效配对服务，展览场面热烈成果显著，提高了参展企业参展的积极性。

上海博华展览有限公司、国际展览有限公司、现代国际展览有限公司、法兰克福展览有限公司、上海市国际贸易促进委员会纺织分会、上海万耀企龙展览有限公司、汉诺威米兰展中国有限公司、环球展览有限公司等 8 家公司的总展出项目的总面积占全市国际展览会总规模的三分之一以上。

### （二）展示工程企业创意、创新水平也在不断提升

一是原创设计能力进一步提升。上海风语筑展览有限公司、上海龙展装饰工程有限公司、上海复旦上科多媒体有限公司、上美、笔克远东集团有限公司、点意空间展览展示有限公司、汇展展览服务有限公司、亿品展示设计工程有限公司等展示企业个性化风格的设计创意为中国的博物馆、展示厅建设作出了贡献。二是高科技表现手段增添了光辉。现代国际、安宝示、协合、德马吉、金明等展示企业为上海展览会高科技的表现赢得了声誉。三是绿色环保展具、材料的运用。灵通集团为上海乃至全国推进绿色会展，节能、环保展具作出了巨大努力。四是进军迪士尼。形家、汇展、创信、点意空间、协合、笔克、乃村等展示企业已成为上海迪士尼乐园第一批服务供应商。五是走向国际。点意空间展览展示有限公司已成功地承接了 2015 年意大利米兰世博会中国企业联合馆的建设任务。

### （三）场馆综合服务水平进一步提升

场馆的服务质量，直接关系到上海展览的形象，这已成为共识。2011 年在对新博、展览中心、光大、国展中心、世贸等 5 家场馆进行综合服务能力测评试点的基础上，2013 年

又扩展到了世博展览馆、世博会展中心、浦东展览馆、东亚、汽车会展中心等10家场馆。

### (四) 物流、信息平台、移动网络等配套服务更完善

上海国际展览运输公司、欣越物流、罗杰斯展运公司、保昌货运公司等的展会物流业务从场内扩至场外,开始与国际接轨。澳龙信息科技(上海)有限公司、上海奋泰国际贸易有限公司等不仅应用到门禁系统,发展到利用互联网技术、电子商务进行招展招商、展商与客商的配对等方面;华丽达视听设备服务有限公司的业务从一般的设备提供,延伸到录影棚、视听系统的专业化服务。

## 三、城市会展环境优化情况

### (一) 场馆建设日趋完善

截至2013年末,上海已有主要展览场馆13个,可供展览面积55万平方米(其中室内45万平方米),至2014年底中部投资贸易博览会会展综合体建成后,上海将有超过100万平方米的场馆可供使用(其中室内超过80万平方米),浦东、浦西形成"东西联动、错位竞争、优势互补"的会展业发展格局。届时,上海将成为全球场馆规模总量最大的城市(表6.4)。

**表6.4 截至2013年上海主要展览场馆规模表**

| 场 馆 名 称 | 室内面积/平方米 |
|---|---|
| 新国际博览中心 | 199 700 |
| 世博展览馆 | 81 000 |
| 光大展览中心 | 31 400 |
| 汽车会展中心 | 30 000 |
| 展览中心 | 21 743 |
| 世贸商城 | 20 850 |
| 世博会展中心 | 18 500 |
| 跨国采购会展中心 | 15 000 |
| 国际展览中心 | 12 000 |
| 浦东展览馆 | 9 000 |
| 农业展览馆 | 7 600 |
| 东亚展览馆 | 4 500 |
| 上海国际会议中心 | 2 726 |
| 室内合计: | 454 019 |

### （二）规范性措施即将出台

目前，上海市政府对上海市展览业管理办法进一步修订，公共服务平台也正在创建中，规范合同文本、便捷备案方法、项目评级等即将出台；相应的会展专项资金等鼓励政策也在拟定中。

## 第二节　国家会展综合体建设情况

国家会展项目是商务部和上海市政府商定的部市共建合作项目，由中国对外贸易中心和上海东浩集团共同出资成立项目公司推动建设。

上海作为中国最重要的展会城市，近年来办展面积始终保持着 10%～15% 的年增长率。2010 年的世博会不仅显现了会展业在国民经济中的地位和作用，也为上海会展业的进一步发展积累了经验，培养了一批专业人才。近年来，年展会数量和展出面积连续保持全国首位。但受制于现有展馆规模的局限，目前上海可用的展馆面积总共 36.8 万平米，且分布在不同的十个场馆，实际办展能力还远没有得到释放。预计到 2015 年，上海会展业展出面积将超过 1 500 万平方米，如果能突破缺少大型会展场馆这一重要瓶颈，将有利于上海加快实现“四个率先”，建设“四个中心”特别是国际贸易中心；有利于实现“创新驱动、转型发展”的战略目标；有利于发挥对长三角和全国经济贸易发展的辐射和服务作用。

国家会展项目于 2009 年由商务部与上海市人民政府共同签约共建。预计项目建成后，将成为国内外最具规模、最具水平、最具竞争力的会展综合体。会展综合体由展览场馆、综合配套设施、后勤保障设施三部分组成，其中，展馆展览面积约 50 万平方米，建筑面积约 120 万平方米。

### 一、主体建设进展顺利

国家会展项目工程建设始终按阶段性目标稳步推进。上博公司和建设单位迎难而上，克服建筑体量大、复杂程度高、工期时间紧等多方面的困难，于 2013 年 8 月 1 日开始了钢结构主体工程吊装，到 2013 年底即完成了全部吊装工程，北区展馆结构封顶等重要目标节点也于 2013 年底完成；到 2014 年 6 月底，北区 A、B、F1 共 15 万平方米室内场馆和 10 万平方米室外展场竣工；北片设施已全面进入设备调试和试运营阶段；其余工程也已完成总体建设进度的 80%。按工程计划，预计 2014 年年底将基本建成，以保证 2014 年 10 月 19 日首展和 2015 年 3 月全馆启用。

### 二、外围配套逐项推进

上海城投公司、青浦区、闵行区等部门，按照市、区两级分工，积极推进外围配套道路建设。到目前为止，徐泾中路跨线桥、规划六路已经建成；崧泽大道增设匝道、盈港东路三期（诸光路—涞港路段）、诸光路一期（崧泽大道—会卓路）、崧泽大道、涞港路将于 2014 年 8 月建成；环绕国家会展项目的几条道路，2014 年 9 月底均将建成。目前，各建设单位正在加紧推进外围区域道路建设。另外，由虹桥管委会建设的联接核心区与会展中心的地下人行通道项目，已完成涉及小涞港河道段的地下结构建设。该项目联接会展中心下沉式广场的西段工程，上博公司已确认有关设计方案；联接虹桥商务区的东段工程，计划于 2014 年内开工建设。

### 三、运营准备渐入佳境

2014 年 4 月，商务部复函同意国家会展项目冠名使用“国家会展中心（上海）”的名称，这有效地促进了国家会展中心各项运营准备工作。场馆运营、展馆营销、商办设施招商招租等运营准备工作现在已进入冲刺阶段，“中博会”方案研究及自办展筹备工作稳步推进。截至 2014 年 7 月，国家会展中心已签约和即将签约的 2015 年展览已有 29 个，承展面积达 372 万平方米，将为上海新增展览面积达 220 万平方米，预计全年可完成签约面积 400 万平方米。2014 年 10 月 19 日，首个展会“中国国际汽车商品交易会”将于已竣工的北片场举办，这标志着国家会展中心将进入试运营阶段，2015 年 3 月将进入全面运营。

## 第三节　中国（上海）国际技术进出口交易会

首届中国（上海）国际技术进出口交易会（以下简称“上交会”）于 2013 年 5 月 8—11 日在上海国际展览中心和世贸商城举办。本届上交会充分体现了“创新驱动发展、保护知识产权、促进技术贸易”的主题，吸引了国内外众多科技企业参展并引起了世界各地专业观众的关注，得到了各方面的认可。

上交会是经国务院批准,由商务部、科技部、国家知识产权局和上海市人民政府共同主办的国家级、国际性、综合型技术交易会。

2011 年底,四家主办单位共同发起成立了上海市国际技术进出口促进中心,并于 2012 年夏联合向国务院申请举办上交会。2012 年 9 月国务院领导听取商务部汇报并正式批准在上海举办上交会后,四家主办单位成立了组委会以及组委会执行办公室,展开了全面筹备工作。组委会三次召开会议商定筹备工作中的重大事项,组委会执行办公室四次开会部署落实筹备工作的具体事务。在商务部分管领导的领导和推动下,四家单位通力合作,分工负责,按照国务院领导的要求成功举办了首届上交会。

## 一、第一届展会总体发展情况

### (一) 展商情况

首届上交会展览总面积 30 850 平方米,参展商 938 家,展示技术项目 1 035 个。其中,智能制造、新一代信息技术、新能源、新材料、节能环保、生物医药技术等六大专业技术展区的展览面积达到 15 000 平方米,226 家参展商中 24 家为世界 500 强公司,海外参展商 198 家,主要来自日本、意大利、德国、韩国、新西兰、英国、美国、瑞士、澳大利亚等 35 个国家和地区,推出技术项目 555 个;来自境内 29 个省、直辖市、自治区及 9 个计划单列市组团展区的展览面积达到 5 000 平方米,参展商 401 家,推出技术项目 480 个;交易服务展区的展览面积 6 500 平方米,来自专利技术、科技金融、知识产权、法律服务、国际人才等领域的参展商 193 家;另有国际组织展览区域 3 000 平方米,中心展台 500 平方米。

### (二) 论坛活动

首届上交会紧扣技术交易主题,围绕技术交易展示的实际需求,突出技术需求,成功举办了多场论坛活动。多角度、多形式、多层级地演示了技术交易过程,帮助并服务于参展企业和机构的技术交流、技术推广和技术交易,形成上交会的自身亮点,聚集资源,为打造技术交易平台创造条件。

论坛活动分三个层面共计 65 场,以第一层次的开幕论坛为引领,第二层次的 12 个主题论坛为支撑,第三层次的 52 场专题会议活动(含大量技术推介会、说明会、对接会、创新演示会、签约活动等)为基础。论坛活动的举办,以务实为原则,一切从实际需要出发,不追求数量,更注重质量,做到"实办开幕论坛、精办相关主题论坛、多办企业技术会议活动"。

上交会开幕论坛主题是“全球技术贸易的机遇和挑战”。全国政协常委、海峡两岸关系协会会长陈德铭出席开幕论坛并作主旨演讲。上海市市长杨雄致欢迎词，商务部副部长蒋耀平、科技部副部长王伟中、国家知识产权局局长田力普、世界知识产权组织副总干事克里斯蒂安·维夏德博士、联合国工业发展组织负责人隋翚、联合国开发计划署负责人白桦先生等出席开幕论坛并致辞。三星集团副总裁张元基先生和德国史太白经济促进基金会首席执行官 Faix 博士做专题演讲。

首届上交会特设了“联合国机构技术主题日”和“知识产权主题日”，分别由联合国工发组织、联合国计划开发署、国家知识产权局和上海市知识产权局牵头组织，举办了多场主题论坛和大量专题会议活动，深化了上交会的主旨立意。

展会同期举办了 12 场主题论坛和 52 场技术推介会、说明会、对接会、创新演示会。12 场主题论坛围绕技术可持续发展、国际技术合作、全球企业创新、创意产业与技术发展、高性能嵌入式系统、智慧化工、3D 增材制造、知识产权保护、软件技术、技术人力方案等热点、前瞻性话题展开，为听众打造了技术全产业链的整体价值体验和交流平台。46 家参展商在上交会期间成功举办了 52 场会议，探讨的内容涵盖了新能源、新一代信息技术、节能环保、生物医药技术、知识产权保护、技术转让、投资促进等热点话题。

### （三）专业观众

首届上交会到场 32 025 参观人次。观众总数 17 396 名，其中专业观众 15 854 名，占观众总数的 91%，分别来自中国大陆 31 个省、自治区和直辖市，以及日本、中国香港、美国、澳大利亚、韩国、英国、中国台湾、德国、意大利、加拿大、俄罗斯、新加坡、法国、比利时、印度、荷兰、巴西、奥地利、丹麦、芬兰、挪威、莫桑比克、波兰、瑞典、泰国、乌克兰、孟加拉国、菲律宾、土耳其、巴基斯坦、墨西哥、马来西亚、尼日利亚、南非、阿根廷、哥伦比亚、新西兰、荷属安地列斯和科威特等 39 个国家和地区。

### （四）贵宾接待

展会期间共接待要客 13 批次 83 人，其中省部级领导 9 人。上交会根据每批领导的不同要求安排个性化的接待方案（安排不同参观路线，上下车点，还根据天气情况准备雨伞等），细致认真，随机应变，并紧密联系安保、新闻宣传、场馆等部门，做好来宾接待工作。

### （五）宣传推广

首届上交会官方媒体支持单位 17 家。到会注册的境内外媒体共计 76 家，其中上海媒体 32 家,全国媒体 36 家,境外媒体 8 家,到会注册的记者总数 258 名,其中上海记者 137 名,全国记者 95 名,境外记者 26 名。新闻宣传的原创文字报道 3 270 篇,网络转载 543 000 余篇;视频报道 276 条;广播报道 33 条,滚动播出 100 余次。人民日报、国际商报、解放日报、文汇报、新民晚报等报刊对上交会做了社评和深度报道。作为支持媒体的东方网进驻展会现场,完成了嘉宾访谈的视频直播 13 场,开设了网站专题网页,单篇专题报道文章 91 篇,同时还对开幕论坛、全球创新企业高峰论坛进行了全程直播。

### (六) 网络平台

坚持政府主导、市场化运作、调动社会力量、发挥政府资源、重点建设“上交会”网站为实体上交会服务,确保官方网站的权威性、严肃性、合法性。网站共发布新闻 281 条,展商信息 1 277 条,论坛信息(主题日活动信息、主题论坛信息、专题会议信息)共 77 条,知识产权栏目信息 70 条。

遵循“政府主导、国际化经营、市场化运作、专业化管理与网络化服务”的原则,开通运营交易平台,围绕“上交会”参展企业做好技术信息及相关服务信息的收集、采摘、完善、审核、发布等工作,初步建立了技术信息发布、技术交易和技术服务公共信息平台,有效发挥了承接“上交会”展后功能的作用。经过 2 到 3 年时间逐步打造出中国最大的全球技术信息发布、技术交易及技术服务公共信息平台。

首届“上交会”收集了近千个可供交易的技术项目,其中 460 个已将发布到交易平台。展会期间,技术交易对接 181 次,技术项目签约 18 个,达成合作意向的技术项目 165 个。

### (七) 展会特色及体会

1. 首届上交会特色

一是在展会形式上,强调实体展和虚拟网络展并行推进。开创线下线上同时办展模式,做到实体上交会一年一届,虚拟上交会天天举办。

二是在展会内容上,形成展览展示、交易服务和论坛活动的三位一体格局。建立技术交易服务全产业链,构建和完善以技术交易为核心的包括贸易、金融、人才、咨询、法律等全流程服务体系。特别注重与中国国际工业博览会、中国国际高新技术成果交易会等其他展会的错位发展。通过技术展示,形成技术交易的意向;通过各类活动,促进技术交易各方的互动和交流;通过交易服务,促成技术交易的达成。在上交会的平台上打造和形成技术交易服务全过程产业链。

三是打造技术交易全产业链,完善技术交易服务体系。在展会中引入金融、法律、人才、咨询、技术转化等配套企业,建立与技术交易相关联的金融支撑体系、法律服务体系、技术人才招聘体系、技术咨询服务体系等,逐步形成功能完备、种类齐全、专业高效的技术交易服务体系,促进拥有核心和创新技术的企事业单位快速全面融入资上海市场,推动科研技术成果的转化。

四是彰显技术交易的国际性和知识产权保护。在技术参展商的选择中,上交会坚持以国外企业或国际性组织为主,63%的外资参展企业比例充分反映了展会国际性特点。同时突出知识产权保护的新途径,建立追溯系统,对交易的知识产权进行跟踪保护,做到技术交易和法律保护的同步,树立中国知识产权保护的新形象。通过网站开通专栏、设置邮箱,开设咨询热线、设立知识产权现场服务中心、知识产权法律现场口审、对参展的企业及技术进行跟踪保护等形式,做到展前、展中、展后的全过程服务。

2. 重点工作

一是强有力的组织机构和高效的工作机制,是展会成功的基础。商务部、科技部、国家知识产权局和上海市政府等四家单位组成了上交会组委会,先后召开了3次会议,确定了上交会的总体方案、组织架构、运行机制等重大事项,明确了上交会的发展方向。同时成立了由上海市政府分管副秘书长担任主任、市政府10多个相关委办局和长宁区政府组成的执行办公室;多次开会研究,要求形成分工负责、统筹协调、共同推进的工作机制,确保了上交会的各项工作落实到位。

二是定位清晰,突出六大技术领域,是展会得以成功的关键。上交会要积极服务于国家创新驱动、转型发展的战略目标,因此,围绕国家产业发展方向和外贸出口需求,确定智能制造、新一代信息技术、生物技术、新能源、新材料、节能环保等六大专业作为本届上交会的重点领域,集中展示最新的科技成果和应用技术。

三是坚持逐步走向市场化的办展模式,是展会可持续发展的保障。尽管是第一次举办上交会,但上交会清楚地认识到,以需求为导向,坚持市场化的运作模式,才是上交会的长远之计。因此,上交会在首届上交会办展过程中坚持两条腿走路,依靠但不依赖政府。在通过商务部、科技部和国家知识产权局组织全国企业参展的基础上,上交会在招商招展、活动策划、专业观众组织、市场推广等方面都进行了市场化运作的尝试,如招展中通过合作伙伴招到不少国外企业和机构参展,论坛活动组织中采取自办和协办两种模式等等,取得了不错的效果,为以后上交会的举办积累了经验和信心。

四是注重提升展商的服务和观众体验,是展会赢得市场的前提。展会是否成功,取决于展商需求的满足程度和观众体验的好坏。因此，上交会明确要突出展商服务、注重观众体验。一是组织项目对接。针对展商的特点，设计个性化的服务项目，组织了全国各省市组团参观和开展技术交易洽谈；二是细化现场运营，为展商提供包括展讯、展位搭建、信息网络服务、设备租赁及后勤服务等，让展商无后顾之忧。三是积极开展观众组织工作，实施专业观众组织和买家邀请计划，开通了网上专业观众预约，举行路演推介，吸引一批高质量的专业观众。

五是充分发挥新闻宣传和市场推广作用，是展会效应最大化的成功经验。对于一个初次举办的展会，通过宣传推广扩大影响帮助上交会在筹办阶段做好了招商招展工作，也大大提升了展会的知晓度，为今后的可持续发展打下了扎实的基础。上交会召开新闻发布会和通气会，组织媒体深度报道；投放大量户外公益广告和上交会宣传片。

## 二、第二届展会基本概况

第二届上交会于 2014 年 4 月 24 日至 26 日在上海世博展览馆举办。当今世界，科学技术已经成为经济社会发展中最活跃、最具革命性的因素，技术贸易已经成为推动世界经济贸易增长的重要力量。上交会是国家部委和上海市合作，从国家战略层面聚焦“创新驱动发展、保护知识产权、促进技术贸易”这一主题的积极作为。

第一，国际化是上交会办展坚持一个突出特点。包括技术贸易标的、参与方、业务信息、技术服务、人才集聚、贸易平台的国际性，尤其是专业观众和参展商的国际性，通过国际化定位、国际化标准、国际化合作、国际化渠道、国际化市场、国际化宣传，充分利用全球资源和市场。

第二，建立权威国际机构合作网络。本届上交会与三家著名国际机构建立了合作关系，它们是联合国工发组织（UNIDO）、世界知识产权组织（WIPO）和联合国开发计划署（UNDP），这三家权威机构为展会的招商、筹备提供了大量的支持。

第三，吸引著名国际组织及企业参展。本届上交会加大了面向境外宣传推广的力度，已经通过 30 多个我国驻境外使领馆经商处、25 个国家驻华使馆进行宣传。在跨部门资源的有效联动下，吸引了南南全球技术产权交易所、美国工程师学会（SAE）、日本贸易振兴机构（JETRO）、大韩贸易投资振兴公社（KOTRA）、全球商品交易中心（GTC）等国际组织组团参展，欧姆龙、巴斯夫、西门子、日立等世界 500 强企业将到会展示其前沿先进技术。

第四，国内外展商及专业观众覆盖面扩大。国际展商网络延伸至美国、德国、俄罗斯、日本、法国、芬兰、以色列等近30个国家和地区。本届上交会，全国24个省市组织高新园区和高科技项目参展，发放招商资料5 000多份，并通过境外招商代理、我国驻境外使领馆经商处、外国驻华使馆、全国性商会，以及首届上交会观众数据库、专业观众买家数据库、设立呼叫中心等多种途径开展招商工作。

第五，探索运用先进信息技术延伸范围。本届上交会强调实体展和虚拟网络展并行推进，线下线上同时办展（www.cntect.com），网络上交会天天举办，可以更好地为每年一次的实体上交会期间汇聚的技术交易信息提供优质可靠的后续服务。网络上交会促进技术交易的成果，也可以通过实体上交会得以展现。

## 第四节　中国华东进出口商品交易会

由商务部支持，上海市、江苏省、浙江省、安徽省、福建省、江西省、山东省、南京市、宁波市等9省市联合主办的第23届中国华东进出口商品交易会，于2013年3月1日至3月5日在上海新国际博览中心举行。

2013年是全面贯彻落实党的十八大精神的开局之年，在商务部的具体指导下，各交易团和全体参展企业按照“稳增长、调结构、促平衡”的要求，积极应对外需不振、汇率变化和成本上升等不利因素，悉心准备、群策群力，努力办好外贸“新春第一展”。本届华东进出口商品交易会（以下简称“华交会”）整体效果基本符合预期，从统计数据看，到会客商20 016人，同比下降5.25%；大会成交总额28.14亿美元，同比下降9.87%，表明客商观望氛围浓厚，外贸形势不容乐观。

### 一、交易会基本情况及主要特点

#### （一）基本情况

1. 展会规模与上届基本持平

本届华交会展览面积11.5万平方米，标准展位5 880个，参展企业（包括境外企业）共3 607家，设立了服装、家用纺织品、装饰礼品、日用消费品等四个专业展区。其中，服装展区展位2 024个，占34.42%；家用纺织品展区展位916个，占15.58%；日用消费品展区展位2 263个，占38.49%；装饰礼品展区展位408个，占6.94%。此外，还有境外展区展位268个，服务展位20个（图6.1）。

2. 到会客商略有回落

本届华交会到会境外客商 20 016 人，来自 115 个国家和地区，客商总数比上届下降 5.25%。日本客商下降明显，累计到会 7 462 人，比上届下降 19.71%，但仍是到会客商最多的国别地区，占大会客商总数的 37.28%。欧美和新兴市场客商增加明显。欧洲客商 2 101 人，比上届增长 16.79%；以美国为主的北美洲客商 962 人，增长 60.60%；拉美客商 290 人，增长 23.40%；大洋洲客商 283 人，增长 77.99%。亚洲客商仍占多数，累计到会 8 771 人（不包括日本），比上届微降 0.28%，其中，中国香港 3 030 人，韩国 2 080 人，中国台湾 2 071 人（图 6.2，图 6.3）。

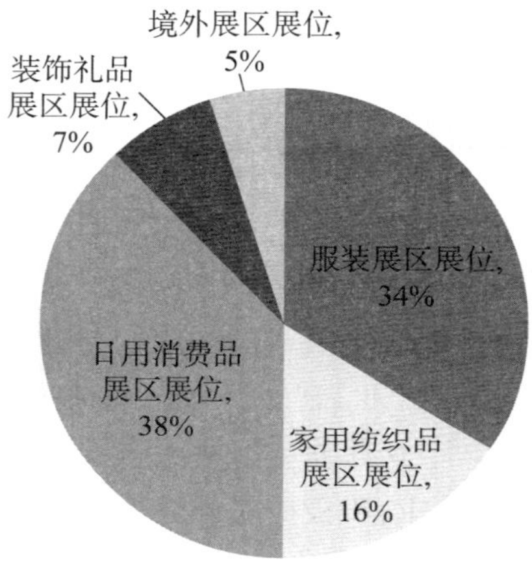


**图 6.1　各展区展位占比情况**

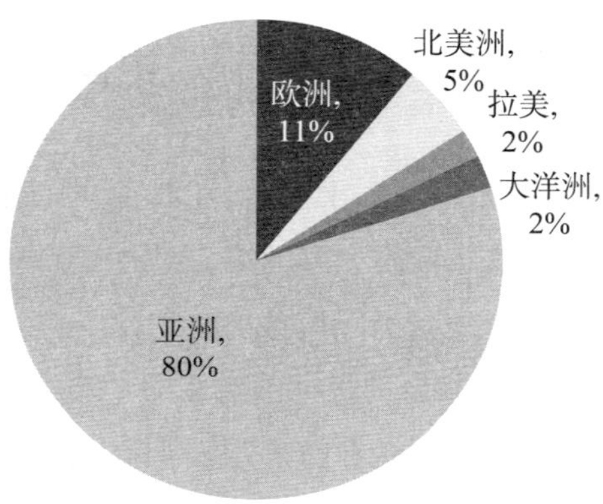


**图 6.2　各洲到会客商占比情况**

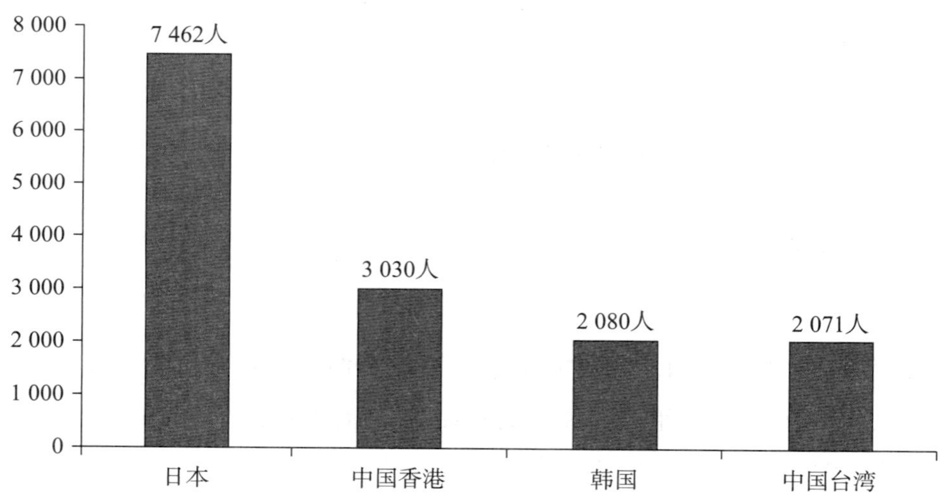


**图 6.3　亚洲各国到会客商占比情况**

3. 出口成交形势趋紧

传统市场降幅较大,新兴市场成交看好。对欧洲成交 5.54 亿美元,下降 24.8%;对北美洲成交 3.69 亿美元,下降 8.42%;但对印度、马来西亚、俄罗斯、沙特等成交分别增长 166.51%、82.53%、51.78%和 45.26%。日、美、韩居成交前三位。对日本成交 8.53 亿美元,下降 17.22%,占到大会成交总额的 30.31%;对美国成交 3.10 亿美元,增长 1.04%;对韩国成交 2.49 亿美元,下降 4.84%。其余成交额较大的国家或地区依次为:法国、俄罗斯、澳大利亚、英国、中国香港、德国、意大利等。轻工产品成交好于纺织服装。轻工工艺类商品成交 13.83 亿美元,增长 1.39%,特别是旅游用品、工艺美术品、金属器皿、家具等增速都在 40% 以上;纺织服装类商品成交 13.14 亿美元,下降 15.68%(图 6.4)。

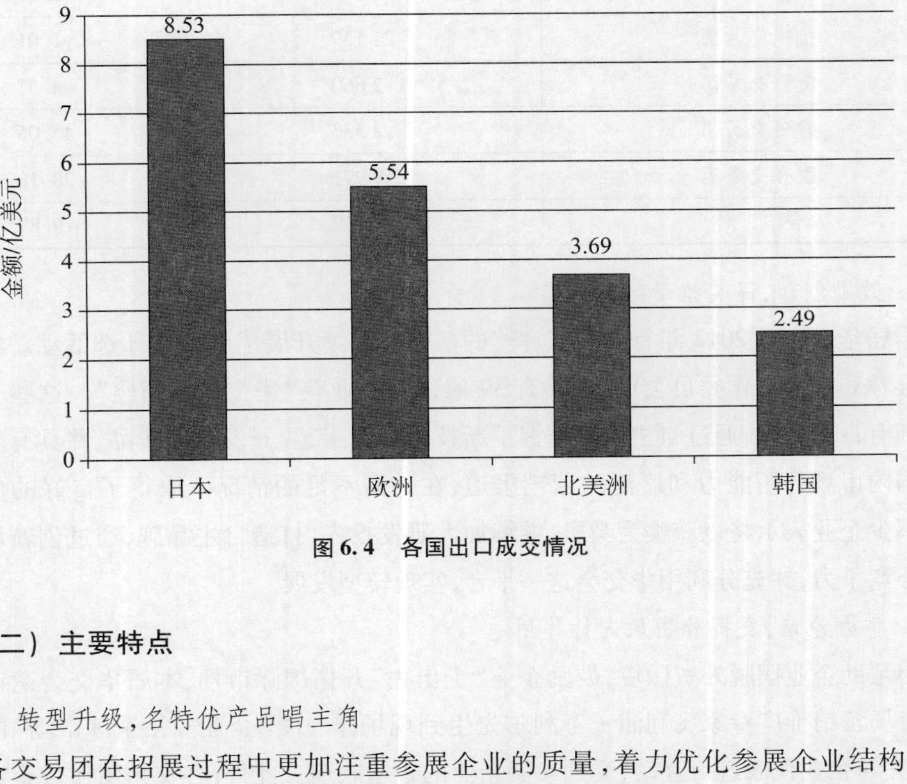


**图 6.4　各国出口成交情况**

## (二) 主要特点

1. 转型升级,名特优产品唱主角

各交易团在招展过程中更加注重参展企业的质量,着力优化参展企业结构,积极支持有竞争力、有潜力的企业参展。参展企业也纷纷以创新为突破口,推出新产品、新款式、新技术、新工艺,寻求转型新突破。据不完全统计,本届华交会共有获商务部重点培育和支持的中国名牌出口商品 60 多个,获省市名牌和驰名商标的品牌企业、品牌商品近 700 个,参展商品中新产品、新款式和采用新技术、新工艺的商品有 2 万多个(表 6.5)。

表 6.5　第 23 届华东进出口商品交易会各交易团成交情况

| 交　易　团 | 成交金额/万美元 | 同　比/% |
|---|---|---|
| 上海交易团 | 16 013 | -7.91 |
| 江苏交易团 | 45 347 | -9.30 |
| 浙江交易团 | 41 548 | -3.82 |
| 安徽交易团 | 20 813 | -44.27 |
| 福建交易团 | 20 407 | 6.01 |
| 江西交易团 | 21 905 | -8.03 |
| 山东交易团 | 16 982 | -4.22 |
| 南京交易团 | 18 037 | -2.89 |
| 宁波交易团 | 44 244 | 2.17 |
| 杭州交易团 | 21 139 | 1.01 |
| 厦门交易团 | 2 660 | 4.57 |
| 青岛交易团 | 2 333 | -45.05 |
| 联合交易团 | 9 991 | -28.18 |
| 合　　计 | 281 419 | -9.87 |

2. 鼓励创新,评奖推动品牌战略

本届华交会在 2012 年首次尝试评奖的基础上继续开展了创新奖评选活动。经各交易团推荐和大会工作委员会审定,共有 39 家优秀企业获"华交会创新奖"。这些企业普遍都拥有自主品牌,通过自主研发掌握了新技术和新工艺,开发了新产品,并具有较强的国际国内市场开拓能力和广泛的营销渠道,在外需不足的情况下取得了良好的出口成绩。不少企业表示将以获奖为契机,继续加大研发投入,打造自主品牌,通过创新增强企业核心竞争力,并充分利用华交会这一平台,实现转型发展。

3. 举办论坛,发挥外贸风向标作用

为帮助企业摆脱外贸困境,鼓励企业"走出去"开拓国际市场,本届华交会邀请著名全球市场营销推广专家飞利浦 · 考利尔先生到现场作"中国企业开拓全球市场"的主题演讲,并与企业代表进行互动,受到参展企业的普遍欢迎。此外,各交易团通过企业座谈会、个别走访、问卷调查等方式,加大了现场调研力度,力求准确把握当前外贸形势和企业的经营情况,为全年外贸稳增长打下基础。

4. 内外并举,延伸华交会双向功能

一是设立了以"现代生活方式——品味、时尚、原创"为主题的境外企业参展展区,共有来自韩国、伊朗、马来西亚等国家和地区的 158 家企业参加。境外展区人气较旺，累计成交 86.53 万美元。二是积极推动内外贸联动，组织了百联集团等一批国内大型流通企业赴会采购。据统计，国内买家约占全部采购商的 1.86%，内贸总成交 7 798 万美元，比上届增长近 10 倍。三是不少外贸企业在扩大出口的同时，也通过探索建立国内专卖店、销售专柜或与内贸企业合作等方式，力求在内销市场中实现更大发展。

## 二、组织工作

### （一）领导高度重视，现场调研指导

在当前外贸形势依然复杂严峻的情况下，各级领导更加重视华交会作为"外贸开春风向标"的作用。上海市副市长周波，浙江省副省长梁黎明，原上海市人大副主任、上海现代服务业联合会会长周禹鹏，南京市副市长华静，宁波市副市长洪嘉祥，杭州市副市长佟桂莉，上海市商务委党组书记、副主任张新生，浙江省商务厅党组副书记、副厅长周日星，上海市委统战部副部长吴捷等领导，先后到华交会视察和指导工作。各主办省市商务主管部门领导，以及许多地区、市县的主要领导也纷纷到会走访企业了解实情。各交易团领导更是坚守岗位，加强现场管理，细化现场服务，确保交易会正常运行。商务部驻华东地区各特办深入现场摸情况，在统计分析、市场调研等方面做了大量卓有成效的工作。

### （二）加大招商力度，稳住客商规模

针对国际市场总体低迷的不利形势，本届华交会在坚持"固定招商国别、固定招商机构、固定招商联络对象"的基础上，加大了海外招商力度，先后与 92 家中国驻外使领馆经商处（室）、40 多家国外驻沪总领馆、120 多家在沪设有代表处的境外相关商会进行了联系，并重点拜访了其中的 30 多个机构。派出 4 个招商团组分赴美国、俄罗斯、巴西、西班牙、葡萄牙、土耳其、摩洛哥等 11 个国家，通过拜访当地相关机构、召开推介会等扩大了华交会的海外影响。据不完全统计，本届华交会累计向 10 万客商发送了书面邀请函，并通过环球资源、阿里巴巴等向境外买家发送了 216 万份电子邀请函。

### （三）培育自主品牌，转变增长方式

面对日趋复杂的外贸形势，各交易团和参展企业更加重视品牌建设，提高自主品牌的国际化经营水平，推动实现外贸增长方式的根本性转变。江苏、宁波等交易团还设立

名特优展区，对品牌企业进行整体特装，突出地区和品牌的形象。从安徽省技术进出口股份有限公司等本届华交会出口成交前 20 名的企业来看，大多数都有自己的品牌和研发设计团队。正是由于这些企业坚持走品牌之路，主动根据市场变化采取应对措施，才能在外贸形势不景气的大环境下仍能实现较好发展。

### （四）完善统计系统，提高工作效率

以"规范高效、突出重点"为核心，对大会成交统计系统进行了合理化调整。一是调整国别分类。将原来列在欧洲项下的中亚五国调整列入亚洲项下，避免统计误差。二是突出内贸数据。按照内外贸融合要求，在统计数据中单列内贸数据，作为重要数据参考。三是首次将进口展成交纳入大会统计。经过多年培育，目前华交会已有 260 多个境外企业展位，其进口成交统计是大会成交的重要组成部分。四是改进报表生成模式。通过软件更新，统计系统已经实现了自动生成报表功能，提高了工作效率。

### （五）保证展览秩序，提升服务水平

一是严格落实安保责任。在展馆现场安装 X 线检查仪和安全检查门等监控设施，有效确保了本届华交会的安全。二是切实加强展览秩序管理。重点围绕违规占用公用通道、违规零售、违规使用展位情况开展督查。各交易团还加强了知识产权保护工作，仅有的 2 起投诉并得到了及时妥善的处理。三是启用华交会 APP 移动应用平台。及时推送大会相关信息，累计下载 4 800 余次。四是完善各项服务保障工作。在展馆内设置查询触摸屏、境外 VIP 客商休息室、网络服务、医疗急救、法律咨询、银行，以及出口信用保险、跨境人民币业务咨询等各类服务点，为展商和客商做好现场服务。搭建 3 000 平方米餐饮用房，在确保卫生和质量的前提下，供应的花色品种进一步丰富。

### （六）加强宣传引导，扩大展会影响

一是上海市政府新闻办公室下发了重大会展活动宣传指导意见，要求上海市和中央驻沪各主要媒体全面、准确、生动地宣传报道华交会。组织中央驻沪、上海本地、国（境）外 120 多家媒体 200 多名记者到会采访报道。截至 2013 年 3 月 5 日，据不完全统计，国内媒体（包括滚动播放、互相转载）累计发表文字新闻 1 721 条、广播新闻 80 余条、网络新闻 16 980 条（篇）、网络图片 5 460 幅。二是在英国、日本、中国香港和内地的 4 家航空杂志，在北京、上海、广州、香港和澳门等 5 个机场，在英国、荷兰、中国香港等 8 个海内外媒体发布了华交会广告，扩大了华交会的影响。三是出版 5 期《华交会通讯》，重点围绕参展企业创品牌、拓市场、抓订单的好做法、好经验进行跟踪报道。

### （七）做好各项工作，提出改进问题

为进一步做好华交会各项工作，各主办省市提出了需要解决和改进的几个问题：一是继续改进招商方式，提高招商效果，在保证客商数量的基础上，进一步提升客商质量，在稳定日韩等传统市场的基础上，进一步开拓欧美及新兴市场。二是根据各交易团和企业的需求，动态调整展位分配方式和数量。三是提高展会现场管理的制度化水平，形成长效机制，杜绝买卖摊位、现场零售等违规现象发生。四是深入研究华交会中长期目标、运作机制以及发展面临的瓶颈等问题，进一步明确功能和定位，确保华交会国际影响力和品牌知名度持续提升。

## 第五节　中国（上海）国际跨国采购大会

2013 中国（上海）国际跨国采购大会于 9 月 11—13 日在上海成功举办。本届大会保持一贯“采购商设摊，供应商参会”的独特办展模式，为跨国公司在华采购提供有效平台，帮助中国企业扩大出口，提升中国制造的国际竞争力起到重要的作用（图 6.5）。

本届大会办展面积 2 万平方米，设立 4 大采购专区：国际采购商专区、联合国及国际机构采购专区、供应链服务商专区和中国工业零部件展区，共吸引了来自 14 个国家和地区的 511 家跨国采购商和 6 家联合国及国际组织采购机构设展。国内外参会供应商超过

图 6.5　2013 中国（上海）国际跨国采购大会现场

8 000 家。据统计，参展采购商 2014 年度在华采购金额达 240 亿美元。本届跨采大会全球参展采购商规模有稳步增长，参会企业满意度也有所提高，调查问卷显示，参会采购商对本次大会满意度达到 86%，供应商的满意度达到 79%。

作为国内最大规模的逆向展会，本届跨采大会在国际化、专业化和创新化方面有着突出的亮点：

1. 探索"中国制造"的转型之路

本届跨国采购论坛以"转型中的中国制造——全球采购与供应链的新角色"为主题，邀请知名公司高管以及业界专家，共同挖掘跨国采购在中国制造转型发展中发挥的积极作用，并深入探讨中国企业在新一轮全球采购中所面临的机遇和挑战。

2. 跨国采购信心指数预期回暖乐观

在大会开幕论坛上，上海跨国采购中心进行了 2013 第三季度跨国采购信心指数的预发布。第三季度跨国采购信心指数为 51.28，较上季度 50.40 有小幅回升，在华采购量、采购价格和在华采购比重均有所上升，可以预期跨国公司在华采购在 2013 年第四季度和 2014 年将趋于扩张。

3. 拓展联合国在华采购，提升"中国制造"话语权

大会期间，联合国采购促进会以及 6 家联合国相关机构在现场实时发布最新招投标信息，并对配对供应商进行审核认证，使之能直接成为联合国注册供应商，加快采购流程。

4. 全方位提高采供沟通效率

为了进一步促进中国对外经贸的合作，加强中国对外进出口贸易发展，提升"中国制造"参与国际市场竞争的实力，本届跨采大会特别设置多场专题论坛，延续跨采高峰论坛的探索与讨论，加强采供双方的沟通，推动"中国制造"转型升级为"中国智造"、"中国创造"。

# 第七章　功能性平台建设

## 第一节　虹桥商务区

2013年对虹桥商务区开发建设是十分关键的一年，虹桥商务区管委会深入贯彻落实上海市委、市政府决策部署，全力推进开发建设，取得了可喜成绩，赢得了上海市委、市政府领导充分肯定和社会各界好评。2014年，商务区开发建设既有良好的机遇，也面临诸多压力和挑战。随着核心区项目建设全面铺开，功能建设和产业集聚加快，各项工作任务更加繁重，工作重心随着工作目标任务变化将有所调整。

### 一、2013年虹桥商务区发展回顾

#### （一）核心区开发建设保持良好势头

1. 土地出让圆满收官

土地出让继续坚持高起点规划、高品质开发、高标准建设和"成熟一块出让一块"的原则，全年新完成15个地块的出让。核心区31个地块全部完成土地出让手续，总开发面积超过555万平方米，累计土地出让收入433亿元。核心区3.7平方公里和会展综合体项目地块1平方公里范围内全部完成土地出让。土地出让工作从总体看，商务区主动出击、有的放矢，抓住了机遇，克服了各种困难，保持了比较合理的推地节奏，形成了几波小的高潮，为商务区加快开发建设奠定了基础。

2. 龙头企业争相集聚

房地产市场近年来总体上不断加强调控，加上虹桥商务区坚持带方案、附条件招标，对进入的企业要求较高，招商工作总体上形势严峻。针对这一情况，商务区采取一系列积极措施，加大宣传推介力度，努力把品牌优势突出、产业带动能力强、集聚力和辐射力强的开发企业吸引到商务区来，取得了显著成效。新引进了广州富力地产股份有限公司、北京新华联置地有限公司、福建正荣集团有限公司、浙江宝业建设集团有限公司、阿

里巴巴集团有限公司等一批知名企业参与商务区开发建设。既有虹桥天地、虹桥天街等一批带动能力较强的优质商业地产项目,又有武田制药、台湾冠捷、梅塞尔等产业功能项目。

3. 项目建设全面铺开

针对社会投资项目,继续坚持和完善有效的投资建设管理制度,采取一系列积极措施,创机制、定计划、促开工、抓安全,不断提高管理服务水平和行政审批效率,形成了比较有利的局面。核心区共有 14 个地块项目正式开工建设,总建筑面积近 377 万平方米;核心区核准和备案的社会投资项目总投资达 669 亿元。政府配套项目方面,推进建设的 21 个项目总投资约 54 亿元。其中,空中廊道、地下通道、迎宾绿地、能源管沟和变电站等项目已全部开工建设,能确保公共配套项目建设与社会项目建设协调推进;2013 年重点推进的中轴线西延伸通道等 8 个项目也都全面开工建设。建设质量和安全的管理总体平稳、有序、可控,质量安全总控方案得到有效落实。

4. 形象进度引人瞩目

整个核心区 4.7 平方公里范围形成了集中开工的景象。截至年底,已经实现结构封顶的建筑 24 栋,总建筑面积 50 余万平方米;已经动工建设的项目超过 50% 。在促开工、出形象方面,管委会探索出一套切合实际、行之有效的办法。坚持依法合规原则,不断突破常规、开拓创新,短短四年时间完成了从发展定位、规划编制、土地出让,到方案设计、手续办理、开工建设等各个阶段的工作,实现了较快出形象、出功能的目标。韩正书记于 2013 年 5 月 6 日和 8 月 1 日两次来商务区视察,表示虹桥商务区的开发氛围让人回想起当年浦东开发,十分令人鼓舞。

### (二) 中国博览会、东片区、医学中心和西虹桥稳步推进

中国博览会综合体项目和东片区综合改造是上海市的重点项目,分别由中博公司、机场集团和长宁区负责;医学中心和西虹桥分别由闵行区和青浦区负责推进。2013 年几个项目稳步推进,取得了新的进展。

1. 中国博览会综合体项目

主体工程自 2013 年初正式开工以来,项目整体进展较快,按照工程总进度计划,北区和南区预计分别于 2014 年 6 月底和 12 月底竣工,于 2014 年 9 月底和 2015 年 3 月底之前完成设备调试。另外,商业、办公和酒店等配套设施建设也逐步推开,会展综合体运营筹备有序推进,引商招展工作已提前启动。

2. 东片区综合改造

前期准备工作基本完成,控制性详细规划、东西联动方案、上海市政基础设施投资设

计方案和资金平衡方案已经全部完成，将进入具体实施阶段。

3. 新虹桥国际医学中心

一期项目招商全部完成，8 个重点医学项目已经完成签署合作框架协议，初步确定选址方案，其中 5 个项目已基本完成合资协议签订，医技中心项目已于 2013 年 7 月 23 日正式开工建设，首批项目预计 2015 年建成并投入使用。

4. 西虹桥地区

上海市政配套建设、土地收储及土地出让工作取得新的进展，会展配套南地块城市综合体项目以 47.2 亿元总价成功出让。以重大功能性、平台类产业项目为抓手，吸引了中国中钢集团公司、中国节能环保集团公司、中国建筑股份有限公司等 3 家央企落户，国家会展项目联合招商招展平台、西虹桥北斗产业基地等四大产业平台建设也在加快推进之中。

## 二、2014 年形势分析及目标任务

### （一）商务区发展面临的形势

1. 有利条件

一是上海市委市政府高度重视虹桥商务区开发建设，主要领导多次赴商务区视察，对虹桥商务区的发展规划、形象进度、特点特色给予了充分肯定，市政府分管领导多次亲自协调解决开发建设工作中遇到的困难和问题。二是开发建设条件逐步优化，成立了开发建设指挥部，基本理顺了体制机制；设立了专项发展资金，主功能区开发建设资金保障解决了后顾之忧；《虹桥商务区管理办法》贯彻有力，各部门将行政审批事项委托管委会集中管理，大大提高了办事效率。三是商务区经过 4 年的发展，规划定位清晰，发展目标明确，开发建设理念方面形成了特点和特色；招商奠定了较为扎实的基础，市场人气持续向好；项目推进夯实了基础，开发建设取得了阶段性成果，形成了良好的开发氛围，商务区陆续有大批量高档商务楼宇建成，将步入集中出形象、出功能、出效益的阶段，开发建设总体进度将继续走在重点开发区域前列。

2. 面临挑战

一是自贸试验区政策是上海市未来一段时间的重点和亮点，短期内对其他重点开发地区会产生一定的影响，可能对商务区的招商引资和服务业发展带来更大的压力。二是商务区大规模商务楼宇建设和相对密集的产品入市，要求在较短时间内完成功能落地和产业集聚，吸引现代服务业企业特别是长三角企业向商务区集聚。如何发挥虹桥商务区

的综合优势，与其他商务发展区域错时错位做好功能招商压力较大。三是商务区管理体制机制和利益主体构成较为复杂，各区、各街镇、各开发企业在二次招商和公共配套方面，考虑的重点和利益诉求均有所不同，随着开发建设不断深入，推进落实建设理念和功能要求方面工作难度将进一步加大。

### （二）主要目标

按照既定发展目标，"聚焦四个重点、抓牢四个关键"。即："聚焦项目开工、聚焦功能建设、聚焦创新突破、聚焦产业发展"；"抓牢施工安全、抓牢质量标准、抓牢环境建设、抓牢综合管理"。始终秉持"枢纽虹桥、贸易虹桥、智慧虹桥、低碳虹桥、商务社区、城市综合体"的开发建设理念，加快实现"出形象、出功能、出效益"的目标，把商务区的开发建设推上一个新的台阶。具体有如下几方面目标：

一是规划土地方面。做好 2013 年新出让的 15 个地块项目的规划和土地手续办理工作。积极推进申昆路商务片区规划修编；完成物流片区土地出让；建立健全规土综合验收工作机制和操作流程。

二是项目建设方面。继续巩固建设管理经验，实现核心区一期 50% 以上社会投资项目建筑单体结构封顶，部分项目完成竣工验收并投入使用：核心区南北片区到三季度末实现 100% 开工；政府投资的公共配套项目建设与社会项目进程合理衔接、协同推进。

三是功能建设方面。搭建大招商平台，探索形成中介招商、委托招商等招商合作模式；力争实现 5～8 家地区总部和贸易机构入驻；深入研究国际贸易中心新平台建设和贸易功能落地的途径和措施；跟踪研究上海自贸试验区政策，积极争取在虹桥商务区进行拓展延伸；继续推动保税物流中心功能建设，力争有所突破。

四是环境建设方面。公交专项规划实施取得突破性进展，及时推动公共区域和新建项目配套绿化建设，美化区域景观；区域内引导指示标识更加科学合理；针对商务旅行和企业办公人员的餐饮、休闲等配套服务功能逐步落实到位。

### （三）工作任务和措施

2014 年，商务区仍将以尽快"出形象、出功能、出效益"为目标，以项目建设为重点，同时认真谋划好功能建设、环境建设、二次招商和综合协调等工作。

1. 认真做好规划编制和规土管理

推进申昆路商务片区规划修编，完成物流片区、3 号能源站上盖地块出让。做好南北片区土地出让收尾工作，及时办理交地手续。积极做好与市规土等部门沟通，制定规范的操作规程，切实做好规划土地综合验收。积极开展主功能区和拓展区开发建设前期调研,主动帮助有关区和街镇启动规划编制、土地收储、产业定位等调研工作。

2. 切实抓紧项目开工和形象进度

继续坚持"依法合规、突破常规、绝不违规"的原则,不断健全工程推进例会制度,多管齐下促进项目开工建设。在确保已开工的14个社会投资项目正常施工的基础上,抓紧推进南北片区新出让地块的开工建设,力争到2014年6月底,实现南北片区50%地块开工,到9月底实现核心区地块项目100%开工。

3. 着力加强功能建设和功能招商

随着开发建设加快推进,功能建设和功能招商工作将越来越紧迫。要建立完善招商信息网络、入驻企业信息数据库和企业统计体系。实质性推动设立保税物流中心,完善贸易中心功能。要按照功能定位和产业规划,深入研究重点产业和目标企业,积极吸引跨国公司的战略性投资和创新性项目。不断完善商务例会制度,建立协同配合的招商联动机制。加强对开发商自主招商的引导和帮助,加强招商行为的监督管理,引导各开发企业合理定位、有序营销推介,建立良好的招商秩序。

4. 推动区域内重大项目加快建设

支持推动中博会展览场馆建设,帮助完成2014年底主体结构基本建成的目标,支持帮助东片区综合改造升级,推动东片区重点项目实质性启动,促进核心区与会展项目和东片区的协调发展、联动发展。主动关心、支持国际医学中心、西虹桥地区、嘉定北虹桥等区域加快发展,为这些区域的战略定位、城市设计、专项规划、综合配套、项目落地等方面提供支持和帮助,促进整个区域协调快速发展。

5. 着力推进区域商务办公环境建设

积极推进公交专项规划实施;及时做好公共区域绿化美化,研究落实中轴线西延伸等新建项目的绿化方案;主动开展调查研究,掌握企业入住后商务办公人群在餐饮、购物、文化、休闲、娱乐、出行方面的需求,推进落实各项服务功能。优化对内对外交通网络的指示标志标识,建立完善区域内各城市综合体和各商务楼宇的指引标识体系。

6. 充分发挥专项资金引导扶持功能

提升专项资金使用管理水平,放大专项资金的杠杆效应,发挥专项资金在功能建设和产业发展方面的引导和扶持作用;建立完善专项资金信息管理平台和扶持项目专户管理制度,强化审批过程中的第三方评估制度、使用过程中的实时监控制度、事后绩效评价制度,实现事前、事中、事后全过程有效监管。

7. 大力推动政策研究和创新突破

抓住全市贯彻落实十八届三中全会精神,加快推进改革开放的有利时机,积极推进改革创新,围绕商务区功能建设和产业发展,力争在以下五个方面有所突破:一是跟踪研究上海自贸试验区政策，做好学习和复制的各方面准备；二是继续深化行政审批管理改革，重点按照“虹桥事、虹桥办”的原则，在做好现有 17 项委托行政审批管理的基础上，继续推进规土综合验收和外商投资项目审批权委托管理等事项；三是加强商务区加快产业发展有关问题研究，力争在跨境电子商务（跨境通）、电子口岸、贸易型总部政策等方面有所突破；四是加强整体营销策划和宣传推介，切实形成各方合力，确保在整体推介、虹桥商务区品牌塑造、区域形象宣传等方面取得突破；五是加强商务区开发建设重大问题的前瞻性研究，做好“十三五”经济社会发展规划编制的前期准备。

## 第二节　对外贸易促进平台

### 一、上海国际贸易技术标准服务中心

2013 年，闸北区继续积极推进“上海国际贸易技术标准服务中心”建设各项工作，主要包括以下两个方面的内容：一是定期召集理事会成员企业开会，就国际贸易技术标准的最新动态和形势听取企业的意见和建议，并迅速形成可行性方案报区领导及相关部门。二是进一步加强与商务部外贸司、上海海关、上海商检局、上海出入境检疫检验局沟通和联系，不定期召开专题座谈会，研究和探讨行业发展与推进贸易便利化程度过程出现的新动向和新问题，得到商务部和上海市政府的重视和支持。

2014 年，闸北区将继续做好“上海国际贸易技术标准服务中心”的各项工作，并配合闸北区目前正在申报的“公共检验检测服务平台示范区”的各项准备工作，将“中心”的各项工作向更广、更深推进。

### 二、上海世贸商城“上海国际贸易常年展示交易中心”

2011 年 6 月，上海市商务委授予世贸商城“上海国际贸易常年展示交易中心”称号。在世贸商城 20 万平方米的常展中心内设有 2 200 个常年展示间，已入驻来自 18 个国家和地区超过 1 200 家国际商贸机构，其中国外企业的占比超过 55%，包含了近 70 家跨国采购公司及超过 500 个海外品牌商品，在此基础上，世贸商城以国别分类的形式，创建进口商品展示交易中心，引进各个国家和地区最具有代表性、最受中国消费者欢迎的特色商品。中心集聚了日本、土耳其、意大利、马来西亚、中国香港等不同国家和地区的商品展示中心，通过商品展示，结合贸易方式和商业方式，为国内零售市场带来更多高质量的进口商品。

## 三、长宁区国别商品中心

为进一步对接上海国际贸易中心建设，推进国际贸易中心重要承载区，凸显长宁国际贸易功能，长宁以贸易便利化为出发点和落脚点，建设了一批与贸易功能性平台项目，其中国别商品中心项目是长宁区重点推进功能性平台之一。

国别商品中心是选择与我国贸易逆差大，商品具备竞争优势的国家或地区为对象，搭建供应商与中国经销商交易的综合性贸易服务平台，通过提供展览展示、推广、培训、金融和物流服务等功能，引导国外商品（特别是国外中小企业）和各项专业技术产品进入中国市场，以此扩大进口、缓解贸易顺差。国别商品中心是在两国政府（地区）或贸易促进机构签订合作备忘录的基础上，通过两国政府或贸易促进机构支持、协调与服务，由企业主体来运营，运营模式可多样性。

根据《上海建设国际贸易中心“十二五”规划》，上海将建设国家级产品设计与贸易促进中心，在虹桥商务区等地区建设全国性进口商品基地，为全球商品进入上海乃至中国市场提供多功能、全方位展示交易平台。国别商品中心已被纳入商务部与上海市政府“部市合作”重点项目。

长宁于2009年开始探索建立国别商品中心，经过几年的摸索，目前已有丹麦和日本商品中心获得上海市商务委认定。丹麦商品中心落户于虹桥机场虹达楼，总面积400平方米，于2011年11月17日举行开幕典礼。丹麦商品中心的主要功能为：以丹麦商品为主的展览展示交易，不定期举办专题文化经贸论坛，促进文化交流。除产品展示、会务服务及商务服务外，还将安排各项与中国各大经销商、买家及零售商的商务接洽活动。日本商品中心原先由日本的官方机构日本贸易振兴机构连续三年主办了日本精品亚洲（中国）巡展，将日本优质的生活用品、健康保健用品等展示给中国买家和消费者。日本商品中心的常设展示厅位于世贸三楼，场地面积500多平方米。目前，由于日本精品亚洲（中国）巡展搬离世贸商城，长宁区积极寻找日本商品中心新的运营主体，目前日本三菱商事有意承运日本商品中心，并提出了正式申请。此外，在美国商会的大力支持下，作为中美经贸合作重要项目之一的美国商品中心也在推进过程中。美国商品中心项目选址在长宁区宣化路288号（老党校）。美国商品中心将设进口商品保税常年展示厅，为优质的美国商品直接进入中国市场探路，将成为美国中小企业进入中国市场的平台。

此外，世贸商城三楼的“上海国际进口商品展示交易中心”于2012年8月正式揭牌。上海国际进口商品展示交易中心集聚了日本、土耳其、意大利、泰国、马来西亚、中国香港和台湾等不同国家和地区的商品展示中心，通过商品展示，结合贸易方式和商业方式，为国内零售市场带来更多高质量的进口商品。目前在28万平方米的世贸商城内已入驻18个国家和地区近1 200家国际商贸机构，其中国外企业的占比超过55%，包含了近70家跨国采购公司及超过500个海外品牌商品。

## 第三节　服务贸易促进平台

### 一、国家对外文化贸易基地

1. 外高桥国家对外文化贸易基地介绍

上海外高桥国家对外文化贸易基地于2011年11月由文化部和上海市政府共同宣布揭牌。其前身是2007年由上海市委宣传部和浦东新区人民政府发起成立的上海国际文化服务贸易平台。上海基地由上海东方汇文国际文化服务贸易有限公司运营多年。自贸试验区文化领域涉及的主要是“四加一”，也就是游戏、娱乐、演艺、拍卖加上公司这个文化贸易基地建设。基地采用“政府推动、企业运作”的运营模式，利用外高桥保税区“境内关外”的特殊区域优势，开展文化展示交流、境外文化资产保税仓储、国际艺术品展示交易、文化设备保税租赁、文化进出口代理等服务。现在基地内入驻企业总计150余家，其中，中国(上海)自由贸易试验区挂牌一个时，就新增企业20余家，新增注册资本20亿元。目前，佳士得、华谊兄弟、东方明珠、百视通、盛大网络等文化企业都已入驻。国家对外文化贸易基地还与人民网、中国动漫集团、国家音乐基地、时代出版集团、普光、香港寰亚、爱尔兰 Multitude 等国内外文化企业签署了战略合作协议。

2. 充分发挥保税功能，推进贸易便利

这里面很多创新，如基地大楼的8、9楼是星空卫视，2011年由华人基金收购了默多克的股份，现已是国内资本控制的国外媒体，当时要把星空卫视的机器设备等搬到国内来，碰到很多问题，如后期制作设备会碰到高额进口增值税，基地帮助解决了很多类似这样的问题。现在7楼一整层恒温、除湿的专属仓库内存放着800多部老电影胶片母版，是全球最大的华语电影片库。现在国内很多娱乐节目如中国梦之声、达人秀等都是星空卫视引进版权再进行后期制作进行播放的。上海自贸区设立后，星空卫视的片库将来可以享受自贸试验区的红利，原本这些胶片源于境外，运进内地，需要缴纳关税与增值税等，且没有经过审查的电影不能随便公开放映。但放在自贸试验区里，如果以后需要编辑制作，可以直接在自贸试验区中进行，加工好以后再进入关内市场，这样只需要给用得到的那部分胶片缴纳有关税收，要是返销到境外更是完全不用缴纳。

3. 充分利用政府资源及信息优势，加强中国文化在国际上的交流

基地致力于搭建文化贸易的展示推介平台，不断开拓海外文化贸易渠道、搭建贸易服务平台、提供资金扶持，与国内外主要文化会展节庆活动开展深入合作，组织和参与国内外主要文化展会和贸易推广活动，充分发挥基地的公共服务功能。国家对外文化贸易基地作为香港贸发局的战略合作伙伴，已成功组团参加了四届香港影视展，与香港贸发局建立了有效的互动合作关系，包括上海在内的全国近 20 家文化影视企业在香港影视展展团搭建展位。每年，基地会组团去境外参加 6～8 个有国际影响力的大型文化展。现在每年文化局会有 500 万元的专项扶持资金支持文化贸易企业"走出去"，扶持资金是由基地负责申报受理以及初审，再送交市文化局处理。另外，现在自贸试验区内共有 3 个综合市场以及 10 大专业市场，基地则负责文化企业的资质认证以及财政资金补贴申报。基地的 7 楼有专门的文化审批受理服务窗口，再由网上传递给市文化局审批，便利于企业。

4. 打造服务创新平台

未来加快文化的繁荣与发展，基地一项很重要的工作就是建设国际艺术品交易管理中心，可为境内外艺术品提供保税交易、仓储、展示、运输、保险、鉴定、评估、融资等一系列的专业解决方案和优质配套服务。2013 年 9 月 26 日在中国成功首拍的世界著名拍卖公司佳士得，已进驻公司基地，包括首拍在内的所有拍卖工作均由对外文化贸易基地及区内上海国际艺术品交易中心提供全程服务。

从 2012 年开始，基地 4 楼的 3 000 平方米展厅已经改造成专业的艺术仓库，这对产业集聚以及进出口贸易量的提升具有显著效果。2012 年我国已成为全球艺术品交易额最大国，但是主要是在亚太地区交易，这是因为在中国香港、新加坡是可以免税的，而前些年在中国艺术品的进口需缴纳 6% 的关税以及 17% 进口增值税，还要缴纳流转税，总计要按 24.02% 的税率交税，使得我国在艺术品交易方面还没有什么竞争力。国际文化贸易基地设立以后，艺术品可以以保税状态进入区内保存，只有在交易后用于收藏才需缴税，若作为投资品仍在区内保存或者返回境外则不需要缴税，目前公司仓库已入库的艺术品已超过 3 000 件，价值总额近 26 亿元。2013 年 4 月公司文化基地将有三个专场的保税艺术品拍卖，另将开工改造一个艺术品仓库，这样都大大促进了公司基地艺术品交易在自贸试验区的集聚。自贸试验区设立 4 个月以来，自贸试验区艺术品的进出口额达 40 亿元，其力争到 2015 年直接服务的入驻企业数超过 200 家，贸易总额超过 100 亿元；基地提供服务的企业超过 2 000 家，贸易总额超过 1 000 亿元。

## 二、上海文化贸易语言服务基地

上海文化贸易语言服务基地(下称“语言服务基地”)是由商务部主导、上海市商务委大力支持、虹口区政府积极推进的“部市合作”和“委区合作”重点项目,于 2013 年 5 月正式挂牌成立。语言服务基地依托语言服务中心、职业培训中心、信息与数据交互中心、研究中心和法律中心五大平台,致力于推进国内语言服务市场的优化及全方位语言服务体系的构建,为促进高新技术引进与合作及国际贸易发展贡献力量。

### (一) 2013 年基本情况

2013 年,语言服务基地主要围绕语言服务和职业培训两大平台建设开展了多项推进工作:

一是依托语言服务中心平台,提供高品质的语言服务,帮助企业跨越全球贸易中遇到的语言障碍。2013 年 5 月,语言服务基地承接了双汇国际公司跨国收购项目翻译任务,并成为其翻译服务的长期供应商;2013 年 7 月,与上海市对外文化交流协会和文汇出版社合作,将于 3 年内完成《上海女人》等 12 本“海派文化丛书”的编译和出版工作;2013 年 11 月,与国家对外文化贸易基地建立战略合作伙伴关系;2013 年 5 月和 2013 年 9 月,为第一届中国(上海)国际技术进出口交易会和第十二届中国(上海)国际跨国采购大会提供同声传译服务。

二是依托职业培训中心平台,为企业培育和输送“高精尖”语言服务人才。2013 年 7 月至 8 月,语言服务基地开设了两期在职人员翻译培训班,将部分优秀学员纳入基地人才库,并对需求企业做定向人才推荐;2013 年 12 月,与上海迪士尼项目的一家外包企业签订培训计划,为技术人员提供建筑英语培训服务。

三是与行业协会和业界优秀企业合作,为提升语言服务行业水平贡献力量。2013 年 10 月,语言服务基地与中国翻译协会合作,承办了“2013 年中国国际语言服务业大会”,300 余名专家和代表济济一堂深入研讨热点问题,对语言服务行业产生广泛影响。

### (二) 2014 年工作思路

2014 年,语言服务基地将在现有的平台基础上,重点打造信息与数据交互中心、研究中心和法律中心这三大服务平台,加快推进语言服务基地信息化、专业化和规范化建设。

一是着力打造信息与数据交互中心,拓展信息服务功能。通过信誉评级、第三方资金监控、客户评价等方式，为企业提供可靠、高效的一站式语言服务交易平台。开发各类实用的多语平行语料库，联合移动运营通讯商，提供全球无线移动即时传译服务。

二是大力建设研究中心，为"走出去"提供语言服务解决方案。成立语言服务专家委员会，提供项目翻译、营销网络布控和"国际化"与"本地化"改革等多种方案服务。开展包括语言服务市场规范制定、专业人才培养研究和认证制度研究在内的一系列调研工作。

三是积极推进法律中心建设，规范语言服务市场。组建专业律师团队，提供语言服务专业法律咨询和维权服务；建立加盟保障机制，为加盟企业和译员提供知识产权配套保护，以及语言服务品质赔保等服务。

## 三、上海服务外包交易促进中心

上海服务外包交易促进中心平台是商务部与上海市合作建设项目之一，旨在发展中国服务贸易和推进服务贸易便利化、推进平台经济的发展、增强外包企业的国际竞争力、形成完善的外包市场体系。

项目自2011年启动，2013正式由浦东软件园股份有限公司实施。在2013年5月的北京服务贸易博览会上，上海市商务委向平台授牌为"上海服务外包交易促进中心"。在2013年10月的第十三届上海软件贸易发展论坛开幕式上，交易促进中心线上平台正式上线。2013年10月，商务部房爱卿副部长调研了交易促进中心平台，对平台建设给予了充分肯定。

目前，平台项目已完成公司化运作，并拟引入港城开发集团等战略投资伙伴。会员建设成效显著。平台数据库已收集近5 000家企业信息，拟于年内达到10 000家；发展会员近300家，拟于年内达到1 000家。交易撮合成效显著。中心线上发布项目150余件，成果撮合完成发包流程项目50余件；平台二期开发顺利启动。开发内容和建设计划已基本制定完毕，将引入手机客户端、服务产品推介、企业资信自动评估等功能；对外合作交流顺利推进。交易促进中心与长沙、洛阳、重庆等城市建立了战略合作关系，积极与中国电子集团等央企洽谈合作事宜，并与印度NASSCOM、爱尔兰智达国际咨询公司、芬兰驻沪领事馆等机构建立了合作关系。平台将在商务部、上海市商务委、浦东新区商务委的支持下，积极开拓、锐意进取，争取实现年内商务部向平台授牌的目标。

# 第四节　出口基地建设

## 一、国家汽车及零部件出口基地

近年来，嘉定紧紧围绕发展目标，加快推进国家汽车及零部件出口基地各项服务平台建设，促进对外合作与交流，帮助企业增强自主创新能力，提高国际竞争力。

一是在展览展示方面。通过组织莫斯科汽配展、巴黎汽配展、北京展、中国(上海)国际技术进出口交易会、中国进出口商品交易会等境内外重点展会、自建展厅、与盖世汽车网合作举办月度零部件采购配对会等，多方式、多渠道帮助企业扩大出口。

二是在海外服务平台建设方面。继续推进上海出口基地北美服务中心建设，借助上汽集团、协会等多方力量，为企业提供展览展示、境外营销、信息咨询和技术引进、物流仓储等一揽子服务，成为企业开拓国际市场的重要依靠和支撑。

三是在检验检测平台方面。2013 年检测中心开展出口认证检技术服务业务额近 3 000 万元，其中整车项目 200 多项，零部件项目 150 多项，为长城、奇瑞、江淮、吉利、荣威等我国自主品牌出口服务。

四是在保税仓库建设方面。出口基地公用型保税仓库首期 3 000 平方米于 2013 年 1 月正式启用，首批使用企业有德尔福公司、天合汽车集团、福耀汽车玻璃有限公司、科世达华阳汽车电器有限公司等 6 家，仓库库房使用面积达 95% 以上，2013 年全年累计实现进出口货物量 4 816 吨，进出库货值 3 369 万美元，实现关税、增值税 1 335 万元人民币，在降低企业物流运作成本、提高清关效率、节省企业资金占用方面作用明显。

五是在上海汽车金融港孵化平台建设方面。依托安亭汽车产品交易中心和金融服务中介结构，助推企业利用金融工具做大做强。

六是在加快推进新能源汽车产业及电动车国际示范区建设方面。采用“适度超前、合理布局”方式，致力于打造“电动汽车环境友好型城市”。截至 2013 年，示范区已规划充电桩 836 个，已建成 329 个，其中 142 个已投入使用。

## 二、国家船舶出口基地

### (一) 崇明县国家船舶出口基地基本情况

1. 基地构想、目标、框架

上海市(崇明县)国家船舶出口基地于 2011 年 9 月 5 日，由商务部、工信部授牌。企业均为中国船舶工业集团公司、中国海运集团公司和中国交通建设股份有限公司下属央企，部分企业注册地在浦东、杨浦，生产地在长兴岛和崇明岛。根据规划，出口基地中的长兴岛将建成现代化造船基地、世界最大的造船基地，成为以现代船舶、港机制造为主导功能的海洋装备岛，成为上海重点建设的六大产业基地之一，并开始逐步形成国际一流的船舶制造和港机制造等海洋装备制造业的高地，并集聚海洋工程承接和海洋设备制造等海洋经济功能。

2. 当前建设情况

崇明出口基地内主要企业有中国船舶工业集团公司下属的上海江南长兴造船有限责任公司、上海江南长兴重工有限责任公司、江南造船（集团）有限责任公司、中船江南重工股份有限公司、上海船厂和中海集团下属的中海工业（上海长兴）股份有限公司，以及上海振华重工（集团）股份有限公司、长兴生产基地、华润大东船务工程有限公司等知名企业。此外，中船二期（由沪东中华承建）已经启动建设，中远船务有限公司与闽南船厂也即将落户长兴岛，这些企业出口规模巨大，近 80% 的产品出口海外。坐落在长兴岛中部的长兴海洋装备产业园区，占地 7.13 平方公里，以船舶配套产业、海工配套产业与高新技术产业作为发展目标，是长兴海洋装备岛建设的重要载体与长兴岛未来发展的核心组成部分，是崇明出口基地的重点培育、发展的区域，将发展保税物流区、船舶及海洋工程配套区、生产性服务性功能区、综合配套区四大功能区。

3. 2013 年交易情况

2013 年，全球新造船市场延续了前期低迷走势，成交量不断走低，新船船价不断下滑，手持新接出口订单不断减少，我国造船企业处境艰难。2013 年，在崇央企完成产值 207 亿元（在地统计），同比减 18.6%。从在崇船舶业的央企情况看，手持 LNG 等高科技船和生产海工产品的企业日子相对好过，而以三大船为主的企业目前举步维艰。

在这次全球造船业的洗牌中，在崇各央企充分认识到当前的情势，促进了企业进一步加快现代化管理水平的提升，进一步加强科技研发投入和自主核心技术的突破，进一步加速产品综合质量的提高和核心标准的掌控，坚定信心，攻坚克难，将此次危机作为企业深化转型发展，进军行业领袖的重要机遇。

### （二）2014 年工作计划

目标产值是 200 亿元，出口交货值是 100 亿元，全年造船完工量是 280 万吨。主要措施有：

一是培育重点船舶出口企业。坚持扶优扶强原则，重点培育重点企业，以江南造船有限责任公司、振华港口机械（集团）股份有限公司、中海长兴国际船务工程有限公司、上海船厂船舶有限公司等船企为重点，开发生产远洋专用船、特种船舶和大型渔船，提高出口船舶质量，增加高技术含量、高附加值船舶出口比重，提高出口船舶在国际市场的竞争力。

二是大力发展船舶配套产业。以长兴岛海洋装备产业园区为产业配套和生产性服务业集聚中心，大力推进长兴海洋科技港等配套项目，加大招商引资力度，引进国内外知名配套设备厂商、品牌和技术，形成船舶配套企业集群发展。

三是建设船舶行业服务平台。建设船舶设计研发机构、公共信息咨询服务机构、人才资源引进培育服务机构等区域性科技创新和技术服务平台。2013 年年底，中船重工 704 所在长兴岛落户。

四是重视培养和引进船舶出口贸易专业人才。引导各类船舶企业积极委托或联合有关院校加大外经贸人才和船舶专业人才培养力度，造就一批能够在国际船舶市场驰骋、开拓的优秀人才。

五是进一步优化服务。县政府各部门和有关乡镇充分发挥职能，加大服务力度，积极落实相关政策措施，及时协调解决行业发展中遇到的困难和问题，合力推进船舶出口基地建设。

## 三、上海国家科技兴贸创新基地(生物医药)

### (一) 基地简介

2007 年 12 月，商务部、科技部认定上海市张江高新技术产业开发区为“国家科技兴贸创新基地(生物医药)”。上海国家科技兴贸创新基地(生物医药)以张江生物医药产业基地为核心区，涵盖闵行、徐汇、奉贤、金山、青浦、康桥、外高桥等上海七个生物医药产业基地。

国家上海张江生物医药产业基地作为上海科技兴贸创新基地的核心区，在商务部、科技部、卫生部、上海市政府等相关部门的关心支持下，经过多年开发建设，已经成为国内生物医药研发创新活跃度最高、创新药物研发数量和成果最多的区域。基地规模化发展速度迅速，主导产业规模及水平在全国处于较强地位，集聚生物医药企业 500 家左右，实现了药物(化学药、生物药、中药)、医疗器械、诊断试剂、高端医疗服务、保健等大健康领域的全覆盖。张江园区内销售过亿元的核心产品近 30 个、销售额超过 4 亿元的企业超过 10 家、净利润超过 2 000 万元的企业超过 21 家、全球医药 100 强中有 12 家在张江、全国医药 100 强中有 10 家在张江。自 2002 年到 2012 年，张江生物医药产业的产值以近

30%的年均增长率快速增长，2012 年生物医药产业实现销售收入近 292.36 亿元。2013 年生物医药产业实现销售收入近 357 亿元。

张江生物医药基地集合了跨国药业研发中心、大型医药生产企业、中小型创新企业、CRO 研发外包企业、精细化工研发中心，聚集了国内外生命科学领域企业、科研院所及配套服务机构，已成为由企业、高校、科研院所集聚而成的研发创新产业集群；也是研发机构最集中、创新实力最强、科研及产业化成果最多的标志性园区和最具竞争力的产业集群之一。

张江生物医药基地高端研发创新成果累积丰富，产业化发展空间广阔。截至 2012 年底，张江生物医药基地培育和形成的新药产品近 250 个，新药证书超过 50 个；目前在研药物品种近 300 个，其中创新药物超过 130 个，已报或将报国际临床研究的药物品种超过 50 个，累计专利授权量超过 600 件。

### （二）2013 年建设成果

作为国家上海张江生物医药基地的开发建设和管理运营者——上海张江生物医药基地开发有限公司紧紧围绕打造“世界知名、亚洲一流、中国第一”药谷的发展愿景，积极推进基地 2013 年的招商、客服、对外合作、功能建设等各项工作。

1. 积极推动国家“重大新药创制”专项的完成和落实

张江作为全国领先的生物医药产业创新集群，基地内共有超过 40 家企业的 150 多个项目获得了国家“重大新药创制”专项的支持。2013 年，基地积极推动相关单位完成所承担的重大专项课题的建设任务，巩固重大新药创制课题实施成果，把重大新药创制课题的实施作为渗入产业链建设发展的重要抓手。同时由张江生物医药基地自行承担的“张江药物创新与孵化基地建设课题”也于年中完成了课题的验收会议。

2. 拓展产业资源，推进基地核心区与金山区等的合作

为进一步放大张江核心区的品牌和创新优势，在上海市生物医药产业形成研发、产业优势互补的格局，重点推进张江药谷“走出去”战略，在浦东新区和张江集团的领导和支持下，张江生物医药基地开发有限公司与金山工业区下属投资公司合作推进张江金山分园的建设。首期开发面积共 305 亩，定位于现代医药制造业和张江创新药物成果产业化基地。同时，由张江生物医药基地开发有限公司与上海浦东康桥（集团）有限公司合作推进康桥工业园生物医药产业基地（1.28 平方公里）的规划和开发建设也已启动。

3. 整合平台服务资源，提升基地公共服务水平

基地的公共服务体系是张江生物医药产业的亮点，也是张江生物医药产业快速发展的重要支撑。经过近年来的快速建设和完善，目前基地已经在生物医药产业方面形成了

共性技术开发和合作、检验检测服务、投融资服务、市场推广与开拓、现代物流服务、人才培养服务和专业信息服务等60多个各类专业技术平台。同时,集聚了生物医药协会、中医药协会、医学工程协会等社会团体机构。

2013年,基地内共有18家企业19个平台项目获2012年度科技兴贸创新基地公共服务平台项目专项资助。其中包括主要由国家级、市级、新区政府投资的研究机构和国有机构承担的非经营类平台,以及主要由行业内服务优势较强的研发企业承担的经营类平台。基地结合国家科技兴贸创新基地公共服务平台建设的支持政策,整合园区内公共服务资源,提升和完善基地内的公共服务平台的服务水平和能力。

4. 优化细化客户服务,提升园区服务能级

一是帮助客户解决了大量实际困难。主要涉及政策享受、审批工作沟通、项目合作、企业交流、融资发展、基础配套、环评办理、危废回收、用电扩容、税收协调、特殊试剂协调等方面。

二是通过举办大量企业服务活动来促进企业交流。其中包括主办"促进上海生物医药成果产业化座谈会"、"2013中欧合作论坛暨张江药谷发展论坛""中芬生命科学投资论坛"等品牌论坛;组织企业参加首届中医药博览会、第7届国家生物产业大会、首届中国(上海)技交会、中国泰州医博会、BioChina北京会议等技术交流活动。

三是积极做好政策宣讲落实工作。全年组织企业参加海关、人才等各类政策培训宣讲会10余次;组织企业申报国家、上海市、浦东新区各类政策20余项。

5. 与勃林格殷格翰合作建设生物医药中试公共服务平台

2013年6月6日,张江生物医药基地开发有限公司与勃林格殷格翰公司以量身定制方式的合作正式启动。按照计划,双方将合资建立一个符合国际药品生产质量管理规范(cGMP)的生物制药基地,为国内和跨国医药客户提供从研发到临床试验的全方位服务,该平台将成为跨国药企在华建立的首个运用哺乳动物细胞培养技术进行生产的生物制药基地。

6. 推进生态示范园区建设,提高园区企业的健康、安全、环保管理水平

基地在率先倡导组建了由基地内企业参与的HSE(健康、安全、环保)委员会的基础上,2013年持续深化基地HSE工作,积极扩大HSE在中小企业内的影响,共组织4次HSE委员会活动,委员会作为张江药谷环境风险控制体系中的辅助机构,发挥着推广企业自律行为,提高园区企业的健康、安全、环保管理水平作用。

7. 积极推进"上海市生物医药高技能人才培养基地"建设

作为上海市唯一一个生物医药产业高技能人才培养基地,张江生物医药基地始终把生物医药产业人才队伍建设作为基地发展的一个重要方面。2013年,基地结合生物医药

企业对高技能人才需求和岗位要求,以生物医药企业"高师带徒"项目为突破口,以每年一度的在园区企业中具有广泛影响的"生物医药技能竞赛"为结合点,扎实推进高技能基地的建设工作,2013 年全年共开展专业培训与讲座 82 场,参训 4 149 人次。

8. 圆满完成第十五届高交会"上海科技兴贸创新基地(生物医药)成果展区的招组展工作

根据商务部通知精神和市商务委的要求,在张江管委会的支持下,张江基地认真落实并积极推进第十五届高交会"科技兴贸创新基地建设成果展区"上海基地展位的招组展工作。整个上海基地展区除了反映上海科技兴贸创新基地(生物医药)的发展建设情况外,还集中展示了 26 个获得国家重大新药创制专项支持的在研新药项目和 17 家基地内企业的特色创新药产品实物,起到了良好的宣传效果,也加深了上海基地与全国兄弟基地间的交流与合作。

### (三) 2014 年工作展望

在国家推动生物医药产业重大战略部署下,上海国家科技兴贸创新基地(生物医药)将在 2014 年继续以一流的研发优势、科学的创新体系和不断提高的服务环境为基础,进一步打造以金融资本为引领、国际化程度高、辐射长三角、服务全国的药物创新与孵化基地,致力于将张江生物医药基地全面建成为"世界知名、亚洲一流、中国第一"的"药谷",为我国创新药物研发和产业化做出更大贡献,为区域经济发展和我国医药产业发展发挥更大的示范和带动作用。

# 第四篇

# 区　域

# 第八章　区　　县

## 第一节　浦 东 新 区

### 一、2013 年浦东新区国际经贸发展情况

#### （一）外贸发展情况

据海关统计,2013 年全年,浦东新区进出口总额 2 496.1 亿美元,同比增长 4%,高于上海市 3 个百分点,占上海市贸易总额的 56.5%。其中出口 958.3 亿美元,同比增长 2%;进口 1 537.8 亿美元,同比增长 5.4%。

1. 基本情况

浦东新区外经贸发展从贸易方式看,加工贸易出口有所下滑,2013 年出口额 349.06 亿美元,同比下降 2.84%;海关特殊监管区物流货物进口下降,2013 年进口额 630.39 亿美元,同比下降 9.46%;一般贸易进口高速增长,2013 年进口额 648.54 亿美元,同比上升 19.53%(表 8.1)。

表 8.1　2013 年浦东新区进出口主要贸易方式表

| 贸 易 方 式 | 出口额/万美元 | 同比/% | 进口额/万美元 | 同比/% | 进出口额/万美元 | 同比/% |
|---|---|---|---|---|---|---|
| 浦东新区 | 9 582 510 | 1.96 | 15 378 282 | 5.40 | 24 960 792 | 4.05 |
| 一般贸易 | 3 682 029 | 1.88 | 6 485 378 | 19.53 | 10 167 407 | 12.48 |
| 加工贸易 | 3 490 608 | -2.84 | 1 602 929 | 10.51 | 5 093 537 | 1.00 |
| 其中:来料加工 | 201 225 | -2.02 | 195 177 | 11.04 | 396 402 | 4.00 |
| 　　进料加工 | 3 289 383 | -2.89 | 1 407 752 | 10.44 | 4 697 135 | 0.75 |
| 对外承包工程货物 | 10 567 | 39.97 | — | — | 10 567 | 39.97 |
| 外商投资企业作为投资进口的设备、物品 | — | — | 62 702 | 10.24 | 62 702 | 10.24 |
| 保税仓库进出境货物 | 273 147 | -4.49 | 617 779 | 9.33 | 890 926 | 4.68 |
| 海关特殊监管区物流货物 | 2 123 692 | 11.96 | 6 303 940 | -9.46 | 8 427 632 | -4.88 |

从贸易伙伴看,出口方面,美国、东盟、日本保持增长,出口额依次为209.94亿美元,116.22亿美元,102.26亿美元,同比增长依次为8.83%,9.16%,4.75%,欧盟出口额166.93亿美元,持续下降,同比下降6.27%;进口方面,美国、欧盟保持增长,其中美国进口额161.28亿美元,同比上升22.81%,欧盟进口额365.71亿美元,同比上升4.91%,东盟、日本均下降,其中东盟进口额233.83亿美元,同比下降13.4,日本进口额164.62亿美元,同比下降7.27%(表8.2)。

**表8.2　2013年浦东新区进出口主要贸易伙伴表**

| 出口 | | | 进口 | | |
|---|---|---|---|---|---|
| 贸易伙伴 | 贸易额/万美元 | 同比/% | 贸易伙伴 | 贸易额/万美元 | 同比/% |
| 浦东新区 | 9 582 510 | 1.96 | 浦东新区 | 15 378 282 | 5.40 |
| 其中:美国 | 2 099 437 | 8.83 | 其中:欧盟 | 3 657 121 | 4.91 |
| 欧盟 | 1 669 284 | -6.27 | 东盟 | 2 338 311 | -13.40 |
| 东盟 | 1 162 223 | 9.16 | 日本 | 1 646 232 | -7.27 |
| 日本 | 1 022 579 | 4.75 | 美国 | 1 612 783 | 22.81 |
| 中国香港 | 1 008 633 | 8.81 | 韩国 | 1 137 050 | 4.77 |
| 拉丁美洲 | 451 406 | -3.95 | 中国台湾 | 899 298 | 21.46 |
| 韩国 | 287 550 | -20.33 | 拉丁美洲 | 847 320 | -8.43 |
| 非洲 | 279 802 | 12.99 | 澳大利亚 | 400 122 | 32.36 |
| 澳大利亚 | 267 202 | -0.29 | 非洲 | 258 790 | 22.23 |
| 中国台湾 | 243 768 | 6.17 | 印度 | 221 289 | -2.59 |

从贸易产品看,机电产品、高新技术产品出口平稳增长,2013年电话机出口额78.15亿美元,同比上升8.83%,液晶显示板出口额18.79亿美元,同比上升13.79%;大宗商品进口大幅下滑,集成电路进口微降,2013年集成电路进口额255.25亿美元,同比下降2.62%,消费品进口表现不一。(表8.3)

2.2013年外贸工作总结

(1)加强外贸运行分析和监控。一是着手建立外贸进出口调查监测系统。上海市首批上线800家样本企业,其中浦东新区320家。根据上海市商务委员会的要求,结合浦东新区实际情况,区外经贸处拟定了落实该项工作的具体方案,设立了张江、金桥、临港、外资协会、外贸协会等5个监测站,实现了企业试运行。二是加强企业调研与部门联动。

### 表 8.3　2013 年浦东新区重要产品进出口表

| 序号 | 出口 | | | 进口 | | |
|---|---|---|---|---|---|---|
| | 商　品 | 累计/万美元 | 同比/% | 商　品 | 累计/万美元 | 同比/% |
| 1 | 自动数据处理设备及其部件 | 1 194 699 | -7.33 | 集成电路 | 2 552 492 | -2.62 |
| 2 | 集成电路 | 853 357 | 26.40 | 汽车(包括整套散件) | 959 041 | 14.99 |
| 3 | 电话机 | 781 490 | 8.83 | 未锻造的铜及铜材 | 887 969 | -21.69 |
| 4 | 服装及衣着附件 | 703 638 | -1.11 | 医药品 | 551 424 | 22.77 |
| 5 | 船舶 | 378 684 | -16.70 | 自动数据处理设备及其部件 | 424 405 | -39.50 |
| 6 | 纺织纱线、织物及制品 | 304 587 | -5.63 | 计量检测分析自控仪器及器具 | 388 866 | 12.52 |
| 7 | 机械提升搬运装卸设备及零件 | 240 307 | 22.08 | 初级形状的塑料 | 329 627 | 1.02 |
| 8 | 液晶显示板 | 187 887 | 13.79 | 通断保护电路装置及零件 | 278 429 | 5.11 |
| 9 | 医药品 | 180 117 | 2.94 | 成品油 | 267 033 | -11.13 |
| 10 | 汽车零件 | 178 616 | 4.79 | 医疗仪器及器械 | 233 693 | 20.76 |
| 11 | 成品油 | 172 453 | -8.71 | 钻石 | 212 888 | 10.43 |
| 12 | 自动数据处理设备的零件 | 169 468 | 24.84 | 二甲苯 | 150 188 | 35.89 |
| 13 | 通断保护电路装置及零件 | 134 061 | 7.74 | 汽车零件 | 149 589 | 5.48 |
| 14 | 二极管及类似半导体器件 | 118 050 | 35.00 | 自动数据处理设备的零件 | 138 350 | -8.67 |
| 15 | 计量检测分析自控仪器及器具 | 110 169 | 9.83 | 手表 | 135 217 | -6.07 |
| 16 | 汽车(包括整套散件) | 106 429 | 27.98 | 电话机 | 130 684 | 306.49 |
| 17 | 家具及其零件 | 94 238 | 1.32 | 纺织纱线、织物及制品 | 119 957 | 9.74 |
| 18 | 箱包及类似容器 | 92 954 | 1.40 | 酒类 | 98 538 | -14.58 |
| 19 | 未锻造的铜及铜材 | 90 019 | -47.47 | 服装及衣着附件 | 98 280 | 9.97 |
| 20 | 塑料制品 | 77 373 | 10.47 | 电视摄像机、数字照相机及视频摄录一体机 | 86 236 | 16.66 |

组织召开加工制造类、物流贸易类及自主品牌类3类企业参加的重点进出口企业座谈会，并邀请海关、检验检疫、外汇、税务等职能部门共同参会，及时掌握企业发展动态，并结合浦东新区重点外贸企业座谈会情况、部分重点企业走访情况，以及广交会参展企业座谈会及问卷调研信息，撰写相关调研报告，加强对外贸形势的分析研判。

（2）积极参与自由贸易试验区工作。根据上海市、浦东新区领导要求，积极参与自贸试验区总体方案的拟定，并在明确总体方案后积极协调试点任务的落实，参与跟踪市部门工作的推进进展，加强学习，深化对总体方案、贸易监管、投资管理等体制创新的理解。

（3）着力推进贸易便利化工作。一是组织召开浦东新区贸易便利化推进大会。会上，海关推出了三方面十二项贸易便利化举措，出入境检验检疫局推出十二项举措，外汇管理局推出五项举措。另外，工商行政管理局提出七项举措，税务局提出四项举措。二是会同浦东外贸协会加大企业服务力度。与浦东出入境检验检疫局、上海海关、上海外汇管理局、浦东新区金融服务局等政府部门，以及银行、保险、担保等金融机构积极开展合作，举办"浦东新区贸易便利化政策宣介会"等各类政策宣讲讲座。三是拓展"浦东海关网上申报系统"功能。"海关网上申报"窗口共受理企业申报超过2 000家，业务量已占到海关同类业务总量的70%以上。

（4）深入推进入境维修综改试点。一是深化现有企业试点内容。会同海关、检验检疫等部门对现有5家试点企业继续做好引导和监督工作，及时解决问题，总结试点情况。二是积极扩大了试点。包括试点企业数量的扩大以及维修产品范围的扩大。下半年试点扩大至医疗器械行业，推出了第三批试点企业，目前试点企业数量达7家。同时，在2012年试点的基础上进一步扩大了维修产品范围。

（5）认真做好重点展会的组织管理工作。一是华交会。根据现场调研情况，企业普遍反映短期内外需不足的问题难以解决，应对之策多为加快产品结构调整，加大新兴市场开拓力度等。二是广交会。浦东分团参展企业122家，展位426个，参展人员1 278人。浦东分团从加强展位管理、优化参展企业和产品结构、加大知识产权保护力度方面入手，进一步帮助企业提升参展效果，并于114届广交会期间组织浦东分团企业继续举办浦东出口精品展示活动。三是重点境外展。2013年，组织5家企业参加9月10—13日举办的"2013年坦桑尼亚－中国品牌商品非洲展"、组织11家企业参加9月16—19日举办的"第十届约旦中国商品展"、组织重点开发区和集团公司参加12月份举办的香港中小企博览会，推广浦东整体形象。四是积极开展"2014浦东国际汽车展览会"的筹备工作。会同浦东贸促会完成方案设计、报批等各项工作，2013年11月份在广州车展期间召开车展新闻发布会。

（6）积极申报国家级示范基地、示范区。一是申报第三批国家外贸转型升级专业型示范基地。根据商务部有关文件精神及上海市商务委员会的具体要求，推荐"上海新浦江轻工产品出口创新基地"向商务部进行申报。二是协助金桥申报"出口电子电器质量安全示范区"。促进金桥出口加工区形成以技术、品牌、质量、服务为核心的出口竞争新优势，推动浦东外贸加快转型发展。

## （二）外资发展情况

1. 基本情况

2013 年浦东新区新设外资项目 1 032 个，同比增长 5.7%；利用合同外资 73.888 1 亿美元，占全市总量（249.36 亿）约 29.6%，同比增长 1.4%；实际到位资金 50.33 亿美元，占全市总量（167.80 亿）的 30.0%，同比增长 4.2%（表 8.4）。至 2013 年末，世界 123 个国家和地区在浦东投资项目累计 21 610 个，合同外资 775 亿美元。

**表 8.4　2013 年浦东新区利用外资情况**

| 项　　目 | 2013 年 | 2012 年 | 同　比/% |
|---|---|---|---|
| 新设外资项目/个 | 1 032 | 976 | 5.7 |
| 利用合同外资/亿美元 | 73.89 | 72.86 | 1.4 |
| 实际到位资金/亿美元 | 50.33 | 48.30 | 4.2 |

2. 2013 年外资运行主要特点

（1）总部经济持续健康发展。2013 年全年浦东新区共有获认定的跨国公司地区总部 21 家，亚太总部 6 家，分别占全市 50%。到 2013 年底，浦东累计吸引 214 家跨国公司地区总部入驻，占全市总量约 48.1%。其中，亚太区总部有 48 家，12 家全球事业部总部或综合管理机构总部。

（2）企业增资继续占利用合同外资的主要地位。2013 年浦东新区共有 662 家企业增资，新增合同外资 47.885 5 亿美元，占当年合同外资总额的 64.8%，分别比 2012 年同期减少 9.7% 和增长 0.1%。

（3）服务业是利用外资主力，房地产和融资租赁增长较快。2013 年新设三产项目 1 015 个，增资项目 571 个，合同外资 70.082 1 亿美元（其中新增合同外资 44.232 8 亿美元）占当年总量的 94.8%；第三产业利用外资主要行业包括：房地产开发经营、商贸、投资与资产管理、融资租赁等。

（4）主要投资来源地多呈下降趋势。浦东新区前十位投资来源地中，除中国香港和英属维尔京外，与2012年同期相比均呈下降趋势，下降比例约为：日本30%，美国20%，新加坡44%，中国台湾下降85%，德国下降60%，荷兰下降40%，法国下降30%。

3. 外资工作亮点

（1）以优化服务和运营环境为抓手推动总部经济发展。浦东新区充分发挥浦东总部经济共享服务中心的平台作用推进总部经济发展，一方面整合各有关部门的资源优势，创新政府服务：一是推出集中报关、集中报检、分类服务等适合总部特征的政策措施，为总部运营节约增效；二是扩大海关、商检等部门服务总部经济的试点范围，形成可复制、可推广经验；三是建立新区商务委、海关、出入境、检验检疫、税务等部门对口总部的联络制度，提高解答问题的实效。另一方面充分整合社会资源，提高服务总部经济的专业化水平：一是利用外脑做好前瞻性分析，通过与德勤、安永等知名咨询公司的合作，对外发布了《浦东外商投资环境白皮书》、《浦东总部经济发展蓝皮书》；二是充分发挥协会作用，积极争取有关部门支持，组织海关、检验检疫、出入境、人力资源等方面的政策宣讲，组织总部专委会活动，专题研究总部在办理业务流程中涉及的政策瓶颈，研究对策方案。

同时，在大力推动跨国公司地区总部落户和发展的同时，公司也着力通过座谈会、点对点企业辅导等方式，推动亚太区总部升级和区域性总部认定，取得了良好效果，形成了多层次的总部体系。

（2）积极稳妥推进商业保理试点。自2012年12月《试行办法》颁布并开展试点工作以来，由上海市、浦东新区相关责任部门组成的商业保理联合推进小组共召开了6次商业保理试点企业评审会，累计有114家企业参加了评审，最终有87家企业评审通过并获得商业保理试点资格，包括27家外资企业和60家内资企业。截至2013年12月底已完成公司注册设立48家，累计投资达到36.5亿人民币。其中：17家为外商独资或中外合资企业，注册资本总计2.705 1亿美元，合同外资1.905 7亿美元；31家为内资企业，注册资本总计20.61亿元人民币。目前已有26家企业开展业务，累计投放保理融资款达到18亿人民币。

同时，浦东高度重视商业保理企业的各项管理工作，确保试点稳妥开展。一是建立健全监管制度，探索对保理企业的监管，于2013年8月中旬由浦东新区商务委员会和上海市工商行政管理局浦东分局联合发布《浦东新区商业保理试点期间监管暂行办法》；二是积极搭建商业保理业务信息系统，对保理企业实施跟踪管理，运用信息化手段加强对商业保理企业的监督管理和重大事项的报告制度，该系统已于四季度正式上线，已完成注册的商业保理企业均已开始使用该系统；三是组织成立浦东新区商业保理专业委员会，加强企业自律，浦东新区商业保理专业委员会于2013年8月7日正式成立；四是加强队伍建设,举办商业保理培训班,目前已委托上海金融学院开办了三届商业保理业务培训班。

### （三）外经发展情况

1. 基本情况

从外经发展情况看,2013 年,浦东新区企业“走出去”步伐继续加快,全年经初审通过的境外投资项目(包括新设、并购、增资)118 个,同比增长 55%,项目数占全市的 34%;累计总投资 16.75 亿美元,同比增长 146%,占全市的 39%;其中中方投资 11.97 亿美元,同比增长 112%,占全市的 33%。

2. 2013 年外经发展的特点

一是投资行业以服务业为主,努力参与高层次国际价值链分工。二是投资方式多样化,增资及并购项目投资额超过新设项目。三是投资主体多元化,私营企业项目最多,国有企业投资额最大。四是投资区域遍布世界各地,亚洲项目最多,欧美及避税地次之。五是自贸试验区对大项目的吸引力初步显现,投资类型集中在投资、贸易及售后服务。

3. 2013 年外经工作总结

稳步推进企业“走出去”。在做好项目初审工作的同时,加强对重点企业和项目的走访调研,并组织召开浦东“走出去”企业座谈会,及时掌握企业开展跨国经营的情况,积极帮助企业解决困难和问题。另外,加强与自贸试验区的对接,认真学习区内境外投资相关政策及具体备案流程,做好企业政策宣传及项目推介工作,密切跟踪境外投资审批改革进程,积极做好境外投资改革向区外拓展的承接和准备工作。

## 二、2014 年浦东新区国际经贸工作展望

### （一）外贸工作展望

1. 以自由贸易试验区为契机,持续提高贸易便利化水平

抓住自贸试验区试点的机遇,配合各口岸部门,根据国家部署,结合企业需求,探索区内区外互动,在促进贸易便利化、加快贸易发展方式转变、构筑对外投资服务促进体系等方面联动,带动浦东外经贸发展能级的提升。

2. 继续加强外贸运行监控与企业服务

一是确保外贸进出口调查监测系统顺利运行。指导浦东 5 个监测站对样本企业填

报调研表格的及时性和规范性进行核查，督促样本企业在当月 30 日前完成在线填报。及时汇总掌握企业总体情况，为浦东外贸运行分析提供基础和依据。认真梳理企业提出的问题建议，帮助反映和协调解决。

二是继续加强与企业和部门间的联动。完善重点企业对口联动制度，每月举办培训、讲座、沙龙等多种类型的活动。政府部门多方联动机制，搭建由新区商务委、重点开发区、街镇共同组成的外贸企业服务网络，与各部门优势互补、形成合力，帮助企业解决发展中遇到的困难和问题。

3. 继续完善各类会展贸易平台建设

一是做好各类境内外重点展会平台。在巩固做好已有的广交会、华交会等重点展会的同时，加强与市商务委沟通，扩大境外展尤其是新兴市场展会的范围，积极帮助企业拓展国际市场。

二是推进自有品牌展各项工作。推进“2014 年浦东国际汽车展览会”各项工作，创新各方合作模式，形成国际化、专业化、多样化的办展理念，进一步提升车展的影响力，力争办出浦东特色。发挥产业联动优势，通过办展推动招商和产业发展，拉动旅游和消费，形成浦东自己的展览品牌。

4. 着力推进各类贸易主体建设

一是加强外贸与招商引资的联动。推动贸易型总部、营运中心、结算中心、维修中心等功能性贸易主体发展壮大。

二是加大对中小外贸企业的扶持。中小外贸企业是浦东外贸发展的主体。一方面，切实发挥上海市和新区外贸扶持资金的作用，继续帮助中小企业开拓市场、降低风险、拓宽融资渠道；另一方面，积极引导有条件的加工贸易企业转型升级，从加工制造为主向研发设计、品牌营销、物流配送、维修等环节延伸。鼓励企业培育和建设自主品牌，增强国际竞争力。

5. 加强对新型贸易业态的研究和推进

加强对跨境电子商务、新型贸易服务业的研究和推进，探索区内区外互动、发挥试验区功能优势和浦东产业技术优势，集聚跨境电子商务平台和企业，推动统计、税务、结算、报关、检验等跨境电子商务发展关键环节的政策突破。深入研究外贸资讯服务、营销服务、融资服务、通关退税服务等专业外贸服务业的发展环境和政策需求，探索制定相关配套措施，加大浦东外贸服务业的发展力度。

6. 持续推进入境维修试点工作

在现有试点企业运行顺畅的基础上，认真总结经验，并针对不同行业不同领域的特殊需求，继续会同海关、检验检疫等相关部门深入调研，争取将检测维修向再利用与再制造领域演进和深入。

### （二）外资工作展望

2014 年利用外资挑战与机遇并存，浦东将主要围绕“转变、创新、开放、提升”，在自贸试验区政策效应逐步释放的情况下，争取利用外资总体保持平稳略增。

1. 对接自贸试验区，充分发挥溢出效应

建立与自贸试验区联络机制，搭建企业项目投资与自贸试验区政策宣传服务平台，利用自贸试验区政策推动亚太总部、资金结算中心、服务业新领域新业态项目落户，积极配合市商务委参与负面清单制订，推进利用外资领域创新。

2. 继续抓好总部经济，质、量同步提升

通过举行颁证仪式等形式，加大亚太区总部的招商和培育力度；根据自贸试验区金融试点政策梳理排摸总部资金池业务和跨境人民币业务意向企业，推进试点，提升总部能级；发挥总部经济共享服务中心平台作用，做精服务，发挥桥梁纽带作用。

3. 加大创新力度，推动先行先试

一是继续推动商业保理试点工作，在总结前期试点经验的基础上，完善试点政策和监管措施，逐步发挥行业组织作用，提升商业保理企业对商贸和供应链领域的推动作用。

二是在上海市商务委员会的支持下，加强对健康服务业利用外资先行先试的研究，争取在浦东先行试点。

三是加强现代服务业前瞻性研究，分析国外市场细分领域的服务业态，特别是注重发掘产业融合背景下所产生的新商业模式，为招商引资创新做储备。

4. 积极开展外商投资行政审批制度改革

借鉴自贸试验区“负面清单”管理的理念，从 2014 年 3 月下旬起，浦东新区对外商投资企业设立和变更实行“一口受理、告知承诺、格式审批、统发证照”，建立外资审批、企业登记及代码、税务登记和相关前置审批部门的联动工作机制，进一步提高了审批效率。

5. 加强区域内联动招商，优化投资促进工作

一是加大重点区域招商力度，加强与世博区域、临港地区、旅游度假区等区域联动，促进新兴区域招商工作和招商项目开花结果。

二是构建新区各单位外资联络员网络，做到每个开发区、镇和街道都有 1～2 人专人负责外资工作，做好信息沟通、安商稳商、以商招商等工作。

三是继续做好平台招商和网络招商，构建新区整体投资促进网络。加大与外国驻沪

领馆、商会、投资促进机构、中介机构等联动，建立定期沟通机制，拓展招商和投资促进的渠道和信息来源。

四是继续完善招商引资工作机制，发挥区领导牵头的大项目协调、双月工作例会、大项目定期报送等招商工作制度，做到新区招商工作一盘棋，提高新区整体招商力度和协同能力。

### （三）外经工作展望

深入实施“走出去”战略。进一步加强对企业的调研及服务引导，拟在浦东国际商会下增设企业“走出去”专业委员会，专门开展对境外投资企业的各项服务工作，争取建立浦东新区的境外企业投资跟踪评价体系、风险预告及防范体系。同时，根据国家和上海市对境外投资体制改革的总体部署，结合企业境外投资的新情况、新形势和实际需求，积极研究进一步优化浦东境外投资审批流程，简化审核程序，推动境外投资管理方式向登记备案制转变。

## 第二节　黄　浦　区

### 一、2013 年黄浦区国际经贸发展情况

### （一）外贸发展情况

黄浦区 2013 年完成进出口总额 97.1 亿美元，同比下降 2.1%。其中出口完成 33.5 亿美元，同比下降 2.1%；进口完成 63.6 亿美元，同比下降 2%。2013 年 5 月，上海海关总署调整进出口数据统计口径，将部分原本归口在市或其他区县统计的企业数据纳入黄浦区，因此，黄浦区的进出口量高于 2012 年，进出口总额在上海市中心城区继续保持领先。

1. 关于各类企业进出口情况

（1）黄浦区排名前十位的出口企业、进口企业情况。2013 年 1—12 月黄浦区出口前十位企业：双钱集团股份有限公司、上海龙头（集团）股份有限公司、东方国际集团上海市对外贸易有限公司、中国烟草上海进出口有限责任公司、上海市医药保健品进出口有限公司、上海市五金矿产进出口有限公司、上海汽车进出口有限公司、上海三进进出口有限公司、上海外经集团控股有限公司、江南造船（集团）有限责任公司。排名前十家出口量占区出口总量的 58.28%。

2013 年 1—12 月黄浦区进口前十位企业：上海液化天然气有限责任公司、上海汽车进出口有限公司、尼康映像仪器销售（中国）有限公司、双钱集团股份有限公司、东方国际集团上海市对外贸易有限公司、上海市五金矿产进出口有限公司、斯凯孚（中国）销售有限公司、金佰利（中国）有限公司、海恩斯莫里斯（上海）商业有限公司、上海市糖业烟酒（集团）有限公司。排名前十家企业进口量占区进口总量的 58.66%。

（2）大宗商品进出口情况。出口商品前五位：纺织原料及纺织制品 9.35 亿美元，同比增长 15.7%；塑料及其制品 5.46 亿美元，同比下降 7.7%；机电、音像设备及零件 4.78 亿美元，同比下降 32.2%；贱金属及其制品 2.69 亿美元，同比下降 16%；车辆、航空器、船舶等 2.34 亿美元，同比上升 128.7%，主要商品出口额占比以纺织原料及纺织制品最高，达到 38%，详见图 8.1。

进口商品前五位：机电、音像设备及零件 12.97 亿美元，同比下降 14%；矿产品 12.07 亿美元，同比上升 16.1%；纺织原料及纺织制品 5.90 亿美元，同比上升 23.7%；塑料及其制品 5.59 亿美元，同比下降 10.2%；车辆、航空器、船舶等 4.89 亿美元，同比增长 3.3%，主要商品进口额占比以机电、音像设备及零件最高，达 31%，详见图 8.2。

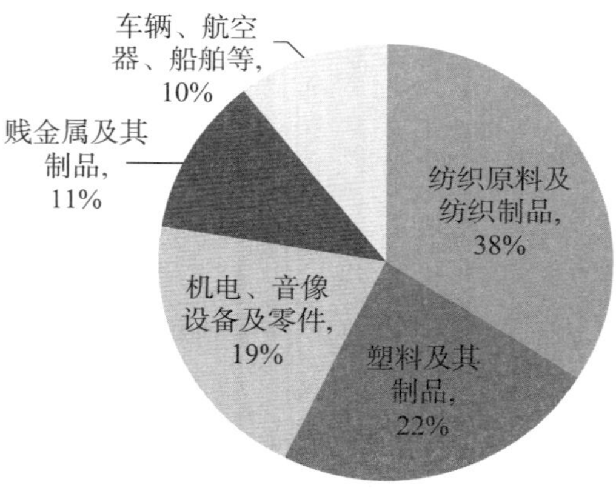


**图 8.1　2013 年黄浦区主要出口商品情况**

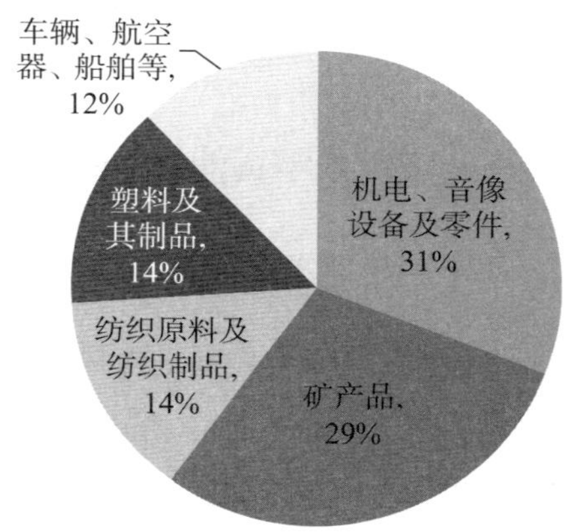


**图 8.2　2013 年黄浦区主要进口商品情况**

（3）关于贸易伙伴的排序情况。出口方面：美国市场量超过日本位列第一，为 6.2 亿美元，同比下降 2.7%；其次是日本市场，达到 4.5 亿美元，同比下降 5.4%；第三位是香港地区市场，达到 1.6 亿美元，同比下降 16%，按出口市场分，以亚洲为主，出口额占出口市场的 43%，其次是北美洲和欧洲；按贸易伙伴分，以美国为主，出口额占主要出口贸易伙伴的 42%，其次是日本和中国香港。（图 8.3，图 8.4）。

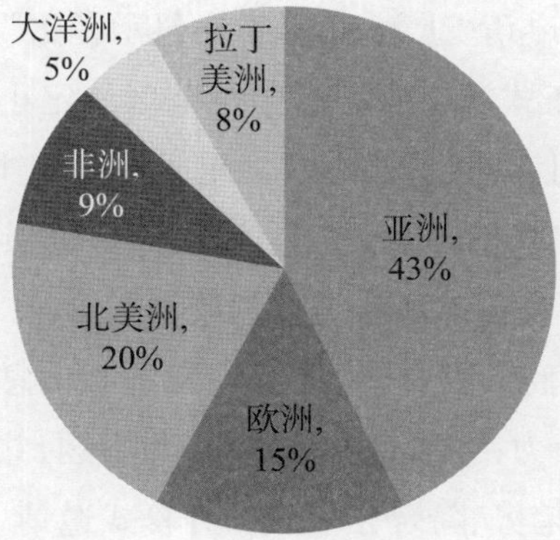


**图 8.3　2013 年黄浦区出口市场世界分布**

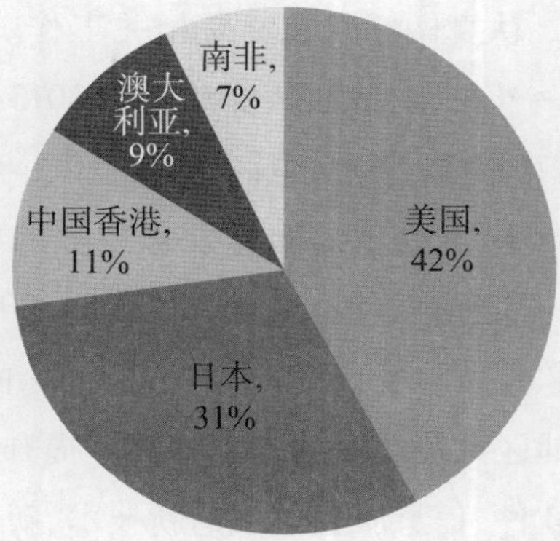


**图 8.4　2013 年黄浦区出口商品主要贸易伙伴情况**

进口方面:第一进口贸易伙伴是马来西亚,进口 11.12 亿美元,同比增长 30%;第二进口贸易伙伴是日本,进口 10.15 亿美元,同比下降 9.9%;第三进口贸易伙伴是泰国,进口 6.35 亿美元,同比下降 18.7%,按进口市场分,亚洲占绝对优势,进口额占进口市场的 66%,其次是欧洲和北美洲;按贸易伙伴分,以马来西亚为主,进口额占主要进口贸易伙伴的 31%,其次是日本和德国。(图 8.5,图 8.6)。

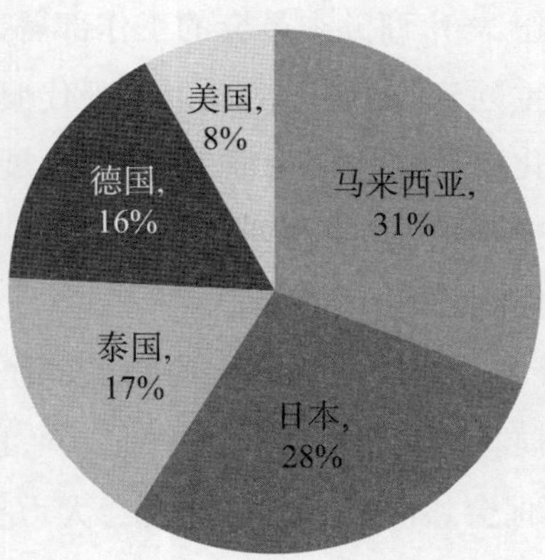


**图 8.5　2013 年黄浦区进口商品主要贸易伙伴情况**

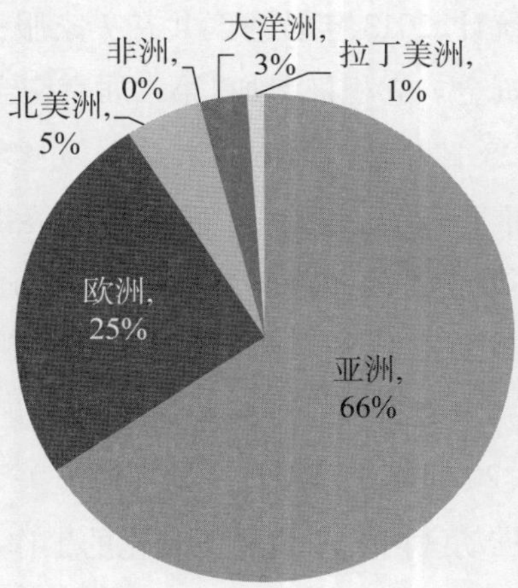


**图 8.6　2013 年黄浦区进口市场世界分布**

2. 2013 年黄浦外贸工作总结

黄浦区商务委员会以贯彻实施《上海市推进国际贸易中心建设条例》为重点,紧紧围绕上海国际贸易中心建设,扎实推进黄浦区货物贸易和服务贸易工作。主要采取以下工作举措:

（1）认真做好服务贸易相关工作。①成功申请“上海市服务外包示范区”。经过2012年一年的前期准备，黄浦区于2013年2月正式被市服务外包示范区认定小组认定为“上海市服务外包示范区”，成立了由15个部门、10个街道办事处组成的服务外包产业发展领导小组，为黄浦服务外包产业的发展奠定基础。②配合上海市商务委员会承办“第十一届上海软件贸易发展论坛”。2013年10月在上海科学会堂顺利举办了“第十一届上海软件贸易发展论坛”。本届论坛由上海市商务委员会、上海市经济和信息化委员会和黄浦区人民政府共同承办，以“提升核心竞争力，寻求发展新策略”为主题，共同探讨和交流软件、信息服务领域的新技术、新市场、新趋势、新合作模式。开幕式邀请了欧美、日本、新加坡等嘉宾出席、启动了上海服务外包交易促进中心线上交易平台。借论坛机会，黄浦区宣传推介了城区的功能和六大产业的发展情况。③不断扩大服务外包离岸业务规模。认真做好服务外包离岸合同与执行情况的初审工作。2013年服务外包业务管理和统计系统中审核通过离岸服务外包合同共263份，涉及合同总额30 318.2万美元。完成合同执行金额24 121.8万美元，同比增长20.2%。其中ITO合同执行金额16 886.2万美元，占比70%；BPO合同执行金额3 603.7万美元，占比14.9%；KPO合同执行金额3 631.9万美元，占比15.1%。BPO和KPO业务规模不断扩大。④配合上海市商务委员会做好服务外包专项资金的政策宣传和培训工作。组织企业积极申请服务外包专项资金。据统计，2013年黄浦区共有7家服务外包企业，总计290人成功申请商务部人才培训专项资金。⑤积极参加“第二届京交会”。按照上海市商务委员会的工作部署，积极参加5月28日开幕的第二届京交会，并参加“上海主题日”的展览活动以及现代服务业集聚区的推介活动。近年来，黄浦区始终把调整优化产业结构作为抓手，坚持发展高端服务业，不断推进西藏路环人民广场集聚区和淮海中路国际时尚商务区建设，进一步促进黄浦金融服务业、商贸流通业以及专业服务业的集聚发展。

（2）举办外贸企业海关通关无纸化改革的专题培训会。根据上海海关的统一工作部署，从2013年3月4日开始上海海关无纸通关模式扩大至所有B类企业。黄浦区商务委积极推动区内关于贸易便利化的工作。在区贸促会、外资协会、国际商会大力支持下，组织了约260家外贸企业的经理和有关人员，举办了外贸企业海关通关无纸化改革的专题培训会议。外贸企业积极参与，会场上和海关讲解人员积极互动。

（3）积极组织企业参加各类展会。积极组织企业参加第23届华交会、第113和114届进出口商品交易会、拉斯维加斯中国品牌商品展、坦桑尼亚6月国际博览会、东盟博览会等。第十届中国—东盟博览会我区组织了豫园商城、三大祥、古今、恒源祥、一铅等中华老字号企业参展，参展面积约100平方米。此次参展各方面支持力度强、展位设计布展到位，参展人员素质强，上海市领导、上海市商务委员会给予了很高的综合评价。参展企业与东盟产品供应商进行了对接,如,商城老街公司对接一家筷子生产和销售企业,目前在进一步的对接过程中。

(4) 认真审批加工贸易合同。2013 年批准加工贸易企业经营状况及生产能力证明 15 份。加工贸易合同审核中,进料加工合同及变更 309 个,进出口总值 2 828.6 万美元,来料加工合同及变更 46 个,进出口总值 220.3 万美元(表 8.5)。

**表 8.5　2013 年黄浦区加工贸易合同审核情况表**

| 贸易方式 | 合同数/个 | 进出口总值/万美元 |
| --- | --- | --- |
| 进料加工合同及变更 | 309 | 2 828.6 |
| 来料加工合同及变更 | 46 | 220.3 |

主要加工产品:出口日本市场的羊毛针织衫、出口美国市场的针织衣物、出口美国市场的椅子背框等。

(5) 做好监测站工作。积极组织企业参加"上海市外贸进出口调查监测系统"9 月份的第一次试运行。落实 30 家主要是商务部重点联系企业、进出口排行榜企业、品牌企业填报该系统。在这一过程中克服了因人员休假、辞职、工作调动等情况而造成的不便,及时与企业沟通,保质保量按时完成了填报系统。

### (二) 外资发展情况

2013 年黄浦区新设外商投资企业 256 家;引进合同外资 11.2 亿美元,完成全年目标的 112%。2013 年新增经认定的跨国公司地区总部 4 家,即美国船级社(中国)有限公司、川崎重工管理(上海)有限公司、以化(上海)投资有限公司、古河汽车系统管理(上海)有限公司,完成全年任务的 133%。同时,黄浦区已有总部百威英博啤酒投资(中国)有限公司升级为亚太区地区总部。目前,黄浦区经认定的跨国公司地区总部累计达 39 家,总部型企业在整合产业链,联动行业发展,优化产业布局,实现安商留商等方面的优势正逐步显现。全年实现合同外资 11.2 亿美元(表 8.6)。

**表 8.6　2013 年黄浦区外商投资行业(或产业)分布情况表**

| 行业(或产业) | 项目数 | | 投资总额/万美元 | | 合同外资/万美元 | |
| --- | --- | --- | --- | --- | --- | --- |
| | 个数 | 占比/% | 金额 | 占比/% | 金额 | 占比/% |
| 合计 | | | | | | |
| 生产性项目 | 256 | 100 | 135 237.3 | 100 | 111 953.2 | 100 |
| 非生产性项目 | | | | | | |

1. 企业性质

截至2013年底,已批准建立的三资企业总数达2 685家,投资总额241.93亿美元,总合同外资150.79亿美元。

2. 投资规模

2013年黄浦区新设外资项目合同外资大于等于1 000万美元的项目有7个,小于500万美元大于等于100万美元的有39个(表8.7)。

**表8.7　2013年黄浦区外商投资规模表**

| 项目合同外资情况 | 数目/个 |
|---|---|
| ≥100万美元且<500万美元 | 39 |
| ≥500万美元且<1 000万美元 | 9 |
| ≥1 000万美元 | 7 |

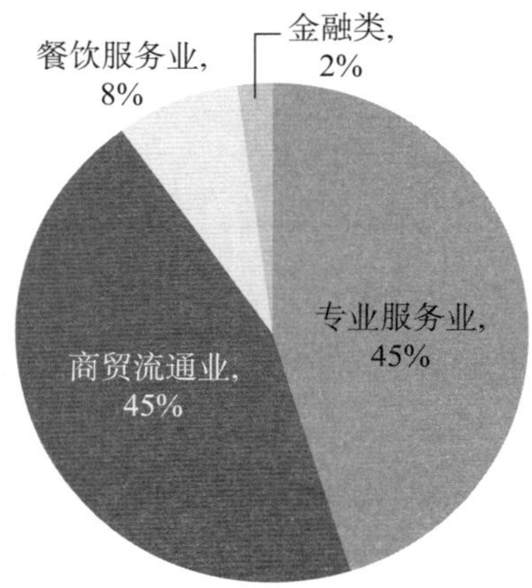


**图8.7　2013年黄浦区新设立的外资项目分类示意图**

3. 行业分类

新设立的外资项目仍以专业服务业、商贸流通业为主,分别达到112个和111个。2013年吸引外资的主要领域是专业服务业、商贸流通业,分别占主要领域的45%(图8.7)。

4. 投资国别

新设项目投资国别和来源地继续保持多样化,其中以中国香港投资项目最多,达到127个,合同外资16 500.5万美元,日本次之,共计38个,合同外资3 193.51万美元(表8.8)。

**表8.8　2013年黄浦区外商投资主要来源地情况表**

| 国家和地区 | 项目数/个 | 投资总额/万美元 | 合同外资/万美元 |
|---|---|---|---|
| 中国香港 | 127 | 27 168.49 | 16 500.50 |
| 日　本 | 25 | 8 873.08 | 3 193.51 |

## (三) 外经发展情况

积极推进"走出去"的战略政策:

一是积极贯彻"走出去"战略政策。2013年初审通过了11个"走出去"项目,投资总额约3亿美元,其中民营企业占比较多。如:涛石能源股权投资基金(上海)合伙企业在香港投资设立的投资性公司；中福集团在澳大利亚投资设立的金伯利农业产业投资有限公司增资项目。

二是南翔品牌继续拓展海外市场。为响应国家鼓励和引导民营企业积极开展境外投资的号召，豫园商城不断地寻求适合南翔品牌海外发展的国家或地区，确立了进军澳洲市场的计划，力争使南翔品牌走出亚洲。目前豫园商城已与一家澳洲当地企业签订了合作意向书，并初步确定澳洲的南翔旗舰店将开设在悉尼市中心。2013 年 7 月，豫园商城与韩国三元花园集团签订了合作意向书，并确立将在韩国首都首尔市共同合作发展南翔品牌。

## 二、2014 年黄浦区国际经贸工作展望

### （一）外贸工作展望

推动自贸试验区研究，抢抓制度红利。第一，推进贸易便利化，提高商贸业区域经济贡献度。第二，推进豫园国际黄金珠宝功能区建设取得实效。

### （二）外资工作展望

1. 2013 年外资工作计划指标

2014 年合同引进外资确保 11.5 亿美元、力争 12 亿美元。

2. 2014 年外资工作重点

一是牢牢把握黄浦区服务经济、楼宇经济、涉外经济为主，总部经济高度集聚的经济发展特点，做好招商安商留商工作，做到引得进、留得住、贡献大，夯实税基。

二是抢抓自贸试验区制度红利，对接自贸试验区、学习自贸试验区，发扬敢闯、敢干、会干的自贸试验区精神，创新黄浦“负面清单”服务管理模式，实施黄浦区外资企业绿色审批试点。

## 案例 8　黄浦区老字号借机拓展东盟市场

第十届中国-东盟博览会于 2013 年 9 月 3 日至 9 月 6 日在广西南宁举办。本届中国-东盟博览会、中国-东盟商务与投资峰会恰逢中国-东盟建立战略伙伴关系 10 周年。与会各国领导人高度评价 10 周年合作成就。

此次展会设置了商品贸易、投资合作、服务贸易、先进技术、“魅力之城”五大专题。黄浦区应市商务委邀请，在国家馆（魅力之城）设立“区域合作”上海黄浦区展示洽谈专区，展示上海黄浦老字号企业形象，进一步拓展东盟市场。豫园商城、三大祥、古今、恒源祥、一铅等一批知名中华老字号企业参展，参展面积约100平方米。参展的商品分三大类：旅游纪念品、文具和家纺用品，品种百余种。展品以新潮的花形、时尚的款式和精美的品质，吸引了众多中外宾客，博得了众多客商的称赞。上海东方卫视电视台对黄浦展区的老字号企业进行了专访，并在当天晚上的新闻中播出，对老字号企业起到了良好的宣传和推广。

9月4日上午，上海市副市长屠光绍、上海市商务委副主任顾军在黄浦区商务委负责人的陪同下，视察了黄浦区展会现场，关心询问区内老字号企业的发展情况，指出这是与东盟国家最直接地面对面交流机会，一定要把老字号做大做强，把中华老字号发扬光大。

# 第三节　徐　汇　区

## 一、2013年徐汇区国际经贸发展情况

### （一）外贸发展情况

2013年徐汇区外贸进出口形势总体呈平稳发展的趋势，进口贸易的增幅好于出口。2013年完成进出口总额91.54亿美元，其中进口累计完成48.15亿美元，出口累计完成43.38亿美元。

按贸易类型分，外贸以一般贸易为主，一般贸易进出口额70.02亿美元，占进出口总额76.5%，加工贸易进出口额21.52亿美元，占进出口总额23.5%（表8.9）。

表8.9　2013年徐汇区外贸进出口情况表

| 项　　目 | 出口额/万美元 | 占出口总额/% | 进口额/万美元 | 占进口总额/% | 进出口额/万美元 | 占进出口总额/% |
|---|---|---|---|---|---|---|
| 一般贸易 | 272 065 | 62.71 | 428 158 | 88.92 | 700 224 | 76.50 |
| 加工贸易 | 161 793 | 37.29 | 53 364 | 11.08 | 215 157 | 23.50 |
| 合　　计 | 433 858 | — | 481 522 | — | 915 381 | — |

从大宗商品进出口情况看，主要的出口商品为机电、音像设备出口额为7.55亿美元，占出口总额29.66%，占主要出口商品总额的35%（详见图8.8），其次是纺织原料及

纺织制品，出口额4.88亿美元，占出口额19.18%；第三位是光学、医疗等仪器出口额2.69亿美元，占出口总额10.56%。主要的进口商品为化学工业，进口额8.22亿美元，占进口总额26.20%，占主要进口商品额的32%，详见8.9；其次是机电、音像设备，进口额5.91亿美元，占进口总额18.85%；第三位是光学、医疗等仪器，进口额3.87亿美元，占进口总额12.32%（图8.8，图8.9）。

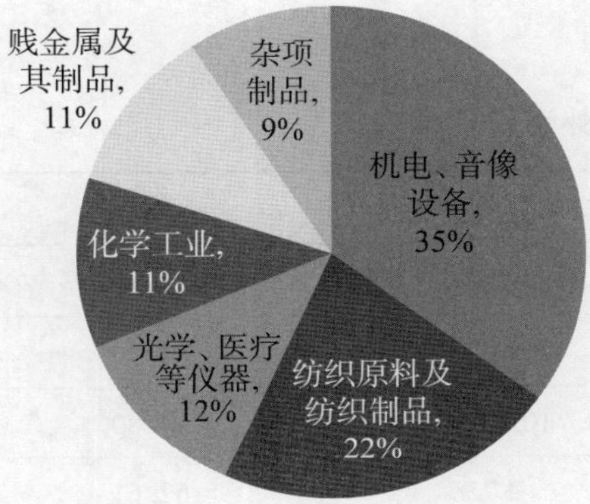


**图8.8　2013年徐汇区主要出口商品情况**

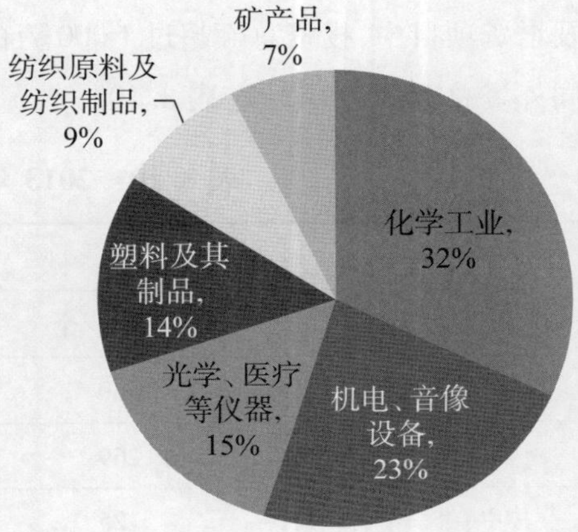


**图8.9　2013年徐汇区主要进口商品情况**

从商品进出口来源地看，出口主要以美国为主，出口额达到9.37亿美元，占出口总额21.58%，占主要商品出口国家或地区出口额的36%；日本和中国香港分列第二、三位，出口额分别是4.49亿美元和4.42亿美元。进口也以美国为主，进口额为9.24亿美元，占进口总额17.95%，占主要商品进口国家或地区进口额的31%，日本和德国分列第二、三位，进口额分别为8亿美元和3.65亿美元（图8.10，图8.11）。

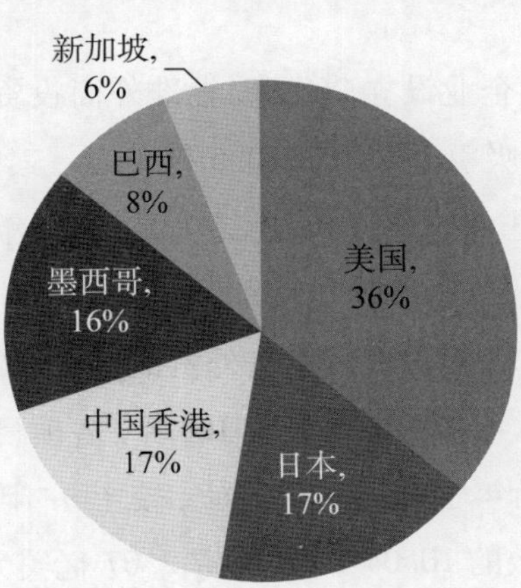


**图8.10　2013年徐汇区商品出口主要国家（地区）情况**

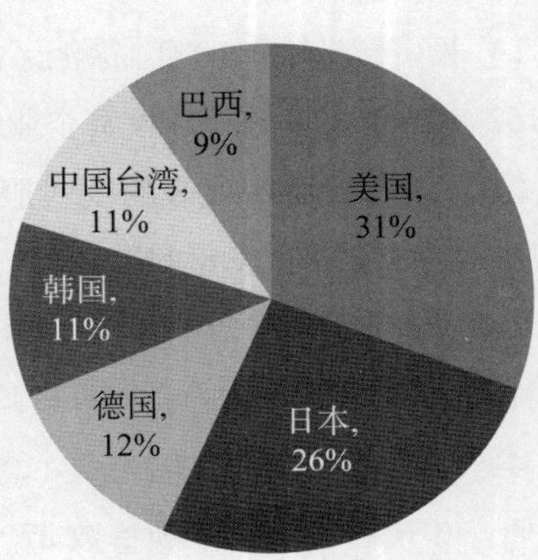


**图8.11　2013年徐汇区商品进口主要国家（地区）情况**

## （二）外资发展情况

1. 基本情况

2013 年徐汇区共引进外资 10. 50 亿美元，同比增长 4. 8%。其中，新批企业 269 家，合同外资 3. 83 亿美元，同比增长 37. 77%；增资项目 162 个，合同外资 6. 67 亿美元。新批及增资项目中，投资总额超过 1 000 万的大项目吸引合同外资总计达 7. 4 亿美元，占了合同外资总额的 70. 53%（表 8. 10）。

**表 8. 10　2013 年徐汇区外资发展情况**

| 吸引外方式 | 批准外资企业 | | |
|---|---|---|---|
| | 项目数/个 | 合同外资金额/万美元 | 同比增长/% |
| 合　　计 | 269 | 105 020 | 4. 80 |
| 外商直接投资 | 269 | 105 020 | 4. 80 |
| 其中：合　资 | 25 | 2 728 | －52. 61 |
| 合　作 | 0 | 0 | －100. 00 |
| 独　资 | 244 | 102 292 | 9. 46 |

2013 年徐汇区总部经济继续保持良好的发展势头，新增总部经济 10 家，其中，投资性公司 5 家，管理型公司 5 家。总部企业新设立和增资合计 6. 26 亿美元，占合同外资总额的 59. 62%。截至目前，徐汇区总部经济数量累计 100 家，其中投资性公司 43 家，跨国公司地区总部 57 家（含 7 家国家级地区总部），在全市仅次于浦东新区。

2. 利用外资情况

（1）投资行业。2013 年，徐汇区批准外商投资企业设立 269 家，批准外商投资企业增资 162 家。年内批准外商投资企业设立及增资共吸引合同外资 10. 5 亿美元。其中，以咨询、软件、总部经济为代表的现代服务业企业引进合同外资 8. 33 亿美元，占全年吸引外资总额的 79. 29%（表 8. 11）。

（2）投资来源地。中国香港和台湾、美国是 2013 年徐汇区引进外资的主要来源地。其中，中国香港项目个数和合同外资均占首位，2013 年新批准项目数 106 个，占项目总数的 39. 41%；共引资 2. 97 亿美元（含增资），占全年引资的 28. 27%，较上一年增长 56. 31%。中国台湾新批准项目数 27 个，占项目总数的 10. 04%；共引资 2. 07 亿美元（含增资），占全年引资的 19. 73%。美国新批准项目数 25 个，占项目总数的 9. 29%；共引资 1. 91 亿美元（含增资），占全年引资的 18. 25%（表 8. 12）。

## 表 8.11 2013 年度引进外资分行业情况表

| 行 业 | 新设合同外资/万美元 | 增资合同外资/万美元 | 合 计/万美元 | 占引资比例/% |
|---|---|---|---|---|
| 合计 | 38 331 | 66 689 | 105 020 | — |
| 第一产业 | — | — | — | — |
| 第二产业 | — | — | — | — |
| 第三产业 | 38 331 | 66 689 | 105 020 | 100.00 |
| 现代服务业 | 28 870 | 54 402 | 83 272 | 79.29 |
| 咨询 | 2 885 | 2 158 | 5 043 | 4.80 |
| 软件 | 2 820 | 3 577 | 6 397 | 6.09 |
| 总部经济 | 16 904 | 45 907 | 62 611 | 59.62 |
| 其他现代服务业 | 6 261 | 2 760 | 9 221 | 8.78 |
| 房产 | 3 015 | 1 056 | 4 071 | 3.88 |
| 商贸 | 6 102 | 10 841 | 16 943 | 16.13 |
| 其他 | 344 | 390 | 734 | 0.70 |

## 表 8.12 2013 年徐汇区外商投资主要来源地情况表(金额部分含增资)

| 国家或地区 | 项目/个 | 合同外资/万美元 | 国家或地区 | 项目/个 | 合同外资/万美元 |
|---|---|---|---|---|---|
| 中国香港 | 106 | 29 690 | 马来西亚 | 5 | 241 |
| 中国台湾 | 27 | 20 718 | 澳大利亚 | 4 | 37 |
| 美 国 | 25 | 19 170 | 维尔京 | 3 | 942 |
| 日 本 | 20 | 8 048 | 加拿大 | 3 | 327 |
| 新加坡 | 19 | 4 620 | 卢森堡 | 3 | 42 |
| 法 国 | 10 | 7 785 | 文 莱 | 2 | 30 |
| 韩 国 | 7 | 885 | 瑞 士 | 2 | 37 |
| 德 国 | 7 | 115 | 芬 兰 | 1 | 200 |
| 英 国 | 6 | 620 | 阿联酋 | 1 | 16 |
| 意大利 | 5 | 751 | 其 他 | 8 | 10 026 |
| 荷 兰 | 5 | 720 | 合 计 | 269 | 105 020 |

3. 工作总结

（1）做好“开源节流”工作。一方面抓好企业入驻的信息源头，主动与方方面面的机构对接，力争第一时间获取企业信息，在源头上做好服务，使企业落户徐汇。比如，通过与德勤、安永等会计师事务所良好的沟通渠道，引进了都福（中国）投资有限公司、帝人芳纶管理（上海）有限公司、昆泰企业管理（上海）有限公司等多家总部；通过与市投资促进中心顺畅的联络机制，唯恩（上海）管理有限公司顺利落户徐汇。另一方面，牢牢控制住出口，加强对企业的走访与服务，千方百计减少企业外迁。

（2）不断拓展总部功能。徐汇区 100 家总部经济机构中，发挥出总部整合功能的企业不多，类似亿滋食品公司这样整合全国销售于一处、充分发挥总部功能的企业更是凤毛麟角。充分借鉴亿滋的成功经验在总部企业中推广，力争更多的总部企业发挥能效。

（3）加强对重大项目、重点企业的服务。在引进东方梦工厂项目的过程中，力争多做工作，在政策上有所突破；在推进徐家汇中心项目的过程中，积极联手市、区相关职能部门多次协商，理清工作步骤，目前四家项目公司已顺利完成审批程序。

## 二、2014 年徐汇区国际经贸工作展望

### （一）外贸工作展望

2014 年外贸形势不容乐观，一是欧美等国的需求依然不振，新订单基本不增长甚至减少。据了解，2013 年以来徐汇区出口下降幅度较大的企业大部分为出口贱金属、纺织品、工艺饰品和机电产品的中小型企业。国外市场需求受本国经济形势影响以及国际商品市场行情走弱等因素影响，导致订单量不增反减。二是人民币升值预期导致部分订单延后。三是企业成本上升，出口意愿减弱。在近期参加的市商务相关工作座谈会也有领导提出由于受到这些年来产业转型影响，进出口贸易额增长进入瓶颈，比较难有大的突破。

1. 继续推进徐汇区服务贸易平稳发展

徐汇区服务外包发展已进入相对稳定期，推动服务贸易稳步发展已具备初步基础，结合上海市加快推进服务贸易发展规划，在新的一年重点考虑：积极主动对接市商务委相关工作与政策，根据重点发展标准，确定重点企业，促进徐汇区服务贸易健康发展。通过对接上述工作，推动徐汇区服务贸易重点领域集聚，吸引更多企业落户，鼓励已有企业承接更多离岸外包合同，并指导有条件的企业开拓知识流程外包（KPO）业务，提升外包业务整体水平，结合产业结构调整转型发展战略，积极探索区域外贸发展

新途径。

2. 加强自贸试验区政策对徐汇区外贸发展影响的研究

2014 年自贸试验区预计将出台一系列新的政策,包括新的负面清单,会对徐汇区企业产生比较大的影响,尤其是要关注一些大的专业类企业,加强研究和企业服务跟踪,一方面协助做好安商、稳商、留商的工作,另一方面协助争取相关政策试点。

3. 做好外资企业协会换届工作

积极搭建有效的贸易企业服务和交流平台,协助区外资企业协会、贸促会和徐汇商会等社会团体完成换届工作,尽快回复运转以充分发挥协会的桥梁纽带作用。并加强与市贸易促进会,市商会的联系和沟通,多渠道给予企业更好的服务。

4. 深化与海关、检验检疫等职能部门协调配合

进一步深化与海关、检验检疫、税务、财政等部门的在贸易管理工作上的协调配合,形成合力。做好浦江局在徐汇区开展进出口商品检验检疫政策宣传和普及工作,推动贸易便利化。对外贸进出口企业在加工贸易审批、海关实务和商品进出口证照和退税服务等方面遇到的问题予以及时解决,在提高综合贸易管理水平的同时,也能为企业提供有效服务。

此外,积极配合西岸集团推进徐汇滨江艺术品保税仓库的申请设立工作,协调海关做好前期调研和考察工作。

5. 完善徐汇区进出口贸易基础工作

近年来随着外贸经营权管理的备案化管理,徐汇区获得外贸经营权企业数量快速增多,针对目前在进出口数据统计方面仍存在的信息滞后和数据不全的现象,将争取市商务委支持,进行专项调查和规范化指导,重点抓好新增贸易企业的管理和服务。

同时,做好"上海市外贸进出口监测系统"录入、维护等工作,并充分利用该系统及"海关系统数据查询系统"等收集、掌握企业进出口情况,积累基础资料,分析相关数据,加强对徐汇区外贸工作的分析研判。

### (二) 外资工作展望

1. 聚集重大项目跟踪,确保项目落地和经济效益

滨江东方梦工厂项目,西岸传媒港项目,保税仓库项目,相关涉及文化创意、影视传媒产业企业信息聚焦对接。重点做好合同利用外资项目贺利氏(德国)、标志雪铁龙(法国)、延锋伟世通(美国)、亚美亚(美国)等项目落地和增资工作。同时,积极关注区内土地出让项目,从源头上主动对接项目开发、建设过程,把好招商关。

2. 大力发展区域总部经济，巩固外资利用的领先水平

加强与已经在区域内投资但还未在设立地区总部的跨国公司及其办事机构的联络沟通，排摸出可能设立为地区总部的目标公司，有针对性地开展工作。鼓励区域内现有总部机构拓展功能，并予以奖励，提升总部机构的贡献度与影响力。鼓励总部机构与区内本土优势企业强强合作，推进区域总部经济与区域内相关产业的发展耦合，从而增强跨国公司总部机构的根植性和归属感。

3. 加快政府职能转变，改革创新招商服务机制

一是借力自贸试验区政策溢出效应，研究探索相关行政审批制度改革。抓住自贸试验区“负面清单”管理模式，对接投资管理和工商注册制度的相关改革，探索实施企业登记备案制，领先复制自贸试验区经验做法，形成先发比较优势，为招商引资创造良好环境。二是着力“问题反馈和长效化”，完善重点企业联系走访机制。统筹各方力量，充分发挥现有的安商、稳商、留商的企业服务机制和协调机制，落实信息沟通反馈机制，既做好拟外迁企业的挽留服务工作，又要注重帮助解决企业实际困难和问题，更好地稳住盘活存量，积极寻求增量，提高企业服务满意度。

### （三）外经工作展望

要加强审核工作规范化，做好中小企业国际市场开拓资金、服务外包专项扶持资金的申报组织和初审工作；做好境外投资初审工作；做好加工贸易企业资质审核、合同备案工作等。

同时，根据政府职能转变要求，各级政府正在逐步探索新的管理模式。上海市商务委员会正在研究出台《上海市展览业管理办法》，根据新的办法原来的国际展会将由审批制改为备案制，展会后进行项目评估，各区也将承担部分后期评估工作，这对徐汇区商务委员会的工作提出了新的内容和要求。以后，随着政府职能的转变和“上海国际贸易中心”的建设，预计会有更多类似新的工作要求，只有立足本职、本岗，才能尽快适应新的形势，做好相关工作。

# 第四节　长　宁　区

## 一、2013 年长宁区国际经贸发展情况

### （一）外贸发展情况

2013 年，长宁区累计进出口总额 93.78 亿美元，比上年下降 3.49%，其中累计进口总

额54.80亿美元，比上年下降3.18%，累计出口总额为38.98亿元美元，比上年下降3.92%。

1. 基本情况

从企业来看，2013年累计进出口超过5 000万美元的进出口企业共有21家。

从贸易方式来看，长宁区仍以一般贸易为主。其中一般贸易的进出口额为593 901.36万美元，占全区进出口总额的63.33%（表8.13）。

**表8.13　2013年长宁区贸易方式情况表**

| 贸易方式 | 进出口/万美元 | 同　比/% |
| --- | --- | --- |
| 一般贸易 | 593 901.36 | -8.91 |
| 其他贸易 | 287 003.01 | 7.30 |
| 加工贸易 | 56 934.44 | 8.91 |

从进出口国别来看，主要以美国、东盟和法国市场为主。2013年美国进出口额212 721.4万美元，同比增长17%，取代法国成为长宁区主要进出口国家的第一位。东盟由2012年第五位跃升至第二位，进出口额为113 453.12万美元，同比增长28.04%（表8.14）。

**表8.14　2013年长宁区主要进出口国家情况表**

| 主要进出口国家 | 进出口/万美元 | 同　比/% |
| --- | --- | --- |
| 美　国 | 212 721.40 | 17.00 |
| 东　盟 | 113 453.12 | 28.04 |
| 法　国 | 110 750.09 | -34.32 |
| 日　本 | 106 735.82 | 4.49 |
| 德　国 | 82 922.33 | -27.59 |

从进出口商品来看，2013年主要进出口商品的进出口为车辆、航空器、船舶25.28亿美元，同比下降8.44%；机电、音像设备及其零件22.65亿美元，同比下降16.24%；纺织原料及纺织制品15.46亿美元，同比增长4.43%；贱金属及其制品5.79亿美元，同比增长22.9%；化学工业及其相关工业5.63亿美元，同比增长7.74%（表8.15）。

表 8.15 2013 年主要进出口商品情况表

| 主要进出口商品 | 进出口总额/万美元 | 同 比/% |
|---|---|---|
| 车辆、航空器、船舶 | 252 765.62 | -8.44 |
| 机电、音像设备及其零件 | 226 501.3 | -16.24 |
| 纺织原料及纺织制品 | 154 582.67 | 4.43 |
| 贱金属及其制品 | 57 879.71 | 22.90 |
| 化学工业及其相关工业 | 56 318.72 | 7.74 |

2. 特点分析

长宁区进出口额大幅增长主因是由于上海东方航空进出口有限公司。东航进出口飞机数量和金额由国家直接调控,2013 年东方航空进出口额为 25.08 亿美元,占长宁进出口总额的 26.74%,同比下降 17.99%。如剔除东航数字,2013 年长宁其他企业累计进出口额为 68.7 亿美元,同比上升 3.17%,其中累计出口额为 37.35 亿美元,同比下降 0.75%,累计进口额为 31.35 亿美元,同比上升 8.27%。

3. 上海虹桥贸易便利化"一站式"服务中心

上海虹桥贸易便利化"一站式"服务中心正式揭牌。2013 年 5 月 8 日,正值首届中国(上海)国际技术进出口交易会开幕之际,作为上海国际贸易便利化的一项重要功能——上海虹桥贸易便利化"一站式"服务中心正式揭牌。"一站式"服务中心开创了中心城区内海关与检验检疫合署办公的先例。海关可以为企业提供进口通关、加工贸易减免税审批、保税等业务;检验检疫在长宁设立了工作点,为企业提供进出口报关报检业务和境外展会备案等业务。在此基础上,海关和检验检疫还将相关政策在长宁先试先行。海关在长宁进一步加大了通关无纸化改革试点范围;利用公共保税仓库帮助企业简化贸易手续,降低成本;为总部企业积极申请支持总部优惠措施,包括"集中申报"模式、总部属地化管理;建立海关事务联络员机制,为企业提供海关政策法规引导。检验检疫局对重点企业试行"信用监管"、"检企合作"、"直通放行"、"通报通放"政策;设立了快速通关窗口,对企业推行先通关放行、费用段结的服务;对申领产地证企业实施无纸签证措施。

## (二) 外资发展情况

1. 基本情况

2013 年,长宁区引进外资企业 225 家,比上年减少 10%;投资总额 9.89 亿美元,比上年减少 3.89%;注册资本 7.05 亿美元,比上年增长 0.51%;引进合同外资 6.86 亿美元,比上年增长 0.34%(表 8.16)。

表 8.16　2013 年长宁区吸引外资情况表

| 吸引外资方式 | 批准外资企业 | | | 合同利用 | |
|---|---|---|---|---|---|
| | 企业/家 | 总投资额/万美元 | 同比/% | 外资金额/万美元 | 同比/% |
| 外方直接投资 | 225 | 32 249.11 | −45.67 | 20 311.83 | −45.15 |
| 其中:合资企业 | 20 | 7 445.42 | 115.58 | 1 822.05 | 23.78 |
| 独资企业 | 205 | 24 803.69 | −55.65 | 18 489.79 | −48.02 |
| 增　资 | — | 66 654.31 | 53.05 | 48 289.80 | 54.09 |
| 合　计 | 225 | 98 903.42 | −3.89 | 68 601.63 | 0.34 |

从来源地看,中国香港是长宁区外商投资最主要的来源地,投资总额达 22 391.63 万美元,占到外商总投资额的 69.43%。日本和新加坡分列第二、第三位,分别为 3 601.82 万美元和 1 680.6 万美元(表 8.17)。

表 8.17　2013 年长宁区外商投资主要来源地情况表

| 国家或地区 | 项目/个 | 投资总额/万美元 | 合同外资/万美元 |
|---|---|---|---|
| 中国香港 | 96 | 22 391.63 | 12 849.20 |
| 日　本 | 33 | 3 601.82 | 3 238.00 |
| 新加坡 | 11 | 1 680.60 | 990.50 |
| 欧洲国家 | 28 | 1 562.40 | 1 182.00 |
| 离岸群岛 | 14 | 1 045.80 | 759.00 |
| 韩　国 | 12 | 723.68 | 461.14 |
| 美　国 | 8 | 641.29 | 357.00 |
| 中国台湾 | 14 | 376.00 | 293.50 |
| 澳大利亚 | 2 | 65.00 | 46.00 |
| 加拿大 | 3 | 64.50 | 64.50 |
| 文　莱 | 1 | 40.00 | 30.00 |
| 泰　国 | 1 | 22.00 | 16.00 |
| 阿联酋 | 1 | 21.40 | 15.00 |
| 马来西亚 | 1 | 13.00 | 10.00 |
| 总　计 | 225 | 32 249.11 | 20 311.84 |

2. 2013 年吸引外资的主要特点

(1) 服务贸易企业占引进外资比重大。2013 年吸引商业企业 139 家,合同外资数 1.09 亿美元,其中包括了汤美费格商贸(上海)有限公司、昂高化工(上海)有限公司、龟甲万(上海)贸易有限公司等知名企业。另依托长宁大力发展总部经济的政策,2013 年共引进了可隆(中国)投资有限公司、爱达(中国)投资有限公司、科莱恩化工(中国)有限公司共 3 家地区总部,形成长宁总部集聚效应。

(2) 存量企业增资情况活跃。2013 年审批增资项目 128 户,增加合同外资 4.83 亿美元,占引进合同外资数的 70%。在 2013 年申请增加资本金投入的知名企业有:统一企业(中国)投资有限公司、捷太格特(中国)投资有限公司、优科豪马橡胶有限公司、赫兹汽车租赁(上海)有限公司、仲利国际租赁有限公司等。

## 二、2014 年长宁区国际经贸工作展望

2014 年是深入贯彻落实党的十八届三中全会精神的开局年,在长宁区委区政府的领导下,长宁区商务委围绕“三个城区”的战略目标,以改革创新、只争朝夕的精神状态,以认真负责、脚踏实地的工作作风,充分发挥市场主体的作用,通过改革进一步释放经济发展活力,通过借力中国(上海)自由贸易试验区建设提升贸易便利化水平,在加快区域经济结构转型中进一步提高经济发展的质量和效益。

2014 年,长宁区对外经济贸易工作目标为:实现合同外资 6 亿美元;实现外经贸进出口总额 48 亿美元。主要工作重点是:争取多方支持,继续提高贸易便利化水平;对接自贸试验区,研究长宁发展机遇;创新运营模式,构建完善国别商品中心展示交易平台;关注新经济模式,重点支持平台经济发展。

# 第五节　静　安　区

## 一、2013 年静安区国际经贸发展情况

2013 年,静安外资外贸工作在静安区区委、区政府的领导下,在上海市商务委员会等部门的指导下,紧紧围绕“建设国际静安,构建和谐家园”的目标,牢牢把握“开放促发展、法治筑和谐”的工作主基调,深入对接上海国际贸易中心建设,在国内外经济形势非常严峻的背景下,紧扣年初制定的目标任务,攻坚克难,抓形势分析,抓产业分析,经过各方共同努力,顺利完成各项经济指标及各项重点工作任务,为静安区“十二五”商务发展奠定

了良好的基础。

## （一）外贸发展情况

2013 年，静安区实现海关出口额 12.16 亿美元，比上年下降 2.49%，外贸出口有所下滑。

1. 进出口低速下滑，对外贸易保持逆差

近年来，亚洲、欧洲、美国、日本静安主要贸易目的地持续呈现需求低迷的态势。全年对亚洲市场贸易额下降 12.26%，对欧洲市场贸易额下降 3.56%，对日本市场基本持平，仅对美国市场出现 4% 的增加。2013 年，亚洲是最主要的出口商品输出地，出口额占主要输出地的 34%。由于静安地处上海中心城区，商业商务繁荣繁华，一线高端品牌云集，进口商品多，2013 年进出口继续保持逆差，差值为 1.54 亿美元（图 8.12）。

2. 纺织、机电产品贸易数额较大

出口方面，主要涉及纺织原料及纺织制品、贱金属及其制品、化学工业及其相关制成品、机电及其零配件等，其中纺织产品 2013 年 1—12 月累计出口 3.56 亿美元，占出口总额的 29.24%，同比下降 20.55%；机电产品累计出口 4.27 亿美元，占出口总额的 35.09%，同比增长 34.43%；化工制品累计出口 1.68 亿美元，占出口总额 13.82%，同比下降 6.96%。其中，机电商品出口最多，占主要出口商品额的 35%（图 8.13）。

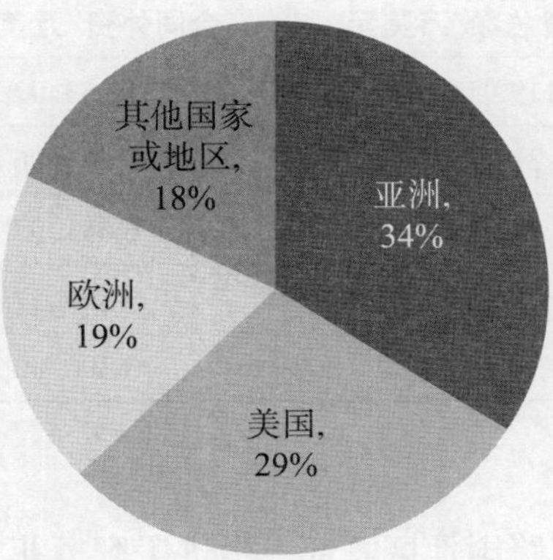


**图 8.12　2013 年静安区出口商品主要输出地情况**

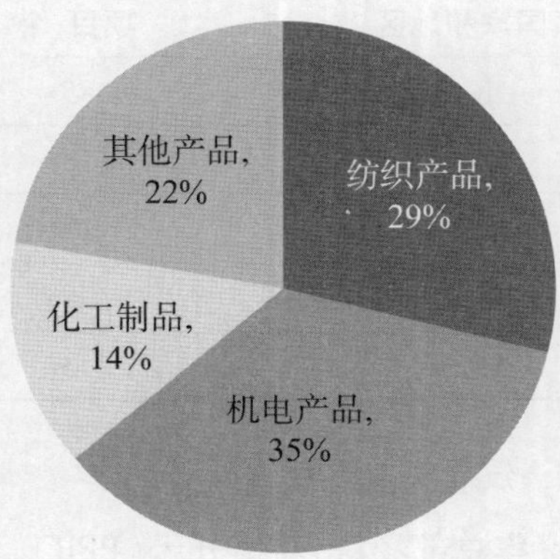


**图 8.13　2013 年静安区主要出口商品情况**

3. 主要贸易伙伴位次发生变化

进口方面，对意大利进口额实现 2.46 亿美元，同比增长 262%，成为新的经济增长区。意大利则成为超越日本、韩国、英国，成为静安第一大商品进口国。

### （二）外资发展情况

在国际经济形势复杂多变的环境下，静安区 2013 年外资利用保持高速增长。2013 年引进协议外资合计 32.46 亿美元，比上年增长 72.30%；引进外商直接投资合同金额为 17.86 亿美元，比上年增长 49.48%；完成外商直接投资实际到位金额达 5.33 亿美元，比上年增长 16.12%（表 8.18）。

**表 8.18　2013 年静安区引进外资情况表**

| 利用外资方式 | 批准外资企业 | | 合同利用 |
| --- | --- | --- | --- |
| | 企业/家 | 总投资额/万美元 | 外资金额/万美元 |
| 外商直接投资 | 166 | 324 639.53 | 178 576.50 |
| 其中：合资企业 | 7 | 28 010.45 | 30 462.57 |
| 合作企业 | 0 | 0 | 0 |
| 独资企业 | 159 | 296 381.73 | 147 866.58 |

从外资来源地看，中国香港是最主要的地区，投资项目总数达 85 个，投资总额 12 亿美元，合同外资 23.6 亿美元。新加坡和日本次之（表 8.19）。

**表 8.19　2013 年静安区外商直接投资主要来源国家和地区情况表**

| 国家和地区 | 项目/个 | 投资总额/万美元 | 合同外资/万美元 |
| --- | --- | --- | --- |
| 中国香港 | 85 | 119 951.74 | 235 963.92 |
| 新加坡 | 8 | 32 032.39 | 30 661.96 |
| 日　本 | 19 | 14 947.59 | 6 641.97 |
| 美　国 | 8 | 10 433.51 | 3 899.51 |
| 意大利 | 3 | 8 283.77 | 3 390.40 |

1. 知名企业持续集聚

聚焦总部经济，新增开云（PPR）、爱特思等多家跨国地区总部。引进美鹰奥菲特（中国）商贸有限公司、罗杰维维亚（上海）有限公司、家全七福（上海）餐饮管理有限公司、晟慕（上海）商贸有限公司、虹软（上海）多媒体科技有限公司等多家分布于高端消费、餐饮、多媒体、专业工具等多个领域的知名企业或品牌。

2. 新设项目表现突出、增资项目表现稳定

2013 年新设项目 166 个，较上年下降 7.78%，降幅较 2012 年大幅度缩小。尽管项目数量有所减少，但是 2013 年静安新设和增资项目分别实现合同外资 10.66 亿和 7.2 亿美

元,较上年分别增长94.7%和11.23%。

3. 吸引外资主体集中

房地产业一枝独秀,共实现合同外资12.29亿美元,占比68.82%;商贸流通业表现稳定,实现合同外资3.81亿,占比21.33%;专业服务业小幅回落,实现合同外资1.54亿美元,占比8.6%;三大行业合计占比98.75%,构成静安吸收合同外资主体(图8.14)。

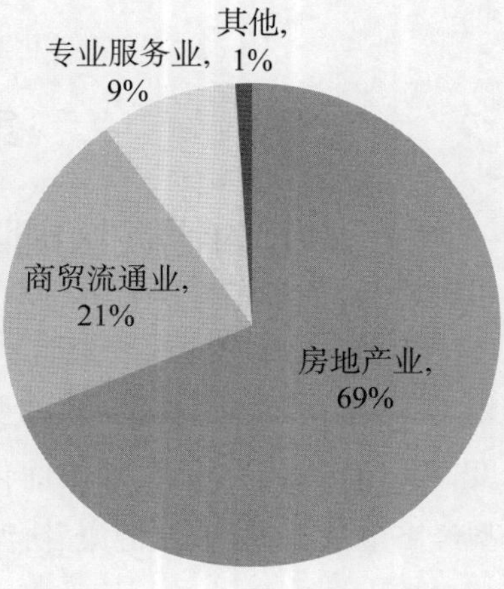


**图8.14　2013年静安区吸引外资占比情况**

## 二、2014年静安区国际经贸工作展望

2014年,静安外资外贸工作将按照"高起点、开放型、国际化"发展思路,聚焦总部经济,加强政策引导,着力提高外向型经济质量,为静安国际商务港建设开创新局面,为全面落实区域"十二五"规划奠定基础。

### (一) 聚焦总部经济,吸引总部型企业入驻

加强世界知名跨国公司地区总部或投资性公司以及世界知名企业或品牌的引进工作。鼓励现有地区总部企业扩大经营规模。加强重点企业跟踪走访,积极搭建各类平台协助企业解决问题,促进企业在静安不断发展壮大。

### (二) 加强政策引导,支持外贸企业做大做强

通过使用中小企业开拓国际市场资金等政策引导,组织企业参展、参与跨国采购、"走出去"开发南美等市场。引导企业加快出口商品结构的调整。引导企业开展网上交易等形式,"走出去"拓展新空间。加快发展服务贸易,重点支持企业从事信息技术服务外包(ITO)等相关开拓国际市场服务外包业务,按政策规定帮助企业申请服务外包产业发展专项资金支持。

### (三) 紧抓改革机遇,推进行政审批等工作创新试点

加强行政审批流程优化梳理,提高审批效率。对表自贸试验区,积极研究审改模式,积极推进备案制试点。加强与市商务委、上海出入境检验检疫局、上海海关等部门的合作,开展行政审批改革试点,积极争取各类贸易便利化措施在静安先行先试。

# 第六节 普 陀 区

## 一、2013 年普陀区国际经贸发展情况

2013 年,普陀区商务委紧紧围绕建设“上海西部新兴商贸科技区”目标,按照“抓规划、抓落实、抓重点、抓调整”的要求,突出“一河五区”的重点,努力提升区域经济的外向度,积极有效利用外资,加快优化对外贸易结构,提高服务贸易发展水平,使普陀区外向型经济继续保持稳定、健康、协调发展的良好势头。

### (一) 外贸发展情况

2013 年普陀区外贸形势在区域经济转型发展和经济结构不断调整过程中,在保持适当的进出口总量的基础上,进一步优化了进出口商品的结构,提升了进出口商品的技术含量,成为助推区域经济转型发展和产品升级换代的主要动力源之一。

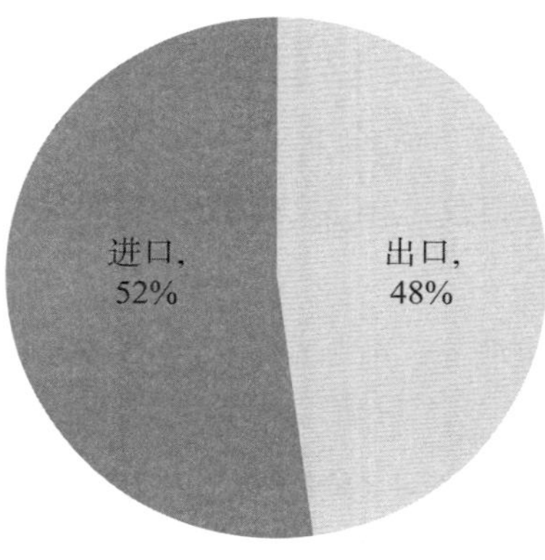


图 8.15 2013 年普陀区外贸进出口占比情况

2013 年普陀区外贸进出口额达 388 202.3 万美元,同比下降 8.62%。其中,出口 184 969.6 万美元,同比增长 8.86%,占进出口总额的比重为 47.65%;进口 203 232.7 万美元,同比下降 20.27%,占进出口总额的比重为 52.35%。累计贸易逆差达 18 263.1 万美元。下降的主要原因是 2013 年初市里下放的一家国有企业[国家物资储备局上海七处(保)],该企业自从统计归口下放后,就搬迁到浦东新区,由于该企业 2012 年度的进出口额达到了 11.55 亿美元,而 2013 年累计只有 4.08 亿美元,致使普陀区的进出口数据的同比下降较大(图 8.15)。

1. 根据企业类型分类

(1) 国有企业中经营进出口业务的企业达到了 25 家。2013 年进出口总额 126 664.1 万美元,同比下降 40.23%,占全区进出口总额的 32.63%。其中,出口 54 451.9 万美元,同比下降 7.19%;进口 72 212.2 万美元,同比下降 52.88%。目前,进出口额超过1 000 万美元的外资企业有 10 家,这 10 家企业的进出口额累计达 123 416.2 万美元,占国有企业进出口总额的 97.44%。

(2) 外资企业中经营进出口业务的企业达到了 282 家。1—12 月进出口总额

83 843.6 万美元，同比增长 0.20%，占全区进出口总额的 21.60%。其中，出口 43 203.5 万美元，同比下降 3.04%；进口 40 640.1 万美元，同比增长 3.89%。目前，进出口额超过 1 000 万美元的外资企业有 18 家，这 18 家企业的进出口额累计达 44 496.7 万美元，占外资企业进出口总额的 53.07%。

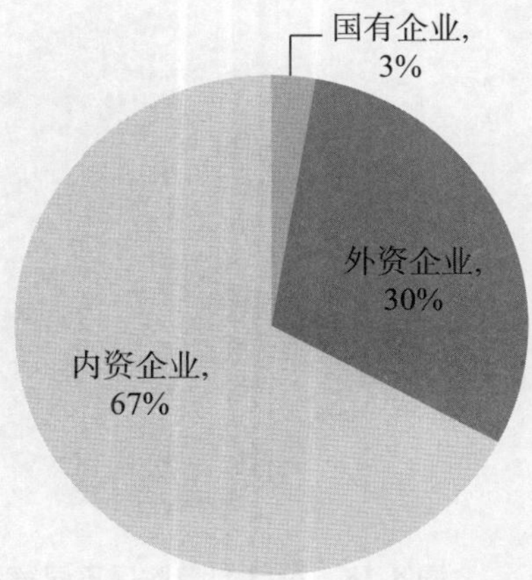


**图 8.16　2013 年普陀区不同企业类型占比情况**

（3）内资企业中经营进出口业务的企业达到了 616 家。2013 年进出口总额177 694.6 万美元，同比增长 37.54%，占全区进出口总额的 45.77%。其中，出口 87 314.2 万美元，同比增长 30.94%；进口 90 380.4 万美元，同比增长 44.58%。进出口额超过 1 000 万美元的内资企业有 35 家，这 35 家企业的进出口额累计达 109 837.6 万美元，占内资企业进出口总额的 61.81%（图 8.16，图 8.17）。

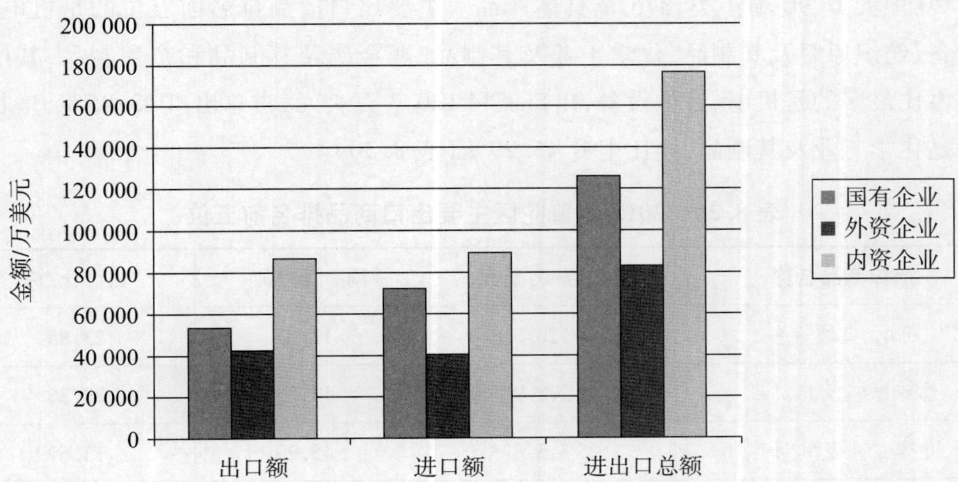


**图 8.17　2013 年普陀区不同企业类型进出口对比**

2. 根据货物贸易方式分类

普陀区外贸进出口货物的贸易方式分为三大类：一般贸易、加工贸易和其他贸易。其中以一般贸易为主要的贸易方式。

（1）一般贸易的进出口总额为 260 852.6 万美元，占全区外贸进出口总额的 67.20%，同比增长 11.34%。

（2）加工贸易的进出口总额为 13 362.4 万美元，占全区外贸进出口总额的 3.44%，同比下降 4.55%。其中，来料加工进出口额为 2 419.2 万美元，同比下降 44.77%；进料

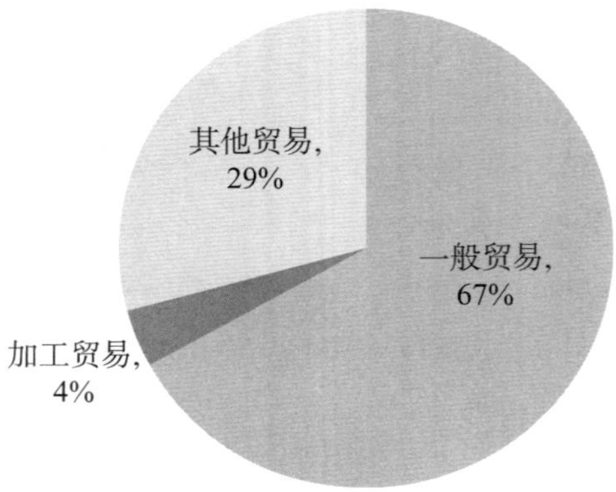


**图 8.18　2013 年普陀区不同贸易方式进出口占比情况**

加工进出口额为 10 943.2 万美元，同比增长 13.76%。

（3）其他贸易的进出口总额为 113 987.3 万美元，占全区外贸进出口总额的 29.36%，同比下降 35.42%。其中，对外承包工程货物的进出口额为 8 057.3 万美元，同比增长 18.34%；外商投资企业作为投资进口的设备、货物进口额 238 万美元，同比增长 0.73%；保税仓库进出境货物进出口额 105 092.6 万美元，同比下降 37.76%；其他方式进出口额 599.4 万美元，同比下降 1.39%（图 8.18）。

3. 根据商品分类

目前，普陀区外贸企业涉及的进出口商品共有 20 项大类、90 项小类、876 个具体产品。主要出口商品排名前五位的是机电、音像设备、纺织原料及其制品、化学工业及其制品、贱金属及其制品和杂项制品，其中出口额占比最多的是机电、音像设备，出口额44 120.3 万美元，占总出口 23.85%，增长最快的是化学工业及其制品，同比上升 45.29%（表 8.20）。

**表 8.20　2013 年普陀区主要出口商品排名前五位**

| 出口商品名称 | 出口额/万美元 | 同　比/% | 占　比/% |
|---|---|---|---|
| 机电、音像设备 | 44 120.3 | -11.07 | 23.85 |
| 纺织原料及其制品 | 42 278.9 | 13.35 | 22.86 |
| 化学工业及其制品 | 25 313.8 | 45.29 | 13.69 |
| 贱金属及其制品 | 13 388.3 | -9.69 | 7.24 |
| 杂项制品 | 12 835.9 | 1.23 | 6.94 |

主要进口商品排名前五位的是贱金属及其制品、化学工业及其制品、动物产品、机电、音像设备和纺织原料及其制品，其中贱金属及其制品出口额 45 060.2 万美元，占进口额 22.17%，增速最快的是动物产品，进口额 25 283.5 万美元，同比增长 155.77%（表 8.21）。

表 8.21　2013 年普陀区主要进口商品排名前五位

| 进口商品名称 | 进口额/万美元 | 同　比/% | 占　比/% |
|---|---|---|---|
| 贱金属及其制品 | 45 060.2 | −64.73 | 22.17 |
| 化学工业及其制品 | 38 396.1 | 36.09 | 18.89 |
| 动物产品 | 25 283.5 | 155.77 | 12.44 |
| 机电、音像设备 | 23 997.6 | −9.23 | 11.81 |
| 纺织原料及其制品 | 18 540.3 | −24.26 | 9.12 |

4. 根据进出口市场分析

2013 年普陀区外贸企业进出口业务所涉及的国家及地区共有 178 个。其中进、出口名列前五位的国家的进、出口额分别占了进、出口总额的 40.22% 和 40.07%。

进口排名前五位的国家分别是：俄罗斯、波多黎各、德国、美国和新西兰，累计进口额 81 731.3 万美元。其中俄罗斯进口额 23 098 万美元，占进口总额 11.36%（表 8.22）。

表 8.22　2013 年普陀区进口排名前五位的国家

| 进口国家 | 进口额/万美元 | 同　比/% | 占　比/% |
|---|---|---|---|
| 俄罗斯 | 23 098.0 | −21.32 | 11.36 |
| 波多黎各 | 15 944.2 | 46.75 | 7.85 |
| 德　国 | 15 398.5 | 4.98 | 7.58 |
| 美　国 | 14 689.4 | −1.86 | 7.23 |
| 新西兰 | 12 601.2 | 381.14 | 6.20 |

出口排名前五位的国家分别是：日本、美国、德国、阿塞拜疆和澳大利亚，累计出口额 74 118.2 万美元。其中，日本出口额 28 127.8 万美元，占出口总额 15.21%（表 8.23）。

表 8.23　2013 年普陀区出口排名前五位的国家

| 出口国家 | 出口额/万美元 | 同　比/% | 占　比/% |
|---|---|---|---|
| 日　本 | 28 127.8 | 2.15 | 15.21 |
| 美　国 | 27 216.1 | 2.54 | 14.71 |
| 德　国 | 7 097.2 | 23.83 | 3.84 |
| 阿塞拜疆 | 6 242.8 | 46.23 | 3.37 |
| 澳大利亚 | 5 434.3 | −0.98 | 2.94 |

### （二）外资发展情况

2013 年普陀区利用外资面临着前所未有的压力与挑战。从国际上看，美国实施量化宽松的货币政策，欧盟国家债务危机的影响短时间难以摆脱，世界经济复苏进程缓慢，影响了跨国投资者的预期；加之本区几大重点地区年内无土地出让计划，受其影响，2013 年普陀区相关招商单位的项目信息普遍比较匮乏，项目规模偏小。面对严峻形势，普陀区商务委着力加强外资政策培训，认真做好外资审批工作，全力促进重大项目落地，努力提升区域经济的外向度。

1. 合同外资情况分析

2013 年普陀区审批新设立外资企业 105 家，同比增长 14.13%；引进合同外资达 25 983.75 万美元，同比下降 56.83%。其中新批项目合同外资 9 131.56 万美元、增资 201 029.79 万美元、减资 4 177.6 万美元。市批项目的合同外资达到了 19 297.62 万美元，占合同外资总额的 74.27%，区自行审批合同外资为 6 686.13 万美元，占总额的 25.73%。另外，合同外资大于 1 000 万美元的企业的外资总额达到了 15 152.73 万美元，占合同外资总额的 58.32%（图 8.19）。

从新设立企业类型来看：合资企业 27 家，合同外资 4 893.03 万美元；独资企业 78 家，合同外资 4 238.53 万美元。

从企业投资的行业来看：二产类企业合同利用外资达到 3 619.71 万美元，其中制造业企业合同外资达 3 317.11 万美元；建筑装饰业合同外资为 302.6 万美元。三产类企业合同外资达到了 22 364.04 万美元，其中，批发零售业企业合同外资达 8 965.81 万美元；租赁业企业合同外资达 4 307.64 万美元，咨询业企业合同外资达 3 661.56 万美元；房产业企业合同外资达到 2 939.09 万美元（图 8.20）。

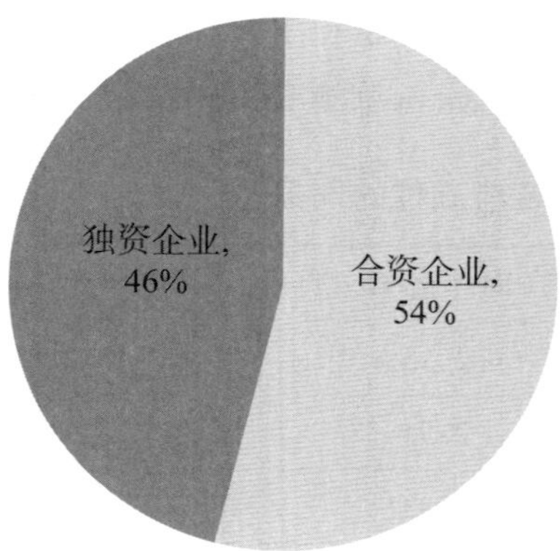


**图 8.19　2013 年普陀区新设企业合同外资比较**

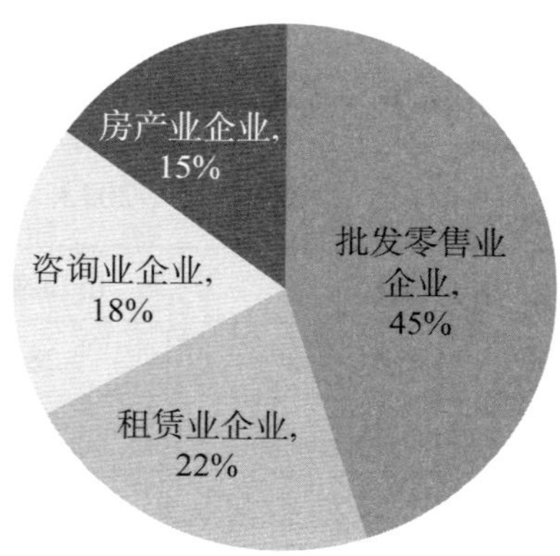


**图 8.20　2013 年普陀区三产类企业合同外资比较**

从投资国别及地区来看：所有合同外资所涉及投资国别及地区有26个，其中香港地区来普陀区投资的合同外资最多，合同外资达到了13 044.83万美元；其次是新加坡，合同外资达到了4 389.24万美元；排名第三的是开曼群岛，合同外资达2 818.66万美元（图8.21）。

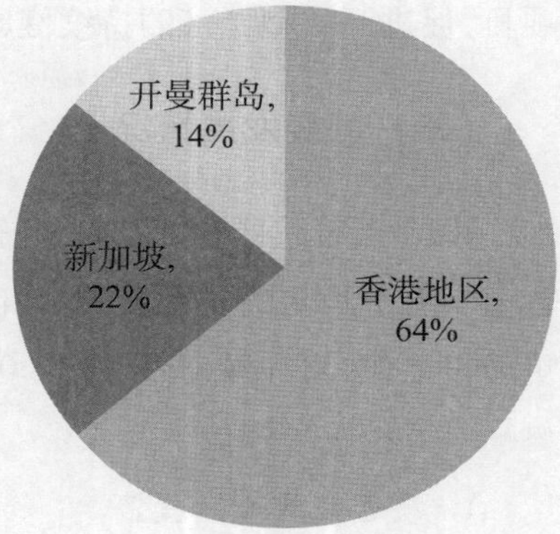


**图8.21　2013年普陀区主要投资国别/地区的合同外资比较**

2. 实到外资情况分析

2013年，普陀区实到外资达到了52 605.7万美元，同比下降14.44%。其中单次到位大于1 000万美元的合同外资有35 828万美元，占实到外资总额的68.11%。

从企业类型来看：独资企业实到外资有38 780万美元；合资企业实到外资有12 935.8万美元；合作企业实到外资有889.9万美元。

从产业来看：第二产业的实到外资为2 719.7万美元；第三产业的实到外资为49 886万美元，占实到外资总额的94.83%。

3. 外资工作特点

（1）将项目推进作为重中之重。做好重点企业跟踪服务工作，积极争取优质项目入驻普陀区，指导企业申报手续，在确保审批质量的前提下，通过各种方式帮助企业加快办事速度。同时，普陀区商务委加强调研，建立健全与重点街镇、园区的例会制度，掌握项目信息，努力引进一批行业领先、贡献度大的外资项目；解放思想，攻坚克难，在法律法规框架下，突破项目瓶颈，做好沟通、协调和服务工作，使相关部门统一思想、形成合力，保证项目顺利推进；深化总部经济调研，聚焦重大项目，找准总部经济发展的切入口，积极吸引总部机构入驻并促进其向亚太区域总部等更高层级总部发展。

（2）完善各项工作机制。完善与市商务委、市投促中心以及部分中介机构的沟通机制；排摸外资载体资源的情况，抓住跨采基地建成、桃浦地区转型以及月星环球港、近铁城市广场等项目建设与招商的机遇，促进外资引进，促成中欧设计基地、世界餐饮中心等在谈项目；利用普陀区有一定影响力的民间人士，促进境外大企业、大集团来区投资；加强与重点外资企业的联系，支持企业增资扩股，促进以商引商。

（3）营造良好的发展环境。坚持服务是普陀第一资源，及时跟踪研究国家的外资政策及相关的行业政策，抓住自贸试验区建设的机遇，深入思考跨境电子商务领域的发展模式，不断提高研判和灵活运用政策的能力。同时，进一步提高审批效率，简化审批流程，与相关部门一起，共同营造更加公开透明、高效便捷的优良环境，吸引更多符合发展方式转变和产业结构调整方向的外资企业，坚决阻止能耗高、占地多、污染重、效益低的项目,促进开放型经济的持续健康发展。

### (三) 外经发展情况

2013 年普陀区企业加快实施“走出去”战略,积极应对经济全球化的趋势,对外投资较上年有了长足的发展。2013 年完成 7 家新设境外投资企业、4 家境外投资企业增资变更转报工作,累计投资总额达 8 089. 38 万美元。

对外投资呈现以下特点:

1. 项目规模有所提高

以往对外投资项目金额较小,普遍在 100 万美元以下。2013 年投资总额 1 000 万美元以上的项目为 1 个,500 万~1 000 万美元的项目为 3 个,100 万~500 万美元的项目为 1 个,100 万美元以下项目为 3 个。

2. 投资区域较为集中

投资主要分布在亚太环线,经济较发达地区。项目最多的为中国香港地区 6 个,澳大利亚 2 个,美国 1 个。

3. 投资产业多样化

投资领域由传统的国际贸易向股权投资、房地产开发行业拓展。

4. 海外并购成为对外投资的新兴投资方式

2013 年最大的一个投资项目为上海慕和网络科技有限公司出资 5 072 万美元,设立香港全资子公司神奇互动有限公司,并通过公司 2 次逐级全额持股,从而间接持有 Ifree Studio Limited 的 100% 股权,后者主营业务为无线互联网游戏软件开发和手机游戏的运营(表 8. 24)。

**表 8. 24 2013 年普陀区投资企业国家与地区**

| 境外企业名称 | 境内投资主体 | 投资国家和地区 |
|---|---|---|
| 和斐贸易美国有限公司 | 上海和斐贸易有限公司 | 美　国 |
| 掌中方寸信息科技有限公司 | 上海方寸信息科技有限公司 | 中国香港 |
| 神奇互动有限公司 | 上海慕和网络科技有限公司 | 中国香港 |
| 桐柏房地产开发有限公司 | 上海桐柏建筑工程有限公司 | 澳大利亚 |
| 香港葆恒集团有限公司 | 上海惠勤实业有限公司 | 中国香港 |
| 上海冈三华大计算机有限公司东京分店 | 上海冈三华大计算机有限公司 | 日　本 |
| 嘉成轨道交通安全保障系统(国际)有限公司 | 上海嘉成轨道交通安全保障系统有限公司 | 中国香港 |

## 二、2014 年普陀区国际经贸工作展望

2014 年普陀区商务委将继续开创“上海西部新兴商贸科技区”建设的新局面,着力提升“三个度”:发展聚焦度、经济外向度、产业能级度,进一步聚焦重点地区和重点项目的建设,发挥部门职能作用,加快行政审批改革,推进产业转型发展。

### (一) 简化行政审批,提高工作效率

全面实施《2014 普陀区商务委行政审批事项办事指南》,提高行政效能,改革外资审批和项目申报、备案流程。营造透明、高效的外商投资环境,提高外资项目落地和外资企业经营的满意程度,促进区域经济的外向度和开放型程度。

### (二) 提高外贸企业的服务水平

作为区域内唯一管理外贸经济运行和数据统计分析的部门,普陀区商务委将继续积极为区域内的外贸企业保驾护航,利用国家现行的外贸政策、法规,及时给予政策辅导和信息沟通,为企业在实际运营当中,创造一个良好透明的运营环境。

同时加强与市商务主管部门的联系合作,加强区域检测站的管理工作,及时将上海市有关外贸方面所有有效的动态信息,实时监测数据,定期通过检测站告知相关外贸企业,让企业及时全面地掌握外贸形势的发展动向,便于企业根据形势的发展制定战略决策和调整应对措施,从而使普陀区外贸的发展,进一步成为推动区域经济结构调整、产业转型获得成功的主要原动力之一。

### (三) 建立与口岸部门的战略合作关系

按照“优势互补、高效协作、紧密互动、发展共赢”的原则,以提升贸易便利化水平、实现区域战略规划目标为宗旨,继续完善与海关、检验检疫之间长期化、深层次、宽领域沟通合作平台,提高服务水平、形成服务合力,推动进出口企业便捷化运作。促进普陀区外向型经济持续、快速、健康发展,促进联动发展,进一步提升贸易便利化水平。

### (四) 大力加强总部企业培育

大力协调街镇和园区,探索与市、区部门及中介服务的联系,提高行政审批的效率和流程再造,引进一批专业服务外资项目;加大总部经济培育。主动做好跨国公司地区总部的有关政策的介绍及相关政策咨询服务工作,努力指导优质企业向总部企业发展。

### （五）优化利用外资结构,引导利用外资转型升级

鼓励外商投资企业增资扩股。对符合产业政策,市场前景好的项目,鼓励外商扩大投资额,增加资本金。支持外资以并购、参股等多种形式参与企业改组改造。积极探索和拓展新型产业、服务外包、总部经济、并购、境内外上市、股权私募基金、创业投资等多种利用外资的业态与渠道。

### （六）加大企业服务力度

（1）建立政策信息发布制度,提高政策透明度,定期在商务委网站上刊登外资、工商、海关、商检等相关部门的政策法规,使企业及时了解政策变化。不定期举办政策培训会,组织有关专业部门现场为企业解答政策法规方面的疑问。

（2）建立与企业沟通机制,组织"政企沙龙",进一步营造亲商、重商氛围,与重要企业保持热线联络,及时了解这些企业的发展动态,巩固、扩大招商引资成果,做到以商引商。

（3）探索外资年度运营情况网上联合申报工作的方法,组织外资企业做好年度运营情况网上联合申报工作,发挥此项工作的作用,抓新批、增资企业的资金到位率,以及每月外资报表的上报率,确保数据的准确性,加强外资各项数据的运行分析,为外资调研工作做好基础。

### （七）大力发展会展经济

发挥上海跨国采购中心平台作用,主动服务 2014 年中国（上海）国际跨国采购大会,支持国际性会展和国内外专业性展览等商贸会展,推动跨采中心在信息交流、项目对接、跨国交易的优势,吸引符合区域产业的国内外企业、大型采购商及服务机构入驻。

# 第七节 闸 北 区

## 一、2013 年闸北区国际经贸发展情况

### （一）外贸发展情况

2013 年闸北区进出口总额 22.25 亿美元,同比增长 29.60%;其中进口 12.56 亿美元,同比增长 64.23%,出口 9.69 亿美元,同比增长 1.78%。

出口产品以机电产品为主,累计出口 2.84 亿美元,贱金属及其制品居第二位,1.58

亿美元,纺织业位居第三,1.33 亿美元(图 8.22)。

出口企业中民营企业出口 4.65 亿美元,占出口总额的 47.99%;三资企业出口 2.88 亿美元,占出口总额的 29.72%;国有企业出口 2.16 亿美元,占出口总额的 22.29%。出口企业排列前三的是:迅达(中国)电梯有限公司 1.26 亿美元;其次是上海集优机械股份有限公司 0.98 亿美元;第三是上海嵩海实业经贸有限公司 0.62 亿美元(图 8.23)。

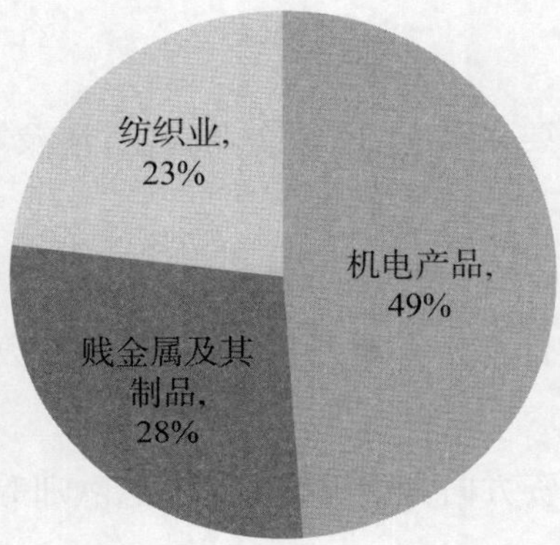


**图 8.22 2013 年闸北区主要出口产品出口额比较**

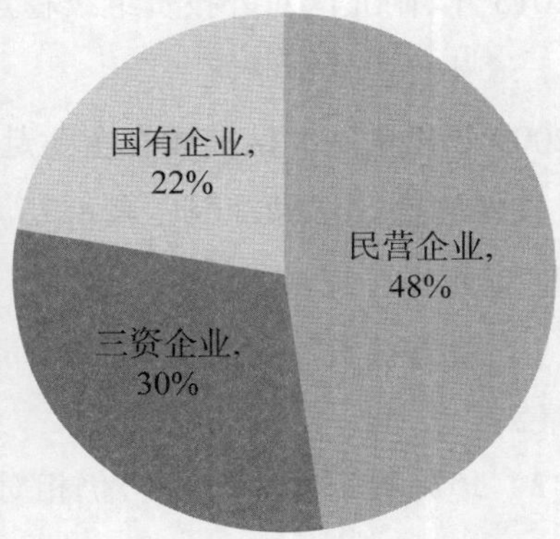


**图 8.23 2013 年闸北区出口企业占比情况**

在出口国家(地区)中,美国、日本和俄罗斯位于前 3 位,分别为 1.4 亿美元、1.05 亿美元和 0.5 亿美元。

出口至美国的累计 1.4 亿美元,出口日本的累计 1.05 亿美元,出口至俄罗斯的累计 0.5 亿美元。

在贸易方式中占比较重的为一般贸易,占出口总额的 98.61%,其次为加工贸易,占出口总额的 1.26%,加工贸易中来料加工占出口总额的 0.06%,进料加工占出口总额的 1.2%(图 8.24)。

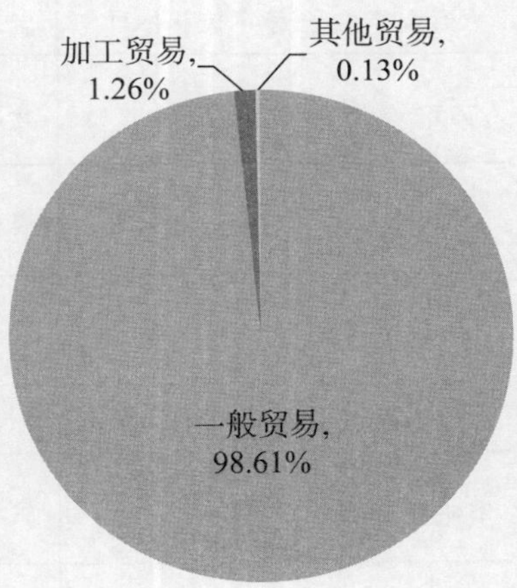


**图 8.24 2013 年闸北区不同贸易方式出口额占比情况**

### (二) 外资发展情况

2013 年,闸北区新引进外资企业 125 家,累计合同外资 8.82 亿美元,同比下降 7.15%。其中引进合同外资 52 595.67 万美元,合同增资 35 612.56 万美元,100 万美元以上项目数 51 个。2013 年闸北区外资企业实现税收总额达到 64.56 亿元,外税占闸北区税收比重达到 38.1%，均创历史新高。

2013 年新吸引跨国公司总部 4 家，分别是泰国的尚泰投资有限公司、新加坡的美皇投资管理(上海)有限公司、香港的易仓企业管理有限公司和英国的雷尼绍(上海)管理有限公司。截至 2013 年底，闸北区经上海市政府认定的跨国公司地区总部达到 22 家。

### (三) 外经发展情况

2013 年，闸北区对外投资继续稳定发展。

1. 境外投资总体情况

2009 年以来闸北区陆续有企业赴境外投资，主要以私企、民营企业为主，涉及零售、批发、软件信息、金融等行业(表 8.25)。

2. 境外投资特点

(1) 境外投资项目数量有所提高，2013 年度共计有 7 个境外投资项目，项目数量为历年最高。

(2) 境外投资国家(地区)仍相对集中，主要投资方向为中国香港、美国、欧洲等经济发达国家(地区)。

(3) 境外投资项目类别与以往相比呈现多样化趋势，涉及零售、软件、金融等多个行业。

**表 8.25　2013 年闸北区企业对外投资情况表**

| 境内主体名称 | 境外企业/机构名称 | 境外企业所属行业 | 投资国家或地区 | 投资金额/万美元 |
|---|---|---|---|---|
| 上海宝尊电子商务有限公司 | 宝尊香港有限公司 | 零售业 | 中国香港 | 644.75 |
| 上海爱数软件有限公司 | 香港亿云科技有限公司 | 软件和信息技术服务业 | 中国香港 | 161.25 |
| 艾艾精密工业输送系统(上海)股份有限公司 | 德国 Bode Belting Gmbh | 批发业 | 德　国 | 59.67 |
| 上海龙帛信息技术有限公司 | 荷兰龙帛咨询公司 | 软件和信息技术服务业 | 荷　兰 | 10.00 |
| 上海丛远投资集团有限公司 | 脉链国际股份有限公司 | 批发业 | 瑞　士 | 10.50 |
| 启迪金控投资有限公司 | 启迪金融控股有限公司 | 其他金融业 | 英属维尔京群岛 | 450.00 |
| 上海龙帛信息技术有限公司 | 美国龙帛咨询公司 | 软件和信息技术服务业 | 美　国 | 20.00 |
| 合计项目数:7 个 | | | | 1 356.17 |

## 二、2014年闸北区国际经贸工作展望

### (一) 加大招商引资力度,积极引进外生优质资源

一是持续关注引大引强。将继续以具有总部特征的"大体量"、"大税收"的项目为引进重点,集中区域资源,加强政策宣传,跟踪落实现有项目信息,提高引进成功率。二是进一步挖掘第三方资源,完善现有渠道招商办法,提高第三方资源利用效益。主动出击、通过拓展咨询公司、律师事务所、外国领事馆等涉外渠道,并通过多种方式建立紧密联系和有效沟通,提高闸北投资环境的知晓度,有效挖掘项目信息。三是协同全区资源,聚焦产业招商。借助外资招商管理平台,充分调动街道镇园区、区内楼宇及产业政策等各类资源,提高产业招商敏感度,积极推动重点产业形成产业集聚效应。四是深入研究外商投资规律和政策,为创新招商思路和开拓招商方式提供理论引导和政策支持。

### (二) 做好安商扶商工作,扶持企业做大做强

闸北区将继续做好安商留商扶商工作,将外资企业的服务管理工作与引资引税紧密结合起来,重点围绕总部经济,积极挖掘总部经济的各类资源,力求总部效益最大化:一是加快推进总部企业的投资策划和税收整合步伐;二是加快推进重点企业上下游关联公司的引进,特别是对于飞利浦、大润发等行业龙头企业,利用其市场地位和影响力,吸引企业产业链上下游及周边资源,加大"以商引商"和"产业链招商"的招商力度;三是继续加强和创新企业服务方式内容,搭建各类平台,增强区内企业交流,对接企业内部市场,提高分类服务水平,扶持企业做大做强。

### (三) 继续做好服务外包和服务贸易的相关促进工作

一是加强对服务贸易政策的研究和宣传,进一步优化服贸企业发展环境。根据《关于促进上海服务外包发展的若干意见》和《关于促进闸北服务外包发展的实施意见》,在财税、人才和配套服务等方面确保落实相关扶持政策,同时根据《上海市促进服务外包产业发展专项资金使用和管理办法》,积极做好资金申报审查和配套资金落实工作。二是借助闸北区大力推进"国家服务业综合改革试点"建设,不断探索区域发展服务贸易的有效途径和措施。同时加强对现有服务类企业的排摸和梳理,进一步掌握区内服务贸易企业的发展现状和问题,有针对性做好各项工作。三是区内相关职能部门联手,整合部门资源,共同推进区内软件企业的软件出口业务,帮助区内软件企业进一步走出去,扩大国际市场份额。

### 案例9　上海埃尔顿医疗器械有限公司

上海埃尔顿医疗器械有限公司是注册在上海市闸北区的一家外贸企业。在闸北设有专业生产厂房,主要生产销售内镜手术器械、异物钳、细胞刷、针形注射器、冲洗管、活检钳、圈套器、超声波清洗机和内镜用周边相关产品,拥有注册商标“Alton”。

该公司除了拥有丰富的产品制作经验及熟练的专业技术人员之外,还实行了规范化的经营管理模式。因此,在短短数年内该公司产品已闻名于国内外内镜手术器械行业。

该公司的产品已经在韩国和伊朗等亚洲国家通过了产品注册,成功地打开了亚洲新兴市场。同时,该公司产品也受到欧洲市场各大医院的广泛认可和青睐。目前,老客户订货稳定,新客户不断增加。公司以良好信誉,优质的产品成功进入了欧洲,美洲,亚洲医疗器械产品市场。现今公司规模仍在不断扩大,销售的产品种类和数量也在不断增加中。

2013 年该公司的年出口额达到400 万美元,同比 2012 年增加 30% 以上。其中出口欧洲市场销售额为 200 万美元,同比 2012 年增加 35% 。现在已打开巴西、波多黎各、哥伦比亚、智利等美洲国家市场,年销售额达到 120 万美元,同比 2012 年增长 30% 。

该公司于 2012 年 10 月 17 日取得境外投资证书,又在德国的下萨克森州的诺伊斯塔特设立子公司,该子公司为上海埃尔顿医疗器械有限公司全额注资设立,注册资本为 16 万美元,投资总额为 150 万美元。该子公司的主要经营业务为医疗器械的新产品的研发、销售以及仓储。由于欧洲所使用的医疗器械在规格和需求上,与国内有很大的不同。而且无论是在技术还是产品上,欧洲一直是处于领先的地位。所以公司将在当地招聘在医疗器械方面有一定经验的产品设计工程师、高级技术人员以及销售和仓库管理人员。预计该子公司在欧洲第一年的销售规模将会达到50 万美元。

## 第八节　虹　口　区

### 一、2013 年虹口区国际经贸发展情况

#### (一) 外贸发展情况

2013 年,虹口区对外贸易工作按照“创新驱动、转型发展”的总体要求,紧紧围绕“跨

前一步积极对接国际贸易中心建设”的战略目标，坚持以“企业为主体、以市场为导向”的服务理念，在逆势中实现对外贸易持续稳定增长。

1. 基本情况

据海关数据显示，2013 年虹口区实现货物贸易进出口 54.78 亿美元，同比增长 19.97%；其中，出口 20.17 亿美元，同比下降 5.03%；进口 34.61 亿美元，同比增长 41.71%；累计逆差 14.44 亿美元，较 2012 年增加 15.51 亿美元。从 2013 年全年来看，呈现出口低位趋缓、进口提升显著、总体缓中有升态势。一季度探底下滑后，二季度起止跌回升势头明显，贸易规模逐季扩大。一至四季度进出口额分别为 8.15 亿美元、12.65 亿美元、15.15 亿美元和 15.12 亿美元，同比分别增长 −12.21%、20.00%、34.28% 和 52.24%（图 8.25）。

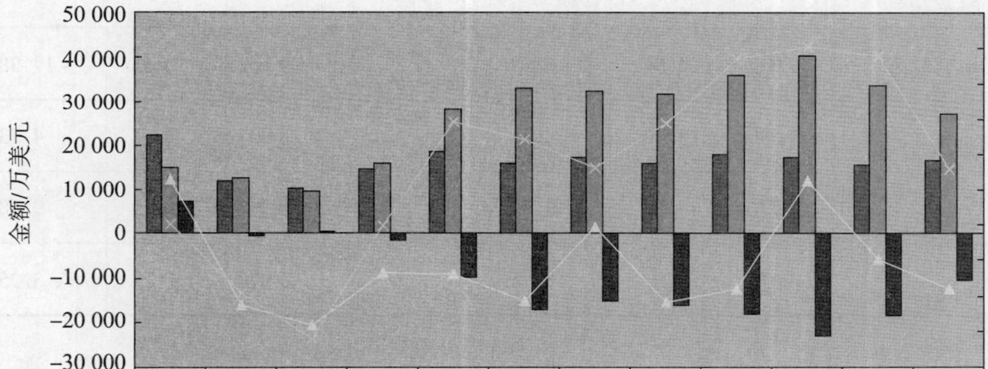


| | 1月 | 2月 | 3月 | 4月 | 5月 | 6月 | 7月 | 8月 | 9月 | 10月 | 11月 | 12月 |
|---|---|---|---|---|---|---|---|---|---|---|---|---|
| 出口额 | 22 145 | 11 859 | 10 342 | 14 492 | 18 462 | 16 091 | 17 249 | 15 790 | 18 060 | 17 423 | 15 485 | 16 740 |
| 进口额 | 14 841 | 12 491 | 9 812 | 16 031 | 28 254 | 33 204 | 32 496 | 31 849 | 36 029 | 40 396 | 33 832 | 27 323 |
| 贸易差额 | 7 304 | −632 | 530 | −1 539 | −9 792 | −17 113 | −15 247 | −16 059 | −17 969 | −22 973 | −18 347 | −10 583 |
| 出口增速/% | 45.87 | −25.03 | −37.15 | −7.22 | −7.85 | −22.43 | 18.25 | −23.45 | −16.06 | 45.150 | 0.42 | −16.14 |
| 进口增速/% | 20.44 | −19.07 | −44.28 | 19.48 | 77.72 | 68.31 | 52.39 | 77.40 | 114.47 | 120.96 | 115.94 | 51.95 |

**图 8.25　2013 年虹口区进出口贸易总体情况**

2. 主要特点

（1）市场扩容带动能源、资源性产品进口骤增

随着国内鼓励基建等稳增长政策的进一步落实，相关原材料产品进口需求不断提高，带动虹口区能源、资源性产品进口整体快速增长。2013 年，虹口区进口贱金属产品 10.90 亿美元，同比增长 1 091.36%；进口矿产品 8.79 亿美元，同比增长 10.93%；进口铜产品 6.99 亿美元，同比增长 1 443.43%（表 8.26）。

**表 8.26 2013 年虹口区主要进出口商品情况表**

| 序号 | 商品名称 | 出口/万美元 | 占比/% | 同比/% | 商品名称 | 进口/万美元 | 占比/% | 同比/% |
|---|---|---|---|---|---|---|---|---|
| 1 | 矿产品 | 52 320 | 25.94 | -20.57 | 贱金属及其制品 | 109 035 | 31.5 | 1 091.36 |
| 2 | 机电、音像设备 | 34 528 | 17.12 | 5.79 | 矿产品 | 87 939 | 25.41 | 10.93 |
| 3 | 纺织原料及纺织制品 | 25 317 | 12.55 | -2.65 | 珠宝、贵金属及制品 | 35 248 | 10.18 | 2.49 |
| 4 | 车辆、航空器、船舶等 | 13 849 | 6.87 | 23.45 | 机电、音像设备 | 33 232 | 9.6 | -18.90 |
| 5 | 化学工业及其相关工业的 | 13 608 | 6.75 | -20.99 | 活动物,动物产品 | 17 895 | 5.17 | 93.40 |
| 6 | 贱金属及其制品 | 12 693 | 6.29 | -23.14 | 塑料及其制品,橡胶 | 9 190 | 2.66 | -3.08 |
| 7 | 杂项制品 | 9 957 | 4.94 | 6.53 | 化学工业及其相关工业的 | 9 162 | 2.65 | -17.38 |
| 8 | 塑料及其制品;橡胶 | 7 590 | 3.76 | 2.34 | 纺织原料及纺织制品 | 6 907 | 2 | 4.73 |
| 9 | 革、毛皮及制品,箱包 | 7 576 | 3.76 | 33.97 | 木浆等,废纸,纸、纸板 | 6 393 | 1.85 | 0.78 |
| 10 | 光学、医疗等仪器,钟 | 4 673 | 2.32 | -13.75 | 光学、医疗等仪器,钟 | 5 996 | 1.73 | -5.25 |

(2)加工贸易加快转型,一般贸易增速放缓。受生产成本高企、人民币汇率上涨、劳动力断链、中低端加工贸易产业逐步向外转移等因素影响,虹口区加工贸易产业进一步加快转型。2013 年加工贸易进出口 1.59 亿美元,同比下降 8.48%;其中,出口 1.22 亿美元,同比下降 4.55%;进口 0.36 亿美元,同比下降 19.62%。一般贸易结构进入深度调整期,增速进一步放缓。2013 年一般贸易进出口 32.38 亿美元,同比增长 6.71%,较 2012 年减少 7.36 个百分点;其中,出口 13.16 亿美元,同比增长 1.39%;进口 19.23 亿美元,同比增长 10.69%(表 8.27)。

**表 8.27 2013 年 1—12 月虹口区分贸易方式进出口情况表**

| 项目 | | 出口 | | 进口 | |
|---|---|---|---|---|---|
| | | 金额/万美元 | 同比/% | 金额/万美元 | 同比/% |
| 总额 | | 201 694 | -5.03 | 346 098 | 41.71 |
| 贸易方式 | 一般贸易 | 131 585 | 1.39 | 192 267 | 10.69 |
| | 加工贸易 | 12 227 | -4.55 | 3 634 | -19.62 |
| | 其他方式贸易 | 68 651 | -17.05 | 150 196 | 127.55 |

（3）传统市场进口好于出口，新兴市场异军突起。受国际贸易摩擦加剧、外需不足，以及扩大内需政策进一步落实等多因素影响，虹口区对美、欧两大传统市场呈现进口高速增长，出口持续疲软态势。全年对美洲出口6.26亿美元，同比下降25.21%；对欧洲出口2.98亿美元，同比下降1.64%。全年对美洲进口7.48亿美元，同比增长266.65%；对欧洲进口5.92亿美元，同比增长38.51%。新兴市场方面，以智利为代表的拉美地区异军突起，进口呈现高速增长。全年对拉美地区进口5.01亿美元，同比增长2 531.34%；其中，对智利进口4.64亿美元，同比增长6 056.86%（表8.28）。

（4）民营企业外贸贡献度持续提升，成为对外贸易增长新亮点。经营主体方面，在当前货物贸易转型需求日益迫切的形势下，民营企业"船小好调头"的优势显得尤为突出，进出口增速明显快于其他主体。2013年民营企业出口8.22亿美元，同比增长7.11%，占全区出口40.78%，分别高于国有企业22.15个百分点和外资企业4.48个百分点；进口18.86亿美元，占全区进口54.48%，同比增长116.82%，分别高于国有企业118.2个百分点和外商投资企业112.41个百分点（表8.29）。

**表8.28　2012年1—12月虹口区与主要贸易伙伴贸易情况表**

| 国家或地区 | 金额/万美元 | | | 同　比/% | | |
|---|---|---|---|---|---|---|
| | 进出口 | 出　口 | 进　口 | 进出口 | 出　口 | 进　口 |
| 美　洲 | 137 429 | 62 589 | 74 840 | 32.02 | -25.21 | 266.65 |
| 欧　洲 | 89 066 | 29 809 | 59 257 | 21.86 | -1.63 | 38.51 |
| 日　本 | 58 185 | 22 698 | 35 488 | -0.83 | -0.2 | -1.23 |
| 智　利 | 48 475 | 2 013 | 46 462 | 1 297.78 | -25.83 | 6 056.86 |
| 东　盟 | 44 200 | 22 858 | 21 342 | 6.36 | 6.06 | 6.68 |
| 印　度 | 40 866 | 3 456 | 37 411 | 7.99 | 7.8 | 8.02 |
| 韩　国 | 40 825 | 5 382 | 35 444 | -24.73 | 9.79 | -28.16 |
| 大洋洲 | 36 730 | 5 966 | 30 764 | 83.76 | 29.47 | 100.03 |
| 非　洲 | 34 311 | 13 747 | 20 564 | 85.66 | 23.84 | 178.64 |
| 中国香港 | 17 959 | 15 750 | 2 209 | 21.73 | 22.96 | 13.69 |

**表8.29　2013年1—12月虹口区分企业性质进出口情况表**

| 项　目 | | 出　口 | | 进　口 | |
|---|---|---|---|---|---|
| | | 金额/万美元 | 同　比/% | 金额/万美元 | 同　比/% |
| 企业性质 | 国有企业 | 99 656 | -15.04 | 139 560 | -1.38 |
| | 外商投资企业 | 18 764 | 2.63 | 16 370 | 4.41 |
| | 民营企业 | 82 246 | 7.11 | 188 565 | 116.82 |

## （二）外资发展情况

2013 年 1—12 月，虹口区外商投资企业项目数共计 96 个；合同外资（含增资）共计 11.53 亿美元，同比增长 10.61%；2013 年 1—12 月实际到位资金额为 9.19 亿。涉外税收比重大幅提高，三级涉外税收占全区三级税收比重达 34.1%，同比增长 7.5 个百分点；区级涉外税收比重为 30.1%，同比增长 6.92 个百分点（表 8.30）。

截至 2013 年年底，已批准建立的三资企业总数为 1 759 个，合同外资为 595 689.08 万美元，其中合资企业 427 个，中外合作企业 130 个，独资企业 1 202 个。

2013 年外商直接投资来源地主要集中在中国香港地区，其新项目共计 45 家，合同外资 4.63 亿美元，同比增长 51.8%（表 8.31）。

**表 8.30　2013 年 1—12 月虹口区按吸引外资方式分类情况表**

| 吸引外资方式 | 批准外资企业 | | | 合同外资 | | 实到外资 | |
|---|---|---|---|---|---|---|---|
| | 项目/个 | 投资总额/万美元 | 比上年增长/% | 外资金额/万美元 | 比上年增长/% | 金额/万美元 | 比上年增长/% |
| 合计 | — | 189 586.01 | 10.80 | 115 290.29 | 10.61 | 91 946.90 | -13.50 |
| 外方直接投资 | 96 | 127 629.74 | 2.30 | 54 115.49 | 33.20 | — | — |
| 合资企业 | 22 | 116 212.74 | 20.45 | 47 240.50 | 106.50 | — | — |
| 独资企业 | 74 | 11 417.03 | -58.40 | 6 874.99 | -60.32 | — | — |
| 外方其他投资 | — | 61 956.27 | 33.68 | 61 174.80 | -3.82 | — | — |

**表 8.31　2013 年 1—12 月虹口区按外资来源地分类情况表**

| 国家或地区 | 项目/个 | 投资总额/万美元 | 合同外资/万美元 |
|---|---|---|---|
| 澳大利亚 | 1 | 20.00 | 20.00 |
| 澳　门 | 1 | 42.00 | 30.00 |
| 百慕大 | 1 | 50.00 | 17.50 |
| 德　国 | 3 | 73.46 | 51.82 |
| 法　国 | 1 | 242.00 | 163.96 |
| 韩　国 | 3 | 94.78 | 91.57 |
| 加拿大 | 1 | 3.92 | 2.35 |
| 开曼群岛 | 1 | 12.00 | 12.00 |
| 利比里亚 | 1 | 2 038.78 | 815.51 |
| 马来西亚 | 1 | 16.30 | 12.22 |

（续表）

| 国家或地区 | 项目/个 | 投资总额/万美元 | 合同外资/万美元 |
|---|---|---|---|
| 美　国 | 5 | 260.00 | 103.00 |
| 尼泊尔 | 1 | 20.00 | 14.00 |
| 葡萄牙 | 1 | 85.00 | 15.00 |
| 日　本 | 8 | 1 458.26 | 692.32 |
| 瑞　士 | 1 | 35.00 | 25.00 |
| 萨摩亚 | 3 | 128.65 | 110.92 |
| 中国台湾 | 4 | 167.22 | 124.14 |
| 中国香港 | 45 | 118 984.34 | 46 309.87 |
| 新加坡 | 6 | 269.22 | 223.78 |
| 意大利 | 1 | 22.95 | 16.20 |
| 英　国 | 2 | 56.86 | 28.43 |
| 英属维尔京群岛 | 4 | 560.00 | 2 135.00 |
| 投资性公司 | 1 | 2 808.00 | 3 100.88 |

吸引外资的主要领域及特点：

1. 以融资租赁为特色，金融服务业增长势头良好

2013 年共引入上海德众融资租赁有限公司等 5 家外资融资租赁公司。共引入合同外资 1.05 亿美元（10 530 万美元），同比增长 25.12%。外资融资租赁公司注册资本高、占用资源少、利税能力强，已成为虹口区外资金融服务业的主力军。

2. 以投资性公司为主的专业服务业迅速发展

2013 年共引入专业服务业项目 34 个，合同外资共计 1.87 亿美元，同比增长 330.85%。受益于国家固定资产投资的回暖，虹口区外资投资性公司进一步扩大规模，如中远太平洋（中国）投资有限公司获批增资 5 000 余万美元，用于购买太仓码头，以扩充其公司主要业务。

3. 品牌外资商贸企业集聚效应显现

受益于四川北路商业环境的不断优化，大量外区办公的商贸企业回流，日本第二大化妆品公司高丝化妆品销售有限公司搬迁至中信广场，真正融入虹口。此外，2013 年还引入青岛啤酒三得利（上海）有限公司，该公司入驻虹口龙之梦，成为华东地区最具品牌竞争力的商贸企业。

4. 外税比重大幅提高

2013 年三级涉外税收比重相比 2012 年提高了约 7.5 个百分点，比重 34.1%。外税比重的大幅提高主要受益于区内重点外资企业税收的稳定增长，但也有部分来自某些房地产企业新开盘带来的一次性收益。

## （三）对外投资情况

对外直接投资是我国实施“走出去”战略的重要组成部分，随着全球经济回暖，企业对外投资快速升温。2013 年，虹口对外投资获批项目数 10 家，投资总额达 988.5 万美元，主要有以下三个特点：

1. 投资国别更趋成熟，中国香港成对外直接投资新热点

作为全球排名前五的自由贸易港，中国香港具有投资环境良好、资本市场灵活、咨询流通自由等政策优势，成为众多企业境外投资的首选，投资香港的企业达 8 家，占比达 80%；虽然西方经济体复苏缓慢，但欧洲整体上投资环境较为健全和成熟。其中德国实行的减税政策，相对其他欧洲国家，对境外投资者更具有吸引力，更容易开拓新的客户市场，投资德国的企业有 1 家；缘于中国台湾地区投资环境的改善、两岸经贸关系交流日益频繁，极大地促进了投资人对台湾的投资信心，企业新设驻台办事处 1 家(表 8.32)。

**表 8.32　2013 年虹口区境外投资企业项目统计**

| 序号 | 境内主体名称 | 境外企业名称 | 投资国家或地区 | 所属行业 | 设立方式 | 投资金额/万美元 |
|---|---|---|---|---|---|---|
| 1 | 万邑通(上海)信息科技有限公司 | 万邑通(香港)贸易有限公司 | 中国香港 | 批发业 | 新设 | 30.0 |
| 2 | 上海盛天恺达创业投资合伙企业(有限合伙) | 数库财务咨询有限公司 | 中国香港 | 其他金融业 | 并购 | 71.5 |
| 3 | 上海尚实能源科技有限公司 | H&GE 新能源技术有限公司 | 德　国 | 专业技术服务业 | 新设 | 68.5 |
| 4 | 上海长园维安电子线路保护有限公司 | 上海长园维安电子线路保护有限公司驻台湾办事处 | 中国台湾 |  | 新设机构 | 0 |
| 5 | 东车轮船(中国)船务有限公司 | 纵横海运有限公司 | 中国香港 | 水上运输业 | 新设 | 60.0 |
| 6 | 万邑通(上海)信息科技有限公司 | 万邑通(香港)贸易有限公司 | 中国香港 | 批发业 | 增资 | 增资 100 |
| 7 | 上海二六三通信有限公司 | 二六三增值通信香港有限公司 | 中国香港 | 商务服务业 | 新设 | 1.0 |
| 8 | 上海中兴融资租赁有限公司 | 中兴旭航(香港)有限公司 | 中国香港 | 租赁业 | 新设 | 1.0 |
| 9 | 上海向隆投资管理有限公司 | 香港向隆船舶投资有限公司 | 中国香港 | 商务服务业 | 增资 | 增资 640 |

2. 投资行业广泛，分布更趋多元化

企业投资行业涵盖电子商务贸易、商务服务业、金融数据服务、新能源专业技术开发、运输代理、市场采购调研研究、租赁业和水上运输业等多个行业，基本围绕境内投资主体业务的上下游延展，利用境外企业实现资源配置全球化，降低主体运营成本，开拓国际市场，提升总体竞争力。

3. 企业再投资意愿强烈，全球营销网点布局加快

为进一步开拓海外新市场，多家企业加快布局全球营销网络，再投资热情高涨。如：继上海长园维安电子线路保护有限公司 2012 年底在美国投资 50 万美元新设公司之后，2013 年又继续在台湾地区设立办事处，并积极开展报价、采购、市场调查及研究业务等系列活动；万邑通（上海）信息科技有限公司继 2013 年 3 月在香港新设公司之后，于 8 月再增资投入 100 万美元，以增强其境外公司的资本规模。

## 二、2014 年虹口区国际经贸工作展望

### （一）外贸工作展望

2014 年是上海市创新驱动发展、经济转型升级的关键一年，也是虹口紧抓上海自贸试验区建设机遇，分享“溢出效应”，赢得“改革红利”的攻坚之年。虹口区将充分利用国内国外两个市场、两种资源，加快对外贸易转型发展。在提升贸易便利化水平、推进国别中心建设、提升企业“自我造血”能力、加大外贸监测体系覆盖面等方面积极作为，为企业提高国际竞争力创造更好的贸易环境。

1. 积极推进贸易便利化建设

立足部门联手、政策聚焦，以外贸推进合作协议为依据，进一步深化、细化虹口区与市商务委、上海检验检疫局和上海自贸试验区（外高桥保税区）等在对外贸易服务功能方面的各项落实措施，以国际贸易公共服务平台建设为突破口和着力点，全面启动与市有关部门在探索共建酒品检测“绿色通道”等贸易便利化建设领域的全方位合作。进一步完善服务贸易体系建设，充分发挥市进出口商会、中国银行、中国出口信用保险公司等专业组织机构在贸易培训、融资贷款、跨境电子商务等方面的专业优势，实现资源互补和功能互动，为企业提供全方位、多形式的贸易便利服务。

2. 加快推进国别中心建设

积极争取市商务委平台支持，在更广范围、更高层次与各国使领馆、行业协会、商业联合会建立沟通联系机制，合作组织各类国别中心参观考察活动和招商洽谈会。根据企

业对商业模式、知识产权保护、产业支持政策等方面的不同要求，进一步细化各国别分中心项目方案，加快引进一批具有国别特色产品的贸易链企业落户，夯实国别中心体量基础。将国别中心建设与四川北路、北外滩等商业地产项目招商相结合，突出国别进口商品对人气集聚的优势作用，形成互补多赢的合作发展模式，加快推进国别中心项目在资本、商业设施等方面的配套建设。

3. 构建对外贸易“大数据”平台

积极争取区内平台建设扶持资金，构建虹口区对外贸易大数据平台，为区内从事货物贸易和服务贸易的企业提供信息数据查询、业务配对、资源置换等服务。依托“大数据”平台服务功能，挖掘产业链上下游在贸易商品、贸易渠道、贸易技术和贸易设备等方面的闲置资源，通过市场自由流通增加闲置、剩余资源新附加值，提升企业“自我造血”能力。

4. 扩大外贸监测系统覆盖面，完善政企双向沟通平台

在及时了解企业面临的困难和政策诉求的基础上，进一步提升上海市外贸调查监测系统虹口监测站的信息服务功能，整合多渠道数据资源，保持相关政策的连续性和稳定性。完善政企双向沟通平台，制定相关工作措施，实现“一对一，点对点”的政企互动。逐步扩大监测系统虹口监测站的覆盖面，计划吸收一部分中小微企业作为区级样本企业，争取年内入库企业总数扩大到 50 家以上。做到运行监测与调查研究相结合，更好地为企业开展外经贸政策推送服务、组织相关论坛讲座、沙龙等活动；同时，实现区商务委与市商务部门监测点相结合，不断探索外经贸工作中的新方法、新经验，力争做到科学研判、有效分析、及时跟踪外贸企业进出口运行动态。

### （二）对外投资展望

在对外投资地区、方式和产业领域方面寻求新突破。一是积极树立“寓管理于服务”的理念，健全“走出去”促进服务体系；加大对外投资政策推广力度，及时将对外经济技术合作专项资金等相关政策主动告知企业，做好政策服务推送工作。二是加强业务合作，创新扶持领域。在与出口信用保险公司签订战略合作协议的基础上，积极争取拓展出口信用保险业务范围，探索单独设立对外直接投资综合保险的可行性，为虹口对外投资企业能够以更公平的条件参与国外投资市场竞争提供强力支撑。三是建立与税务主管部门的交流和沟通机制。定期举办与企业对外投资有关的税收政策宣传咨询活动，进一步加大对外投资企业的政策支持力度；积极解决企业对外投资中涉税问题；在税收指导服务方面，主动帮助企业了解赴外投资相关的税收优惠政策、税收征管等措施并提供相应指导。

# 第九节 杨 浦 区

## 一、2013 年杨浦区国际经济贸易发展情况

### （一）外贸发展情况

2013 年杨浦区外贸进出口总额为 17. 57 亿美元，同比增长 17. 7%，其中海关直接进口总额为 8. 03 亿美元，同比增长 39. 48%，海关直接出口总额为 9. 54 亿美元，同比增长 4. 01%。

截至 2013 年底杨浦区外贸进出口备案登记企业 1 617 家，实际发生外贸企业 646 家，其中进口企业数 331 家，出口企业数 315 家。2013 年，杨浦区一般贸易总量 15. 90 亿美元，同比增长 18. 75%，加工贸易总量 5 639 万美元，同比下降 8. 11%。外贸进出口总额规模 1 亿美元以上企业一家：上海华申进出口有限公司；规模千万美元以上企业 28 家（上海复旦微电子集团股份有限公司、上海机床厂有限公司等）；规模百万美元以上企业 135 家（上海回力鞋业有限公司、上海天昙国际贸易有限公司等）（图 8. 26）。

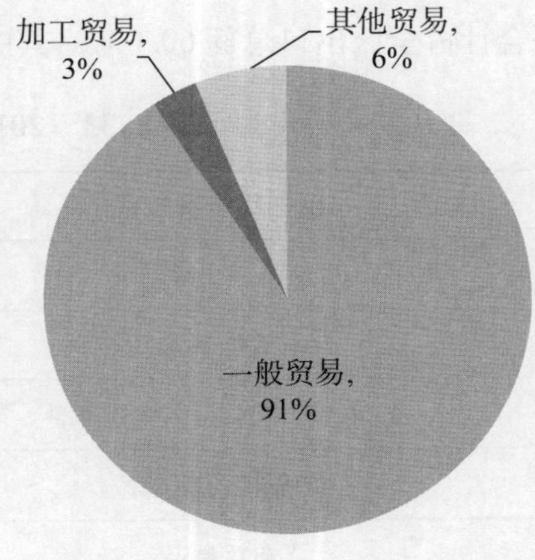


图 8. 26 2013 年杨浦区不同贸易方式进出口额占比

2013 年杨浦区外贸正处于“调结构、转方式”的关键时期，由于上海市商务委员会和上海海关调整了全市各区进出口归口统计口径，部分企业进出口数据新纳入杨浦区统计，因此杨浦区 2013 年进口数据相较 2012 年有明显提升，此外，除去数据基数较高外，2013 年杨浦区外贸提升还有以下原因：

从贸易方式看，1—12 月杨浦区一般贸易进出口总额为 15. 90 亿美元，占全区外贸比重 90% 以上，以一般贸易为主要外贸经营方式的企业当年订单增加，从而导致进出口数额增大。

从生产成本看，2013 年因劳动力、原材料等成本提升对比上一年相对稳定，导致不少外贸加工企业敢于多接订单，使进口量上升，出口动力也相对增大。

从市场需求来看，目前国际市场方面因美国经济正处于持续复苏阶段，欧债危机影响相较前两年减弱，导致外需提升，国内外贸企业订单数量也得到一定程度的提升。

总体而言,2013 年杨浦区外贸进出口在数额上有显著提升,但体量仍显不足,据上海市区(县)进出口统计,全年杨浦区进出口总额占全市比重仅 0.4%。2014 年,为把握上海自贸试验区和杨浦建设创新型试点城区的叠加效应,充分化挑战为机遇,提高对接上海自贸试验区的重要认识,杨浦将进一步做好对区域内重点外贸企业的辅导,协调海关、中信保等主动深入重点外贸企业,开展政策指导、咨询服务,积极为企业解决生产经营中遇到的实际困难,同时积极搭建平台、创造条件,组织召开企业负责人会议,听取企业意见,加强企业间的交流互动,强化企业抢抓自贸试验区机遇意识,提升国际竞争力,促进杨浦区外贸持续健康发展。

1. 主要出口产品情况

2013 年杨浦区主要出口商品产品结构仍以加工类纺织制品和机电类产品为主,两类合计占全区出口总额 60.03%,其中纺织制品同比增加 16.84%(表 8.33)。

**表 8.33　2013 年杨浦区主要出口商品情况表**

| 出　口　商　品 | 出口额/万美元 | 占出口总额/% | 同　比/% |
|---|---|---|---|
| 合　　计 | 87 464 | 100.00 | 3.85 |
| 纺织制品 | 28 234 | 32.28 | 16.84 |
| 机电、音响制品及其零部件 | 24 269 | 27.75 | -10.46 |
| 贱金属及其制品 | 8 815 | 10.08 | 19.44 |
| 杂项制品 | 5 506 | 6.30 | 6.97 |
| 化学工作及其相关工业的 | 4 915 | 5.62 | -21.48 |
| 塑料、橡胶及其制品 | 2 739 | 3.13 | -10.75 |
| 革、毛皮及制品 | 2 738 | 3.13 | 22.86 |
| 鞋帽伞等、羽毛品 | 2 162 | 2.47 | 56.07 |
| 车辆、航空器、船舶等 | 1 946 | 2.22 | -11.47 |
| 其　　他 | 6 140 | 7.02 | 48.06 |

2. 主要出口市场情况

2013 年杨浦区的出口市场仍旧主要集中在亚洲、欧洲和北美洲等成熟市场。其中,向亚洲市场出口额为 3.92 亿美元占出口总额的 44.82%,同比增长 13.48%(销往日本出口额为 0.87 亿美元,同比增长 9.93%,销往韩国出口额为 0.16 亿美元,同比增长 1.81%,销往东盟出口额为 1.30 亿美元,同比增长 14.91%);向欧洲市场出口额为 1.68

亿美元占出口总额的19.20%,同比下降1.43%;向北美洲市场出口额为1.62亿美元占出口总额的18.51%,同比增加2.59%(销往美国出口额为1.49亿美元,同比减少0.21%)(表8.34)。

**表8.34　2013年杨浦区出口商品主要输往地情况表**

| 国家和地区 | 出口额/万美元 | 占出口总额/% |
|---|---|---|
| 合计 | 87 464 | 100.00 |
| 亚洲 | 39 204 | 44.82 |
| 其中东盟 | 13 037 | 14.91 |
| 其中日本 | 8 686 | 9.93 |
| 其中韩国 | 1 586 | 1.81 |
| 欧洲 | 16 793 | 19.20 |
| 北美洲 | 16 191 | 18.51 |
| 其中美国 | 14 880 | 17.01 |
| 其他 | 15 276 | 17.47 |

## (二) 外资发展情况

2013年,杨浦区引进外商投资项目124个,同比增长1.64%,合同外资3.03亿美元,同比下降40.37%。2013年实到外资2.4亿美元,同比下降21.31%。124个项目中注册资金500万元人民币以上的项目27个,1 000万美元以上项目4个。2013年增资项目有31个,增资金额1.4亿美元,增资占利用外资的46.2%。

1. 外资助推杨浦区两个优先发展产业增长

知识型现代服务业项目与高新技术产业是杨浦区"十二五"规划中两个优先发展的产业。2013年引进的124个外资项目中以上两个产业项目合计95个,占总数的76.61%;合计利用外资1.26亿美元,占新设企业合同利用外资额的76.83%。

2. 批发零售行业投资下降,金融服务类企业增长稳定

自贸试验区虹吸效应影响,2013年杨浦区批发零售行业企业数和合同利用外资额均有大幅下降,124家新引进外资企业中,批发零售业企业24家,同比下降52.94%;合同利用外资1 010.85万美元,同比下降89.15%。金融服务类企业继续稳定增长,新增股权投资管理企业1家,融资租赁企业1家,合计利用外资1 200万美元(表4.35)。

表 8.35　2012 年—2013 年杨浦区金融类企业情况表

| 年　　份 | 企业数/家 | 合同外资/万美元 | 类　　型 |
|---|---|---|---|
| 2012 | 5 | 2 790.86 | 股权投资管理、创业投资、创业投资管理 |
| 2013 | 2 | 1 200.00 | 股权投资、融资租赁 |

3. 总部经济平稳发展

2013 年,杨浦区引进具有总部功能企业 2 家,分别是英之杰投资(中国)有限公司和李尔管理咨询(上海)有限公司。其中英之杰被上海市商务委员会认定为跨国公司地区总部,新设加增资合计合同利用外资 9 529 万美元。截至目前,杨浦区累计引进总部功能企业 5 家。

4. 外资来源地集中

中国香港仍是杨浦区外商投资的主要来源地,在新设的 124 家企业中资金来源地涉及 25 个国家和地区,其中中国香港有 57 家,合同外资 10 035 万美元,占新设企业合同利用外资的 61.23%。离岸群岛和日本的投资额增长,合同外资分别为 3 178 万美元和 2 274 万美元,各占比 19.42% 和 13.85%。美国和中国台湾地区的投资额下降明显,合同外资分别为 301 万美元和 116.21 万美元(表 8.36)。

表 8.36　2013 年杨浦区新设外商投资企业主要来源地情况表

| 序　　号 | 国家或地区 | 企业数/家 | 合同外资/万美元 |
|---|---|---|---|
| 1 | 中国香港 | 57 | 10 034.87 |
| 2 | 离岸群岛 | 11 | 3 077.00 |
| 3 | 日　本 | 8 | 2 273.55 |
| 4 | 美　国 | 12 | 301.12 |
| 5 | 新加坡 | 6 | 178.78 |

## (三) 外经发展情况

2013 年杨浦区贯彻国家和市鼓励企业境外投资的相关政策精神,加强企业“走出去”的政策宣传和指导工作,大力推动有条件的企业通过“走出去”拓展国际市场。截至 2013 年底,全年完成境外投资项目审批 20 个,同比增长 53.85%,投资总额约 2.78 亿美元,同比增长约 152.73%。

## 二、2014年杨浦区国际经贸工作展望

（1）提高对接自贸试验区的重要认识，做好对区域内重点企业的政策辅导。深入重点外贸企业，开展自贸试验区常识、自贸试验区基本政策等内容的辅导，同时积极搭建平台、创造条件，定期组织召开企业负责人会议，听取企业意见，加强企业间的交流互动，强化企业抢抓自贸试验区机遇意识，提升国际竞争力。

（2）在调研排摸杨浦区服务外包产业发展现有基础前提下，不断鼓励园区培育或引进承接国际服务外包的龙头企业，继续创建符合市级标准的特色园区；进一步巩固规模型企业发展，协助园区加大对企业的服务指导工作力度，努力挖掘一批潜力企业、扶持小微企业，通过资源整合、优势互补，形成梯队发展格局。

（3）积极落实商务部、上海市商务委员会关于促进外贸稳定增长的相关政策，组织上海海关、杨浦区相关职能部门、上海出口信用保险公司、杨浦区中小企业服务中心等，搭建服务平台和交流平台，通过重点企业上门服务、行业划分专业服务、区域范围整合服务的方式，开展信息推广、政策解读、专业指导，帮助企业排忧解难。同时，鼓励更多企业通过新设、并购、收购等形式，开展境外投资，实现“走出去”，引进高新技术，提高品牌创新建设能力和企业核心竞争力，实现高附加值产品升级转型，带动杨浦区技术进口和产品出口。积极组织企业参加各类国内外展会，帮助企业争取各类政策支持。

（4）进一步加强外经、外贸产业政策、业务知识学习，主动加强与上海市商务委员会、上海海关等相关部门的沟通，提高办事效率，形成高效、透明的行政办事和业务审批制度。

（5）加强引资渠道建设，推进利用外资持续健康发展。加强市区联动：加强与上海市商务委员会、上海市经济和信息化委员会、上海市外国投资促进中心、国外领馆、商会、中介机构的联系和合作，建立区域性的国际机构和组织、外事部门、涉外中介及国际人士的吸引外资联动机制，定期召开工作例会，加强信息对接。聚焦重点区域：关注创智天地、新江湾城知识商务中心、大连路总部研发集聚区，加快集聚国内外大企业总部及其研发中心、运营中心、结算中心、数据中心等功能性机构。坚持促进“引资”与“引智”、“引机构”相结合，做到引进资金与引进先进技术、管理经验和高素质人才相结合。

（6）聚焦产业重点，抓好外资落地工作。围绕杨浦区产业发展导向，聚焦“两个优先发展、两个提升发展”等重点产业领域，创新利用外资方式，加大利用外资力度。聚焦杨浦区产业发展扶持政策，加强重大产业项目引资，有意识地进行上下游产业链的开发、延伸和配套，按照产业集群要求实现外资项目的集中、集合和集聚，引进一个、带动一片，最

大限度地发挥项目的溢出和带动效应。做好外资企业经济运行分析，建立和完善外资企业运营分析和统计监测工作体系，把握外资企业的发展趋势，有针对性地采取预警措施，跟踪和把握杨浦区外资企业运营发展的基本态势。

## 第十节　宝　山　区

### 一、2013 年宝山区国际经济贸易发展情况

#### （一）外贸发展情况

2013 年全年，宝山区企业完成进出口总值 123.72 亿美元，同比下降 7.8%，其中出口总值 46.33 亿美元，同比下降 3.2%，进口总值 77.39 亿美元，同比下降 10.4%。具体情况如下：

1. 出口以国有、外资企业为主

2013 年宝山区国有企业和外资企业出口额分别为 19.70 亿美元和 19.49 亿美元，占全区出口总额分别为 42.5% 和 42.1%（表 8.37）。

**表 8.37　2013 年宝山区分企业性质出口情况表**

| 企业性质 | 2013 年出口额/万美元 | 2012 年出口额/万美元 | 同比/% |
|---|---|---|---|
| 国有企业 | 196 960 | 213 353 | -7.68 |
| 外资企业 | 194 945 | 196 568 | -0.83 |
| 民营企业 | 71 211 | 68 466 | 4.01 |

2. 一般贸易占据出口主导地位

2013 年宝山区以一般贸易方式出口额为 32.95 亿美元，同比下降 0.7%，占全区出口总额的 71.1%。以加工贸易方式出口额为 11.88 亿美元，同比下降 9.5%（表 8.38）。

**表 8.38　2013 年宝山区分贸易方式出口情况表**

| 贸易方式 | 2013 年出口额/万美元 | 2012 年出口额/万美元 | 同比/% |
|---|---|---|---|
| 一般贸易 | 329 538 | 331 893 | -0.71 |
| 加工贸易 | 118 825 | 131 306 | -9.50 |
| 其他贸易 | 14 913 | 15 361 | -2.91 |

3. 出口商品结构逐步调整优化

2013 年宝山区整体出口虽然为负增长，但机电产品出口额达 19.97 亿美元，同比增

长3.0%。此外,宝山区高新技术产品出口额为1.73亿美元,同比增长13.2%(表8.39)。

**表8.39　2012—2013年宝山区主要出口商品情况表**

| 商品名称 | 2013年出口额/万美元 | 2012年出口额/万美元 | 同比/% |
|---|---|---|---|
| 钢　材 | 155 329 | 221 425 | -29.85 |
| 集装箱 | 77 045 | 82 729 | -6.87 |
| 钢铁或铝制结构体及其部件 | 17 952 | 20 983 | -14.45 |
| 未锻造的铝及铝材 | 10 613 | 13 948 | -23.91 |
| 通断保护电路装置及零件 | 7 890 | 6 594 | 19.66 |
| 冷冻机和制冷设备 | 7 868 | 7 907 | -0.49 |
| 服装及衣着附件 | 7 061 | 6 726 | 4.99 |
| 机械提升搬运装卸设备及零件 | 6 464 | 3 173 | 103.73 |
| 纺织纱线、织物及制品 | 5 513 | 3 868 | 42.52 |
| 电线和电缆 | 5 285 | 656 | 705.79 |

4. 进口商品以资源类为主

2013年宝山区铁矿砂、煤、原木、铝材和铜材的进口额分别为52.38亿美元、3.15亿美元、4 680万美元、4 378万美元和4 177万美元。其中原木、铝材和铜材的进口额同比增幅分别达81.8%、50.7%和5.6倍(表8.40)。

**表8.40　2012—2013年宝山区主要进口商品情况表**

| 商品名称 | 2013年进口额/万美元 | 2012年进口额/万美元 | 同比/% |
|---|---|---|---|
| 铁矿砂及其精矿 | 523 810 | 589 221 | -11.10 |
| 钢　材 | 44 213 | 40 119 | 10.20 |
| 煤 | 31 456 | 38 462 | -18.22 |
| 冷冻机和制冷设备 | 17 592 | 11 547 | 52.35 |
| 废金属 | 15 902 | 24 263 | -34.46 |
| 铁合金 | 5 946 | 12 037 | -50.60 |
| 锯　材 | 5 865 | 2 736 | 114.37 |
| 通断保护电路装置及零件 | 4 879 | 7 412 | -34.17 |
| 原　木 | 4 680 | 2 575 | 81.75 |
| 未锻造的铝及铝材 | 4 378 | 2 906 | 50.67 |

5. 对欧盟、港台地区出口实现增长

2013 年宝山区对欧盟、我国香港和台湾地区出口额分别为 6. 14 亿美元、2. 49 亿美元和 1. 34 亿美元,同比分别增长 8. 0% 、31. 1% 和 56. 2% 。对美国、日本和韩国等传统市场出口仍为负增长(表 8. 41)。

**表 8. 41　2012—2013 年出口商品主要输往地情况表**

| 国家或地区 | 2013 年出口额/万美元 | 2012 年出口额/万美元 | 同比/% |
|---|---|---|---|
| 美　国 | 82 140 | 91 387 | －10. 12 |
| 东　盟 | 67 073 | 70 141 | －4. 37 |
| 欧　盟 | 61 432 | 56 899 | 7. 97 |
| 韩　国 | 53 257 | 62 794 | －15. 19 |
| 日　本 | 39 561 | 42 209 | －6. 27 |
| 中国香港 | 24 948 | 19 033 | 31. 08 |
| 巴　西 | 14 067 | 14 073 | －0. 04 |
| 中国台湾 | 13 356 | 8 550 | 56. 22 |
| 印　度 | 12 121 | 15 393 | －21. 26 |
| 伊拉克 | 11 260 | 2 676 | 320. 76 |

## (二) 外资发展情况

2013 年宝山区新批外资项目 145 个,增资项目 46 个,合计 191 个,同比增长 40% ;吸收合同外资 4. 5 亿美元,同比增长 28% 。其中:新批项目合同外资为 3. 14 亿美元,增资项目合同外资为 1. 36 亿美元。全年实到外资 2. 77 亿美元,同比增长 38% 。

从外资来源地看,以中国香港和澳门地区为主,合同外资达到 1. 82 亿美元;东盟区域次之,合同外资为 1. 06 亿美元;排在第三位的是美国,合同外资为 0. 56 亿美元(图 8. 27)。

从外商投资企业经营状况看,整体保持平稳上升趋势。2013 年外商实际投资达到 649. 25 亿美元,同比上升 0. 1%(表 8. 42)。

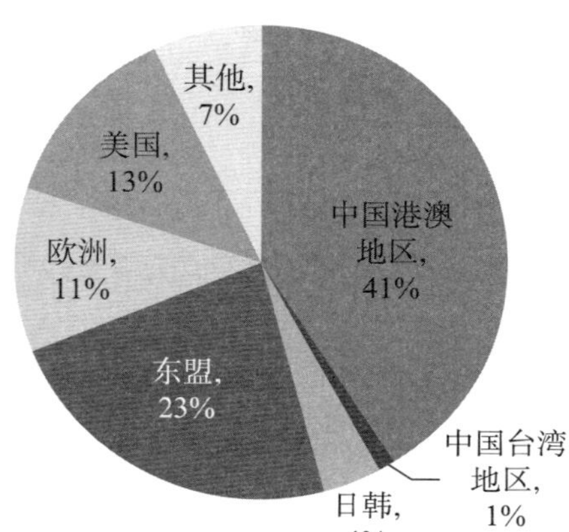


**图 8. 27　2013 年宝山区合同外资来源地情况**

表 8.42　2013 年宝山区外商投资企业经营状况表

| 项　目 | 2013 年累计 | 2012 年同期 | 同比/% |
|---|---|---|---|
| 企业总数/户 | 824 | 710 | 16.1 |
| 投产企业数/户 | 627 | 569 | 10.2 |
| 外商实际投资额/万美元 | 6 492 493 | 6 482 974 | 0.1 |
| 营业(销售)收入/万元 | 398 763 | 295 550 | 34.9 |
| 税金总额/万元 | 376 100 | 245 704 | 53.1 |
| 利润总额/万元 | 53 932 | 53 812 | 0.2 |
| 从业人数/人 | 52 459 | 52 512 | -0.1 |
| 其中:中方人员/人 | 385 069 | 367 808 | 4.7 |
| 从业人员薪金总额/万元 | 366 130 | 350 263 | 4.5 |
| 其中:中方人员/万元 | 824 | 710 | 16.1 |

利用外资主要特点:

1. 吸收外资持续增长

宝山区利用外资保持良好的增长势头。项目数月均增长 25.07%,合同外资月均增长 15.46%。其中,项目数单月增长值最高为 37%,发生在 2013 年 6 月;合同外资单月增长值最高同为 37%,发生在 2013 年 4 月。

2. 外商投资领域拓展

三产项目合同外资占比 81%,二产项目合同外资占比 19%。三产项目中,投资领域涉及房地产、软件信息、网络游戏、文化娱乐、批发零售、品牌汽车销售、汽车租赁、航空代理、现代物流、老年服务等,服务业合同外资占比较高的行业(除房地产外)有:批发、零售业 17.7%、物流业 10.4%、软件业 9.4%、商务服务业 4.7%。二产项目主要集中在非金属矿物制品业、专用设备制造业和通用设备制造业。其中,非金属矿物制品业合同外资占比为 4.4%、专用设备制造业合同外资占比为 3.9%、通用设备制造业合同外资占比为 3.6%。

3. 投资者品牌商誉提升

批准的外资项目中,有全球汽车零部件 100 强企业德国皮尔博格与上汽集团华域汽车系统下属上海幸福摩托车有限公司合资设立的华域皮尔博格泵技术有限公司(总投资 3 002 万美元)、世界 500 强企业美国 ITT 公司投资设立的埃梯梯(上海)流体技术有限公司(总投资 1 500 万美元)、美国著名连锁餐饮企业新元素公司投资设立的新元素健康果汁(上海)有限公司(总投资 900 万美元)和台湾上市企业瓦城泰统股份有限公司投资设立的瓦城餐饮管理(上海)有限公司(总投资 600 万美元)等,投资者具有良好的品牌和商誉。

4. 企业增资势头较好

2013 年增资项目 46 个,占全部项目数 24%,合同外资 13 609 万美元,占合同外资总数 30.2%。普洛斯 2012 年收购上海潜利工业有限公司股权后,2013 年即增资 3 000 万美元;上海汉虹精密机械有限公司已多次增资,2013 年又增资 1 100 万美元,总投资已达 5 848 万美元;2013 年增资规模总投资 500 万美元的企业还有相宜本草、景峰制药等。增资企业普遍看好宝山的投资、营商环境,通过增资继续做大做强企业,实现更大规模的经营。

### (三) 外经发展情况

2013 年,宝山区企业经核准赴境外新设立企业 8 家,并购 1 家,增资 2 家,投资总额为 2 560 万美元。投资主体主要为民营企业。投资国别(地区)为中国香港、越南、美国、法国和罗马尼亚。主要经营行业涉及贸易、木材加工、食用菌种植、股权投资、展览展示、电梯及配件制造和光通讯器件研发、生产、销售等(表 8.43)。

**表 8.43　2013 年宝山区企业对外投资情况表**

| 设立方式 | 境外企业名称 | 境内投资主体 | 国家或地区 | 投资总额/万美元 | 经营范围 |
|---|---|---|---|---|---|
| 新设 | 三荣(法国)电梯有限公司 | 上海三荣电梯制造有限公司 | 法国 | 230 | 电梯制造、改造、销售与配件生产和销售 |
| 新设 | 佳势展成国际展览有限公司 | 上海佳世展览有限公司 | 美国 | 100 | 展览、展示、会议活动的全程服务 |
| 新设 | 中罗天翼贸易有限公司 | 上海厚鼎实业有限公司 | 罗马尼亚 | 20 | 批发贸易,进出口 |
| 新设 | 思络迅股份有限公司 | 上海三荣电梯制造有限公司 | 法国 | 200 | 电梯、扶梯、升降设备改造方案设计和解决方案咨询服务,电梯、扶梯、升降设备零部件销售 |
| 新设 | 百利德投资集团有限公司 | 上海上水低碳投资有限公司 | 中国香港 | 300 | 股权投资、投资咨询与服务;贸易 |

（续表）

| 设立方式 | 境外企业名称 | 境内投资主体 | 国家或地区 | 投资总额/万美元 | 经营范围 |
| --- | --- | --- | --- | --- | --- |
| 并购 | 好食品食用菌美国有限公司 | 超大（上海）食用菌有限公司 | 美国 | 300 | 食用菌种植及销售 |
| 新设 | 均和海外（香港）有限公司 | 上海均和集团国际贸易有限公司 | 中国香港 | 300 | 货物及技术进出口贸易 |
| 增资 | 永普美国有限公司 | 上海永普机械制造有限公司 | 美国 | 400 | 从事光通讯器件、光通讯模块、光学滤光片、光电器件、医疗设备的研发、生产、销售 |
| 增资 | 保集国际有限公司 | 上海保集（集团）有限公司 | 中国香港 | 500 | 化工产品的销售 |
| 新设 | 越南天涵实业有限公司 | 上海天涵木业有限公司 | 越南 | 200 | 装饰材料、木材加工；家具生产；代购代销；企业形象策划；货物进出口贸易 |
| 新设 | 香港懋济物资有限公司 | 上海八友工贸有限公司 | 中国香港 | 10 | 贸易 |

## 二、2014 年宝山区国际经贸工作展望

### （一）外贸工作展望与举措

1. 加强外贸运行监测与分析

以电话、走访、座谈等多种形式积极跟踪外贸企业的经营动态，充分利用外贸进出口调查监测系统平台，做好对宝山区重点进出口企业外贸形势研判，为领导决策提供依据。

2. 鼓励企业拓展国内外市场

加强外经贸企业的调研与服务，支持企业用好国内外两种资源、开拓两个市场，实现内外贸一体化发展；继续加强与市商务委、市贸促会沟通，及时向企业发布、宣传各类国际展会信息；进一步加强与贸发处联系，为宝山区企业多争取广交会、华交会等大型展会

的展位;引导和鼓励企业"走出去",大力开拓海外市场。

3. 推进贸易便利化措施

深化关贸、检贸合作,推进通关无纸化、检验检疫预检等贸易便利化措施;强化各外贸管理部门之间的信息共享和联合监管机制,及时为企业排忧解难。

4. 引导企业转型升级

向外贸企业宣传聚焦各类扶持政策,重点扶持企业提升产品附加值和自主品牌建设等,促进企业做大做强,提升对外贸易的质量和效益。

5. 加大金融保险支持力度

用好商务领域政策性融资担保专业平台和专项资金,帮助中小外贸企业拓展融资渠道、降低融资成本、缓解企业融资难问题;充分发挥出口信用保险在拉动出口、优化结构、带动融资等方面的作用;进一步推进跨境贸易人民币结算,降低企业资金成本,提高资金使用效率。

### (二) 外资工作展望与举措

2014 年外资工作将努力实现利用外资数量保持平稳发展、提升利用外资的质量和提升外资对区域发展的功能、效益,2014 年合同外资全年计划目标 5 亿美元,实到外资目标 3 亿美元。

主要措施如下:

(1) 结合街镇园区的区域规划和产业发展定位,多形式、有针对性地开展招商引资工作;加强与社会中介广泛、深度合作,积极引进有实力、规模大、符合产业发展的功能性项目;借力市、区有关部门的政策、信息等综合资源,积极促进招商引资活动。

(2) 主动服务企业,做好安商富商工作,鼓励引导符合区域发展规划和产业定位的外资企业增资扩产,着力开展"以外引外"的招商引资活动。

(3) 加大对规划、拟出让地块的信息发布和宣传,积极引入符合规划发展和地块建设条件、有开发经验和运行资源的外商投资主体参与竞标、建设和经营。

(4) 拓展引进外资领域,努力引进地区总部、研发中心,以及邮轮服务、融资租赁、股权投资项目等。

(5) 拓展吸收外资方式多样化,推进跨境人民币直接投资,引导鼓励外资以参股、并购等方式参与国内企业改组改造和兼并重组。

(6) 关注自贸试验区的发展,抓住改革红利带来的机遇,努力开创利用外资新局面。

# 第十一节 闵 行 区

## 一、2013 年闵行区国际经济贸易发展情况

2013 年，闵行区商务委员会在形势复杂多变、困难挑战明显增多、经济下行压力加大的情况下，在闵行区委区政府领导下，紧紧依靠各镇、街道、工业区和大企业集团，围绕"全面调结构、深度城市化"发展主线，落实"求创新、促改革，调结构、惠民生"工作任务，吸引外资、对外贸易等各方面保持良好发展势头，全区经济发展稳中有进。

2013 年，闵行区第三产业实现增加值 714.37 亿元，增长 15.5%。第三产业增加值占全区生产总值的比重为 41.5%，比上年提高 2.7 个百分点。全区合同吸收外资 17.42 亿美元，实到外资 14.53 亿美元，同比减少 35%、9.8%。2013 年，闵行区外贸进出口总额为 335.25 亿美元，同比下降 2.77%。其中外贸进口 121.2 亿美元，同比下降 1.78%；外贸出口 214.05 亿美元，同比下降 3.32%。

### （一）外贸发展情况

2013 年，闵行区外贸进出口总额为 335.25 亿美元，同比下降 2.77%。其中外贸进口 121.2 亿美元，同比下降 1.78%；外贸出口 214.05 亿美元，同比下降 3.32%。

1. 贸易方式情况

从贸易方式看，闵行区一般贸易出口 63.48 亿美元，同比增长 4.28%，进口 69.06 亿美元，同比增长 11.54%；加工贸易出口 149.17 亿美元，同比下降 5.82%，进口 45.79 亿美元，同比下降 11.6%。其中：来料加工出口 1.64 亿美元，同比下降 16.92%，进口 0.92 亿美元，同比下降 23.98%；进料加工出口 147.53 亿美元，同比下降 5.68%，进口 44.87 亿美元，同比下降 11.3%。其他贸易出口 1.4 亿美元，同比下降 34.54%，进口 6.2 亿美元，同比下降 29.34%（表 8.44）。

2. 主要贸易产品结构

2013 年，机电产品出口额 158.79 亿美元，比上年下降 5.39%；纺织品出口额 11.46 亿美元，比上年增长 3.04%。贱金属及其制品出口额 7.15 亿美元，比上年增长 15.46%；光学、医疗等仪器出口额 4.28 亿美元，比上年增长 1.24%（表 8.45）。

3. 进出口商品分类

2013 年最主要进出口商品为机电、音像设备及其零附件，出口额达 158.79 亿美元，同比下降 5.39%，进口额为 66.1 亿美元，同比下降 9.38%（表 8.46）。

**表 8.44　2013 年闵行区外贸出口主要贸易方式情况表**

| 类　别 | 总　量 | 比重/% | 出口额/亿美元 | 同比/% | 进口额/亿美元 | 同比/% |
|---|---|---|---|---|---|---|
| 外贸进出口商品总额 | 335.25 | — | 214.05 | -3.32 | 121.20 | -1.78 |
| 一般贸易 | 132.54 | 39.53 | 63.48 | 4.28 | 69.06 | 11.54 |
| 加工贸易 | 194.96 | 58.15 | 149.17 | -5.82 | 45.79 | -11.6 |
| #来料加工贸易 | — | — | 1.64 | -16.92 | 0.92 | -23.98 |
| #进料加工贸易 | — | — | 147.53 | -5.68 | 44.87 | -11.3 |
| 其他贸易 | 7.60 | 2.27 | 1.40 | -34.54 | 6.20 | -29.34 |

**表 8.45　2013 年闵行区主要出口商品情况表**

| 出口商品类别 | 出口额/亿美元 | 同　比/% |
|---|---|---|
| 机电产品 | 158.79 | -5.39 |
| 纺织品 | 11.46 | 3.04 |
| 杂项制品 | 5.82 | 4.70 |
| 贱金属及其制品 | 7.15 | 15.46 |
| 光学、医疗等仪器 | 4.28 | 1.24 |

**表 8.46　2013 年闵行区外贸进出口按商品分类表**

| 名　称 | 出口金额/亿美元 | 同比/% | 进口金额/亿美元 | 同比/% |
|---|---|---|---|---|
| 活动物,动物产品 | 0.70 | 4.97 | 0.54 | 16.95 |
| 植物产品 | 0.06 | -49.24 | 0.34 | 4.36 |
| 动、植物油、脂、蜡;精 | 0.01 | 99.46 | 0.09 | -23.82 |
| 食品,饮料、酒及醋,烟 | 1.45 | 3.99 | 1.59 | -40.61 |
| 矿产品 | 0.09 | -17.63 | 1.19 | 1.82 |
| 化学工业及其相关工业的 | 5.19 | -11.14 | 11.04 | 0.66 |
| 塑料及其制品,橡胶及其 | 4.81 | 0.77 | 8.66 | 4.73 |
| 革、毛皮及制品,箱包 | 0.89 | 13.19 | 2.21 | 8.37 |
| 木及制品,木炭,软木 | 1.11 | -5.64 | 8.36 | 102.84 |
| 木浆等,废纸,纸、纸板 | 0.63 | -16.73 | 0.67 | -20.37 |
| 纺织原料及纺织制品 | 11.46 | 3.04 | 4.12 | 17.82 |
| 鞋帽伞等,羽毛品 | 1.14 | 4.39 | 0.76 | 31.33 |
| 矿物材料制品,陶瓷品 | 1.72 | -13.04 | 1.74 | -17.72 |

（续表）

| 名　　称 | 出口金额/亿美元 | 同比/% | 进口金额/亿美元 | 同比/% |
|---|---|---|---|---|
| 珠宝、贵金属及制品 | 0.46 | 27.01 | 0.71 | -13.97 |
| 贱金属及其制品 | 7.15 | 15.46 | 3.71 | 14.98 |
| 机电、音像设备及其零件 | 158.79 | -5.39 | 66.10 | -9.38 |
| 车辆、航空器、船舶等 | 3.30 | -5.09 | 1.25 | 33.65 |
| 光学、医疗等仪器，钟 | 4.28 | 1.24 | 4.59 | -13.09 |
| 武器、弹药及其零件 | 0 | -100.00 | 0 | -100.00 |
| 杂项制品 | 5.82 | 4.70 | 0.99 | 0.04 |
| 艺术品、收藏品及古玩 | 0 | 128.70 | 0.01 | -49.28 |
| 特殊交易及未分类商 | 0 | | 0.04 | 26.28 |

4. 进出口市场

从贸易主要市场看，对美国市场出口正增长，其他市场出口多为负增长。2013 年闵行区对欧盟出口为 32.58 亿美元，同比下降 1.29%，进口 26.36 亿美元，同比增 8.84%；对美国市场出口 69.83 亿美元，同比增 2.63%，进口 10.48 亿美元，同比增 8.9%；对日本市场出口 27.55 亿美元，同比下降 4.39%，进口 27.15 亿美元，同比下降 7.89%；对香港地区市场出口 12.91 亿美元，同比下降 11.26%；进口 0.22 亿美元，同比下降 34.54%；对东盟市场出口 14.95 亿美元，同比下降 9.17%，进口 11.74 亿美元，同比下降 12.44%；对非洲市场出口 2.74 亿美元，同比下降 6.21%，进口 0.97 亿美元，同比增 9.9%（表 8.47）。

**表 8.47　2013 年闵行区出口商品主要输往地情况表**

| 国家或地区 | 出口额/万美元 | 增长率/% |
|---|---|---|
| 欧　盟 | 325 795.14 | -1.29 |
| 美　国 | 698 277.31 | 2.63 |
| 日　本 | 275 506.74 | -4.39 |
| 中国香港 | 129 114.83 | -11.26 |
| 东　盟 | 149 529.15 | -9.17 |
| 非　洲 | 27 443.42 | -6.21 |

## （二）外资发展情况

2013 年，闵行区合同吸收外资 17.42 亿美元，实到外资 14.53 亿美元，分别同比减少 35%、9.8%，其中新批外商投资企业 668 家，合同吸收外资 10.47 亿美元；批准存量企业增资 228 家,合同吸收外资 6.95 亿美元。

1. 外资结构

2013 年,闵行区批准三资企业 668 家,其中合资企业 91 家,合同外资 2.25 亿美元;独资企业 577 家,合同外资 8.22 亿美元。在 668 家企业中,第二产业 12 家,第三产业 656 家。全区新设和增资 1 000 万美元以上的共 54 家,总投资 24.22 亿美元,合同外资 12.25 亿美元(表 8.48)。

**表 8.48　2013 年闵行区吸引外资情况表**

| 吸引外资方式 | 批准外资企业 | | 合同外资 | | 实到外资 | |
|---|---|---|---|---|---|---|
| | 企业数/个 | 同比/% | 外资金额/万美元 | 同比/% | 外资金额/万美元 | 同比/% |
| 合　计 | 668 | 2.9 | 174 239 | -35.0 | 145 339 | -9.8 |
| 外商直接投资 | 668 | 2.9 | 174 239 | -35.0 | 145 339 | -9.8 |
| 其中:合资 | 91 | 46.7 | 22 539 | -74.0 | | |
| 合作 | 0 | | 0 | 0 | | |
| 独资 | 577 | -1.36 | 82 175 | -10.9 | | |
| 外方其他投资 | | | | | | |

2. 投资行业结构

2013 年,闵行区新批准项目 668 个,其中生产性项目 12 个,包括先进制造业 1 个,其他制造业 11 个;非生产性项目 656 个,包括投资性公司 1 个,房地产业 3 个,其他服务业 652 个。全年新设 1 000 万美元以上的大项目 24 家,总投资 13.89 亿美元,合同外资 6.93 亿元(表 8.49)。

**表 8.49　2013 年闵行区外商投资行业(或产业)分布情况表**

| 行业(或产业) | 项　目　数 | | 合同外资/万美元 | |
|---|---|---|---|---|
| | 个　数 | 占比/% | 金　额 | 占比/% |
| 合　计 | 668 | 100 | 104 714 | 100 |
| 生产性项目 | 12 | 2.4 | 22 539 | 21.49 |
| 非生产性项目 | 652 | 97.6 | 82 175 | 78.51 |

3. 投资来源地

2013 年,外商直接投资主要来自 48 个国家和地区,位于前 5 位的分别是:中国香港、中国台湾、韩国、日本、萨摩亚。中国香港位列第一,投资额占到总额的 47.54%(表 8.50)。

表 8.50　2013 年闵行区三资企业国别(地区)分类情况表

| 国家或地区 | 项目/个 | 投资总额/万美元 | 注册资本/万美元 | 合同外资/万美元 |
|---|---|---|---|---|
| 中国香港 | 218 | 150 049 | 93 726 | 71 463 |
| 中国台湾 | 118 | 31 000 | 29 884 | 29 658 |
| 韩　国 | 96 | 10 427 | 6 547 | 6 528 |
| 日　本 | 51 | 31 753 | 24 560 | 23 381 |
| 萨摩亚 | 23 | 4 607 | 2 664 | 2 635 |
| 美　国 | 22 | 7 053 | 4 362 | 4 369 |
| 新加坡 | 17 | 5 489 | 2 847 | 2 961 |
| 德　国 | 14 | 17 088 | 8 190 | 6 551 |
| 塞舌尔 | 13 | 653 | 592 | 625 |
| 马来西亚 | 10 | 594 | 585 | 339 |
| 澳大利亚 | 9 | 1 037 | 882 | 654 |
| 英　国 | 9 | 448 | 408 | 367 |
| 维尔京 | 8 | 7 429 | 3 546 | 4 071 |
| 意大利 | 8 | 169 | 129 | 125 |
| 印　度 | 6 | 150 | 108 | 108 |
| 瑞　士 | 5 | 4 583 | 1 899 | 1 874 |
| 法　国 | 4 | 8 352 | 5 950 | 5 848 |
| 加拿大 | 4 | 45 | 35 | 35 |
| 西班牙 | 3 | 3 218 | 1 080 | 1 080 |
| 奥地利 | 3 | 2 719 | 1 154 | 1 154 |
| 荷　兰 | 3 | 645 | 374 | 301 |
| 文　莱 | 2 | 2 651 | 243 | 243 |
| 开曼群岛 | 2 | 2 259 | 885 | 885 |
| 土耳其 | 2 | 46 | 36 | 36 |
| 中国澳门 | 2 | 40 | 31 | 22 |
| 俄罗斯 | 2 | 35 | 35 | 35 |
| 比利时 | 2 | 32 | 23 | 23 |
| 印度尼西亚 | 1 | 853 | 852 | 852 |
| 哥伦比亚 | 1 | 147 | 147 | 44 |
| 以色列 | 1 | 50 | 50 | 40 |

（续表）

| 国家或地区 | 项目/个 | 投资总额/万美元 | 注册资本/万美元 | 合同外资/万美元 |
|---|---|---|---|---|
| 菲律宾 | 1 | 26 | 20 | 20 |
| 泰　国 | 1 | 23 | 16 | 16 |
| 瑞　典 | 1 | 19 | 14 | 14 |
| 乌兹别克斯坦 | 1 | 19 | 15 | 15 |
| 巴基斯坦 | 1 | 15 | 11 | 11 |
| 墨西哥 | 1 | 8 | 8 | 8 |
| 斯洛文尼亚 | 1 | 8 | 8 | 8 |
| 尼日利亚 | 1 | 7 | 5 | 5 |
| 利比亚 | 1 | 4 | 3 | 3 |
| 爱尔兰 | 0 | 16 800 | 5 600 | 5 600 |
| 投资公司 | 0 | 4 110 | 1 370 | 1 370 |
| 英属维尔京群岛 | 0 | 358 | 150 | 150 |
| 巴巴多斯 | 0 | 280 | 200 | 200 |
| 毛里求斯 | 0 | 137 | 96 | 96 |
| 多米尼加 | 0 | 100 | 100 | 100 |
| 塞浦路斯 | 0 | 86 | 62 | 62 |
| 合伙企业 | 0 | 0 | 0 | 251 |
| 希　腊 | 0 | 0 | 0 | 3 |
| 合　计 | 668 | 315 621 | 199 502 | 174 239 |

## 二、2014 年闵行区国际经贸工作展望

2014 年，闵行区围绕“全面调结构、深度城市化”，坚持稳中求进、改革创新，聚焦“大虹桥”、“大紫竹”、“大浦江”，推动投资和贸易便利化，以投资结构优化促进产业结构转型升级，依托虹桥商务区开发建设，打造上海国际贸易中心重要承载区。一是继续促进外商投资，优化投资结构。对接中自贸试验区建设，提升招商服务能级，提高审批效率，营造更加便利化的投资和贸易环境，重点引进先进制造业和现代服务业项目，大力集聚企业地区总部和研发机构等功能性机构。二是积极深化对外开放，转变贸易发展方式。落实促进外贸发展相关政策，促进外贸企业跨越式发展。积极促进进口与出口并重、货物贸易与服务贸易同步发展。三是支持企业“走出去”。鼓励有条件的企业通过境外投资再投资等方式，开展境外投资。引导企业积极稳妥地通过境外并购，获取国际品牌、营销网络，实现规模和市场的有效拓展。

# 第十二节　嘉　定　区

## 一、2013 年嘉定区国际经济贸易发展情况

### （一）外贸发展情况

2013 年，外贸形势更趋复杂，面临外部市场需求萎缩、人民币升值、管理成本上升、不稳定因素显著增加等情况，嘉定外贸工作贯彻落实“稳增长、调结构、促平衡”的政策措施，2013 年外贸进出口总额达 209.51 亿美元，比上年增长 6.85%。其中出口额 98.93 亿美元，下降 5.35%；进口额 110.58 亿美元，增长 20.76%。贸易逆差 11.65 亿美元。

2013 年嘉定区外贸发展主要呈现以下特点：

1. 贸易方式更趋合理

2013 年，嘉定区一般贸易比重继续提高，实现进出口额 145.82 亿美元（其中出口额 56.20 亿美元，进口额 89.62 亿美元），占全区进出口总额的 69.60%，比上年增长 6.92 个百分点。加工贸易增速进一步减慢，2013 年完成进出口额 56.52 亿美元，比上年下降 13.73%，低于全区外贸增速 20.58 个百分点。其中出口 41.17 亿美元，下降 12.68%；进口 15.35 亿美元，下降 16.42%（图 8.28）。

2. 重点行业出口额稳步增长

2013 年机电产品实现出口额 67.77 亿美元，占嘉定区出口总额的 68.50%。区特强产业——汽车及其零部件产品出口比重持续提高，2013 年完成出口额 20.77 亿美元，比上年增长 1.71%，占嘉定区出口总额的 20.99%，与上年持平（图 8.29）。

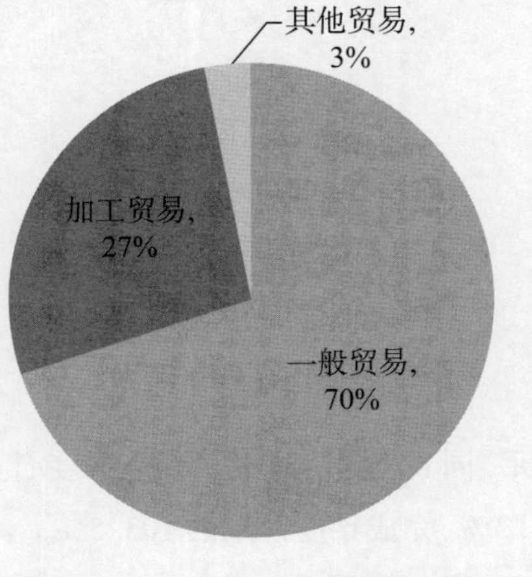


图 8.28　2013 年嘉定区不同贸易方式进出口额占比

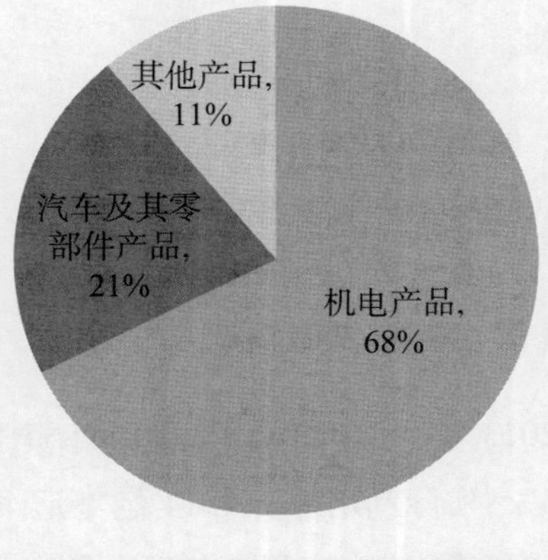


图 8.29　2013 年嘉定区主要出口产品出口额占比

3. 国际贸易市场冷热不均

2013 年受欧盟经济触底企稳、上一年基数较低等因素影响，与欧盟双边贸易总值达 66.00 亿美元，比上年增长 38.82%，占嘉定区进出口总额的 31.50%。其中，出口 15.06 亿美元，增长 1.69%；进口 50.94 亿美元，增长 55.61%。对美国和日本的进出口额分别为 27.74 亿美元和 41.05 亿美元，比上年分别下降 10.94% 和 2.32%。新兴市场贸易有所放缓，与印度、东盟、巴西、俄罗斯的贸易额分别增长 4.09%、-0.51%、-6.44% 和 -2.31%（图 8.30）。

4. 各类企业进口增速好于出口

2013 年，从嘉定区各类外贸经营主体进出口情况看，外商投资企业进出口规模仍居首位，实现进出口额 165.93 亿美元，比上年增长 7.27%，占全区进出口总额的 79.19%。其中出口 73.59 亿美元，下降 7.15%；进口 92.34 亿美元，增长 22.42%。同期，民营企业进出口额达 36.32 亿美元，比上年增长 5.89%，占全区进出口总额的 17.34%。其中出口 21.15 亿美元，下降 1.11%；进口 15.18 亿美元，增长 17.48%。国有企业进出口 2.30 亿美元，增长 5.59%；出口加工区企业进出口 4.96 亿美元，增长 1.19%（图 8.31）。

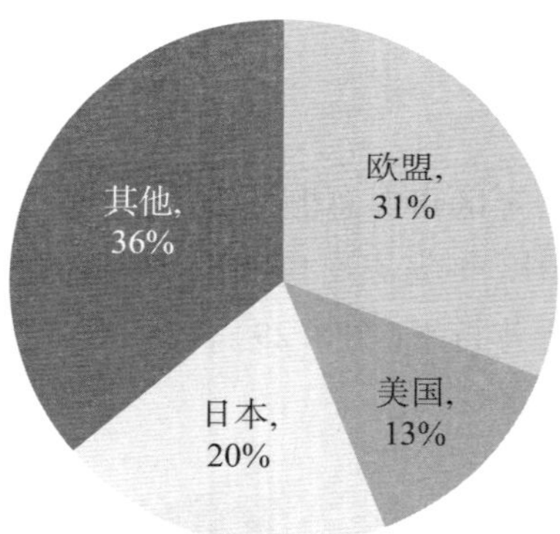


**图 8.30　2013 年嘉定区主要国际市场份额占比**

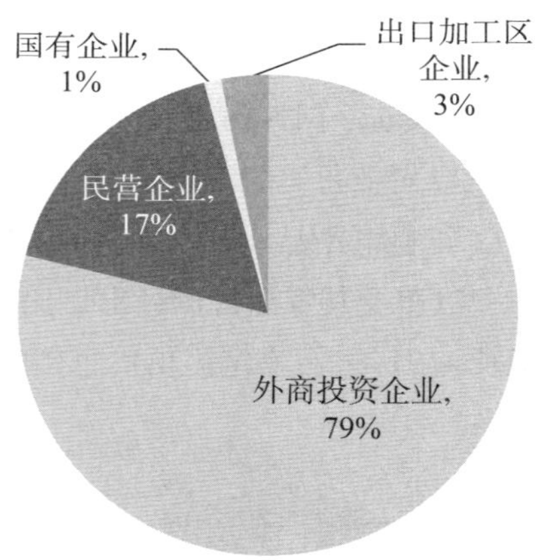


**图 8.31　2013 年嘉定区各类企业进出口额占比**

## （二）外资发展情况

2013 年，嘉定区合同利用外资 8.09 亿美元，同比增长 24%，完成年度计划的 146.5%；实际利用外资 4.14 亿美元，同比下降 47.3%，完成年度计划的 103.5%。

2013 年，嘉定区累计新批准外商直接投资项目 167 个，同比下降 11.6%，合同外资 5.24 亿美元，占总额的 64.8%；累计批准增资项目 106 个，同比增长 15.2%，合同外资

2.52 亿美元，占总额的32.4%。新批外资项目较2012年减少22个，但引进外资同比增长97.4%，呈现良好外资发展趋势。全年利用外资与2012年比较呈现以下特点：

1. 现代服务业贡献力持续增加，三产能级不断提升

2013年全年新批外商投资企业中，二产项目19个，占新批项目数的11.4%，合同外资1.23亿美元；三产项目148个，占新批项目数的88.6%，合同外资4.01亿美元。新批三产项目个数虽较2012年减少15个，但其占比却呈现增长趋势，第三产业发展速度持续加快。三产全年实现合同利用外资4.95亿美元，同比增长1.6%，占合同外资总额的61.2%。

此外，2013年先后引进万程旅行社、金誉融资租赁、比高电影院、南翔大润发商贸、瀛汉司酒店等一批有特色且高品质的服务业外资项目。广告设计、电子商务等品牌领域行业不断得到发展和壮大，盟博广告增资270万美元、新引进泰司、车品弘智、车之堂等广告项目，捷饮电子商务入驻金沙3 131创意园。

随着嘉定区医疗产业的发展，医疗软件的研发、医疗器械贸易行业也逐步得到增强和引进，新引进子量量子、智尚医疗科技、金隼医疗器械等外资项目。另外，由创业投资企业投资的马丁路德机器人（上海）有限公司得以引进，主要从事工业用机器人等技术开发业务（表8.51）。

**表8.51　2013年嘉定区外资企业经营状况**

| 项　目 | 金额/亿元 | 同　比/% |
|---|---|---|
| 工业总产值（规模以上企业） | 3 640.7 | 11.5 |
| 利　润 | 480.5 | 27.6 |
| 税收（含大众） | 371.6 | 19.3 |

2. 香港仍是嘉定区引进外资第一来源地

2013年嘉定区引进外资第一来源地为中国香港，全年引进合同外资4.96亿美元，占合同外资总额的61.3%。其次为德国、瑞士、韩国和英属维尔京群岛，分别引进外资0.48亿美元、0.39亿美元、0.36亿美元和0.27亿美元。港资成为嘉定区引进外资最主要的来源地（表4.52）。

3. 大项目占据主导地位

2013年，引进投资总额1 000万美元及以上项目（新批和增资）38个，合同外资共计6.24亿美元，占合同外资总额的77.1%。其中新批18个，引进外资4.59亿美元，同比增长174.7%。

**表 8.52　2013 年嘉定区外商投资国别情况**

| 序　　号 | 国家或地区 | 合同外资/万美元 |
|---|---|---|
| 1 | 中国香港 | 49 578 |
| 2 | 德　国 | 4 784 |
| 3 | 瑞　士 | 3 914 |
| 4 | 韩　国 | 3 550 |
| 5 | 英属维尔京群岛 | 2 671 |
| 6 | 意大利 | 2 685 |
| 7 | 新加坡 | 2 651 |
| 8 | 日　本 | 2 513 |
| 9 | 开曼群岛 | 1 850 |
| 10 | 荷　兰 | 1 698 |
| 11 | 萨摩亚 | 1 310 |
| 12 | 投资性公司投资 | 1 030 |
| 13 | 中国台湾 | 839 |
| 14 | 美　国 | 807 |
| 15 | 卢森堡 | 300 |

引进合同外资大于 1 000 万美元(含)项目(新批和增资)17 个,合同外资 5.16 亿美元;合同外资 5 000 万美元以上项目 2 个,均为房地产项目;合同外资 3 000 万(含)～5 000 万美元以上项目 2 个,分别为维玉(上海)工程技术有限公司和上海卓斯置业有限公司。

4. 房地产影响较大,先进制造业优势显著

2013 年全年,嘉定区房地产业项目引进外资 3.25 亿美元,占合同外资总额的 40.2%,其中新引进房地产项目 6 个,信义置业、鼎溢房地产、卓斯置业、和璞物业、荣胄物业和湘南置业,共计新引进房地产外资 3.1 亿美元,对 2013 年嘉定区外资影响较大。交通运输设备制造业主要以汽车零部件制造为主,引进外资 1.14 亿美元,位居第二,占合同外资总额的 14.1%;三产批发业 2013 年引进外资 0.51 亿美元,位居第四。

2013 年,嘉定区外资制造业引进合同外资 3.14 亿美元,其中,新引进上海闻信宇通通讯科技有限公司,主要从事移动通信及终端设备制造,合同外资 1.35 亿元人民币;上海顶盛食品工业有限公司增资 1 600 万美元;另外,以汽车零部件制造为主的特强产业进一步加快发展步伐,先后引进合同外资 4 000 万美元的维玉项目、合同外资 1 000 万欧元的杰司埃(上海)汽车零部件、合同外资 1 000 万美元的英纳法汽车天窗系统以及华翔哈尔巴克、科世达(上海)机电等一批优质汽车零部件企业;此外,博泽(上海)汽车零部件

制造增资 1 500 万美元、大陆泰密克汽车系统增资 1 000 万欧元等，有效推动了嘉定区汽车产业的持续发展。

同时，依托汽车及零部件制造业，汽车服务业也得以配套完善，一条以汽车研发、设计、贸易、服务的汽车产业链逐步呈现，沃尔沃汽车、凯史乐、玛汀瑞亚汽车配件、迪睦思汽车技术、车王（中国）二手车经营、杜森伯格汽车科技、普帝亚质量检测技术等企业逐步得到推进和发展（表 8. 53）。

**表 8. 53　2013 年嘉定区外商投资行业分析情况**

| 序　号 | 行　业 | 合同外资/万美元 |
|---|---|---|
| 1 | 房地产业 | 32 515 |
| 2 | 交通运输设备制造业 | 11 442 |
| 3 | 通用设备制造业 | 5 310 |
| 4 | 批发业 | 5 141 |
| 5 | 化学原料及化学制品制造业 | 4 337 |
| 6 | 通信设备、计算机及其他电子设备制造业 | 3 073 |
| 7 | 商业服务业 | 3 024 |
| 8 | 软件业 | 1 981 |
| 9 | 食品制造业 | 1 600 |
| 10 | 专用设备制造业 | 1 551 |

5. 总部经济放慢步伐，逐步引导推进提升

2013 年，外资总部型经济发展步伐放缓，但在嘉定区不断助推发展总部的环境下，凯斯纽荷兰（上海）机械研发有限公司增资 500 万美元、沃尔沃汽车（中国）投资有限公司增资 200 万美元，总部能级进一步得到提升。同时，2013 年相继对本特勒、三樱、德尔福派克等总部型企业进行走访，深入了解总部企业在嘉定区的实际发展情况和未来规划，从而进一步提高嘉定总部经济的发展建设。截至目前，嘉定区共有外资总部型企业 39 家，共计引进合同外资 7. 25 亿美元。

### （三）外经发展情况

2013 年，境外投资总额继续保持大幅增长。嘉定区累计批准境外投资项目 26 个，其中新设海外企业 19 家，增资 6 家，变更 1 家。2013 年境外投资总额为 6 611. 74 万美元，中方投资总额 5 745. 52 万美元，同比增长 61. 42%，较 2012 年有了大幅度的增长。从投资国别来看，境外投资主要集中在中国香港、美国，其境外投资总额分别为 3 663. 35 万美

元和 2 163 万美元。从投资行业来看，投资类项目占了很大比例，投资总额为 2 700.15 万美元，占总投资额的 40.84%。

但从投资来看，嘉定区的境外投资仍处于初级阶段，缺乏成熟的、具有全球意识和战略的跨国公司，企业投入规模相对较小。2014 年将继续引导和鼓励有条件的企业积极开拓海外市场，进一步增强企业实施“走出去”战略的意识和能力，积极探索新的“走出去”方式，不断加强外经工作队伍建设，建立完善境外投资服务平台（表 8.54）。

**表 8.54　2013 年嘉定区境外投资汇总表**

| 序号 | 境内主体 | 境外机构名称 | 类别 | 投资国家或地区 | 经营范围 | 中方投资/万美元 |
|---|---|---|---|---|---|---|
| 1 | 上海骏梦网络科技有限公司 | DREAM SQUARE NETWORK TECHNOLOGY PTE. LTD. | 新设 | 新加坡 | 网络系统、电子产品的开发、互联网游戏经营及增值电信业务中的信息服务业务、广告设计 | 46.08 |
| 2 | 上海嘉为广告有限公司 | 上海嘉为广告有限公司 | 新设 | 中国香港 | 制作、代理、发布广告、图文设计等 | 40.00 |
| 3 | 上海云视科技有限公司 | 香港云视科技有限公司 | 新设 | 中国香港 | 网络科技、信息技术、数字视频智能卡技术、通讯科技技术开发 | 160.00 |
| 4 | 上海易娱网络科技有限公司 | 易娱（香港）网络科技有限公司 | 新设 | 中国香港 | 网络技术、计算机技术领域内的技术开发；第二类增值业务中的信息服务业务 | 100.00 |
| 5 | 上海矽睿科技有限公司 | 矽睿科技（香港）有限公司 | 增资 | 中国香港 | 半导体材料及产品的技术开发、物联网信息服务、计算机系统集成及销售 | 103.20 |
| 6 | 上海博立尔化工有限公司 | 博立尔美洲贸易有限公司 | 并购新设 | 美国 | 销售固体丙烯酸树脂 | 12.00 |
| 7 | 天泽精密技术（上海）有限公司 | TSP Precision Tooling Inc | 新设 | 美国 | 注塑模及模具零件的销售 | 10.00 |
| 8 | 上海科油石油仪器制造有限公司 | 杰丰德石油技术有限公司 | 新设 | 美国 | 石油设备的研发、销售和国际贸易 | 50.00 |
| 9 | 上海焦点生物技术有限公司 | 罗捷尔国际有限公司 | 新设 | 澳大利亚 | 仓储、技术服务和农业及化工产品的贸易 | 160.00 |

（续表）

| 序号 | 境内主体 | 境外机构名称 | 类别 | 投资国家或地区 | 经营范围 | 中方投资/万美元 |
|---|---|---|---|---|---|---|
| 10 | 上海渝添诚展览展示服务有限公司 | 美国汤姆森贸易有限公司 | 新设 | 美国 | 展览展示服务、营销策划、工艺品、文具用品、办公用品、建筑装潢材料的销售 | 50.00 |
| 11 | 上海美匡钢铁贸易有限公司（更名为上海美匡国际贸易有限公司） | 美匡矿业（香港）有限公司 | 变更 | 中国香港 | | |
| 12 | 上海游族信息技术有限公司 | 游族香港有限公司 | 新设 | 中国香港 | 软件开发、第二类增值电信业务中的信息服务业务 | 50.00 |
| 13 | 上游信息科技（上海）有限公司 | 上游网络有限公司 | 新设 | 中国香港 | 在线网络游戏和手机游戏的研发和运营 | 10.00 |
| 14 | 上海易娱网络科技有限公司 | 触摸天空有限公司 | 并购新设 | 韩国 | 软件开发与发行 | 14.12 |
| 15 | 上海游族信息技术有限公司 | 游族香港有限公司 | 增资 | 中国香港 | 计算机软硬件及配件的技术开发等、动漫设计、第二类增值电信服务。 | 500.00 |
| 16 | 上海武岳峰创业投资合伙企业、常州五岳峰创业投资合伙企业 | 阿克顿股份有限公司 | 并购新设 | 美国 | 小型电动交通工具的研制、开发、销售、电子元器件生产加工、电动车、体育用品批发零售 | 100.00 |
| 17 | 上海一诺仪表有限公司 | 一诺设备有限公司 | 增资 | 美国 | 生产销售和技术研究仪器仪表和机电设备 | 100.00 |
| 18 | 上海仁恒塑料制品有限公司 | SHANGHAI RENHENG USA PLASTIC BAGS PRODUCTION INC | 新设 | 美国 | 塑料袋生产、加工、销售 | 50.00 |
| 19 | 上海励恒投资管理有限公司 | 香港威朗国际投资有限公司 | 增资 | 中国香港 | 实业投资、商务咨询、商品批售 | 800.00 |
| 20 | 上海南方房地产有限公司 | 香港金泽国际投资有限公司 | 增资 | 中国香港 | 实业投资、商务咨询、建材批售 | 950.00 |

（续表）

| 序号 | 境内主体 | 境外机构名称 | 类别 | 投资国家或地区 | 经营范围 | 中方投资/万美元 |
|---|---|---|---|---|---|---|
| 21 | 上海南方房地产有限公司 | 香港金泽国际投资有限公司 | 增资 | 中国香港 | 实业投资、商务咨询、建材批售 | 950.00 |
| 22 | 上海途乐投资管理中心（有限合伙） | 现代商友软件集团国际有限公司 | 新设 | 中国香港 | 投资管理、资产管理、实业投资、商务咨询、企业管理 | 0.13 |
| 23 | 上海武岳峰创业投资合伙企业、常州五岳峰创业投资合伙企业 | 美国生捷技术股份有限公司 | 并购新设 | 开曼群岛 | 生物基因测序组技术的服务与销售 | 400.00 |
| 24 | 上海联影医疗科技有限公司 | UIH-RT US LLC | 新设 | 美国 | 放疗设备的研发 | 100.00 |
| 25 | 上海联影医疗科技有限公司 | UIH America, Inc. | 新设 | 美国 | 医疗器械的销售及技术服务 | 990.00 |
| | 合计 | | | | | 5 745.52 |

## 二、2014 年国际经贸工作展望

### （一）外贸工作展望

2014 年嘉定区将落实上海市委、市政府的各项工作部署和要求，结合自身发展特点，促进产业转型升级，推动贸易方式、进出口产品优化，促进进出口贸易平衡协调发展。2014 年工作计划如下：

1. 深化外贸经济运行分析

在完善原有分析体系的基础上，重点抓好上海市货物贸易调查监测系统嘉定区监测站的每月数据报送工作，进一步扩大监测范围。盯紧重点企业、重点行业，及时掌握企业产品升级、技术研发、产业转型等方面的情况，加强指导服务和扶持力度。面对外贸形势的复杂多变，针对新出现的突出问题、普遍问题，抓紧开展专项调研，为领导决策提供科学依据。

2. 搭建各项促发展平台

完善信息平台，做好信息公开，及时发布政策法规、行业资讯、展会信息等，做好嘉定区区内大型展会管理，鼓励企业加强国际交流，抢占国际市场。坚持突出重点、分类指导原则，协调解决企业在进出口中遇到困难，做好贸易摩擦应对和预警工作。完善信息平台、开展专项培训，为中小微企业争取更多扶持资金，帮助企业提高抗风险、开拓国外市场等能力。

3. 推动产业转型升级

围绕“创新驱动，转型发展”目标，2014年将重点推动嘉定出口加工区向综合保税区转型提升，进一步拓展出口加工区各项功能。同时联合各方力量，推进公共平台的建设，加快服务贸易、跨境贸易电子商务等产业发展，做好上海汽车研发设计服务外包专业园区、汽车及零部件出口基地等相关工作，引导企业延长产业链，促进企业的转型升级，提高出口产品的附加值。

4. 加快推动国家汽车及零部件出口基地各项建设

一是继续组织企业参加国内外零部件展会。利用好中国国际汽车零部件博览会首次在上海举办的良机，广泛组织企业参展并提供摊位补贴。二是全面推进北美服务中心各项工作、完善服务中心各项服务功能。开展北美市场调研，积极筹备参展企业对接活动等，提高企业走出去的信心。三是加快推进保税仓库二期建设。争取在2014年下半年启用7 000平方米的保税仓库二期项目，同时不断完善保税仓库功能，申请具备出口退税功能的出口监管仓库。四是推进上海汽车金融港孵化器建设。举办各类论坛和活动，搭建金融企业服务实体经济的对接平台，设立汽车金融港创业孵化器发展基金，帮助小微企业做大做强。

### （二）外资工作展望

（1）推行窗口接待流程和业务受理标准化，优化流程推动审批效率进一步提高。根据现阶段项目审批流程操作总体情况及窗口处理特殊项目的经验，进一步优化审批流程、改进审批工作措施，提高行政审批效能。努力推进窗口业务流程标准化。例如告知单更新（包括进一步说明容易造成误解的材料）；优化年检工作，发挥年检作用；分析科室内部项目流转流程，进一步简化流程，提高项目审批效能。

（2）深入分析自贸试验区对于项目审批影响，加强前瞻性思考探索嘉定区审批制度的先试先行。上海自贸试验区已正式挂牌成立，对于自贸试验区中外资企业可享受的行业开放准入及相关外资企业负面清单管理措施等政策要进行深入学习和研究，特别是对嘉定区外资企业的有利影响和不利影响进行研究，进一步促进外资审批及管理工作的发展。在业务工作中努力大胆探索，在工作中验证，顺应改革的深入，创新工作，力求突破。

（3）积极调查研究，出台外资商业保理公司审批细则。为了进一步促进商贸信用服务和融资体系，促进商贸流通进一步发展。目前，嘉定继浦东之后，成为开展商业保理业务的试点区。为了做好嘉定区商业保理试点工作，相关科室已于 2013 年 10 月底与浦东新区商务委员会交流座谈，学习浦东的先进经验。在 2014 年的工作中，相关科室将研究制定外资商业保理企业的审批细则（包括流程梳理、所需材料、审批原则、风险管控等），认真组织实施，确保试点工作取得实效。

（4）宣传跟进，为总部经济发展提供助力。随着总部经济的不断发展，相关科室在 2013 年总部企业的调研基础上，结合准总部型企业的排摸结果，拟在 2014 年继续进一步开展总部经济推进工作，包括政策宣传解释工作、原总部企业定期回访、总部企业交流座谈等工作。

（5）全心全意，为外资企业提供优质服务。2014 年，相关科室继续做好外资企业的服务工作。①加强走访企业。联系群众工作，帮助企业解决实际困难。②与企业定期交流，倾听企业需求，为企业及时提供政策辅导，帮助企业用活政策、用好政策。③汇总分析日常工作中的审核重点，归纳梳理整合成业务汇编材料，供内部业务学习。④利用平日窗口及电话咨询，搜集问题点编制成《窗口办事常见问题解答》，为企业提供办理业务上的书面指导。

# 第十三节　金　山　区

## 一、2013 年金山区国际经贸发展情况

### （一）外贸发展情况

2013 年，金山区外贸进出口总值 87.4 亿美元，同比增长 6.58%，其中，出口 41.5 亿美元，增长 2.95%；进口 45.9 亿美元，增长 10.09%。贸易逆差 4.4 亿美元。外贸进出口全年保持双增长。

1. 贸易方式结构逐步优化

2013 年，金山区加快贸易结构调整，贸易质量持续提升。

一是一般贸易仍占主导地位。2013 年，金山区一般贸易进出口 65.1 亿美元，同比增长 6.12%，占同期进出口总值的 74.5%。一般贸易项下出现逆差 9.3 亿美元。同期，加工贸易进出口 20.1 亿美元，增长 6.75%；加工贸易项下的顺差为 7 亿美元（表 8.55）。

表 8.55　2013 年金山区一般贸易及加工贸易总量及比重

| 主要贸易方式 | 出口 | | | 进口 | | | 进出口 | | |
|---|---|---|---|---|---|---|---|---|---|
| | 金额/亿美元 | 同比/% | 占比/% | 金额/亿美元 | 同比/% | 占比/% | 金额/亿美元 | 同比/% | 占比/% |
| 金山区 | 41.50 | 2.95 | 100 | 45.9 | 10.09 | 100 | 87.4 | 6.58 | 100 |
| 一般贸易 | 27.90 | 1.50 | 67.23 | 37.2 | 9.86 | 81.05 | 65.1 | 6.12 | 74.45 |
| 加工贸易 | 13.60 | 6.06 | 32.77 | 6.6 | 8.18 | 14.38 | 20.2 | 6.75 | 23.11 |
| 其他贸易 | 0.01 | 1.96 | 0.01 | 2.1 | 20.98 | 4.57 | 2.1 | 20.15 | 2.44 |

二是外资企业继续领跑，但民营企业增速较快。2013 年，外资企业进出口 50 亿美元，增长 7.51%，占同期金山区进出口总值的 57.3%；值得注意的是，同期，民营企业进出口 23.6 亿美元，增长 6.45%，占同期进出口总值的 27%，比上年提升 0.2 个百分点（表 8.56）。

表 8.56　2013 年金山区进出口贸易按企业性质分类情况表

| 企业性质 | 出口金额/亿美元 | 同比增幅/% | 进口金额/亿美元 | 同比增幅/% | 进出口金额/亿美元 | 同比增幅/% |
|---|---|---|---|---|---|---|
| 金山区 | 41.50 | 2.95 | 45.90 | 10.09 | 87.40 | 6.58 |
| 国　有 | 1.60 | 2.71 | 11.90 | 4.74 | 13.50 | 4.49 |
| 外　资 | 24.60 | 1.59 | 25.40 | 13.92 | 50.00 | 7.51 |
| 民　营 | 15.30 | 5.18 | 8.30 | 8.87 | 23.60 | 6.45 |
| 其　他 | 0.03 | 40.74 | 0.25 | -31.82 | 0.28 | -27.90 |

2. 出口商品延续传统优势

2013 年，服装仍是金山区第一出口商品，出口额为 9.78 亿美元，增长 0.46%。其次为化学制品，出口额为 9.55 亿美元，增长 6.5%；橡胶塑料制品出口 7.5 亿美元，增长 -0.61%（图 4.32）。

3. 对新兴市场出口增长较快，贸易伙伴更趋多元

2013 年，金山区与日本、东盟、德国、澳大利亚双边贸易出现两位数增长，分别增长 13.35%、11.60%、22.31% 和 25.38%；对传统市场欧、韩双边贸易同比增长 7.28% 和 6.71%；出口方面，对西班牙出口增幅高达 30.06%，呈现传统市场增长平稳，新兴市场贸易增长强劲的态势（表 8.57）。

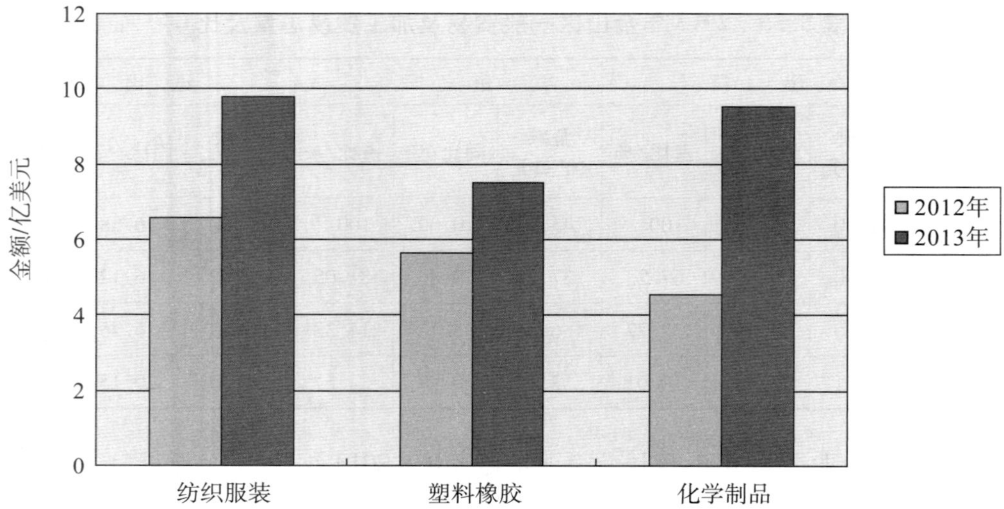


图 8.32　2013 年与 2012 年金山区主要出口商品比较

**表 8.57　2013 年金山区进出口主要国别地区情况表**

| 国家或地区 | 出口金额/亿美元 | 同　比/% | 进口金额/亿美元 | 同　比/% | 进出口金额/亿美元 | 同　比/% |
|---|---|---|---|---|---|---|
| 日　本 | 9.15 | 0.75 | 11.84 | 25.48 | 20.99 | 13.35 |
| 欧　盟 | 6.40 | 5.86 | 8.48 | 8.37 | 14.89 | 7.28 |
| 韩　国 | 2.12 | 12.56 | 7.31 | 5.13 | 9.43 | 6.71 |
| 东　盟 | 5.02 | 13.73 | 3.71 | 8.84 | 8.73 | 11.60 |
| 美　国 | 5.37 | 6.35 | 3.10 | 5.39 | 8.47 | 6.00 |
| 德　国 | 2.06 | 13.81 | 4.73 | 26.41 | 6.79 | 22.31 |
| 中国台湾 | 1.92 | -22.70 | 2.80 | 9.14 | 4.73 | -6.52 |
| 泰　国 | 1.08 | -1.11 | 1.47 | -2.57 | 2.55 | -1.96 |

## （二）外资发展情况

2013 年，金山区共新批外资项目 93 个，增资项目 30 个，合同外资（含增资）累计完成 4.88 亿美元，同比增长 38.57%，完成全年目标任务 3.88 亿美元的 125.75%。投资总额 1 000 万美元以上项目（含增资）15 个，跨境人民币直接投资项目 2 个。

新批项目方面，相继引入一批投资力度大、产出效益高、产业聚集效应明显的优质项目，如英威达尼龙化工（中国）有限公司、花王（上海）化工有限公司、上海金山安博腾林仓储有限公司等。增资方面，入驻企业投产达纲后增资扩股踊跃，日铭电脑配件（上海）有限公司、上海悦得软包装有限公司、鹿岛建设（中国）有限公司等企业扩产升级，增资累计达 1.69 亿美元，占合同外资完成额的 34.63%。

2013 年外资企业销售收入 401.25 亿元，同比增长 14.1%；税金总额 25.80 亿元，同比减少 21.1%；利润总额 29.15 亿元，同比增长 97.4%（图 8.33，图 8.34）。

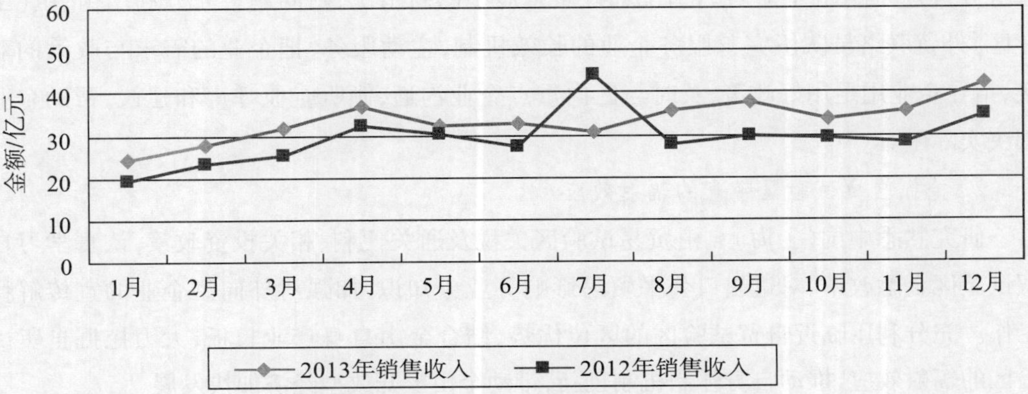


**图 8.33　2013 年与 2012 年金山区三资企业销售收入走势图**

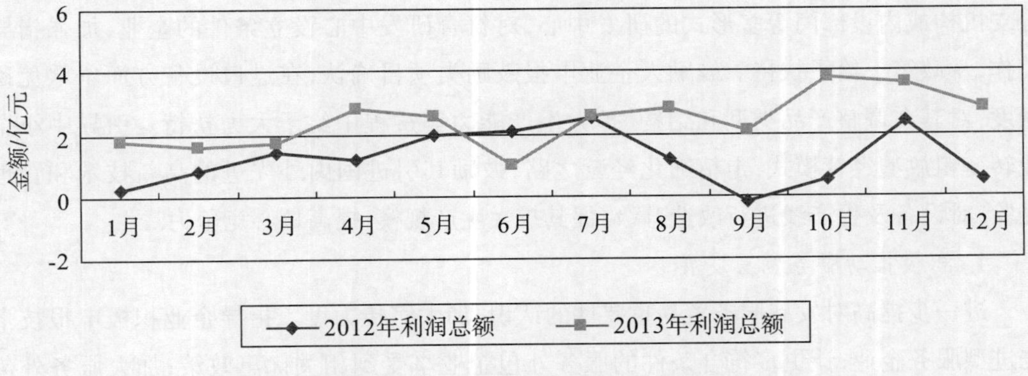


**图 8.34　2013 年与 2012 年金山区三资企业利润走势图**

## （三）外经发展情况

2013 年，金山区境外投资项目数 8 个，投资总额达 3 035 万美元，其中中方投资额达 2 022 万美元，涉及的行业有专业技术服务业、房地产、批发零售业等。近年来，特别是金融危机发生以后，金山区企业境外投资逐渐活跃，企业进行海外投资合作的机会越来越多，投资规模有所增长，走出去步伐明显加快。

## 二、2014 年金山区国际经贸工作展望

1. 强化对外资企业的服务工作

深入各镇、工业区、重点企业就外资企业经营中存在的问题和困难开展调研，多角度进行分析，及时掌握企业经营情况和外贸发展中的新情况、新问题。充分利用街、镇（工业区）外贸联络员队伍完善服务企业的长效机制，主动服务，把企业的需求与政策的对接，指导企业用足用好政策，及时与区内重点企业沟通，倾听企业呼声和建议，帮助企业解决实际困难。

2. 抢抓自贸试验区带来的辐射效应

研究熟悉中国（上海）自由贸易试验区关税及通关便利、相关投资政策，认真学习自贸试验区金融改革、对进出口公平贸易影响等业务知识，加强对外向型企业的宣传解释工作。充分利用临近自贸试验区的区位优势，结合金山自身产业长板，大力挖掘自贸试验区的辐射效应，推动自身体制机制创新，带动金山区开放型经济加快发展。

3. 加快推进企业产业结构调整升级

支持企业开展自主创新活动，聚焦产业结构调整升级，鼓励企业设立包括独立法人、分支机构或内设部门等多形式的研发中心，对符合研发中心设立条件的企业，加强指导工作，从政策上给予扶持。鼓励大企业申报鼓励类项目确认，在进口设备方面争取免税额度，对其在调整产品类型和结构、扩大生产能力等过程中给予大力扶持。引导中小企业转变粗放型经营模式，走精细化经营之路，鼓励其引进国内外先进的高新技术和管理经验，对设备及生产线进行改造升级，促其扩大生产规模，提高核心竞争力。

4. 积极推动服务贸易发展

进一步提高对发展服务贸易重要性的认识，加大宣传力度。指导企业积极申报技术先进型服务企业，让更多符合条件的服务外包企业享受到相关优惠政策；加大服务外包专业人才培训力度，为产业发展提供技术、人才支撑。积极扶持本土服务外包企业发展壮大，确定一批有潜力的企业，在政策信息、国际市场拓展等方面给予重点支持，提高企业的国际接单能力。强化服务外包统计工作，提升服务贸易和服务外包发展运行分析和科学决策能力。

5. 鼓励企业“走出去”开拓国际市场

进一步加大力度培育新的增长点，扶持一批有出口增长潜力的企业，实现出口主体多元化。充分利用好“中小企业国际市场开拓基金”等资助项目。积极鼓励、引导、支持企业“走出去”发展，开展国际经济技术合作，提高国际市场开拓能力，带动外贸出口。积

极引导有条件的企业采用境外收购兼并、境外加工贸易、合资合作建厂等方式,大力开展境外投资。努力培育具有较强国际竞争力的跨国公司,把产业发展与对外贸易结合起来,在更高层次上参与国际合作与竞争。

## 第十四节　松　江　区

### 一、2013 年松江区国际经贸发展情况

#### (一) 外贸发展情况

1. 基本情况

2013 年,松江区进出口总额 490.48 亿美元,同比下降 12.54%。其中,进口 132.5 亿美元,同比下降 21.37%;出口 357.98 亿美元,同比下降 8.75%。三资企业完成 337.47 亿美元,同比下降 10%,占全区 94.27%;自营企业完成 20.50 亿美元,同比增长 16.7%,占全区 5.73%。其中:加工区完成 267.08 亿美元,同比下降 12.13%,占全区 74.61%;广达集团完成 236.57 亿美元,占全区 66.08%。

2013 年,松江区外贸发展正在经历逐步复苏的过程,外贸出口降幅由 2012 年的 15.81% 减少到 8.75%,跌幅缩小了 7.06%;在进出口总额中的比例也从去年的 71.8% 稳步增长到 73%。三资企业进出口跌幅比 2012 年缩小 5.99%;自营企业出口额同比涨幅更是突破 22.94%。

2. 运行特点

(1) 贸易方式:一般贸易出口占比持续增长。尽管,松江区出口仍以加工贸易为主。2013 年加工贸易出口额总计 289.15 亿美元,同比下降 12.61%,占出口总额的 80.77%。但 2013 年松江区一般贸易实现出口 68.83 亿美元,同比增长 9.04%,占全区出口额的比重为 19.23%,高于去年同期 8.06 个百分点。一般贸易出口占比的不断攀升,意味着松江区出口结构进一步改善,拥有高附加值的产品在出口方面的竞争力逐年提高(表 8.58)。

表 8.58　2013 年松江区一般贸易及加工贸易总量及比重

| 贸易方式 | 出口额/亿美元 | 同　比/% | 占　比/% |
| --- | --- | --- | --- |
| 加工贸易 | 2 891 482 | −12.61 | 80.77 |
| 一般贸易 | 688 272 | 9.04 | 19.23 |

（2）出口国别：国际市场疲软依旧，市场下行风险较大。受发达国家经济增速放缓、需求减弱的影响，松江区对几个重要出口国家的出口额均有不同程度下降。其中东盟、欧盟的降幅最大，分别为 -17.87% 和 -14.83%。主要原因是达丰对东盟普通电脑产品的出口外移，以及欧债危机的后续影响（表 8.59）。

**表 8.59　2013 年松江区主要出口国别地区（按出口额排序）**

| 国家或地区 | 出口额/亿美元 | 同　比/% | 占　比/% |
|---|---|---|---|
| 美　国 | 135.107 8 | -7.44 | 37.74 |
| 欧　盟 | 72.635 5 | -14.83 | 18.52 |
| 日　本 | 41.074 8 | -10.24 | 11.47 |
| 中国香港 | 27.423 0 | 16.42 | 7.66 |
| 东　盟 | 19.227 7 | -17.87 | 5.37 |

（3）投资个体：自营企业出口增速大于外资企业。2013 年，自营企业出口 20.501 1 亿美元，同比增长 16.7%，三资企业同比下降 10%，自营企业增速大于三资企业 26.7%。自营企业占松江区比重 5.73%，比 2012 年同期提升了 3.73 个百分比。相对于外资企业在中国设厂的 OEM、定向出口等贸易方式，自营企业的出口方式更加多元化、灵活化。自营企业的增长也反映出松江区民营企业经过多年的磨炼和调整在国际市场的竞争力得到逐步增强。

（4）出口规模：大企业仍占主导地位，两极分化严重。松江区 357.98 亿美元的出口额度中，92.82% 是由 213 家出口额度超过 1 000 万美元的大型企业完成；2 974 家出口企业中，有 2 082 家企业出口规模在 100 万美元以下，出口额占松江区比重仅为 0.84%。其余的 679 家企业的出口额度都集中在 100 万～1 000 万美元之间，占松江区出口总额比重 6.35%。

### （二）外资发展情况

1. 基本情况

2013 年 1—12 月，松江区共引进外资投资总额 14.81 亿美元，同比下降 8.9%；合同外资 7.95 亿美元，完成年度计划的 177%。其中新批准外资项目 108 家，投资总额 10.85 亿美元，合同外资 4.58 亿美元；批准增资项目 97 家，投资总额 3.96 亿美元，合同外资 3.37 亿美元。

2. 运行特点

(1) 投资产业:服务业呈现集聚效应与工业项目齐头并进

2013 年服务业项目 70 个,完成合同外资 3.94 万美元,占松江区合同外资比例的 49.6%;工业项目仅为 38 个,完成合同外资 4 亿美元,同比下降 29.9%,占松江区比重的 50.4%。第三产业投资占总产业投资的 65%,其外商投资主要集中于批发零售业、房地产业、金融业、咨询业等领域(图 8.35)。

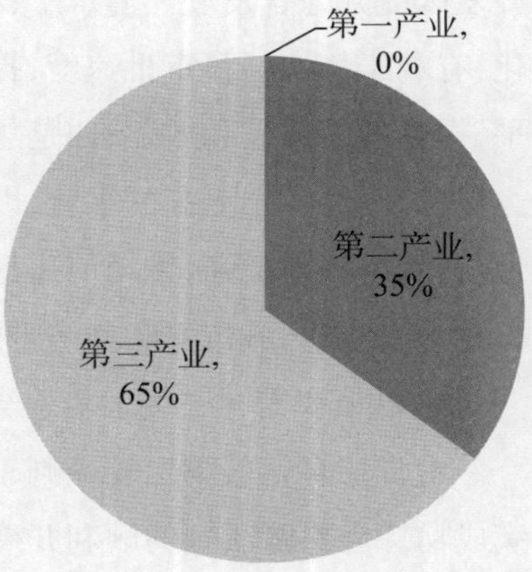


**图 8.35 2013 年松江区产业投资情况**

(2) 投资国别:传统市场优势明显。长期以来,我国香港、台湾地区及日本是松江区外商投资企业主要的来源地区及国家,2013 年这些地区、国家引进的合同外资依旧位居前列,分别是:香港特区 3.5 亿美元,日本 1.81 亿美元,台湾地区 0.08 亿美元,美国 0.19 亿美元,共计完成合同外资 5.58 亿美元,占松江区合同外资总额的 70.2%。

(3) 增资比例有所下降。2013 年,批准增资项目 97 项,投资总额 3.96 亿美元,合同外资 3.37 亿美元,占松江区合同外资比例为 42.4%,2012 年全年的比例则是 69.95%。由于经济下行的客观环境,增资虽然多,但是金额不大,企业多以增加流动资金甚至清偿债务为目的,实质性增资扩产建设项目比 2012 年明显下降。

### (三) 外经发展情况

对外投资方面,2013 年松江区共有 14 家企业申请了对外投资项目,项目总数 16 个,投资区域主要分布在欧洲、美洲、亚洲,非洲,涉及 9 个国家和地区,投资总额 4 844.38 万美元,基本和去年持平。其中,有 5 家企业进行了增资,金额达 1 260 万美元。

### (四) 2013 年国际经贸工作亮点

1. 松江工业园区成功升级为国家级经济技术开发区

根据上海市委、市政府的统一部署,松江区在 2010 年 7 月,正式启动了上海松江工业园区升级为国家级经济技术开发区的申报工作。经过近三年的不懈努力,在市、区相关部门的大力支持下,在相关园区的全力配合下,2013 年 3 月,国务院办公厅正式批复同意松江园区升级,并将新的国家级开发区定名为“松江经济技术开发区”,松江推进园区升级工作圆满完成。

上海松江工业园区升级为国家级经济技术开发区后，随着审批权限的增加、品牌效应的提升，必将带来一系列重大利好：一是环境改善，形成直接和间接的带动效应，助推开发区提升综合发展环境水平；二是体制优化，外商投资审批等管理职能将会增加和强化，有利于加快项目审批速度，提高投资便利化；三是标准提高，有利于提升招商选资水平，提高发展质量和效益；四是规划完善，助推开发区二次开发，促进整体提升；五是竞争力提升，站在一个更高的平台、以更开阔的眼光参与经济建设和社会发展，不断巩固领先地位；六是辐射增强，带动周边形成配套产业集群，吸引和集聚各类人才，提升工业化城镇化水平，成为城市群和经济带的重要支撑。

2. 认真做好中日韩自贸区第二轮谈判的服务保障工作

中日韩自贸区第二轮谈判于 7 月 30 日至 8 月 2 日在上海松江艾美酒店举行，取得圆满成功。为保障谈判的顺利开展，松江区成立了中日韩自贸区谈判(第二轮)会务保障工作小组，由松江区经济委员会牵头，联合松江区商务和旅游委员会、松江区人民政府外事办公室和合作交流办公室、松江区机关事务管理局、松江区公安分局、上海市食品药品监督管理局松江分局和松江区文化广播影视管理局几个部门共同开展前期筹备、检查工作。在时间紧、任务重的情况下，各部门联动配合、不懈努力，形成强大的工作合力，为谈判的顺利进行奠定了扎实的基础。还充分利用大学城人才高地的优势，组织高校志愿者为会晤人员提供现场翻译、咨询服务，做到有条不紊，细致认真。

中国商务部国际贸易谈判副代表俞建华(副部级)、日本外务省副部级审议官长岭安正、韩国产业通商资源部通商交涉室室长禹泰熙率中日韩代表团参加本轮谈判。就货物贸易、服务贸易、原产地规则、海关程序和便利化、贸易救济、TBT/SPS、竞争政策、知识产权、电子商务等议题进行磋商和交流。

3. 搭建“上海加贸边角料交易服务中心”，构建信息管理系统

为加强松江区边角料回收管理，进一步规范回收市场秩序，松江区政府组织辖区经委、海关、公安、税务、环保等部门，“以政府主导、实体经营、市场运作、海关监管”为原则，协调、搭建了专门从事生产性边角料回收交易公共服务平台的“上海加贸边角料交易服务中心”。

中心 2011 年 7 月 1 日试运营，于同年 11 月 23 日正式营业，2012 年 12 月 28 日挂牌“上海边角料交易中心”，并和新华社上海分社签署战略合作协议，成为上海市乃至长三角、全国的专业边角料平台。

中心注册资金 1 100 万元，运营至今已吸引 164 家生产企业，22 家回收企业进行交易，以场内交易和远程交易相结合，采取竞价和招标量两种基本的交易方式，成交商品主要为废铜、废铁、废不锈钢等 13 类货品。

中心已构建了边角料交易的信息管理系统,掌握大量信息,建立价格数据库,并对品种进行了分类与整理,现已掌握交易活跃的7大货品的交易数据。

4. 设立"上海永丰电子商务集聚区",促进产业转型发展

2012年5月16日,上海市商务委员会批准在上海仓城生产性服务业功能区内设立以电子商务为核心的高端物流服务集聚区——上海永丰电子商务集聚区,该区位占地面积1平方公里。目前,已入驻的上海瑞地物流有限公司新建仓储项目总投资5亿元。项目达产后,预计年营业收入10亿元,税收5 000万元以上;上海丽人丽妆化妆品有限公司年销售收入40 932万元,税收1 823万元。上海家洁安物流有限公司新建仓储项目投资总额7 500万元,处于工程报建设计方案审核阶段。

2013年11月1—3日,在上海世贸商城举行的2013中国(上海)国际网络购物交易大会上,永丰街道作为特别主办方,参加了2013年中国跨境电子商务高级研讨会,与行业代表分享电商发展趋势,隆重推出易商中国永丰国际物流中心项目。

## 二、2014年松江区国际经贸工作展望

2014年的经济发展形势依然比较复杂,从松江的情况看,土地等资源日益稀缺、劳动力成本持续上升对松江区的发展提出了更高的要求。松江区将严格按照上海市和松江的产业规划,大力吸引高端外资制造业,重点引进外资现代服务业,培育战略性新兴产业,加快松江区传统制造业改造提升步伐,进一步扩大产业规模,提升产业竞争力。

### (一) 外贸方面

1. 转变贸易发展方式

积极探索、改变长期以来对外贸易发展大多注重数量扩张,竞争力主要依靠劳动力、资源能源等生产要素的旧模式,更多地通过低碳、节能、环保等绿色技术和手段,支持出口产业向高端发展,把产品做精、把质量做优、把品牌做硬,把效益做大,不断提高产品的科技含量和附加值,不断提升产品的国际竞争力。加大一般贸易的出口力度,促进贸易方式的平衡。鼓励企业优化外贸国际市场布局,大力开拓新兴国际市场,平衡市场风险。

2. 实施内外贸并举战略

积极培育内外贸融合的大型贸易集团,扶持中小贸易企业融入跨国公司产业链,推动内外贸企业对接。充分发挥行业协会、驻外商务机构、各国驻沪商务机构作用,积极为内外贸企业牵线搭桥、提供服务。积极组织企业参加各类展销会、广交会、华交会,广泛开展技术交流、贸易洽谈,帮助企业寻找外贸订单,推动企业对外合作和交流。

3. 培育自主出口品牌

以增强自主创新能力为重点,进一步促进高新技术产品的出口,重点扶持奔腾、双鹿等自主品牌出口企业的成长,增强产品的国际竞争力,加快出口增长方式的转变,促进出口企业结构的优化。着力推进"五个优化",优化外贸功能布局。即优化进出口商品结构、优化贸易主体结构、优化贸易市场结构、优化贸易方式结构和优化对外贸易发展环境。

4. 加大对企业外贸政策的宣传和落实力度

要及时对企业就外贸领域的产业政策、税收政策、外汇政策等进行宣传培训,适时召开重点外贸企业座谈会,加大对中小企业国际市场开拓资金的宣传落实力度。同时针对国家层面在2014年有可能出台的鼓励外贸出口的政策进行重点宣传和落实。

5. 加大对企业的服务力度

一是关注重点大型企业。松江区2013年外贸出现下降的主要原因是广达集团部分产能的外迁所致,2014年松江区要重点关注这些大型外贸企业的出口形势,加强服务和调研,掌握企业动态情况。二是加强与海关、检验检疫等部门的合作,推进贸易便利化举措的实施,减少企业多次"两头跑"的情况,方便货物通关。

### (二) 外资方面

1. 调整产业结构、优化产业布局

要紧紧抓住上海建设"两个中心"、开发大虹桥经济圈等契机,以此为加大经济结构调整力度、调整区域产业布局的重要抓手,大力发展旅游、休闲、会展等现代服务业,充分发挥九亭、中山生产性服务业功能区作用,推进车墩、永丰两个生产性服务业功能区的建设,加快发展文化创意产业、现代物流等现代服务业,推进总部经济、研发中心、服务外包园区、服务外包人才培训基地建设。在继续做好高端制造业招商推介的同时,逐步转换到"二、三、一"产业并举发展,进一步优化产业布局、提升产业能级,鼓励产业聚集,推进产业链的延伸和完善,促进经济平稳增长。

2. 加强招商引资,培育经济增长点

在做好传统工业企业和第三产业企业的继续招商引资工作的同时,积极引进企业经济总部、研发中心、销售中心、结算中心等现代生产性服务业落户松江。坚持"政府招园区、园区招企业"做法,重点推进松江区漕河泾园区、时尚谷等园区的招商进度,借助园区的优势引进优质企业,形成有特色的产业集群。加强对利税高、社会贡献率大的"两头在松,中间在外"等现代服务业企业的招商,争取有发展潜力、有落户意向的企业在松设立总部或研发中心。

3. 提升松江城市功能

从国际上自贸试验区的发展经验看,成功的自贸试验区是所在城市与周边城市良性互动的结果。自贸试验区航运中心、物流中心和贸易中心的建设需要周边地区相应产业、基础设施等配套,同时溢出仓储、加工、配送、商务等服务需求,降低本地高商务成本影响。松江要抓住这个难得机遇,成为自贸试验区重要的服务合作平台,进一步增强城市功能的辐射。

4. 强化体制改革

自贸试验区的建设为松江树立了成功典范,在进一步强化对自由贸易区认识的基础上,应积极探索建立具有自身特色的功能区,加快国家级产品出口区的申报、建设,树立品牌优势,扩大区域影响。

5. 加强企业服务工作

不断完善服务网络,缩短审批流程,提高审批质量。要深入企业调研,听取企业意见建议和实际需求,主动为企业提供政策咨询、业务培训等服务。

### (三) 外经方面

加快"走出去"带动贸易。推动国内技术成熟的行业到境外开展装配生产,带动零部件和中间产品出口。支持国内企业"走出去",建立稳定的境外能源资源供应渠道。推进境外经济贸易合作区建设。鼓励国内企业参与国际竞争,开拓国际市场。支持企业开展对外承包工程和劳务合作,带动国内技术、标准"走出去"。采取综合性政策措施,大力支持我国重大技术标准在海外应用。

# 第十五节　青　浦　区

## 一、2013 年青浦区国际经贸发展情况

### (一) 外贸发展情况

2013 年世界经济略有回暖,全国外贸总额也首次突破 4 万亿美元,受此利好消息影响,青浦区 2013 年外贸进出口总额 120.58 亿美元,同比增长 2.5%,这也是青浦区第二次外贸总额超过 120 亿美元,仅次于 2011 年数据。其中出口额为 68.06 亿美元,同比增长 1.2%;进口额为 52.52 亿美元,创下历年来新高,同比增长 4.2%。特别是四季度外贸走势的回暖,百分之 9.4 的同比增幅极大地拉动了青浦区的进出口数据,可谓成绩喜人

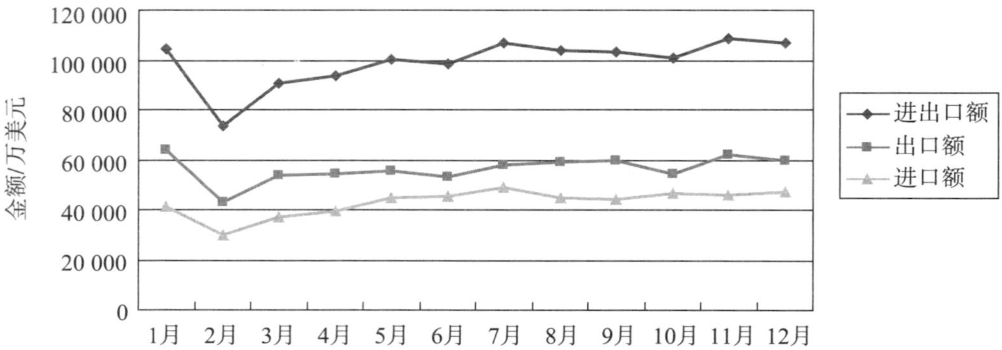


**图 8.36　2013 年 1—12 月青浦区单月进出口额示意图**

(图 8.36)。

2013 年青浦区外贸运行主要有以下特点:

1. 内资企业快速增长,外资企业增速回升

2013 年全年,青浦区共计 988 家内资企业开展进出口业务,同比增加 113 家,进出口总额 25.28 亿美元,同比增长 16.1%,高于青浦区外贸增速 13.6 个百分点,占比也由 2012 年的 18.5% 上升到 21.0%,下半年单月增幅同比保持两位数增长,发展势头良好,拉动青浦区外贸增幅 3.0 个百分点。

共计 680 家外资企业开展进出口业务,同比减少 14 家,进出口总额 84.35 亿美元,同比下降 2.3%,低于青浦区外贸增速 4.8 个百分点,占比也由 2012 年的 73.3% 下降到 70.0%,虽然 2013 年进出口仍负增长,但 11、12 两个月外贸增速止跌回升,2013 年全年较 2012 年增幅更是回升 8.2 个百分点。

2. 一般贸易稳步发展,贸易结构持续优化

从贸易方式来看,2013 年青浦区一般贸易进出口占比上升,加工贸易进出口占比下降,贸易结构呈现不断优化态势。从事一般贸易企业 1 640 家,同比增加 88 家,进出口总额 64.19 亿美元,同比增长 13.2%,占比由 2012 年的 48.3% 上升为 53.4%。

而从事加工贸易企业 266 家,同比减少 18 家,进出口总额 52.97 亿美元,同比下降 7.9%,占比由 2012 年的 49.0% 下降为 44.1%(表 8.60)。

3. 出口规模企业数量减少,外贸质量有所提高

青浦区星科金朋、鼎讯、美蓓亚、基胜工业、汉森、中昊针织、欧菲滤、东隆、新大洲、宏茂微 10 家企业 2013 年出口额超过 1 亿美元,占到青浦区出口总额三分之一;2013 年出口额 1 000 万美元以上的企业 110 家,较 2012 年减少了 5 家,但出口额同比增长 3.4 个百分点,占比 76.0%。

表 8.60　2013 年青浦区进出口分贸易方式情况表

| 项　目 | 进出口 | | |
|---|---|---|---|
| | 金额/万美元 | 同　比/% | 占　比/% |
| 贸易方式 | 1 202 015 | 2.38 | 100.00 |
| 一般贸易 | 641 871 | 13.21 | 53.40 |
| 加工贸易 | 529 723 | -7.94 | 44.07 |
| 来料加工 | 27 158 | -7.44 | 2.26 |
| 进料加工 | 502 566 | -7.97 | 41.81 |
| 其他贸易 | 30 422 | -4.10 | 2.53 |

110 家出口额达到千万美元的企业中，从事电子信息、精密机电、现代纺织、印刷传媒传统支柱产业业务的企业数减少 10 家，而从事其他产业业务的企业数增加 5 家，说明青浦区外贸规模企业分布更趋多元化（表 8.61）。

表 8.61　2013 年青浦区重点企业出口情况表

| 出口企业 | 出口 | | |
|---|---|---|---|
| | 金额/万美元 | 同　比/% | 占　比/% |
| 1 亿美元以上企业（10 家） | 249 498 | -0.28 | 36.66 |
| 5 000 万美元以上企业（22 家） | 328 186 | 2.32 | 48.22 |
| 2 000 万美元以上企业（58 家） | 450 253 | 4.48 | 66.15 |
| 1 000 万美元以上企业（110 家） | 521 446 | 3.41 | 76.61 |
| 全区 | 680 616 | 1.15 | 100.00 |

4. 传统市场保持稳定，新兴市场积极开拓

青浦区进出口涉及 171 个国家和地区，其中出口市场涉及 166 个国家和地区，进口市场涉及 108 个国家和地区。美国、日本、欧盟、东盟是青浦区传统贸易市场，进出口总额位列前四，进出口同比微降 0.3%，占青浦区外贸市场比重超过 60%。

相较传统市场，青浦区与新兴市场贸易发展迅速，其中，青浦区对印度尼西亚进出口额为 2.50 亿美元，同比增长 80.2%；对马来西亚进出口额为 1.84 亿美元，同比增长 33.5%；对菲律宾进出口额为 1.25 亿美元，同比增长 15.3%（表 8.62）。

表 8.62 2013 年青浦区主要进出口国家(地区)情况表

| 国家或地区 | 进出口金额/万美元 | 同 比/% | 占 比/% |
|---|---|---|---|
| 欧 盟 | 196 598 | 7.39 | 16.30 |
| 美 国 | 187 561 | -10.35 | 15.56 |
| 日 本 | 187 512 | -5.09 | 15.55 |
| 东 盟 | 187 487 | 9.34 | 15.55 |
| 中国台湾 | 148 396 | 12.65 | 12.31 |
| 新加坡 | 92 545 | -4.62 | 7.68 |
| 德 国 | 74 241 | 7.55 | 6.16 |
| 中国香港 | 65 574 | 6.96 | 5.44 |
| 韩 国 | 58 683 | 0.66 | 4.87 |
| 意大利 | 32 862 | 1.01 | 2.73 |

5. 服务外包产业成绩喜人

青浦区上海汉得信息技术股份有限公司被评为2013上海市服务外包重点企业,上海肯耐珂萨人才服务有限公司被评为上海市专业服务贸易重点单位(咨询服务类)。该两家企业申请了2013年度上海市服务外包发展专项资金,申报人数269人,获得国家级补贴金额121.05万元,市级配套金额65.85万元。

2013年青浦区服务外包产业飞速发展,全年青浦区服务外包企业签订合同金额1 843.13万美元,执行合同金额1 620.17万美元,同比分别增长38.37%和35.61%,其中信息技术外包(ITO)和业务流程外包(BPO)合同执行金额分别占比96.79%和3.21%。

## (二) 外资发展情况

1. 基本情况

2013年青浦区共吸收合同外资6.5亿美元,同比下降18.8%,完成全年目标的100.4%;其中累计新批外资项目96个(同比减少9个,含14个迁入项目),吸收合同外资3.9亿美元,同比下降15.2%;增资项目58个(同比减少2个),吸收合同外资2.6亿美元,同比下降25.7%。2013年外商投资(含增资)主要来自中国香港地区及日本。外资投资项目主要分服务业和制造业,服务业占71%(图8.37,图8.38)。

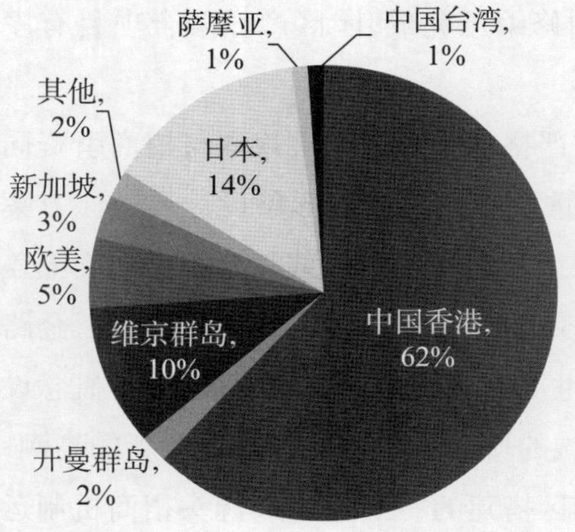


**图 8.37　2013 年青浦区外资项目（含增资）来源地结构**

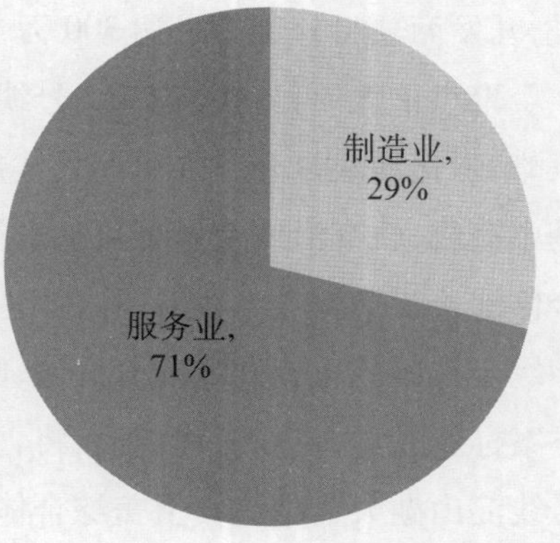


**图 8.38　2013 年青浦区外商投资项目行业结构**

2. 加快推进总部经济发展

2013 年 3 月份,注册在青浦出口加工区的希悦尔投资管理(上海)有限公司顺利获批并被认定为管理性跨国公司总部,该公司也是落户青浦区的第一家管理性跨国公司地区总部,至此青浦区已有 3 家跨国公司地区总部。

3. 着力提升招商引资实效

(1) 深化招商区级平台职能,推进土地源头招商工作机制。强化招商资源整合,搭建招商资源管理系统,梳理掌握六类经营性用地和工业用地动态情况,增强信息共享对称,促进土地出让和招商目标的有效结合。推进招商政策出台,出台《青浦区促进总部经济及其他重大项目发展实施细则》,并研究拟订合力招商及楼宇招商等有关政策,完成《招商目录》编制工作;加大招商宣传推介,一是青浦招商网正式启动,并修订《投资青浦(2013 版)》及《青浦招商资源手册》等宣传资料;二是各方联动、合力成功举办"大虹桥·新青浦"大型土地推介会,同时"走出去"与"引进来"相结合开展会展、文化创意等细分产业招商活动。加强招商队伍建设,多次开展以"四新"招商模式为主题及商务部招商引资系列业务培训为内容的全区性培训活动,通过强化人员培训和工作交流,不断促进青浦区招商系统的有效管理机制。

(2) 聚焦重点领域,加快推进三位一体招商引资模式。以提高项目质量效益和土地利用绩效水平为目标,以多渠道招商和联动招商体制机制为核心的三位一体招商引资模式已基本形成并运行,并以重点区域、重点地块推介为契机,加大优质实体项目和功能性平台的招商工作,助推城市建设和产业发展联动。聚焦重点区域,在西虹桥区域,以中国博览会综合体南侧地块如期推出为标志,相关重点项目地块的腾地、收储及招商工作推进有力,在青浦新城区域,“一园三区”控详规划修编已完成,园区产城融合项目有序推进,开发商项目开工总量达300万平方米。

聚焦重大项目,在轨交17号线启动过程中,严格执行关联地块规划与招商引资同步策略,强化地块推介和项目策划实施工作,目前重要站点的城市形象设计及出让方案已基本完成,轨交沿线重大项目从东往西已成蓄势待发之势。17号线汇金路站轨交上盖综合体地块于2013年成功挂牌,该地块作为轨道交通进入青浦城区的第一站及汇金路大型综合社区的重要商业配套设施,吸引了宝龙、世茂等优质开发商的积极参与,概念设计方案标新立异,走在时尚前沿,将青浦淀山湖新城的城市景观设计推向一个新的高潮;17号线淀山湖大道站轨交上盖综合体地块,在青浦区搭建的“三位一体”源头招商机制运作之下,2013年成功引入中国商业地产的领军企业—万达集团参与到站点综合体的开发之中,万达集团高度重视青浦新城区的区位优势及上海西大门的战略定位,拟在青浦投资建设商业综合体的全新升级换代产品—万达茂项目;17号线朱家角站关联地块的开发,在2013年成功引入国内知名城市产业地产综合运营商——天安数码城的参与,天安数码城地块规划方案由世界顶级规划设计公司美国SOM公司设计,提出“上海天安数码城·中国硅谷”的概念,秉承“产城一体、水城融合”的产业发展布局要求,充分融合项目所在地的自然环境、历史文化,展现了一个既生态环保又功能完善的新一代城市产业综合体。

(3) 结合产业转型,促进招商引资与产业转型发展同步。重点区域新兴产业项目落地速度进一步加快,北斗西虹桥导航位置服务基地一期园区改建工程已投入使用,引进了长三角示范工程等优质项目。该基地获得了总装备部和上海市政府“中国北斗产业技术创新西虹桥基地”的授牌,长三角北斗示范工程九个子项目中的五个已落户西虹桥,首批已经有包括华测导航、华力创通、北斗重点实验室等企业和机构入驻。落户企业转型升级动力进一步提升,位处商贸集聚区的传统制造业企业元祖公司、熊猫集团相继打造元祖梦世界、豪车汇等现代服务业项目,元祖梦世界由元祖联手建筑大师安藤忠雄倾力打造,面积15万平方米,以亲子购物中心为主诉求与定位,完成之后,将成为上海乃至全国第一座以亲子、育乐、体验、互动为主轴的多功能商场,可一次性满足小朋友及其家长吃喝玩乐游购娱等多样化需求;位处产业结构调整先试先行区的华新合金、大豪集团主动对接,通过盘活存量,以引进德国IFA、采埃孚等项目为契机,推动形成德国产业园区。

重点产业园区总部导向型招商目标进一步明确,除出口加工区成功引进希悦尔亚太区总部外,青浦工业园区引进的艾森曼、百隆集团以及朱家角工业园区引进的拟投资6亿元,打造集产品研发、体验、培训于一体的安杰玛项目等一批外资背景的区域总部项目正有力推进。

### （三）外经发展情况

2013 年，青浦区 18 家企业申请对外投资，项目总数 20 个（含新设和变更），累计投资总额 7 871. 54 万美元，同比增长 291. 2%，其中中方投资额 7 559. 54 万美元，占投资总额的 96%。项目数和投资额都达到历史最高点，对外经济合作高速发展。

青浦区境外投资呈现出以下“新”特点：

一是投资领域趋于多样。随着青浦区企业境外投资项目增多，投资领域也不断扩大，不仅仅局限于传统的制造业，而是呈现多元化态势，包括商业服务、批发、制造、道路运输等行业。既有德邦物流股份有限公司开拓新市场设立子公司，也有上海元祖梦果子有限公司为上市整合境外公司。

二是民营企业投资实力强劲。2013 年 18 家对外投资的企业中，内资企业 15 家，占比超过八成，投资金额 6 086. 60 万美元，占投资总额的 77%。

三是投资市场主要集中在中国香港。青浦对外直接投资包括亚洲、北美洲、大洋洲等地。其中亚洲地区为主要投资地，包括中国香港、缅甸、柬埔寨等，全年 9 个项目（含 1 个增资）投资地在中国香港，占到青浦区境外投资项目数近半壁江山，投资额占比 62%，其次是英属维尔京群岛和美国。

四是投资规模不断提升。在 20 个境外投资项目中，投资额 1 000 万美元以上的项目 2 个，500 万～1 000 万美元的项目 5 个，100 万～500 万美元的项目 5 个，投资规模较 2012 年大幅提升。

## 二、2014 年青浦区国际经贸工作展望

### （一）外贸工作展望

2014 年，青浦区积极搭建服务企业专业平台，以“六个着力”的工作举措，持续优化贸易结构，提高出口竞争力，提升外贸发展质量，促进外贸稳定、健康发展。

着力培育外贸竞争新优势。探索跨境电子商务等新型贸易方式，鼓励企业加大技术创新投入，以“技术、品牌、质量和服务”为核心内容，提高出口竞争力。

着力优化外贸结构。加快推进“四个优化”，即优化国际市场布局、优化外贸经营主体结构、优化商品结构和优化贸易方式。

着力推进民用航空外贸基地建设。发挥好特色产业集聚区在全区外贸转型升级中

的示范带动效应，助推市级外贸基地（民用航空）早日形成产业链及出口规模，成为青浦区外贸发展的新龙头。

着力提升贸易便利化水平。培育联动工作机制，加强与各镇、街道、一园三区的联动，合力推动本区外贸企业发展。研究中国（上海）自由贸易试验区政策溢出效应，提升青浦区外贸综合竞争力；深化关贸、检贸合作，优化外贸运行软环境。

着力拓展服务功能，发挥平台效应。积极获取国内外重点展会的信息，推荐一批有影响力的展会鼓励企业积极参加；全面落实国家扶持政策，助推外贸企业拓展国际市场。

着力助推民营企业外贸发展，增强本土品牌市场竞争力。扶持民营外贸企业，发展品牌经济，引导企业建设自主品牌，为民营企业创造更多的"走出去、展出来、做上去"的空间和机会，合法合理地运用品牌策略开拓市场，使青浦区民营企业外贸比重进一步放大，逐渐成为支撑青浦区外贸发展的新主体。

## （二）外资工作展望

1. 围绕目标，招商引资提质增效

紧紧围绕 2014 年青浦区招商引资目标任务，聚焦重点区域和重点产业，在利用外资方面，一要集中有限资源对接优质实体项目，鼓励企业盘活存量转型发展；二要在综合体项目招商上进一步加强外资项目的背景研究，确保引进项目质量水平；在引进内资方面，要注重新技术、新经济、新业态和新模式，关注互联网经济，以"引大引强引实"为目标，加大内资实体型项目和功能性总部项目的引进；同时要加大开发区及产业基地功能提升力度，把招商引资和服务企业、产业结构调整等工作紧密结合起来，形成多效联动机制，提升招商竞争力。

2. 完善机制，强化土地源头招商工作

建立土地源头招商联席会议机制，强化土地源头招商，以"提高资源配置效率"和"提高土地产出效益"为目标，加强招商引资与征收补偿、土地出让和行政审批等环节的联动；健全招商资源管理系统，动态掌握土地资源情况（包括存量盘活、减量推进等信息），实现信息共享、及时协调、加快推进的工作模式；完善产业项目准入机制，提高新供地项目的土地效益产出指标，明确六类经营性用地和工业用地的出让标准，促进土地出让和招商目标的有效结合；提升招商有效性及便利性，结合《青浦招商目录》修编，施行本区招商引资负面清单，不断提高招商的有效性和便利性。

3. 关注重点，促进合力招商和楼宇招商

发挥全区合力招商效应。通过制定《青浦区促进企业在区域内合理迁移管理办法》，建立全区合力招商的利益统筹分配机制，发挥合力招商效应；加强楼宇招商，提升小区经济。坚持产城融合发展理念,以发展楼宇经济推动新城发展和城镇化建设,经济小区作为青浦区经济发展的两大载体之一,是青浦区的经济基石,要充分发挥其招商优势和服务优势。一是通过制定《青浦区促进特色产业园区和楼宇经济发展实施办法》,促进楼宇经济发展,通过对现状楼宇的分类管理,加强研发总部型、规模型和科技型项目的引进;二是推动楼宇在引进新经济、新业态方面的力度,建立租税联动机制,充分发挥楼宇业主的招商积极性;三是让经济小区走进楼宇,以楼宇为载体实现二次招商,充分发挥经济小区的招商信息资源和服务优势,实施楼宇和小区招商联动。

4. 创新模式,强化平台职能

强化招商局的平台职能。整合青浦区招商资源与力量,提升招商工作能力与合力。以提升招商效率为目标,在有计划、有重点做好较大型区域主题招商推介组织策划及各类专业性、功能性招商活动统筹同时,构建全区域整体联动招商机制。进一步创新招商模式。鼓励联盟招商、载体招商、平台招商和委托招商,引导以调动各方积极为特征的全民招商向更高层次的专业招商发展,加强和国内外知名咨询中介组织及各类专业招商和服务机构的有效对接,健全社会化、市场化招商的合作机制。

## 第十六节　奉　贤　区

### 一、2013 年奉贤区国际经贸发展情况

#### (一) 外贸发展情况

2013 年,奉贤区外贸进出口呈现平缓增长趋势。全区完成外贸进出口总额 110.64 亿美元,同比增长 1.84%。其中,出口累计完成 70.43 亿美元,同比增长 3.35%;进口累计完成 40.21 亿美元,同比下降 0.7%。

1. 2013 年奉贤区外贸进出口特点

(1) 外商投资企业仍然是奉贤外贸出口生力军,2013 年外商投资企业出口达到 45.06 亿美元,占总出口额的 63.98%;同比增长达 4.80%,超过奉贤区外贸出口同比增速 3.35% 的指标。

(2) 一般贸易出口逐渐超过加工贸易出口额。2013 年奉贤区加工贸易出口为 31.03 亿美元,占总出口额的 44.06%,同比下降 8.25%;一般贸易出口为 36.96 亿美元,占出口总额的 52.48%,同比增长 14.74%,在数值和增长率上领先加工贸易出口。一般贸易进出口额占到进出口贸易总额的一半以上(表 8.63,表 8.64)。

表 8.63　2013 年奉贤区贸易方式下出口总量及占比

| 项　　目 | 总量/万美元 | 占　比/% |
|---|---|---|
| 一般贸易 | 369 559.74 | 52.48 |
| 加工贸易 | 310 272.86 | 44.06 |
| 其他贸易 | 24 438.56 | 3.46 |

表 8.64　2013 年奉贤区贸易方式下进口总量及占比

| 项　　目 | 总量/万美元 | 占　比/% |
|---|---|---|
| 一般贸易 | 205 130.28 | 50.99 |
| 加工贸易 | 149 231.86 | 37.10 |
| 其他贸易 | 47 808.14 | 11.88 |

（3）机电、音像设备类产品出口比重有所上升。2012 年机电、音像设备类产品出口占总出口额的 32.5%；2013 年奉贤区该类产品出口额为 26.12 亿美元，占总出口额的 37.09%。2013 年，主要出口的贸易产品是电机、电气、音像类，出口额 15.6 亿美元，占出口总额 26.38%；主要进口产品为光学、照相、医疗等设备，进口额 1.28 亿美元，占进口总额 25.08%（表 8.65，表 8.66）。

表 8.65　2013 年奉贤区主要贸易产品出口前十位

| 名　　称 | 出口累计/万美元 | 累计占比/% |
|---|---|---|
| 电机、电气、音像类 | 155 965.99 | 26.38 |
| 核反应堆、锅炉、机械类 | 105 248.99 | 17.80 |
| 塑料及其制品 | 64 987.88 | 10.99 |
| 家具、寝具等；灯具类 | 55 713.59 | 9.42 |
| 铜及其制品 | 31 217.05 | 5.28 |
| 钢铁制品 | 28 843.53 | 4.88 |
| 车辆及其零附件 | 28 074.71 | 4.75 |
| 针织或钩编的服装及衣着 | 21 317.08 | 3.61 |
| 有机化学品 | 15 859.56 | 2.68 |
| 非针织或非钩编的服装 | 13 143.37 | 2.22 |

表 8.66　2013 年奉贤区主要贸易产品进口前十位

| 产 品 类 别 | 进口累计/万美元 | 累计占比/% |
|---|---|---|
| 塑料及其制品 | 64 257.51 | 15.98 |
| 电机、电气、音像类 | 55 586.15 | 13.82 |
| 核反应堆、锅炉、机械类 | 49 487.35 | 12.31 |
| 有机化学品 | 38 627.28 | 9.60 |
| 铜及其制品 | 31 217.05 | 7.86 |
| 家具;寝具等;灯具类 | 11 198.33 | 20.37 |
| 光学、照相、医疗等设备 | 12 844.14 | 25.08 |
| 车辆及其零附件 | 28 074.71 | -7.67 |
| 鱼及其他水生无脊椎动物 | 8 411.89 | 0.87 |
| 生皮(毛皮除外)及皮革 | 7 198.47 | 10.81 |

(4) 日本、美国、欧盟是奉贤区主要的贸易国家和地区,奉贤区货物贸易出口主要集中在这三个国家和地区,占总出口份额的50%以上。从国别看,出口额前三位的国家分别为日本、美国、澳大利亚,出口额依次为13.53 亿美元、12.08 亿美元、3.98 亿美元,俄罗斯出口增长最快,出口额 1.53 亿美元,同比上升 36.96%;进口前三位的是日本、美国、德国(表 8.67,表 8.68)。

表 8.67　2013 年奉贤区主要出口国家(地区)前十位

| 国家或地区 | 出口累计/万美元 | 同 比/% |
|---|---|---|
| 日　本 | 135 283.10 | 17.66 |
| 美　国 | 120 762.10 | 1.58 |
| 澳大利亚 | 39 791.36 | 14.25 |
| 中国台湾 | 32 544.33 | -5.22 |
| 韩　国 | 28 280.46 | 11.22 |
| 泰　国 | 24 186.10 | -9.51 |
| 印　度 | 17 282.94 | 20.13 |
| 英　国 | 16 635.83 | 27.26 |
| 德　国 | 16 295.26 | -20.05 |
| 俄罗斯 | 15 274.03 | 36.96 |

表 8.68　2013 年奉贤区主要进口国家(地区)前十位

| 国家或地区 | 进口累计/万美元 | 同　比/% |
|---|---|---|
| 日　本 | 10 556.86 | -5.24 |
| 美　国 | 5 219.89 | -0.72 |
| 德　国 | 4 100.47 | 25.51 |
| 阿拉伯酋长国 | 3 523.39 | 15.03 |
| 韩　国 | 3 193.51 | -17.35 |
| 中国台湾 | 2 702.44 | -39.13 |
| 沙特阿拉伯 | 2 531.83 | 16.07 |
| 瑞　士 | 2 303.37 | 28.48 |
| 中国香港 | 2 152.72 | 45.74 |
| 意大利 | 1 945.27 | 21.47 |

2. 2013 年奉贤区外贸工作举措

(1) 履行职能,加大力度,构建外贸工作推进体系。一是制订完善的任务目标。年初把外贸出口目标任务分解给各镇、开发区,增强了他们完成外贸出口任务责任心。二是强化工作反馈机制。坚持做好每月一次的《奉贤区货物贸易统计月报表》的编写,不定期地分析外贸出口运行情况,为领导掌握外贸动态提供了方便,促进了工作落实。三是强化部门协调机制。与海关、商检、财政、税务、外汇管理等部门建立了经常性的联系制度,及时通报情况,协调解决问题,形成合力。

(2) 精心组织,注重实效,努力开展各种外贸培训活动。2013 年 3 月,联合举办了"规避贸易风险"系列的讲座,邀请了中国出口信用保险公司上海分公司的业务人员讲课,有 50 家企业的总经理和相关人员出席。企业对中信保推出的规避出口风险的服务项目相当感兴趣,多家企业后续与中信保进行了对接。6 月,与海关召开了"百家高资信企业"政策宣传会,向百家 A 类及 A 类以上企业宣传了加工贸易方面业务知识、口岸分流查验流程等相关政策。9 月,按照市商务委建立外贸监测站的统一部署,对参与的企业人员做好了政策宣传和操作培训。

(3) 构筑平台,创新服务,打造优质高效的服务。2013 年年初科室对各项审批政策进行了梳理,规范了行政审批流程,严格在时间节点内完成审批。按领导要求经常与各镇、开发区联系,与企业联系,了解企业的困难和意见,努力为企业办实事。此外,为促进外贸出口,开展了一系列加强服务外贸出口企业、优化外贸出口环境的特色工作。一是引导区内企业参会参展，开拓国际市场。二是争取出口鼓励政策。引导奉贤区企业申请中小企业国际市场开拓资金；推荐奉城镇申报国家家具出口创新基地等。三是支持企业出口品牌建设。鼓励企业申报重点出口名牌。

（4）加强教育，强化管理，做好自身素质建设。2013 年，在认真履行外经贸工作职能的同时，积极参加政治学习及业务知识学习，抓好自身建设，不断提高自身素质，为服务好企业做好“后勤保障。”

## （二）外资发展情况

2013 年，奉贤区新设外资企业 219 家，增资外资企业 68 家，合同利用外资 4.4 亿美元，同比增长 2.11%。实际利用外资 3.23 亿美元，同比下降 0.13%（表 8.69）。

**表 8.69　2013 年利用外资方式情况表**

| 方　式 | 项目/个 | 投资总额/万美元 | 注册资本/万美元 | 合同外资/万美元 |
|---|---|---|---|---|
| 新批 | 219 | 44 784.12 | 36 598.81 | 26 862.54 |
| 增资 | 68 | 29 530.79 | 14 247.76 | 57 758.25 |
| 总计 | 287 | 74 314.91 | 50 846.57 | 44 025.81 |

1. 2013 年奉贤区外资发展特点

（1）大项目外资略有增长，涉及行业领域拓宽。千万美元以上大项目 21 个，合同外资 3.14 亿美元，同比增长 6.77%，占比 71%。大项目主要涉及精细化工、新材料、设备制造业、商贸服务业、金融服务业、专业服务业等行业领域。

（2）增资同比下降，但仍是外资重要来源。增资合同外资 1.72 亿美元，同比下降 21%，占比 39%。近五年来，奉贤区合同外资中增资占比保持在 40%～50%之间，在制造业新项目引进难度日益加大的情况下，通过服务好已有企业促使其增资是奉贤区目前合同外资的重要来源。

（3）二产项目数量继续减少，吸收制造业外资形势严峻。二产新批项目 17 个，增资项目 32 个，合同外资 2.4 亿美元，同比增长 5.2%。制造业合同外资占比 55%，且主要依靠增资，从新设制造业项目来看，千万美元以上的大项目仅 5 个。

（4）第三产业继续较快发展，金融服务业有突破。三产新批项目 202 个，增资项目 36 个，数量远超二产。合同外资 2 亿美元，占比 45%。第三产业项目数量快速增长，但投资量小且主要集中在传统行业，九成以上为投资规模百万美元以下的贸易、咨询类公司。2013 年外商投资金融服务业领域有所突破，先后引进了 3 家融资租赁公司（表 8.70）。

表 8.70　2013 年外商投资产业分布情况表

| 产　业 | 项目/个 | 总投资/万美元 | 注册资本/万美元 | 合同外资/万美元 |
|---|---|---|---|---|
| 二产 | 49 | 44 053.53 | 21 172.85 | 24 080.83 |
| 三产 | 238 | 30 261.38 | 29 673.72 | 19 944.98 |
| 总计 | 287 | 74 314.91 | 50 846.57 | 44 025.81 |

2. 2013 年外资工作主要内容

一是积极行政，做好外资项目审批。随着审批权限的不断下放，工作量逐年递增，公司始终坚持依法行政，积极协调解决企业在设立变更中遇到的问题。二是转变政府职能，推进审改工作。积极配合区监察局工作，完成“三集中，三到位”的审改要求，同时简化审批手续，缩短时限，提高行政效率。三是多措并举，做好外企服务工作。抓好政策信息服务，加大走访力度，及时回应企业诉求，做好服务协调工作，化解外企生产经营中的困难、问题，维护其合法权益。四是积极与镇开发区交流对接，做好外资储备项目跟踪服务工作。与镇开发区保持紧密联系，为项目在落地过程中提供政策咨询与服务，促使项目顺利落地。

### （三）外经发展情况

2013 年奉贤区境外投资数为 17 家，比 2012 年减少 2 家。17 家境外投资企业注册资本为 2 163 万美元，同比下降 66.69%；投资总额为 2 633.7 万美元，同比下降 65.72%；其中，中方投资额为 1 039.9 万美元，同比下降 84.22%；

1. 2013 年奉贤区境外投资企业特点

（1）境外投资以非洲居多，共 9 个项目，占总项目数的 52.94%；其次以亚洲为主。

（2）2013 年境外投资项目基本都为 1 000 万美元以下的非重点核准项目，占总项目的 94%。

（3）单个公司为拓展海外业务，在多个国家设立分支机构，以上海格林福德国际货物运输代理有限公司为例，2013 年共申报 11 个境外投资项目。

2. 2013 年奉贤区境外投资主要做法

（1）扩大宣传、上门服务。对企业进行讲解和宣传境外投资政策，实际操作流程，为企业解答和解决有关境外投资的具体问题，采取上门指导方式提供服务：一是开展企业回访，通过企业自身遇到的问题，为企业项目的顺利开展创造条件；二是在项目报批准备阶段，多次上门开展现场辅导工作，介绍外汇登记、项目核准和境外投资联合年检等一系列业务工作流程，提示企业应予以关注的要点，加快项目进程；三是开展对企业境外投资业务的调研工作,掌握项目进展情况,了解企业项目进展过程中面临的难题,为相关支持措施的决策提供信息支持。

(2) 落实责任、及时服务。对境外投资项目实行责任制,责任分解落实到人,安排专人为企业提供到位服务。针对项目特点对企业进行个性化跟进服务,深入了解企业情况,帮助解决实际问题,促使境外投资项目尽快落实。

(3) 组织座谈、加大培训。定期组织企业召开境外投资座谈会,了解企业"走出去"后的情况,让"走出去"企业现身说法,交流经验和信息。针对企业境外投资业务不熟的情况,围绕如何为企业寻找境外投资信息、如何跟踪服务、如何申办手续等问题开展专题培训辅导,提高工作人员的业务水平和工作效率。

(4) 积极配合市商务委落实各项活动及政策。宣传好市商务委对"走出去"企业的扶持政策。积极鼓励企业参加相关的投资贸易洽谈活动。

## 二、2014 年奉贤区国际经贸工作展望

### (一) 外贸工作展望

(1) 保持工作张力,进一步强化推动机制。一是完善外贸月报表制度。二是扩大外贸监测站企业试点名单。三是建立快速反应机制。及时解决企业咨询的问题。

(2) 强化服务措施,进一步加大外贸出口力度。一是继续实施出口鼓励政策,兑现各种奖励,扩大支持的范围。二是建立和健全出口服务体系。与海关、商检、外汇、税务等开展好互动。

(3) 要培育和壮大出口主体,提升出口规模。一是引外力。把外贸出口与招商引资有机结合起来。二是挖潜力。鼓励企业开展自营出口。三是壮内力。积极利用好国家和市支持外贸出口的各项鼓励政策,促进出口企业的品牌建设。

(4) 要引导企业走出去。一是引导企业参加各类交易会,大力拓展市场。二是鼓励、引导、支持更多企业"走出去"发展,努力扩大对外经济合作的规模和水平。

(5) 争取在服务贸易上有新突破。积极依托"奉贤新城"和"南桥中小企业总部商务区"的发展契机,在电子商务、金融服务、文化创意等领域有所突破,为奉贤发展服务贸易上提出切合实际的设想和建议。利用好国家、市级对服务贸易企业支持的相关优惠政策同时,争取奉贤区政府对本区企业在发展服务贸易上给予政策的倾斜及资金上的扶持。

(6) 加强调研力度,努力破解发展难题。一是要对国家宏观政策进行深入分析研究,充分利用国家政策,发展奉贤区外贸。二是要应对政策环境的变化,把挑战变机遇,

化压力为动力。

(7) 提高整体素质,进一步加强开放型经济队伍建设。加大培养开放型经济人才,建设一支有强烈的使命感、特别能吃苦耐劳、经得起考验的开放型经济工作队伍。

### (二) 外资工作展望

一是配合区招商办开展外资招商引资工作。加强学习,提高洽谈外资的能力和水平,积极提供政策咨询等服务。二是动态更新储备项目表,加强对外资储备项目的跟踪服务力度。三是加强服务,优化外商投资环境,增强已有企业做大做强的决心,促其增资扩股。四是加强与镇、开发区沟通,关注做好外资并购的文章。五是继续拓宽服务业利用外资的领域,推动奉贤区现代服务业发展。六是学习浦东外资商业保理政策制定经验,尽快出台奉贤区外商投资商业保理行业的试点实施方案。七是主动学习自贸试验区外资投资管理政策的重大改革,尤其重点学习负面清单以外的外资项目合同章程备案制的办理流程,探索进一步精简奉贤区外资项目的办理流程。

### (三) 外经工作展望

(1) 响应国家鼓励企业境外投资策略,进一步加大宣传力度,深入企业开展宣传工作,同时通过政策宣讲、发布文件、信息通报等灵活有效的工作方式,提高企业对政策的认识,充分调动企业走出去的积极性。

(2) 确保做好2014年境外企业年审工作,及时掌握境外企业投资情况及投资动态。

(3) 做好上海市商务委员会要求的其他各项外经工作,确保奉贤区外向型经济稳步发展。

# 第十七节　崇　明　县

## 一、2013年崇明县国际经贸发展情况

### (一) 外贸发展情况

1. 进出口贸易情况

至2013年末,据海关数据显示,崇明县共有160家外贸企业开展对外贸易活动,实现进出口总额4.9亿美元,同比增长2.5%。其中,出口额3.17亿美元,同比下降1.7%,进口额1.7亿美元,同比增长11.4%。

崇明县外贸出口同比下降,其中外资企业出口额较上年减少0.14亿美元,降幅为9.9%,占出口总额的41.1%;民营企业出口额较上年增加0.08亿美元,增幅为4.4%,占出口总额的58.%。全年有4家企业出口额达千万美元以上,其中上海冠华不锈钢制品有限公司出口额增加0.13亿美元,增幅为23.1%,占崇明县的21.4%,出口额居全县首位。崇明县外贸进口同比增加,其中外资企业进口额比上年减少0.17亿美元,比上年同期降低0.23%,占进口总额的31.8%;民营企业进口额比上年增加0.11亿美元,同比增长0.14%,占进口总额的51.8%。

2. 出口商品结构

崇明县出口商品中,从数值角度来看,贱金属及其制品出口额同比增加0.041亿美元,增幅为2.8%;机电、音像设备及其零部件出口额同比增加0.19美元,增幅为57.1%(表8.71)。

**表8.71　2013年主要出口商品结构及金额**

| 出口商品 | 出口额/万美元 | 占比/% | 同比/% |
|---|---|---|---|
| 总额 | 31 702 | 100 | -1.8 |
| 贱金属及其制品 | 15 388 | 48.5 | 2.8 |
| 机电、音像设备及其零部件 | 5 153 | 16.3 | 57.1 |
| 纺织原料及纺织制品 | 3 674 | 11.6 | -8.1 |
| 车辆、航空器、船舶及其零部件 | 2 758 | 8.7 | 20.6 |

3. 出口商品销往地

崇明县出口商品主要销往89个国家和地区,与2012年相比减少6个。从数量来看,对以往的主要贸易国出口额总体小幅增加,其中对美国出口额增加0.11亿美元,同比增长15.9%;对欧盟出口额增加0.17亿美元,同比增长26%;对日本出口额增加0.01亿美元,同比增长3.1%;对韩国出口额增加0.04美元,同比增长26.8%(表8.72)。

**表8.72　2013年出口商品主要输往地情况**

| 国家或地区 | 出口额/万美元 | 占比/% |
|---|---|---|
| 总值 | 31 702 | 100 |
| 美国 | 8 146 | 25.7 |
| 欧盟 | 8 128 | 25.6 |
| 日本 | 3 916 | 12.4 |
| 韩国 | 1 294 | 4.1 |

4. 2013年外贸工作总结

开展加工贸易审批业务。做好本年度"中小企业国际市场开拓资金"审批工作。组织企业参加境外展会。完成服务外包、服务贸易相关工作。组织召开崇明县外贸政策宣讲会。做好外贸调研和政策宣传工作。

### (二) 外资发展情况

1. 外资企业概况

至2013年年末,崇明县外商投资企业共有296家,总投资额8.14亿美元,合同外资3.33亿美元。其中:合资企业69家,总投资额5.31亿美元,合同外资1.35亿美元;合作企业7家,总投资1 327.35万美元,合同外资1 033.59万美元;独资企业219家,总投资2.62亿美元,合同外资1.86亿美元;股份制企业1家,总投资757万美元,合同外资192万美元。

2. 吸引外资情况

2013年,崇明县外商投资企业实际到位外资2 136.48万美元,比上年增长55.65%。2013年审核批准外资项目95个,其中新设立34个,投资总额2 761.47万美元,注册资本1 495.89万美元,合同利用外资1 000.89万美元;增资10个,投资总额504.49万美元,注册资本567万美元,合同利用外资228万美元;变更、减资、终止、迁入项目51个(表8.73)。

**表8.73　2013年崇明县吸引外资情况表**

| 吸引外资方式 | 批准外资企业 | | | 合同外资 | | 实到外资 | |
|---|---|---|---|---|---|---|---|
| | 企业数/个 | 总投资额/万美元 | 同比/% | 外资金额/万美元 | 同比/% | 外资金额/万美元 | 同比/% |
| 合　计 | 34 | 2 761.47 | -75.83 | 1 000.89 | -81.79 | 2 136.48 | 55.65 |
| 外商直接投资 | 34 | 2 761.47 | -75.83 | 1 000.89 | -81.79 | 2 136.48 | 55.65 |
| 其中:合资 | 6 | 1 985.00 | 104.80 | 475.00 | -1.01 | | |
| 合作 | 0 | 0 | — | 0 | — | | |
| 独资 | 28 | 776.47 | -92.57 | 525.89 | -89.52 | | |

3. 外商投资行业(或产业)分布与来源地

至2013年末,外商直接投资非生产型项目34个,占行业总数的100%,总投资额2 761.47万美元,占行业总投入数的100%;合同外资额1 000.89万美元,占行业总投入数的 100%(表 8.74)。

**表 8.74　2013 年崇明县外商投资行业(产业)分布情况表**

| 行业或产业 | 项目/个 | 投资总额/万美元 | 合同外资/万美元 | 实到外资/万美元 |
|---|---|---|---|---|
| 合　计 | 34 | 2 761.47 | 1 000.89 | 2 136.48 |
| 生产性项目 | — | — | — | — |
| 非生产性项目 | 34 | 2 761.47 | 1 000.89 | 2 136.48 |

至 2013 年末,在崇明县投资的国家和地区共有 12 个,以我国香港、台湾地区及日本等地区(国家)的投资者居多,共有 21 个项目,占新批项目总数的 61.76%(表 8.75)。

**表 8.75　2013 年崇明县外商投资主要来源地情况表**

| 国家或地区 | 项目/个 | 投资总额/万美元 | 合同金额/万美元 |
|---|---|---|---|
| 香　港 | 12 | 579.97 | 376.09 |
| 日　本 | 5 | 62.50 | 48.50 |
| 美　国 | 4 | 82.00 | 63.00 |

**(三) 外经发展情况**

1. 海外投资情况

2013 年,崇明县共有 4 个境外投资项目获批,分别是上海大晋票源投资管理有限公司在柬埔寨成立汉晨实业(柬埔寨)有限公司,上海国拓矿业投资有限公司在蒙古成立国拓矿业有限公司,上海鹏欣矿业投资有限公司在中国香港成立鹏欣国际集团有限公司,上海东伽文化传播有限公司在中国香港成立瓦伦丁文化传播有限公司,4 个项目投资总额共 3.74 亿美元(表 8.76)。

2. 外派劳务

外派劳务主要派往日本,主要从事缝纫、塑料成型等工作。至 2013 年底,全县在境外务工人员共 390 名。

3. 2013 年外经工作总结

为外派劳务企业培训最新的就业扶持政策。维护外派劳务市场秩序。开展对外劳务合作政策法规宣传,及时处理劳务人员的投诉和举报,切实维护劳务人员的合法权益。完成对外投资审批。指导协调外经协会关闭工作。

表 8.76　境外投资金额、国别、行业结构数据

| 境内主体名称 | 境内主体所属行业 | 境外企业/机构名称 | 境外企业所属行业 | 注册资本/万美元 | 所占股比 | 投资总额/万美元 | 中方投资额/万美元 |
|---|---|---|---|---|---|---|---|
| 上海大晋票源投资管理有限公司 | 其他金融业 | 汉晨实业(柬埔寨)有限公司 | 农、林、牧、渔服务业 | 200.0 | 80.0 | 625.0 | 500.0 |
| 上海鹏欣矿业投资有限公司 | 其他采矿业 | 鹏欣国际集团有限公司 | 有色金属矿采选业 | 1.3 | 100.0 | 35 116.5 | 35 116.5 |
| 上海东伽文化传播有限公司 | 文化艺术业 | 瓦伦丁文化传播有限公司 | 文化艺术业 | 300.0 | 100.0 | 300.0 | 300.0 |
| 上海国拓矿业投资有限公司 | 非金属矿采选业 | 国拓矿业有限公司 | 非金属矿采选业 | 1 500.0 | 100.0 | 1 500.0 | 1 500.0 |
| | | | | | | 合计 | 37 416.5 |

## 二、2014 年崇明县国际经贸工作展望

### （一）外贸工作展望

做好外贸数据的统计分析，做好外贸运行监测工作，为领导决策提供依据。做好加工贸易日常审批服务工作。切实落实中小企业国际市场开拓资金等各种促进外贸的专项资金，加大对出口企业的扶持力度。组织外贸企业参加各种对外商务活动，引导企业采用国际标准进行生产，推广质量认证和品牌认证，帮助企业不断开拓国际市场，提高出口商品的国际竞争力。2014 年发展目标为完成外贸出口 3.5 亿美元，同比增长 16.7%。

### （二）外资工作展望

2014 年发展目标为实到外资 2 400 万美元，同比增长 12.33%。

### （三）外经工作展望

做好外派劳务数据的统计分析。落实崇明县政府对外派劳务的补贴政策。利用多种媒体加大对外劳务合作政策法规宣传力度，及时处理劳务人员的投诉和举报，切实维护劳务人员的合法权益。规范外派劳务企业的经营行为，加大监管力度。为企业境外投资做好服务和政策指导，继续推动企业“走出去”。

## 案例10　上海冠华不锈钢制品股份有限公司

上海冠华不锈钢制品股份有限公司的前身为上海冠华不锈钢制品有限公司,成立于2000年9月,由上海新洲投资发展有限公司、香港冠运实业有限公司等9家法人股东共同投资设立。公司注册资本7 588万元,占地面积10.2万平方米,员工1 500余人。

公司主营业务为中高档不锈钢锅具类厨房用品的研发、生产和销售,主要产品按生产工艺区分可分为不锈钢单底锅、复打锅、涂层锅及多层锅。公司坚持"质量第一、技术创新、服务至上、合作共赢"的经营策略,目前在国际市场以OEM模式为主,结合ODM模式,为国际知名品牌商提供专业的研发和生产一体化服务,同时在国内市场开始培育公司的自主品牌"喜时cizzle",打造中高档不锈钢锅具类的中国原创品牌,2012年被评为"上海市名牌产品"。

经过十余年的发展,公司凭借卓著的产品品质及至诚的服务态度,已成为中国乃至全球重要的中高档不锈钢炊具生产基地,公司生产的不锈钢炊具90%以上销往国外,主要为欧洲及亚洲。公司出口额一直处于行业领先地位,2013年,全年累计出口额达6 777万美元,同比增长23%,占全县出口额的21%。

公司秉承"以市场为导向、以客户为中心"的理念,力图以品质、效率、服务制胜,努力成为全球不锈钢锅具行业中最有竞争力的OEM和ODM供应商之一,并逐步尝试以自主品牌产品开拓OBM业务。公司将通过持续创新不断加强和提高产品研发、制造方面的核心竞争力,同时在国内外市场继续向高附加值业务延伸,力争使公司成为全球知名的中高档不锈钢炊具制造企业。

# 第九章　海关特殊监管区

## 第一节　上海金桥经济技术开发区

### 一、总体发展概况

2013 年,金桥管委会在浦东新区区委、区政府的正确领导下,在各个园区的鼎力配合下,按照新区"4+3"生产力布局的战略部署和发展要求,全力推动开发区"优二进三,转型发展",取得了经济总量和经济效益同步提高、社会管理和社会文明同步提升的良好成效。

### 二、外贸发展情况

2013 年,金桥经济技术开发区外贸进出口出现企稳回升态势。据海关统计,开发区全年完成进出口总额 97.66 亿美元,比上年增长 4.4%。

2013 年外贸出口完成 459 750 万美元,比上年增长 8.0%。其中一般贸易 144 412 万美元,比上年下降 1.8%,占 31.4%;进料加工完成 296 374 万美元,比上年增长 14.0%,占 64.5%;来料加工完成 16 745 万美元,比上年下降 3.6%,占 3.6%。

外贸进口完成 516 839 万美元,比上年增长 1.4%。其中一般贸易完成 372 835 万美元,比上年下降 8.2%,占 72.3%;进料加工完成 95 415 万美元,比上年增长 34.8%,占 18.5%;来料加工完成 9 141 万美元,比上年增长 2.1%,占总量 1.8%。

出口商品中,机电产品占全区出口的主导地位。2013 年机电产品出口 42 0487 万美元,占全区出口总额的 91.5%,比上年增长 9.1%。其中,机械设备完成 202 308 万美元,占全区出口总额的 44.0%,比上年增长 5.1%;电器及电子产品完成 135 502 万美元,占全区出口总额的 29.5%,比上年下降 5.7%(表 9.1)。

2013 年,金桥经济技术开发区出口企业中居前 10 位的出口大户(占出口总量超过 6 成),仅有三家企业较上年下降,其他企业均有不同程度增长。增长的七家企业是夏普电器、索广映像、通用汽车、欧姆龙、惠普、诺基亚西门子、泰克科技,其中上海索广映像有限公司、诺基亚西门子通信(上海)有限公司分别比上年增长 258.3% 和 43.7%(表 9.2)。

**表 9.1　2013 年金桥经济技术开发区主要出口商品情况表**

| 商品类别 | 出口额/万美元 | 占　比/% | 同　比/% |
|---|---|---|---|
| 机械设备 | 202 308 | 44.0 | 5.1 |
| 电器及电子产品 | 135 502 | 29.5 | -5.7 |
| 仪器仪表 | 58 943 | 12.8 | 102.5 |
| 运输工具 | 21 103 | 4.6 | 25.6 |

**表 9.2　2013 年金桥经济技术开发区出口额排名前 10 位企业情况表**

| 序　号 | 企　业 | 出口额/万美元 | 同　比/% |
|---|---|---|---|
| 1 | 上海夏普电器有限公司 | 70 975 | 15.47 |
| 2 | 上海理光数码设备有限公司 | 41 881 | -2.69 |
| 3 | 上海贝尔股份有限公司 | 40 630 | -16.42 |
| 4 | 上海索广映像有限公司 | 25 831 | 258.34 |
| 5 | 上海通用汽车有限公司 | 22 318 | 7.68 |
| 6 | 欧姆龙(上海)有限公司 | 20 268 | 3.38 |
| 7 | 上海惠普有限公司 | 19 597 | 1.37 |
| 8 | 上海日立家用电器有限公司 | 18 319 | -4.80 |
| 9 | 诺基亚西门子通信(上海)有限公司 | 14 202 | 43.71 |
| 10 | 泰克科技(中国)有限公司 | 13 517 | 15.03 |

2013 年,开发区出口商品主要输往地中非洲比上年出现了 14.3% 的降幅,而亚洲比上年增长 9.0%,其中输往韩国的商品金额比上年增长 25.9%;北美洲比上年增长 8.6%,其中对美国增长 8.5%;拉丁美洲、大洋洲也增长良好,增幅分别达到 19.0% 和 31.5%。

## 三、外资发展情况

### (一) 基本情况

2013 年,金桥开发区(包括南汇工业园区)实现工业总产值 2 113.68 亿元,完成率 104.1%;吸引合同外资 5.9 亿美元,完成率 100%;实到外资 3.9 亿美元,完成率 100%;

完成固定资产投资 93.50 亿元，完成率 93.5%；完成税收收入 354.7 亿元，完成率 99.9%；完成地方财政收入 41.25 亿元，完成率 148.2%。金桥园区实现营业收入 5 284.59 亿元(表 9.3，表 9.4)。

**表 9.3　金桥经济技术开发区 2013 年吸引外资情况表(不含南汇工业园区)**

| 吸引外资方式 | 批准外资企业 | | | 合同外资 | | 实到外资 | |
|---|---|---|---|---|---|---|---|
| | 企业数/个 | 总投资额/万美元 | 同比/% | 外资金额 | 同比/% | 外资金额/万美元 | 同比/% |
| 合计 | 58 | 84 579.32 | 1.62 | 51 500 | 5.47 | 34 347 | -14.29 |
| 外商直接投资 | 58 | 84 579.32 | 1.62 | 51 500 | 5.47 | — | — |
| 其中：合资 | 7 | 14 289.35 | 4.14 | 6 358 | -24.19 | — | — |
| 合作 | 0 | | | 0 | 0.00 | — | — |
| 独资 | 51 | 70 289.97 | 1.13 | 45 142 | 10.42 | — | — |

**表 9.4　金桥经济技术开发区历年累计外商投资情况表(不含南汇工业园区)**

| 性　质 | 企业数/个 | 总投资额/万美元 | 总合同额/万美元 |
|---|---|---|---|
| 合　计 | 867 | 2 038 429.32 | 900 680.0 |
| 合资企业 | 161 | 445 273.75 | 175 345.2 |
| 合作企业 | 23 | 1 357 893.60 | 83 524.8 |
| 独资企业 | 683 | 235 261.97 | 641 810.0 |

2013 年金桥经济技术开发区外商投资来源地主要来自中国香港地区、美国、德国，投资金额依次为 2.73 亿美元、2.62 亿美元、1.53 亿美元(表 9.5)。

**表 9.5　金桥经济技术开发区 2013 年外商投资主要来源地情况表[①]**

| 国家或地区 | 项目数/个 | 投资金额/万美元 |
|---|---|---|
| 爱尔兰 | 5 | 7 824.50 |
| 德　国 | 2 | 15 286.01 |
| 韩　国 | 3 | 52.00 |
| 美　国 | 3 | 26 214.20 |
| 日　本 | 3 | 3 256.12 |

（续表）

| 国家或地区 | 项目数/个 | 投资金额/万美元 |
|---|---|---|
| 瑞　典 | 5 | 3 914.00 |
| 瑞　士 | 3 | 199.00 |
| 中国台湾 | 2 | 211.20 |
| 西班牙 | 6 | 152.03 |
| 中国香港 | 8 | 27 311.83 |
| 新加坡 | 7 | 32.05 |
| 意大利 | 6 | 26.38 |
| 印　度 | 5 | 100.00 |

说明：①本表中的数据未含南汇工业园区

## （二）工作总结

2013 年金桥开发区按照“创新驱动、转型发展”的要求，坚持调整原有的产业形态，加快转型升级步伐，通过进一步推动先进制造业与生产性服务业的融合发展，持续做好开发区投资促进工作，努力把金桥建设成为先进制造业核心功能区、生产性服务业集聚区、战略性新兴产业先行区、生态工业示范区和产城融合创新区，成为高科技、复合型、生态化的新型经济技术开发区。

1. 坚持“优二进三”，推动产业升级转型

大力推进“优二进三”战略。延续开发区支柱产业的传统优势，借助工程院与上科院共同发起的“金桥产业技术创新会议”，为共性技术研发、成果转化和产业引领提供统筹、支撑、服务的创新平台。聚焦战略性新兴产业，着力提升汽车及零部件产业、信息通信产业能级，以新松机器人、卫邦科技等以数字化和智能化制造为引领的智能装备产业项目为重点，以自主创新研发为驱动力，逐步形成新的竞争优势。同时，以总部经济为抓手，加快产业结构调整，从“二产”向“三产”延伸，大力发展高端生产性服务业，形成先进制造业与生产性服务业“二元融合、协调发展”的新型产业结构与发展优势。着力培育平台经济。聚焦大数据平台建设，加快健全平台经济的培育机制，重点是金融期货交易基地项目、春宇 21office 项目，鼓励电子商务营销服务类企业、金融数据服务平台入驻金桥，扩充平台经济产业群。着力扩大平台经济“新模式、新业态、新技术”的规模效应，使其成为未来金桥经济增的新引擎。

2. 完善投资促进工作机制,确保运作规范高效

建立项目推进责任机制。建立由管委会分管领导牵头、项目所在园区开发公司领导负责,管委会和园区开发公司相关职能部门具体操作的开发区重点招商项目推进工作机制。加快落实项目综合效益评估机制。落实《关于建立金桥开发区项目综合效益评估机制的意见》,通过对开发区新引进项目的评估,及时掌握项目的信息,积极引进符合开发区规划要求和产业发展定位的项目,确保引进高端高效的项目。

积极推动南北联动招商机制。切实发挥管委会"整体运筹、协调推进"作用,实施信息联动、政策联动、资源联动,充分调动各招商主体的积极性,形成开发区联动招商的组合优势。积极参与推进南汇大治河生态廊道前期开发的各项工作,为开展投资促进工作提供拓展空间。

3. 积极推动载体建设,加快推进战略招商

充分运用金桥"园中园"资源进行战略招商,将建成 120 万平方米的"园中园",重点引进符合金桥产业导向的生产性服务业项目。以金桥经济发展促进中心为工作平台,推进上海产业技术研究院与腾飞瑞邑产业园的战略合作,推进产业成果转化项目的落户;推进与新区金融局的银政合作,以华虹科技创新园为基地,打造金桥华虹科技创新园,积极引进金融数据服务、融资租赁、商业保理等金融服务项目;对接万国企业中心、金领之都、达之路钻石文化创意产业园等园区,研究制定招商战略合作机制,着力推动研发设计、展示交易与服务等生产性服务业落户园区;以开发区园中园为载体依托,重点打造金桥新兴金融创新园、电子商务园和新兴产业园等三大平台,推进 2.5 产业发展,为推动实施"优二进三"转型发展战略提供有力支撑。

## 第二节　上海漕河泾出口加工区

### 一、区域概况

上海漕河泾出口加工区为国家级经济技术开发区、国家级高新技术产业开发区——上海漕河泾新兴技术开发区的组成部分;2004 年 3 月正式封关运作。2012 年,漕河泾出口加工区转型升级为综合保税区的方案经由上海市政府报送国务院。

上海漕河泾出口加工区地处上海市闵行区浦江镇,地理位置优越,是距离上海市中心城区最近的保税监管区域。园区邻近徐浦大桥(外环线)和卢浦大桥,距离上海市中心人民广场 16 公里,距离世博区域 7 公里,距离上海浦东国际机场 38 公里,距离虹桥机场的 21 公里,距离洋山深水港约 48 公里,轨道交通 8 号线浦江镇站距离漕河泾出口加工区

主卡口仅400米。

上海漕河泾出口加工区一期占地面积0.9平方公里,截至2013年12月,区内实际运作企业18家,其中15家制造型企业(电子信息产业10家,产值占园区90%以上;生物医疗产业4家;加工贸易方式基本为进料加工),3家仓储物流企业,园区从业人员总数约2.3万人。

## 二、2013年国际经贸发展情况

2013年全年,园区出口95.7亿美元,下降2.87%,进口19.5亿美元,下降19.89%,进出口总额115.2亿美元,下降6.25%;内销约5亿美元,海关代征税(主要是进口环节增值税)总额5.23亿元人民币,增长15%;工商税收2.53亿元人民币,下降4.78%;区内已建厂房面积约120万平米。园区经济发展水平始终位列全国同类园区前三位。

## 三、服务与管理

近年来,上海漕河泾出口加工区进出口总额与工业产值逐年小幅回落,究其原因,主要是由于出口加工区功能相对单一,低端制造产能转移,欧美经济复苏缓慢,人民币升值、传统IT设备市场需求不旺等原因造成。面对出口加工区和区内企业发展面临的严峻局面,加工区管委会在严格遵循产业集聚、环境保护和科学用地的前提下,通过上海市发展和改革委员会、上海市商务委员会、上海海关等部门的指导和支持,千方百计推进园区转型升级,帮助企业拓展业务。

2012年末,国务院对海关特殊监管区域提出指导性意见,提出在严格执行进出口税收政策和有效控制风险的前提下,支持特殊监管区域逐步整合为综合保税区,拓展园区业务类型,在区内企业选择高技术含量、高附加值的项目开展境内外检测维修业务。鼓励在有条件的特殊监管区域开展研发、设计、创立品牌、核心元器件制造、物流等业务,促进特殊监管区域向保税加工、保税物流、保税服务等多元化方向发展。并带动周边经济发展。发挥特殊监管区域辐射功能,培育区域外产业配套能力,带动有条件的企业进入加工贸易产业链和供应链,促进区域内外生产加工、物流和服务业的深度融合,形成高端入区、周边配套、辐射带动、集聚发展的格局。

因此,漕河泾出口加工区管委会在2013年一方面进一步密切了与市发改委、海关等的联络,推进园区升级综保区的申报工作;对加工区的监管设施先期按综保区验收的标准进行了改造、升级,漕河泾出口加工区卡口已经成为全国海关特殊监管区域智能化卡口管理的示范区;还通过对国内部分综保区和保税区的学习,为将来加工区完成转型升级后的发展开拓思路。

另一方面,在市商务委、海关、检验检疫局的支持下,多次开展了免费政策宣讲;先后解决了英业达高端小型机通用资质复审、边角料内销等一系列问题;并为区内重点企业争取了自产产品内销返区维修、委内加工等试点资格,2013 年返区维修服务器 5 948 台,货值 1 418 万元,委内加工 22 批,货值 1. 15 亿元;企业自产产品返区维修、委内加工等创新业务试点的实施,为企业解决了一系列发展瓶颈问题,有力地支持了区内企业应对欧美经济萧条局面,确保了加工区经济稳定发展。

## 四、2014 年国际经贸工作展望

由于欧美经济始终萎靡不振,在国内劳动力成本的持续、快速提高,以及人民币升值等多重因素影响下,低端制造型加工贸易在东南沿海特殊监管区域已逐步陷入难以为继的局面,随着沿海地区服务业比重在经济总量中不断上升,保税仓储、物流、贸易、保税展示、保税服务等业务急需在海关特殊监管区域发展壮大,出口加工区也希望借助升级为综保区,实现园区产业转型、使目前出口加工区每况愈下的局面得以扭转。

因此,2014 年上海漕河泾出口加工区将在上海市商务委员会等相关部门支持下从以下三方面推进外贸工作:

1. 加快转型升级综合保税区的进程

出口加工区建立十多年来,重点发展制造型加工贸易产业的整体政策框架基本未变,对沿海地区加工区发展形成严重影响。随着科技的进步,经济的发展,资讯的发达,越来越多的公司希望将生产、营销、研发、售后、结算等资源整合在一起,同时面对国内、国际两个市场,而加工区的政策制约了该发展趋势,造成总部型、功能中心型跨国企业和为之服务的贸易公司难以入驻。

随着科技进步和经济发展,代工产业由过去单一的货物制造加工扩展到生物医疗、软件、文化产业等,欧美等发达国家公司将程序编制、生物测试、动画制作等业务转移给亚洲,受限于加工区单一的制造代工政策,此类企业无法入驻或不愿入驻加工区。而近年来,加工区拓展的研发、售后维修、内销等功能、政策设计的基础仅针对加工制造企业产业链的补充,因此政策力度有限,手续繁琐,配套政策出台缓慢,造成园区企业发展和转型迟缓。

近年来,园区招商中心曾推介多家资质优良的总部型、分拨中心型和生物医疗企业,均在咨询政策后不得不选择其他园区,而加工区建成至今近十年,在租售价格明显低于区外的情况下，仍有2万余方厂房空置，入住率和速度远低于区外同类厂房。

上述情况证明，出口加工区现有的政策和功能在沿海发达地区无法适应经济、科技快速发展的需求，随着新的产业、新的业态的不断出现，尽快转型升级为综合保税区，增加研发、检测、贸易、展示、仓储物流等2.5产业、货物贸易、资金结算和保税服务的产业功能，并辅之以便利的通关、外汇、管理等方面的政策将是沿海地区保税监管区域的出路所在，也可以发挥保税监管区域在经济发展中的特殊作用。

2. 持续推进政策、功能创新，积极为园区争取贸易功能试点

近年来，各职能部门为了支持加工区发展，陆续展开了“委内加工、第三方维修”等多项政策试点，因此在推进综保区升级工作同时，加工区迫切希望上述试点能全面铺开，惠及园区所有企业，同时在工作的推进中，根据形势的发展，企业的需求，持续推进“两单合一、赋予企业一般纳税人资格、一二线选择性退税”等政策创新。

鉴于漕河泾出口加工区优越的地理位置，经常有企业向园区招商部门咨询在区内开设贸易公司事宜，园区企业对贸易功能也需求强烈，部分企业受限于政策，不得不在区外租借场地设立贸易公司来满足发展需求；还有多家企业已提出过整合其国内外资源，建立行业性的进出口贸易平台、或转型升级为专业的生物研发、检测企业的设想。因此，如能在市商务委、海关、检验检疫局、税务局、外汇管理局等部门的支持下，先期在漕河泾出口加工区贸易功能上进行试点，建立销售中心、结算中心等，将大大改善园区面临的窘境。

3. 密切关注区内外政策的协调性，避免政策区内、外政策不同步

由于保税监管区域情况特殊，国家相关部门在制定一些政策时，往往忽略了相关政策与该区域政策的衔接和匹配。如：目前正在实施的营改增政策就对区内企业运作成本造成较大影响；园区企业所使用的员工班车、采购的工作服等属于企业的辅助成本，不在料件入区退税之列，而区内企业选用的区外供应商在营改增后，希望区内企业能承担增加的税点，但区内企业没有一般纳税人资格，上述供应商提供的增值税发票既无法抵扣成本，也不能退税，造成区内企业成本增加，因此，密切关注区内外政策的协调性，避免政策区内、外政策不同步，如：尽快研究协调相关部门研究实施给予加工区企业一般纳税人资格，并制定相应配套政策也是目前的一项重要工作。

2014年，上海漕河泾出口加工区将面临区内重点企业低端笔记本电脑产能进一步西迁的严峻局面，但在上海市商务委员会等各职能部门的指导支持下，公司将不断通过工作创新，充分发挥保税监管区域政策特点和物流服务功能优势，促进特殊监管区域与周边区域的联动发展；同时在产业发展上推动“优二进三”，“腾笼换鸟”，实现园区可持续发展。

# 案例11　柯 惠 医 疗

Covidien 柯惠医疗的前身是泰科医疗(Tyco Healthcare)。它是一家世界领先的医疗设备用品、诊断显像剂与药品的制造及销售商。作为世界上最早的医疗解决方案提供者之一,它的历史可以追溯到 1867 年成立于美国密苏里州圣路易斯的 G. Mallinckrodt & Company。

2007 年,泰科医疗更名为柯惠医疗,并在美国独立上市。Covidien 品牌名中“CO”来自拉丁语,意思是“共同”;“VI”也来自拉丁语,意思是生命。公司致力于提供创新的医疗解决方案以帮助患者获得更好的治疗效果,并凭借其在临床领域的领导力与卓越品质提升行业价值,秉承与医疗专业人士合作的专业精神,以提供创新的医疗解决方案、提高患者的健康水平为使命。至今,柯惠医疗的业务已遍布全球 65 个国家和地区,拥有 4.1 万名员工。其旗下的 5 万多种产品,覆盖了医院各科室所需医疗用品的四分之三,其产品被广泛使用于世界 140 多个国家和地区。2013 年,柯惠医疗全球营业收入高达 102 亿美元,是世界前五强医疗设备供应商,并保持着业界领先的盈利水平。其卓越的表现来源于对创新的不断追求,目前公司用于研发的经费占销售额的 5%,而这一比例仍将持续增长。被美国行业协会评为全球最具创新力的医疗设备供应企业。

2000 年 9 月,柯惠医疗进入中国,总部位于上海,共有 1 000 多名员工,并以“合作者、同情心、多元化、责任感”为企业的核心价值。销售的产品主要包括:外科手术器械、能量型产品、呼吸与监护产品、手术缝线及疝产品、血管治疗与常需用品和影像及医药产品。2006 年,柯惠医疗投资 4 000 多万美元创立了柯惠医疗器材制造(上海)有限公司。2010 年,Covidien 建成拥有世界顶尖设备的临床培训中心(CCI)。2011 年,柯惠医疗中国总部扩张至上海市漕河泾开发区新址,并在中国北京、广州、沈阳、西安、济南、武汉、南京、杭州、成都等各地设有办事机构。

柯惠医疗器材制造(上海)有限公司为柯惠集团全资子公司,成立于 2006 年 11 月。公司购买了位于漕河泾高科技园区标准厂房作为工厂的生产和办公用房。2006 年 1 月开始厂房的建设,2007 年 4 月正式启用。该标准厂房由一幢 5 层和一幢 4 层的连体厂房构成,厂房总占地面积 3 962 平方米,总建筑面积约 18 724 平方米。其中洁净房 2 577 平方米以及 434 平方米的实验室区域,员工总数已逾 400 名。公司的主要业务包括制造、销售医疗器材相关产品,并提供技术咨询和产品售后服务。2013 年产值(销售额、营业额)为 1.3 亿美元同比增长率 7%,截至 2013 年底公司缴纳税款 3 264 万人民币。公司现生产产品13个品种,平均每年由美国引入2种新产品在上海投入生产,其中包括该新产品技术的转移与革新,上海在引入生产的同时也引进其技术。为将来新产品的改良与研发提供了坚实的基础。在产能持续增长的环境下公司不忘创新服务项目的开展,2010年起柯惠上海向客户直接供应产品维修用备件及开展售后服务技术咨询等业务。同时提高了公司服务水平和企业竞争力,也是一个重要战略手段和机会。经初步统计,公司预计增加效益约为10%。客户投诉率降低至0。在2012至2013年期间3种新医疗设备产品已引进并投产、2013年海关AA类升级、原材料采购本地化项目持续实施、精益化生产、公司节能减排项目等一系列重要任务已经落实并取得成功。柯惠上海工厂经过7年在华的磨炼,已从单一的加工贸易生产转变为集生产、技术支持、质量标准控制中心、区域人才培育中心、全球精益化运营为一体的合作者。

2011年柯惠医疗投资4 500万美元在上海漕河泾高科技园区建立亚太地区产品研发技术中心,总面积10 000平方米,2012年7月项目已建成,至2013年底工程师人数已达到300多人,该基地已成为柯惠集团投入亚太规模最大的研发中心。研发中心将设计配置:光学实验室(2个)、电子实验室(2个)、材料实验室(1个)、机械实验室(2个)、模拟实验室(1个,可供新产品展示用)。

柯惠医疗工厂自2007年成立于漕河泾出口加工区内至今已有7年多时间,在这7年里公司得到了许多来自漕河泾海关与检验检疫局的帮助。使得公司能更快、更好地发展。

2010年起公司有300多种产品服务备件需要出口到各个国家经销商处,其中有近20种备件涉及出口商检通关单,由于之前一直未能落实出口通关单,使公司很长时间不能出口。造成库存积压的同时影响了公司的售后服务,通过有效的沟通,商检局相关领导了解到这些情况积极帮助制定解决方案,还亲自下厂考察,逐一了解产品特性及技术参数,解决了公司服务备件的出口通关单问题,保证了公司业务的正常运作,并避免了由于售后服务的缺失导致的不良后果。

2012年7月随着区外研发中心的成立及各个项目的深入开展,区外研发与区内工厂之间的货物往来会越来越密切,研发试制的产品原型,半成品以及零部件流转到区内工厂做试生产(即委内加工)、检测,然后工厂生产出来的样品又会回到研发中心做测试或者再开发。整个物流时间需要一周以上,经与漕河泾海关以及管委会领导的沟通,政府充分考虑到公司的业务特殊性,经缜密地政策研究后已给予公司两方面的支持:一方面在海关的支持下简化区内工厂与区外研发中心货物往来通关流程,从原先一周时间缩短至2天,这将极大地加快了研发项目的进程,使得新产品提早约一个月上市,从而提高了市场占有率。另一方面在漕河泾海关的大力支持下,区外研发与区内工厂间保税测试样品的临时进出也得以顺利进行,此项业务的开展可以解决公司两端之间测试结果交流及互享难的问题,对新产品性能及质量稳定性的提高起到了很大的作用。这充分体现出漕河泾出口加工区在区外区内业务联动方面的巨大优势及服务好企业的优质态度和积极意愿。

2009 年以来柯惠医疗器材制造(上海)有限公司获得的主要成绩:

2010 年获柯惠医疗环境、健康和安全最快进步奖。

2007 年产品"一次性吻合器?""高频电刀电外科发生器"通过 ISO13485 扩展认证。

2008 年产品"SCDE 压力系统"通过 ISO13485 扩展认证。

产品"手控血管闭合/切割器械"通过 ISO13485 扩展认证。

全球质量管理系统首次评估进入柯惠集团前十名。

产品"肠内补给泵"通过 ISO13485 扩展认证。

2010 年通过美国 FDA 现场审核。

2011 年柯惠集团总部质量与运营管理系统项目中,荣获"金牌工厂"荣誉。

2011 年度获上海企业市场竞争力 100 强。

2011 年度获上海企业竞争力服务金奖。

2011 年度获上海企业竞争力质量金奖。

2012 年 4 月获得柯惠全球最安全工厂。

2012 年 5 月通过上海食品药品监督管理局审核。

2013 年 1 月获得柯惠全球第 5 次全面质量评估审核全球最高分。

2013 年 3 月获上海医疗器械行业协会 2012 年度行业销售十强企业。

2013 年 5 月获上海食品药品监督管理局 2012 年度质量信用 A 级企业荣誉。

2013 年 7 月获上海海关 AA 类企业称号。

2013 年 11 月获柯惠全球 2013 年度最佳工厂、质量第一、服务第一奖。

2014 年 2 月通过美国食品药品监督管理局第二次质量审核。

柯惠医疗上海工厂立志成为柯惠集团中最安全、最可信赖的卓越制造中心,借以提供世界一流品质的产品;公司亦将成为区域性人才培养和发展的基地。继往开来,柯惠医疗将继续为中国医疗行业提供创新产品和专业培训,以改善患者健康,为其带来更多福祉。

## 第三节　松江出口加工区

### 一、区域概括

上海松江出口加工区由 A 区和 B 区组成,总规划面积 5.96 平方公里。上海松江出口加工区A区于2000年4月27日经国务院批准设立,为全国首批出口加工区之一,规划面积2.98平方公里,于2001年初封关运作,已全部开发完毕;B区于2003年3月14日经国务院批准设立,规划面积2.98平方公里,分二期开发,2003年11月一期1.33平方公里封关运作。自封关运行至2012年底,园区已累计实现进出口总额3 217亿美元,约占全国出口加工区累计实现进出口总额的三分之一,是中国最大的以加工制造为主导的特殊监管区之一。

## 二、2013年松江出口加工区国际经贸发展情况

2013年,产业转移大潮给加工区的招商引资工作带来了很多困难。面对西部开发,由政府在税收、土地、资源、人才等方面给予大量优惠政策,加工区的政策优势弱化。全年园区外资总额790万美元。截至2013年底,区内落户企业达110家,其中外资83家,内资26家,外商投资总额24.58亿美元,2013年底园区从业人员近9万人,带动解决周边就业岗位约2万个。

2013年,欧债危机余波持续影响着加工区的整体走势,而加工区企业在内销方面的新进展也由于产线西迁而遭遇到了发展的瓶颈。据统计,2013年全年,松江出口加工区共完成工业产值1 584亿元;完成进出口总额367亿美元,其中进口82亿美元,出口285亿美元;完成利润总额9亿元;完成增加值79亿元;完成税收总额17亿元,其中海关及代征税12亿元,工商税收5亿元。自封关运行至2013年底,园区已累计实现进出口总额3 585亿美元。经过2012年、2013年的调整,松江出口加工区内的出口型加工贸易企业面对国内外经济大环境的变迁主动转型,避免被淘汰的命运。尽管在成本、环境压力下,园区内部分产线已向中西部转移,但一些具有高技术含量、高附加值的产品也在逐渐被引入加工区。以广达集团为例,在成本、环境压力下,企业在松江出口加工区内部分产线已向中西部转移,笔记本电脑的产量也从高峰的年产5 000万台锐减一半。但与此同时,一些具有高技术含量、高附加值的产品也在逐渐被引入加工区,并且在经过一段长时间的调整之后,目前高端笔记本电脑和服务器占营收比重已大大提高,降低了企业对中低端笔记本市场的依赖。从2013的企业经济数据来看,新迁入区内的产线生产的产品价值明显高于原来的产线。以占区内出口份额75%以上的达功电脑为例,2013年全年其产品单价比上年同期产品单价上升了33%,全年产值也顶住了各种不利因素,相比上年增长2%(表9.6,图9.1)。

表 9.6　2013 年上海松江出口加工区进出口数据一览表

| 入驻企业/家 | 外商投资总额/万美元 | 2013 年累计/万美元 | | 2012 年累计/万美元 | | 年同比/% |
|---|---|---|---|---|---|---|
| | | 总额 | 3 668 735 | 总额 | 4 213 432 | -12.93 |
| 110 | 245 674.2 | 出口 | 2 852 260 | 出口 | 3 063 940 | -6.91 |
| | | 进口 | 816 475 | 进口 | 1 149 492 | -28.97 |

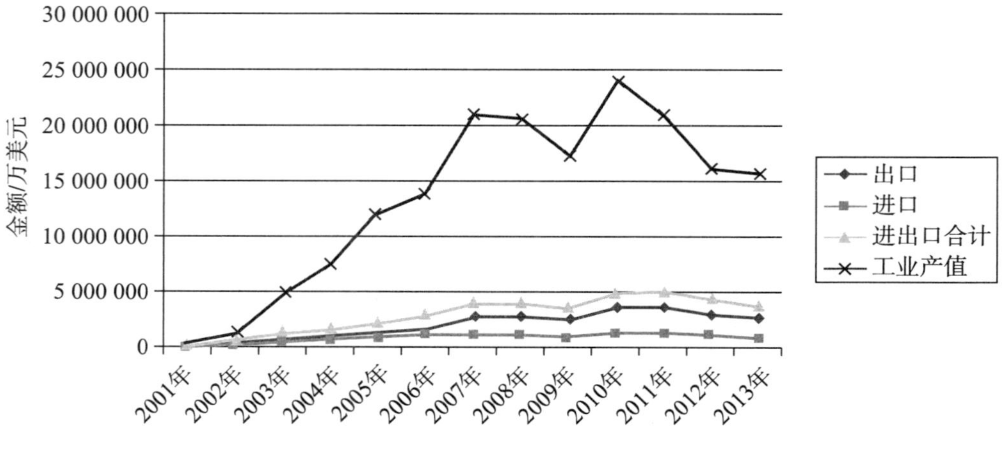


图 9.1　2013 年上海松江出口加工区进出口数据情况

此外，海关总署《加贸司关于开展海关特殊监管区域内企业内销产品返区维修试点工作的通知》出台，明确指出为贯彻落实党的十八大精神，按照《国务院关于促进海关特殊监管区域科学发展的指导意见》和《海关总署关于印发海关促进外贸稳定增长若干措施的通知》要求，支持发展服务贸易，促进外贸稳定增长，决定在海关特殊监管区域内开展企业内销产品返区维修试点。松江出口加工区内达利(上海)电脑有限公司位于全国12 家试点企业之列，企业在获得内销维修资格后，已逐渐将原本迁出的维修业务再次转移进加工区内。

在物流功能拓展方面，截至 2013 年 12 月，松江出口加工区内共有第三方物流企业 25 家，仓储面积达 19.7 万平方米，2013 年全年完成营业收入 3.7 亿元；出入库金额达 280 亿美元。目前加工区保税物流业务除传统物流仓储业务之外，已衍生出简单装配、分拣、分拨配送等业务，并逐步尝试进口奢饰品、食品及生活用品等全新业务，发展空间巨大。

## 三、2014 年松江出口加工区国际经贸工作展望

上海松江出口加工区已经经历了 13 年的发展，电子信息技术产业链已经日趋完善。

然而出口加工区初创时以制造、外资、出口为主的发展模式及相关政策，在当前国际市场低迷、国内产业转移大潮的背景下显得难以适应。要使出口加工区全面发展、协调发展、可持续发展，迫切需要由现行相对单一的外销模式转变为内外销兼顾、保税物流功能完善、国内外贸易功能齐全、从研发到售后一条龙的综合性模式。

《国务院关于促进海关特殊监管区域科学发展的指导意见》，明确提出要深入贯彻落实科学发展观，整合特殊监管区域类型，完善政策和功能强化监管和服务，促进特殊监管区域科学发展，更好地服务于改革开放和经济发展。这正是加工区转型升级的最佳契机，根据松江出口加工区发展现状，A 区加工贸易企业众多，产业链成熟，宜推进物流与生产相结合的业务形式，物流以为生产型企业配套为主；B 区发展空间广阔，潜力巨大，宜推动物流与贸易相结合的业务模式，实现园区业务从区内向区外的全面辐射。新的一年里，松江出口加工区将以继续鼓励发展支持电子信息等产业、继续鼓励发展保税物流仓储等业务、支持各类贸易公司开展进出口商品国内分销业务、连接国内外市场的进出口商品交易、完成从自主设计研发到售后维修的产业一条龙为发展目标，积极争取向综合保税区模式转型升级。

## 案例 12　广达上海制造城

广达上海制造城 QSMC(Quanta Shanghai Manufacturing City)创建于 2001 年 3 月，位于上海松江出口加工区，包括达丰电脑、达功电脑、达伟物流、达利电脑、达人电脑、达群电脑、云达等数家港澳台独资公司，为全球最大的笔记本电脑 OEM 制造商，市场占有率约 30%。

广达集团的发展源自 1988 年，总裁林百里坚信笔记型电脑是科技应用的新未来，以无比热情创建了广达电脑。多年来，广达电脑秉持“科技以至真为理，人文以致善为尚，感觉以致美为优”的企业精神，胸怀“高人文、高科技、高感觉”的信念，激荡创意，结合科技与人文，致力研发优质产品，积极提升全人类福祉，以领先群伦的技术与坚强优越的研发团队，屹立于高科技市场领导者地位，除了在笔记本电脑的领域中维持高成长、高品质与高评价之外，更将触角延伸到企业网路系统、家庭娱乐产品、行动通讯产品、车用电子产品以及数码家庭产品等市场，积极拓展产业整合布局。雄厚的实力赢得了全球 IT 业界知名企业的青睐，HP，Apple，Dell，NEC，Sony，Toshiba，Acer 等都成为广达忠实的客户。多年发展后，广达电脑入选由世界著名品牌大会主办机构世界品牌组织等单位推选的世界著名品牌五百强(入选企业营收皆逾百亿美元)，成为全球第一大笔记本电脑研发设计制造公司。据统计,世界上每三台笔记本电脑就有一台来自广达。

在董事长黄健堂的带领下,广达上海制造城 2012 年底的员工人数已达到 6 万人,6 万同仁齐心合力,使得广达上海制造城迅速发展壮大,企业的产值、利润、上缴税收额均不断创新高。自 2002 年以来均保持了上海市外商投资出口创汇第一名的佳绩。

广达集团以笔记本型电脑起家,从 1999 年即取得全球笔记本型电脑市场的 10% 占有率,到 2005 年已提升到 30% 市占率的成绩并保持至今,这是靠自身营运模式的改变而达成,很大程度上得益于一种被称之为系统解决方案研发平台的经营策略。系统解决方案研发平台是以广达核心研发能力和优势为基础,透过技术结合、产品整合,提供系统解决方案的一种事业模式。系统解决方案研发平台分为三大部分,其一为系统解决方案,第二是设计与制造,第三为物流与供应链管理。系统解决方案强调广达所提供的服务为完整系统解决方案;设计与制造标示代工本质,强调设计与制造又区别于传统意义上的代工;物流与供应链管理强调物流与供应链管理,经由整合整体供应链以最快速度提供客户全球设计、制造和出货服务。

广达集团目前正在以保持笔记本型电脑领导地位的基础上,从系统解决方案的角度,提供研发、制造和物流服务,将重心放在以汽车产业、智慧型手持装置、3G 手机、平面电视、消费性电子产品、储存装置、服务器以及数码影音设备等为主的各种系统解决方案之上。举例来说,汽车应用的电子设备迅速增加,引擎控制、行车监控、影音设备等都将电脑化,以一台汽车平均总成本而言,车用电子设备占了至少 30%,其趋势是将娱乐、导航与通讯功能的整合。另外一个例子是企业集团系统解决方案,借由整合服务器、交换机、宽频接取装置、NAS、硬盘阵列和个人电脑,透过路由器和适当系统、应用软件,能提供 SMB 企业集团系统解决方案。

“虚心求得真道理,用心必得善其事,开心因得美梦成”,林百里总裁的这三句话是对企业文化理念最好的诠释,也将影响和激励着广达上海制造城的同仁们,不断追求至真、至善、至美,达到工作和生活的平衡。

## 第四节　青浦出口加工区

### 一、区域概况

青浦出口加工区由产业区和功能区(即海关特殊监管区域)两部分组成,总占地面积为 16 平方公里。

青浦出口加工区功能区于 2003 年 3 月经国务院批准设立,规划面积 3 平方公里,一期已封关1.6平方公里，以出口型加工制造、飞机发动机维修及保税物流企业为主，现有落户企业23家，其中14家为生产型企业、1家为维修企业、8家为物流服务企业。截至2013年末，累计外商投资总额达8.08亿美元，注册资本3.28亿美元。

2013年完成进出口总额48.25亿美元，同比增长4.42%，其中维修业务进出口总额27.21亿美元，同比增长-3.64%，保税物流进出口总额15.75亿美元，同比增长36.91%。

## 二、重点产业发展情况

加工区引进了一批技术含量高，经济效益好的优质项目，其中普惠、斯伦贝谢、日立海立、巴斯夫作为世界500强项目成为加工区的支柱企业。加工区产业发展从最初的保税加工拓展到保税维修、仓储物流、采购分拨等。主要业务分为三大板块：

一是航空。青浦出口加工区内的上海普惠飞机发动机维修有限公司是美国普惠公司与中国东方航空公司于2008年共同组建的高效节能发动机大修中心。2013年维修发动机130台，进出口总额超过27亿美元。2013年东航技术应用研发中心开工建设，包括产品研发中心、部附件维修中心、培训中心等等，该项目总投资约35亿人民币，预计年产值超20亿人民币。以普惠及东方航空为龙头，法国航空附件中心等项目相继落入青浦出口加工区民用航空产业园。

二是保税加工。功能区内现有生产型企业13家，涉及汽车零部件、新能源、机械制造等产业，企业包括斯伦贝谢油田设备（上海）有限公司、上海欧菲滤清器有限公司、日立海立汽车部件（上海）有限公司、上海晶盟硅材料有限公司等重点企业。区内出口加工型企业科技含量高，抗市场风险能力较强，整体业绩优良，近年来处于稳步提升的状态。

三是保税物流。通过近3年的发展，加工区保税物流快速发展，2013年实现进出口总额15.75亿美元，同比增长36.91%。目前保税物流政策在周边进出口企业中得到了普遍推广，基本实现服务全区进出口企业的目标。主要仓储货物为发电机组、家具、冲压件、组装件、管件、滤清器等各类工业及民用品，业务模式涉及到进口配送、出口集拼、出口复进口等各类保税物流形式。保税物流业务为区外企业提供了就近就快实现保税物流的需求便利，有效降低了企业的物流成本。为满足物流企业日益旺盛的仓储需求，在现有各类仓库15 000平方米的基础上，2013年再新建成15 000平方米专业仓库。

# 第五节　闵行出口加工区

## 一、区域概况

上海闵行出口加工区于2003年3月10日经国务院批准设立，坐落于上海市工业综合开发区境内，总规划面积3平方公里，一期启动1.9平方公里，并于2003年11月23日经国务院八部委验收合格，已正式封关运行。作为上海西南部地区唯一的加工区，所在位置交通四通八达，左临洋山，右是上海连接外省市主要的水路、陆路、铁路出口通道；功能多样化，拥有着出口加工制造、保税仓储、国际物流分拨配送、售后服务、设计研发、维修、检测等众多功能。

## 二、2013年闵行出口加工区国际经济贸易发展情况

截至2013年12月，闵行出口加工区共有注册企业26家，投资总额5.22亿美元，注册资本2.81亿美元，实际运作企业19家，其中保税加工企业15家，保税物流企业4家。产业涉及电子信息、机械设备制造、汽车配件等。

2013年，闵行出口加工区共实现进出口总额（含深加工结转和内销）共计32.39亿美元，同比下降0.15%。其中进口额为15亿美元，同比下降0.27%；出口17.39亿美元，同比下降0.09%。实际进出口额为15.51亿美元，同比下降19.51%。其中进口4.81亿美元，同比下降15.17%；出口10.7亿美元，同比下降21.32%。物流企业进出口额为13.92亿美元，占全年总额43%（图9.2）。

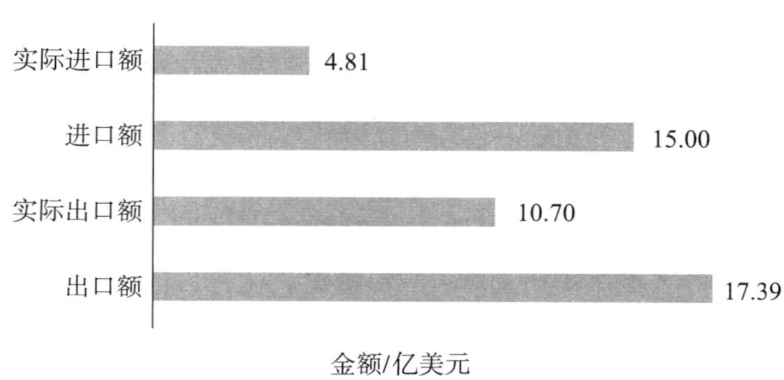


**图9.2　2013年闵行出口加工区进出口额比较情况**

## 三、2014 年闵行出口加工区工作展望

2013 年,上海闵行出口加工区按照服务与管理并举的理念,坚持如下宗旨:没有服务的管理,是没有人情的管理;没有管理的服务,是没有力度的服务。2014 年加工区根据年初所制定的工作计划,每季度对企业进行一次随访,动态跟踪企业运营情况。为了进一步加强与企业之间的了解与沟通与企业分享数据、资料、通知等,拉近管理部以及其他部门与企业之间的距离,拓宽沟通交流渠道,对企业发生的困难及时介入给予帮助。以例会形式作为载体,加强企业与海关、检验检疫局日常沟通联络,形成了良好的工作关系,积极协调了开发区、企业、职能部门的关系。

# 第六节 嘉定出口加工区

## 一、区域概况

### (一) 园区概况

嘉定出口加工区是 2005 年 6 月经国务院批准设立的特殊监管区域,经过两年的建设,于 2007 年 9 月通过国家九部委的正式验收,并于 2008 年 4 月 1 日正式封关运作。园区总规划面积 5. 96 平方公里,分为出口加工区、发展备用区和配套区三个功能区。出口加工区围网内规划面积 3 平方公里,目前已经封关运作的一期围网内面积为 0. 989 平方公里。

### (二) 运作机制

目前驻区机构有三家,分别是嘉定出口加工区管委会、嘉定海关驻出口加工区办事处,上海出入境检验检疫局嘉定办事处。加工区管委会主要领导由嘉定工业区主要领导担任。成立了出口加工区发展有限公司负责日常的管理、协调和服务工作,招商职能由工业区五个招商部和出口加工区发展有限公司共同承担招商工作。

### (三) 入驻企业

入驻生产性企业两家:(1)乔山健身器材有限公司,注册资金为 6 000 万美元;(2)泰士星日用制品有限公司,注册资金为 1 200 万美元,正办理建设手续准备建设。入驻的物

流企业有七家，分别是普力姆、心嘉、贯泽、丝嘉、赫睦、途越和唯可行物流公司。另外入驻的就是欣海、伊普迅、福良、硕伟、星辰、兴亚等六家报关公司。

### （四）运营状况

以进出区总货值计算：2008 年 1.1 亿美元、2009 年 1.44 亿美元、2010 年 6.08 亿美元、2011 年 9.74 亿美元，2012 年 13.89 亿美元，2013 年 14.83 亿美元。2010 年以后主要的业务量来自保税物流，几家物流企业为周边数百家企业提供物流和通关等贸易服务。

封关运作前建成的综合办公大楼，总面积为 9 650 平方米，其中海关用房 3 780 平方米，检验检疫办公用房 3 650 平方米，出口加工区管委会用房 2 220 平方米。2009 年建成了三栋标准厂房，总建筑面积为 22 000 平方米。物流公司总租用 15 000 平方米，主要用于物流企业的仓储；已设计好两栋双层标准仓储用房，将择机开工。

### （五）发展定位

上海嘉定出口加工区以汽车零部件和电子信息等产业为主导发展方向，利用出口加工区功能拓展政策，着重大力发展保税物流、仓储、检测、维修等现代服务产业。努力将嘉定出口加工区打造成服务区域经济发展的多功能综合服务平台。

## 二、初步发展设想

嘉定出口加工区将以国务院《指导意见》为指导，以上海自贸试验区为引领，努力推进出口加工区的转型发展，不断完善和拓展出口加工区的政策和功能，不断提升区域贸易服务的内容和水平，进而促进区域经济又好又快地发展。

具体发展设想如下：

（1）根据《指导意见》，推进“上海嘉定出口加工区”更名为“上海嘉定综合保税区”工作（此项工作已列入嘉定区政府 2014 的工作内容，得到区领导的高度重视）。主要原因是，嘉定出口加工区本身定位就是除要引进高端制造之外，还要致力于保税物流、保税仓储以及拓展研发设计、检测维修以及服务贸易等方向，这些功能已与“出口加工区”名不符实。如果更名，也便于企业理解，也有利嘉定出口加工区的转型发展。事实上，上海的各个出口加工区都不是以前意义上的“出口加工区”了。这是个共性问题，建议上级部门将上海六个出口加工区一并申报集体推进更名工作。

（2）全力推进跨境电子商务试点园区的创建工作。嘉定工业区电商云集（其中主营电商业务的近三百家），电商的跨境业务是许多电商的发展需求，如果电子商务试点园区创建成功,将便利有跨境业务需求电商的就近开展业务,直接改善和提升嘉定区的电商投资环境,有利于稳住已入驻的电商并进一步吸引电商的投资。希望这项工作得到上级部门的大力支持。

(3) 推进食品、化妆品交易平台建设。嘉定出口加工区内已有6 000多平方米厂房专门用于食品、化妆品的经营,这是入驻企业自发开展的业务规模,公司打算利用这个基础,进一步引导和培育,推进食品、化妆品专业交易平台建设,建设方案正由区经委负责编制。

(4) 推进汽车及其零部件进出口交易平台建设。汽车产业是嘉定区的产业支柱和特色,嘉定工业区的经济总量的近一半来自汽车产业,因此,后期或将立足于这个基础和特色,推进汽车及其零部件进出口交易平台建设,与安亭交易平台联动。

(5) 引进适于在出口加工区内发展的先进制造业。嘉定出口加工区起步晚,2008年正式封关运作后,出口加工区就处于需要转型发展的阶段。加工区一直对生产性企业设立较高的门槛,珍惜土地资源,等待时机以便有发挥"后发优势"的空间,但对适于在出口加工区内发展的高端制造业是鼓励引进的。

(6) 以上海自贸试验区为引领,做好承接自贸试验区产业转移和政策复制准备。出口加工区与自贸试验区同属海关特殊监管区域,监管模式相同,理论上自贸试验区是出口加工区发展的最终阶段,自贸试验区有些好的做法出口加工区是可以争取做的,自贸试验区的政策也最容易复制到出口加工区。

# 附 录

# 附录1　大　事　记

## 1 月

**7 日上午**　上海召开外贸专题工作会议，由上海市委常委、副市长艾宝俊参加并听取市商务委对 2013 年外贸工作运行分析和举措汇报。

**10 日**　“上海租赁行业综合信息服务与交易平台”建设现场协调会召开，上海现代服务业联合会、浦东新区商务委、浦东新区金融服务局等单位负责人参加会议。市租赁行业协会通报“平台”建设情况，人行征信中心表示将积极与“平台”对接与合作。

**30 日上午**　格林福德公司介绍公司在非洲市场开拓、发展中国家贸易服务链延伸、物流与贸易对接等方面的业务情况和经验介绍。

## 2 月

**4 日晚上**　由上海市商务委员会员会、上海市人民政府外事办公室和上海市国际贸易促进委员会联合举办的“2013 年新春招待会”在浦东香格里拉大酒店举行。各国驻沪领事机构官员、跨国公司地区总部代表、知名外商投资企业代表、外国驻沪经贸投资促进机构代表和上海国际商会理事以及上海市有关单位代表 300 余人出席，共贺新春佳节，展望美好未来。

**6 日上午**　贸易便利化联席会议联络员工作会议召开。大会总结 2012 年工作，听取各成员单位 2013 年工作打算，提出各单位要以企业需求为导向，形成项目化的工作机制，进一步创造一个和国际接轨的贸易环境。

**16 日上午**　上海市商务委员会参加上半年度市广播电台“政风行风热线”直播节目。政风行风热线在直播过程中，收到 6 个市民来电，要求相关处室做好办理工作，向市民作出反馈。

**20 日下午**　由上海市商务委员会主办，市外商投资企业协会、外国投资促进中心和外服公司协办的“2013 年上海商务情况通报会”在金茂君悦大酒店成功举办。上海市副市长周波出席会议并发表主旨演讲。有外国驻沪总领馆、外国驻沪经贸投资促进机构及代表处、外国非企业经济组织、跨国公司地区总部和知名外企代表以及中央和上海主要媒体记者等 400 余人到会。

**21 日上午** 沪上 22 家沃尔玛商场同步启动“回收循环·绿色新生”大型环保公益活动，宣布 3 月份在全国首家推出“旧包装回收进超市”服务，同时联合沪上 10 所高校开展“环保社区我来建”征文，遴选更多优秀环保计划。

**26 日上午** 欧亚贸易枢纽投资说明会召开。欧亚贸易枢纽项目将为全球制造商和交易商提供国际贸易和商务服务，有助于上海企业及产品进入欧洲市场。王新平表示，中国和爱尔兰政治关系良好，经贸合作紧密，经济互补性强。近年来，上海与爱尔兰之间的贸易投资合作不断发展。爱尔兰在沪投资额达 3.5 亿美元，但上海企业对爱尔兰的投资却起步晚，数额小。爱尔兰法律税收制度透明，投资环境良好，希望本次投资说明会能让上海企业发现更多赴爱尔兰投资的商机。

**26 日上午** 上海市商务委员会员会在北京召集在京国际展会主办单位座谈会，通报介绍上海 2012 年国际来展管理情况和 2013 年相关工作考虑。

**28 日** 第 23 届华交会工作委员会第一次会议在上海新国际博览中心会议室举行。通报了本届华交会各项筹备工作进展情况和 2013 年华交会海外参展（俄罗斯）筹备情况等。出席会议的大会工作委员会成员、各交易团和各职能办负责人就大会的相关事项进行了讨论，并达成了一致意见。

## 3 月

**1 日** 现代服务业集聚区专栏在“中国上海”门户网站正式上线，专栏全面介绍上海市 25 个集聚区的发展概况及相关投资信息，实现集聚区宣传方式上的又一突破。

**1 日上午** 第 23 届华交会开幕，上海市副市长周波赴华交会展馆调研，重点了解上海企业参展情况。周波副市长详细了解了企业出口变化、价格变动和市场变动，以及企业创建自主品牌、生产基地，开发新产品、应用新工艺和新技术等情况。

**4 日上午** 上海市委常委、常务副市长屠光绍在市府贵宾室会见了美国大都会保险公司执行副总裁兼首席财务官约翰·海勒（John Hele）先生一行 6 人。

**4 日上午** 第 23 届华交会创新奖颁奖仪式在新国际博览中心南入口大厅举行。各交易团负责人出席颁奖仪式，并为获奖企业颁奖。本次共有 39 家优秀企业获奖。

**5 日下午** 上海市副市长周波在市府贵宾室会见了美国盖璞集团（GAP）董事长兼首席执行官梅格恩（Glenn Murphy）先生一行 3 人。

**6 日上午** 上海上报国家会计学院作为援外培训承办单位，商务部援外司副司长余应福来沪考察该学院。

**7 日上午** 上海市商务委员会员会、上海市安监局、上海市国资委、上海市发改委、上海市建交委、上海市外办等部门组成的上海安全生产质量大检查专项行动领导小组赴上海鼎信投资集团公司检查企业境外项目安全生产落实情况。

**8 日上午** 上海境外项目安全生产座谈会召开，上海电气集团、上海医药集团、上海鹏欣集团、中铁二十四局、二十冶集团、五冶集团上海公司代表进行了交流，上海市安监局、上海市国资委、上海市发改委、上海市建交委、上海市外办派代表参加。

**12 日** 上海市商务委员会员会召开 2013 年度一季度现代服务业集聚区区县联络员会议，通报 2013 年集聚区推进工作总体安排，并就编印《投资指南》（中英对照版）、摄制外宣片、参加京交会等重点工作进行布置。

**12 日下午** 上海市商务委员会联合央行上海总部、中国银行上海分行举办了 2013 年推进上海服务贸易发展系列讲座的第一讲——跨境人民币业务的政策解读。来自货运、信息技术、咨询、文化等行业的 100 余位服务贸易企业负责人参加了讲座。央行上海总部跨境人民币结算试点工作组施琍娅副主任以“优化服务贸易的涉外商务环境”为题进行了主旨授课。

**15 日上午** 商务部在京召开减灾展推介会。

**19 日下午—20 上午** 深化上海市国资国企改革专题调研座谈会分别召开了人大、政协座谈会和企业董事长座谈会。

**21 日下午** 上海市商务委员会召开了“上海软件贸易发展论坛”首次顾问会议，并向何积丰院士等 13 位上海市软件学术界、产业界的资深专家颁发顾问聘书。

**25 日下午** 上海市商务委员会员会召开第三次工业革命和商务工作创新心得交流会。

**26 日上午** 上海市商务委员会员会召开一季度区县外贸工作会议，听取各区县外贸工作情况汇报，分析 1—2 月份市外贸工作形势和运行特点，部署下一步工作安排。

## 4 月

**1 日下午** 上海市商务委员会接待了美国美亚基金会 2013 年第一批国会议员助手团一行。就上海市的外资促进政策，金融中心建设以及未来城市发展所面临的挑战方面进行了交流。

**3 日上午** 商务部国际贸易谈判代表兼副部长钟山在上海主持召开部市共建上海国家会展项目领导小组第十二次会议。

**3 日下午** 上海市市长杨雄在市府贵宾厅会见了沙特基础工业公司副董事长兼首席执行官穆罕默德·阿尔·马迪（Mohamed H. Al-Mady）一行。上海市副市长周波在市府贵宾厅会见了纽威乐柏美集团总裁兼首席执行官迈克尔·帕克（Michael Polk）先生一行 9 人。

**9 日上午** 秘鲁投资委员会与上海贸促会举办的中国 – 秘鲁经贸投资论坛在上海威斯汀酒店举办。秘鲁总统奥扬塔·乌马拉(Ollanta M. Humala T.)先生出席论坛并致开幕词。

**20 日下午** 上海市委书记韩正在市委贵宾室会见了捷豹路虎汽车公司全球首席执行官施韦德(Ralf Speth)博士一行 4 人。

**24 日上午** 中国对外工程承包商会举办企业社会责任专题培训会议。

**26 日** 上海市副市长周波会见了 IBM 大中华区董事长及首席执行总裁钱大群一行。

## 5 月

**3 日上午** 上海市商务委员会主任尚玉英会见了美国驻沪总领事葛瑞风(Robert Griffiths)和首席商务领事白瑞基(William Brekke)等一行 7 人。

**6 日晚** 以色列驻上海总领事馆在皇家艾美酒店皇家宴会厅举行招待晚宴。以色列总理内塔尼亚胡出席了当天的晚宴并发表致辞。

**8 日上午** 上海糖酒集团与爱尔兰哥兰比亚集团举行合作签约仪式,成为首届中国(上海)国际技术进出口交易会的重要成果之一。

**8 日下午** 上海市委常委、统战部长沙海林在兴国宾馆会见了爱尔兰驻华大使戴克澜(Declan Kelleher)先生一行 8 人。

**8 日下午** 上海市副市长周波在衡山宾馆贵宾室会见了惠普全球高级副总裁托尼·普劳菲特(Tony Prophet)一行 7 人。

**9 日上午** 上海市商务委员会尚玉英主任会见了突尼斯共和国驻华大使塔雷克·阿姆里一行 2 人。

**9 日上午** 市委书记韩正在衡山宾馆会见前来参加中国(上海)国际技术进出口交易会的国际组织和全球著名企业代表一行。

**10 日** 上海市商务委员会主任尚玉英在扬子江万丽大酒店会见了前来参加首届中国(上海)国际技术进出口交易会的荷比卢工商协会主席菲利普·斯奈尔。

**15 日上午** 上海市委书记韩正会见了美国花旗集团首席执行官高沛德一行 6 人。

**17 日上午** 上海市商务委员会主任尚玉英在上海市商务委员会贵宾室会见了印度驻上海总领事史耐恩一行 3 人

**17 日下午** 2013 年海外项目国际市场风险防范研讨会召开。

**20 日上午** 国家会展项目分布式三联供能源项目供能主体有关事宜协调会召开。

**22 日上午** 上海市委书记韩正在市委贵宾厅会见了美国微软公司全球首席执行官

史蒂夫·鲍尔默一行。

**22 日上午** 商务部援外司主办"部省合作通过代建制实施援外成套项目座谈会"。

**31 日上午** 上海市委副书记、市长杨雄会见德国西门子股份公司管委会成员、基础设施与城市业务领域首席执行官、亚太区总裁博乐仁先生一行 5 人。

**31 日上午** 中瑞可持续发展城市环境解决方案研讨会召开。

## 6 月

**3 日下午** 上海市政府召开的推进跨境电子商务试点工作会议。

**4 日上午** 上海市商务委员会召开重点机电外贸企业座谈会,听取了企业上半年出口情况,面临的问题和困难。

**6 日下午** 上海市委书记韩正在市委贵宾室会见了德国勃林格殷格翰集团股东委员会主席柏天安(Christian Ernst Boehringer)一行 5 人。

**6 日下午** "汇智聚流——上海投资促进年度颁奖暨上海投资联席会议第三次会员大会"在雅居乐万豪宴会厅召开。

**8 日上午** 上海市商务委员会与青浦区开展商务工作座谈并签订《上海市商务委员会员会 青浦区人民政府 共同推进青浦商务工作全面发展的合作协议》。

**14 日上午** 投资哥伦比亚论坛在长宁龙之梦大酒店举办。

**18 日下午** 上海市委书记韩正会见了美国通用汽车公司董事长兼首席执行官艾克森一行。

**25 日上午** 南非驻沪总领馆代总领事陶博闻一行拜会上海市商务委员会,陶博闻简要介绍了南非即将在沪举办南非展的具体情况,并希望市商务委能给予必要的支持和帮助。

**25 日下午** 商务部服贸司赴上海调研,召开上海技术进出口企业座谈会。

**26 日—27 日** 上海市商务委员会与上海市国资委相关组团赴山东省调研,分别专访了山东省商务厅、省国资委、山东钢铁集团和中信保山东公司,就如何进一步推动上海市国有企业"走出去"向先进省市学习取经。

**26 日上午** 上海市委副书记、市长杨雄在市政府会见了德国拜耳集团全球董事会主席马尔金·戴克斯一行。

**26 日上午** 2013 亚洲移动通信博览会在浦东嘉里大酒店举办。

**26 日上午** 上海市商务委员会与山西省商务厅在华亭宾馆三楼荟景厅隆重举行《上海市商务委员会 山西省商务厅 战略合作框架协议》签订仪式。

**27 日上午** 上海市副市长周波在市府 2 号贵宾室会见了美国康德乐健康集团董事

长兼首席执行官乔治·巴雷特(George S. Barrett)先生一行5人。

**27日—29日** 经国务院批准,应商务部邀请,毛里求斯副总理兼财政和经济发展部长杜瓦尔(副总理级)率团访沪。

## 7月

**2日** 国务院发展研究中心召开中国(上海)自由贸易试验区方案专家咨询和评估会议。

**3日—5日** 以"中国服务之创新、应用、融合"为主题的第五届服博会在杭州举行。上海市商务委员会服贸处组织上海市服务外包示范区、专业园区和重点企业参会。

**9日下午** 上海市商务委员会召开了委区合作协议推进情况交流会。会议听取了浦东新区、黄浦区、长宁区、虹口区等10个签约区县商务委负责同志的情况交流,主要包括三方面内容:一是委区合作协议重点合作项目的推进情况;二是目前委区合作工作以及与上海市商务委员会日常沟通中存在的问题;三是下一步对委区合作工作的意见和建议。上海市商务委员会相关业务处室与会同志对区县交流中反映的政策难题、热点问题进行了回应。

**12日** 由上海市商务委员会国际服务贸易处、浦东新区商务委服务业发展处、上海服务外包企业协会、上海服务外包交易促进中心共同主办的服务外包企业业务辅导和情况调研会在浦东软件园召开,约七十余家服务外包企业负责人参会。

**17日下午** 上海市副市长周波、副秘书长徐逸波召开上海市部分外贸企业座谈会,了解当前企业的经营现状、遇到的问题和困难、对今后外贸形势的研判,以及企业对政府工作的意见建议。同时召开2013年贸易便利化联席会议。上海市商务委员会、上海海关、上海出入境检验检疫局、外汇管理局上海市分局、上海市发改委、上海市国税局、上海市口岸办、上海市金融办、上海市工商局、上海市外办、上海市公安局出入境管理局等成员单位领导参加会议,浦东新区区政府、长宁区区政府及中国出口信用保险公司上海分公司相关负责人列席了会议,出席会议并作了重要讲话。

**30日下午** 上海市商务委员会联合中国出口信用保险公司举办了2013年推动上海服务贸易发展系列讲座第二讲——金融支持服务贸易企业走出去专题讲座。区县商务委和上海市信息技术、咨询、法律服务、文化等行业五十余位服务贸易企业负责人参加了讲座。

**31日至8月** 上海市相关部门先后四次组织召开自由贸易试验区制度创新专题会议,区分金融和贸易监管,管理体制、投资管理和综合监管,服务业扩大开放、功能拓展、财税和法制,综合监管和投资管理等4个专题研究。

## 8 月

**7 日下午** 由上海市商务委员会国际服务贸易处、浦东新区商务委服务业发展处共同主办的“生物医药研发服务外包企业座谈会”在张江生物医药基地召开，张江生物医药园区、上海国际医学园区、服务外包企业协会以及诺华、礼来、睿智化学、维亚、澎立等十多家企业参会。

**8 日上午** 上海市商务委员会召开外贸企业座谈会，就上海市外贸发展中面临的困难，听取企业意见和建议。飞马集团、兰生股份、三信电器、保隆汽车、诺基亚西门子通信公司、张江生物医药基地开发公司负责人介绍了当前外贸进出口的情况，以及企业面临的外贸代理、劳动力成本、汇率、出口退税、检验检疫、信用保险、品牌推广、海外市场开拓、外贸基地建设、税收前置审批等方面的问题。

**21 日上午** 商务部服贸司周柳军司长赴“上海中医药国际服务贸易平台”调研。上海中医药国际服务贸易促进中心负责人就“平台”进展情况向周柳军作了汇报，并陪同周柳军一行参观了“平台”的基础设施及平台特色项目等。

**22 日下午** 为进一步推进上海市跨境电子商务试点工作和细化完善中国(上海)自由贸易试验区跨境电子商务方案，上海市商务委员会副主任顾军分别走访了 Ebay 中国、福罩科技、万邑通、东方国际等跨境电商平台企业和从事跨境电子商务企业，了解企业业务操作流程，以及企业经营现状和发展中面临的问题困难，认真听取企业对推进跨境电子商务的意见建议。

**28 日至 9 月 1 日** 上海市商务委员会、上海市外办欧非处、上海市旅游局计财处、上实集团、建工集团外经处、城建集团国际工程公司、上海投资咨询公司和进出口银行上海分行等有关人员和专家组成的项目考察评估小组对圣彼得堡市政府提出的轨道交通、会展中心、娱乐公园三个项目开展了初步评估，并形成了初步评估意见和建议报告供市领导参考。

## 9 月

**2 日下午** 上海市政府副秘书长徐逸波召开专题会议，听取上海市商务委员会关于负面清单制订和服务业扩大开放有关情况的汇报，并部署了负面清单征求意见工作。

**3 日至 6 日** 中共上海市委常委、上海市常务副市长屠光绍率上海市商务委员会员会副主任顾军、副秘书长桑琦及上海驻海南、广西办事处主任杨可方等作为上海市政府代表团在广西南宁出席由中国商务部、东盟国家经贸主管部门和东盟秘书处主办的第十届中国—东盟博览会。上海企业参加上海国际经济合作展区。

**5 日上午** 上海市商务委员会带队赴商务部合作司就自贸试验区境外投资备案管理系统的开发和下放备案权限之事与合作司领导及相关业务处室进行协调沟通。

**5 日下午** “2013 年虹桥贸易论坛”筹备正式启动,由上海市政协经济委员会、上海市商务委员会合作举办的“大宗商品交易平台创新发展”专题座谈会在上海易贸集团有限公司召开。上海市商务委员会主任尚玉英做了情况介绍,易贸集团、上海钢铁交易中心、上海石油交易所、上海有色金属交易中心、华通铂银等 5 家企业代表作了情况介绍。

**5 日** 上海市政府副市长艾宝俊、副秘书长戴海波召开专题会议,听取上海综保区管委会关于投资备案管理系统、挂牌仪式和自贸试验区管委会机构设置工作安排的汇报,并提出具体工作要求。

**7 日** 上海市长杨雄召开市政府常务会议,听取自贸试验区推进工作进展情况汇报,研究部署工作。

**10 日** 上海市服务贸易发展联席会议办公室成员会议在上海市商务委员会召开。上海市委宣传部、上海市发改委、上海市税务局、外管局上海市分局以及上海海关等 20 多个委办局的职能处室负责人参加了会议。

**14 日下午** 上海市商务委员会召开自贸试验区外商投资准入特别管理措施(负面清单)专家研讨会。会议邀请的专家有:中欧工商学院院长朱晓明、WTO 事务咨询中心总裁王新奎、国务院发展研究中心对外经济研究部研究室主任许宏强、上海市政府发展研究中心副主任孙福庆、社科院世界经济所所长张幼文、上海立信会计学院院长唐海燕、复旦大学国际商法专家陈治东。

**16 日** 上海服务外包交易促进中心专家顾问咨询会在上海浦东软件园举行,来自国内服务外包领域的近 40 名行业专家、企业高管等齐聚一堂,对交易中心的功能定位、运作模式、发展方向等进行论证,为交易中心更好承担国家使命、更加贴近企业需求出谋划策。

**23 日** 上海市长杨雄召开市政府常务会议,研究部署自贸试验区工作,市商务委主任尚玉英参加了会议。

**26 日** 上海出入境检验检疫局“科技创新,‘智检’助力发展——上海检验检疫局‘即查即放’现场查验模式启动会”召开。“即查即放”现场查验模式将在总结前期试点经验的基础上,进一步推广运用服务于上海自由贸易试验区建设,以进一步促进贸易便利化。

## 10 月

**9 日至 11 日** 商务部副部长房爱卿一行 8 人在沪开展专题调研,听取了上海市服务贸易推进工作情况报告,参加了服务贸易企业座谈会和生活性服务业企业座谈会并走访了部分企业。

**11 日下午** 上海市商务委员会、上海国际经济技术合作协会联合召开“2013 年对外经济合作专项资金政策培训会”。

**17 日上午** 由商务部支持、上海市人民政府主办的第十一届上海软件贸易发展论坛在上海科学会堂开幕,市政府副秘书长徐逸波出席开幕论坛,并为“中国上海—欧美 IT 产业发展联盟”揭幕。市商务委主任尚玉英致辞。商务部服务贸易和商贸服务业司副司长万连坡和上海市商务委员会副主任顾军开通“上海服务外包交易促进中心”线上交易平台。本届论坛由上海软件外包国际峰会更名而来,旨在为企业搭建一个更能体现软件贸易发展趋势、涵盖面更广、更具活力的交流、研讨、宣传和洽谈平台。

**17 日上午** 第五届上海国际减灾应急与安全博览会开幕。

**17 日下午** 商务部部长助理、广交会副主任王受文主持召开广交会部分省市交易团外贸座谈会,听取各地前三季度外贸情况、分析第四季度及 2014 年的走势、了解落实《国务院办公厅关于促进进出口稳增长、调结构的若干意见》(国办发〔2013〕83 号)的情况,以及目前遇到的问题和政策建议。

**18 日** 商务部外贸司调研上海市培养外贸竞争新优势情况,调研组一行与东浩集团、双钱集团、上海荣威、等视线等企业负责人参进行了座谈会,并实地参观了上海玛戈隆特骨瓷、红酒国贸等企业。

**31 日至 11 月 1 日** 由中国翻译协会主办,上海文化贸易语言服务基地承办,主题为“语言服务与文化贸易”的 2013 中国国际语言服务业大会在上海宝隆美爵酒店举行。

## 11 月

**1 日至 3 日** 由商务部电子商务和信息化司支持,上海市商务委员会员会主办,全国 15 个省市商务主管部门协办的“2013 中国(上海)国际网络购物交易会”在上海世贸商城举行。本届大会是商务部批准的网络购物领域唯一一个引导支持展会,以“展示交易、对接洽谈、经验分享、线下体验”为核心,构建 ESSC(电商 - 供应商 - 消费者 - 服务商)的商业流通新模式。

**5 日下午** 商务部反垄断局局长尚明一行来沪就有关经营者集中反垄断审查赴赛默飞世尔(中国)有限公司和展讯通信(上海)有限公司进行调研。

**6 日** 沪湘“走出去”企业对接会在上海举办。

**13 日上午** 上海市商务委员会主任尚玉英、副主任顾军、巡视员顾嘉禾赴东方电子支付有限公司开展调研。

**13 日下午**　上海市商务委员会召开会展业专题工作会议，研究分析《上海展览业管理办法》修订、会展信息公共服务平台、会商旅文联动发展等工作。

**19 日**　上海市商务委员会召开了上海市专业服务贸易单位工作会议。上海市 60 余家专业服务贸易单位的代表参加了会议。

**20 日下午**　由上海市商务委员会牵头、上海市服务贸易发展联席会议相关委办共同编制的《市服务贸易促进指导目录(2013 年度)》专家讨论会在市商务委召开。会议特邀复旦大学、上海交通大学、上海对外经贸大学、上海社会科学院、上海 WTO 事务咨询中心等研究机构的学术权威以及市发改委、相关行业协会等单位的专家参会，与会人员中有数位市政府决策咨询专家。

**20 日下午**　绿地集团和韩国东和投资公司在上海签署合作协议。

**21 日**　由商务部和上海市共同主办的第二届中国国际石油大会在上海举行。

**22 日**　2013 年中国进口论坛在上海举办。

**25 日下午**　为讨论《上海市跨境电子商务工作方案》，跨境通、东方航空物流、Ebay 中国、万邑通、上海邮政速递、纺控集团、百联电子商务以及上海电子口岸、商检、海关、国税等企业和政府监管部门参加了讨论会议。

## 12 月

**3 日**　上海市商务委员会联合上海市政协经济委员会、商务部驻上海特派员办事处、长宁区政府、解放日报 5 家单位共同主办虹桥贸易论坛，尚主任致辞。

**9 日上午**　商务部产业调查局副局长吴岩一行来沪就进口丙酮产品商务部对外采取反倾销措施后，我国企业丙酮产品的生产经营情况进行调研。

**10 日下午**　“中国梦 · 商务梦 · 青春梦——自贸背景下的商务发展”为主题的第三届市商务委系统青年论坛召开。

**12 日**　上海市政府副秘书长徐逸波召开国家会展项目领导小组办公室会议，会议明确了上海博览会有限责任公司第二期增资中有关东浩集团需投入资金和用于 5 号停车场建设资金落实情况。

**13 日下午**　第四次上海市进出口公平贸易行业工作会议在上海市商务委员会召开。

**17 日**　商务部西亚非洲司召开西亚非洲地区经贸工作联系机制第一次工作会议。

**18 日下午**　上海市商务委员会召开跨境电子商务推进工作会议。上海市国税局、上海市发改委、上海海关、上海检验检疫局、上海市委研究室，以及跨境通、东航物流、中国邮政速递、上海邮政速递、东方国际集团、中国银行上海分行、亿贝中国、1 号店、快钱、易迅、金蚂蚁、西游列国等单位和部门的相关负责人出席会议。

# 附录 2 2014 年上海国际经济贸易领域主要政策索引

（截至 2014 年 7 月 31 日）

| | 文 号 | 关键词 | 文 件 名 | 发文日期 |
|---|---|---|---|---|
| 上海市政府文件 | 沪府发〔2013〕3 号 | 服务业 | 上海市人民政府关于印发修订后的上海市服务业发展引导资金使用和管理办法的通知 | 2013 年 1 月 8 日 |
| | 沪府发〔2013〕9 号 | 经济普查 | 人民政府关于本市开展第三次经济普查的通知 | 2013 年 2 月 7 日 |
| | 沪府发〔2013〕15 号 | 融资性担保 | 上海市人民政府关于延长《上海市人民政府关于印发上海市融资性担保公司管理试行办法的通知》有效期的通知 | 2013 年 3 月 21 日 |
| | 沪府发〔2013〕22 号 | 产业结构 | 上海市人民政府关于印发《上海市 2013 年产业结构调整重点工作安排》的通知 | 2013 年 4 月 8 日 |
| | 沪府发〔2013〕23 号 | 流通产业 | 上海市人民政府关于深化流通体制改革加快流通产业发展的实施意见 | 2013 年 4 月 8 日 |
| | 沪府办发〔2013〕34 号 | 开发区 | 上海市人民政府办公厅转发市张江高新区管委会等十一部门关于开展向上海张江高新技术产业开发区各分园下放行政审批权限试点实施意见的通知 | 2013 年 6 月 8 日 |
| | 沪府办发〔2013〕35 号 | 物流业 | 上海市人民政府办公厅印发关于本市降低流通费用提高流通效率实施意见的通知 | 2013 年 6 月 8 日 |
| | 沪府发〔2013〕71 号 | 自贸试验区 | 上海市人民政府关于印发《中国（上海）自由贸易试验区外商投资项目备案管理办法》的通知 | 2013 年 9 月 29 日 |
| | 沪府发〔2013〕72 号 | 自贸试验区 | 上海市人民政府关于印发《中国（上海）自由贸易试验区境外投资项目备案管理办法》的通知 | 2013 年 9 月 29 日 |

（续表）

| | 文　号 | 关键词 | 文　件　名 | 发文日期 |
|---|---|---|---|---|
| 上海市政府文件 | 沪府发〔2013〕73 号 | 自贸试验区 | 上海市人民政府关于印发《中国（上海）自由贸易试验区外商投资企业备案管理办法》的通知 | 2013 年 9 月 29 日 |
| | 沪府发〔2013〕74 号 | 自贸试验区 | 上海市人民政府关于印发《中国（上海）自由贸易试验区境外投资开办企业备案管理办法》的通知 | 2013 年 9 月 29 日 |
| | 沪府发〔2013〕75 号 | 自贸试验区 | 上海市人民政府关于公布《中国（上海）自由贸易试验区外商投资准入特别管理措施（负面清单）（2013 年）》的公告 | 2013 年 9 月 29 日 |
| | 沪府发〔2013〕88 号 | 金融创新 | 上海市人民政府关于表彰 2013 年度上海金融创新奖获奖项目的决定 | 2013 年 12 月 14 日 |
| | 沪府办〔2014〕2 号 | 自贸试验区 | 关于成立中国（上海）自由贸易试验区金融工作协调推进小组的通知 | 2014 年 1 月 7 日 |
| | 沪府办发〔2014〕18 号 | 自贸试验区 | 关于印发上海市文广影视局等制订的《中国（上海）自由贸易试验区文化市场开放项目实施细则》的通知（全文） | 2014 年 4 月 10 日 |
| | 上海市人民政府公告（2014 年第 1 号） | 自贸试验区 | 中国（上海）自由贸易试验区外商投资准入特别管理措施（负面清单）（2014 年修订） | 2014 年 6 月 30 日 |
| 上海市政府部门文件 | 沪经信都〔2013〕201 号 | 自主品牌 | 关于印发 2013 年上海市加快自主品牌建设专项资金项目申报指南的通知 | 2013 年 5 月 6 日 |
| | 沪商外经〔2013〕110 号 | 对外劳务合作 | 上海市商务委员会、上海市工商行政管理局关于下发《上海市对外劳务合作经营资格管理办法》的通知 | 2013 年 2 月 26 日 |
| | 沪商办发〔2013〕2 号 | 电子商务 | 关于开展 2013 年中小企业国际市场开拓资金第三方电子商务合作平台申报工作的通知 | 2013 年 7 月 3 日 |
| | 沪商服贸〔2013〕748 号 | 服务外包 | 市商务委关于发布《上海服务外包人才培训基地认定管理办法》的通知 | 2013 年 10 月 25 日 |
| | 沪国税所〔2013〕40 号 | 自贸试验区 | 关于印发《中国（上海）自由贸易试验区内企业非货币性资产投资资产评估增值企业所得税政策备案事项操作规程（试行）的通知 | 2013 年 12 月 16 日 |

（续表）

| | 文　号 | 关键词 | 文　件　名 | 发文日期 |
|---|---|---|---|---|
| 上海市政府部门文件 | 沪国税征科〔2014〕3 号 | 自贸试验区 | 上海市国家税务局上海市地方税务局关于开展自贸区税务分局相关涉税事项调整工作的通知 | 2014 年 1 月 26 日 |
| | 沪国税办〔2014〕2 号 | 自贸试验区 | 关于上海市自由贸易试验区国家税务局上海市地方税务局自由贸易试验区分局机构简称和发文字号的通知 | 2014 年 1 月 27 日 |
| | 沪商市场〔2014〕316 号 | 平台经济 | 关于印发《关于上海加快推动平台经济发展的指导意见》的通知 | 2014 年 6 月 12 日 |
| | 沪商外资〔2014〕348 号 | 总部经济 | 关于印发《关于鼓励跨国公司设立地区总部规定实施意见的补充规定》的函 | 2014 年 7 月 14 日 |

# 附录3 中国(上海)自由贸易试验区相关政策

(截至2014年7月31日)

| | 文号 | 类别 | 发布单位 | 文件名 | 发文日期 |
|---|---|---|---|---|---|
| 1 | — | 总则 | 全国人民代表大会常务委员会 | 全国人大常委会关于授权国务院在中国(上海)自由贸易试验区暂时调整有关法律规定的行政审批的决定 | 2013年8月31日 |
| 2 | 国发〔2013〕38号 | | 中华人民共和国国务院 | 国务院关于印发中国(上海)自由贸易试验区总体方案的通知 | 2013年9月18日 |
| 3 | 上海市人民代表大会常务委员会公告第3号 | | 上海市人民代表大会常务委员会 | 上海市人民代表大会常务委员会关于在中国(上海)自由贸易试验区暂时调整实施本市有关地方性法规规定的决定 | 2013年9月26日 |
| 4 | 市政府令第7号 | | 上海市人民政府 | 中国(上海)自由贸易试验区管理办法 | 2013年9月29日 |
| 5 | 国发〔2013〕51号 | | 国务院 | 国务院关于在中国(上海)自由贸易试验区内暂时调整有关行政法规和国务院文件规定的行政审批或者准入特别管理措施的决定 | 2013年12月21日 |
| 6 | 沪府办〔2014〕2号 | | 上海市人民政府办公厅 | 关于成立中国(上海)自由贸易试验区金融工作协调推进小组的通知 | 2014年1月7日 |
| 7 | 上海市人民代表大会常务委员会公告第14号 | | 上海市人民代表大会常务委员会 | 《中国(上海)自由贸易试验区条例》全文 | 2014年7月25日 |

（续表）

| | 文　号 | 类别 | 发布单位 | 文件名 | 发文日期 |
|---|---|---|---|---|---|
| 8 | 银发〔2013〕11 号 | 金融 | 中国人民银行 | 中国人民银行关于金融支持中国（上海）自由贸易试验区建设的意见 | 2013 年 12 月 2 日 |
| 9 | 银监发〔2013〕40 号 | | 中国银监会 | 中国银监会关于中国上海自贸区银行业监管问题的通知 | 2013 年 9 月 28 日 |
| 10 | — | | 中国证监会 | 证监会关于资本市场支持促进中国(上海)自由贸易试验区若干政策措施 | 2013 年 9 月 29 日 |
| 11 | — | | 中国保监会 | 保监会支持中国(上海)自由贸易试验区建设 | 2013 年 9 月 29 日 |
| 12 | 银总部发〔2014〕20 号 | | 中国人民银行上海总部 | 关于印发《关于上海市支付机构开展跨境人民币支付业务的实施意见》的通知 | 2014 年 2 月 18 日 |
| 13 | 银总部发〔2014〕22 号 | | 中国人民银行上海总部 | 中国人民银行上海总部关于支持中国(上海)自由贸易试验区扩大人民币跨境使用的通知 | 2014 年 2 月 20 日 |
| 14 | 中(沪)自贸管〔2014〕26 号 | | 自贸区管委会 | 中国(上海)自由贸易试验区商业保理业务管理暂行办法 | 2014 年 2 月 21 日 |
| 15 | 银总部发〔2014〕23 号 | | 中国人民银行上海总部 | 关于在中国(上海)自由贸易试验区放开小额外币存款利率上限的通知 | 2014 年 2 月 25 日 |
| 16 | — | | 国家外汇管理局 | 关于中国(上海)自由贸易试验区外汇管理实施细则的批复 | 2014 年 2 月 26 日 |
| 17 | 银总部发〔2014〕24 号 | | 中国人民银行上海总部 | 关于切实做好中国(上海)自由贸易试验区反洗钱和反恐怖融资工作的通知 | 2014 年 2 月 27 日 |
| 18 | 上海汇发〔2014〕26 号 | | 国家外汇管理局上海市分局 | 关于印发支持中国(上海)自由贸易试验区建设外汇管理实施细则的通知 | 2014 年 2 月 28 日 |
| 19 | — | | 上海市商务委员会、上海市金融服务办公室、中国(上海)自由贸易试验区管委会 | 关于印发《中国(上海)自由贸易试验区大宗商品现货市场交易管理暂行规定》的通知 | 2014 年 4 月 15 日 |

（续表）

| | 文　　号 | 类别 | 发布单位 | 文　件　名 | 发文日期 |
|---|---|---|---|---|---|
| 20 | 银总部发〔2014〕46号 | 金融 | 中国人民银行上海总部 | 中国人民银行上海总部关于印发《中国(上海)自由贸易试验区分账核算业务实施细则(试行)》和《中国(上海)自由贸易试验区分账核算业务风险审慎管理细则(试行)》的通知 | 2014年5月21日 |
| 21 | — | 工商 | 国家工商行政管理总局 | 工商总局关于授予上海市工商行政管理局自由贸易试验区分局外商投资企业登记管理权的通知 | 2013年9月24日 |
| 22 | 工商外企字〔2013〕147号 | 工商 | 国家工商行政管理总局 | 国家工商行政管理总局关于支持中国(上海)自由贸易试验区建设的若干意见 | 2013年9月26日 |
| 23 | 工商外企字〔2013〕148号 | 工商 | 国家工商行政管理总局 | 工商总局关于同意中国(上海)自由贸易试验区试行新的营业执照方案的批复 | 2013年9月26日 |
| 24 | — | 工商 | 上海市工商行政管理局 | 上海市工商行政管理局关于印发《关于中国(上海)自由贸易试验区企业登记管理的规定》的通知 | 2013年10月1日 |
| 25 | — | 工商 | 上海市工商行政管理局 | 上海市工商行政管理局关于印发《中国(上海)自由贸易试验区企业年度报告公示办法(试行)》、《中国(上海)自由贸易试验区企业经营异常名录管理办法(试行)》的通知 | 2014年3月3日 |
| 26 | 国质检通〔2013〕503号 | 质检 | 质检总局 | 关于支持中国(上海)自由贸易试验区建设的意见 | 2013年9月27日 |
| 27 | — | 质检 | 上海市质量技术监督局 | 关于印发上海市质量技术监督局自由贸易试验区质量技监工作改革措施的通知 | 2013年12月24日 |
| 28 | 财关税〔2013〕75号 | 财税 | 财政部、海关总署、国家税务总局 | 财政部、海关总署、国家税务总局关于中国(上海)自由贸易试验区有关进口税收政策的通知 | 2013年10月15日 |

（续表）

| | 文　　号 | 类别 | 发布单位 | 文　件　名 | 发文日期 |
|---|---|---|---|---|---|
| 29 | 财税〔2013〕91 号 | 财税 | 财政部、国家税务总局 | 财政部、国家税务总局关于中国(上海)自由贸易试验区内企业以非货币性资产对外投资等资产重组行为有关企业所得税政策问题的通知 | 2013 年 11 月 15 日 |
| 30 | 沪国税所〔2013〕40 号 | | 上海市国税局、上海市地税局 | 关于印发《中国(上海)自由贸易试验区内企业非货币性资产投资资产评估增值企业所得税政策备案事项操作规程(试行)的通知 | 2013 年 12 月 16 日 |
| 31 | 沪国税征科〔2014〕3 号 | | 上海市国家税务局、上海市地方税务局 | 上海市国家税务局上海市地方税务局关于开展自贸区税务分局相关涉税事项调整工作的通知 | 2014 年 1 月 26 日 |
| 32 | 沪国税办〔2014〕2 号 | | 上海市国税局、上海市地税局 | 关于上海市自由贸易试验区国家税务局上海市地方税务局自由贸易试验区分局机构简称和发文字号的通知 | 2014 年 1 月 27 日 |
| 33 | 2014 年第 24 号 | | 上海海关 | 上海海关关于在中国(上海)自由贸易试验区开展内销选择性征收关税业务的公告 | 2014 年 6 月 16 日 |
| 34 | 税总函〔2014〕298 号 | | 国家税务总局 | 关于支持中国(上海)自由贸易试验区创新税收服务的通知 | 2014 年 6 月 25 日 |
| 35 | 沪府办发〔2013〕63 号 | 产业 | 上海市人民政府办公厅 | 市政府办公厅转发市卫生计生委等制订的中国(上海)自由贸易试验区外商独资医疗机构管理暂行办法 | 2013 年 11 月 13 日 |
| 36 | 沪府办发〔2013〕64 号 | | 上海市人民政府办公厅 | 市政府办公厅转发市教委等制订的中国(上海)自由贸易试验区中外合作经营培训机构管理暂行办法 | 2013 年 10 月 30 日 |
| 37 | — | | 工业和信息化部 上海市人民政府 | 关于中国(上海)自由贸易试验区进一步对外开放增值电信业务的意见 | 2014 年 1 月 6 日 |
| 38 | 工信部通〔2014〕130 号 | | 工业和信息化部 | 中国(上海)自由贸易试验区外商投资经营增值电信业务试点管理办法 | 2014 年 4 月 15 日 |

（续表）

| | 文　号 | 类别 | 发布单位 | 文　件　名 | 发文日期 |
|---|---|---|---|---|---|
| 39 | 沪府发〔2013〕71号 | 投资 | 上海市人民政府 | 中国（上海）自由贸易试验区外商投资项目备案管理办法 | 2013年9月29日 |
| 40 | 沪府发〔2013〕72号 | | 上海市人民政府 | 中国（上海）自由贸易试验区境外投资项目备案管理办法 | 2013年9月29日 |
| 41 | 沪府发〔2013〕73号 | | 上海市人民政府 | 中国（上海）自由贸易试验区外商投资企业备案管理办法 | 2013年9月29日 |
| 42 | 沪府发〔2013〕74号 | | 上海市人民政府 | 中国（上海）自由贸易试验区境外投资开办企业备案管理办法 | 2013年9月29日 |
| 43 | 沪府发〔2013〕75号 | | 上海市人民政府 | 中国（上海）自由贸易试验区外商投资准入特别管理措施（负面清单） | 2013年9月29日 |
| 44 | 上海市人民政府公告（2014年第1号） | | 上海市人民政府 | 中国（上海）自由贸易试验区外商投资准入特别管理措施（负面清单）（2014年修订） | 2014年6月30日 |
| 45 | 文市发〔2013〕47号 | 文化 | 文化部 | 关于实施中国（上海）自由贸易试验区文化市场管理政策的通知 | 2013年9月29日 |
| 46 | 沪府办发〔2014〕18号 | | 上海市人民政府办公厅 | 关于印发上海市文广影视局等制订的《中国（上海）自由贸易试验区文化市场开放项目实施细则》的通知（全文） | 2014年4月10日 |
| 47 | 交水发〔2013〕584号 | 交通 | 交通运输部、上海市人民政府 | 交通运输部 上海市人民政府关于落实《中国（上海）自由贸易试验区总体方案》加快推进上海国际航运中心建设的实施意见 | 2013年9月27日 |
| 48 | 交通运输部公告2013年第55号 | | 交通运输部 | 交通运输部公告2013年第55号 交通运输部关于在上海试行中资非五星旗国际航行船舶沿海捎带的公告 | 2013年9月27日 |
| 49 | 交通运输部公告2014年第2号 | | 交通运输部 | 交通运输部关于中国（上海）自由贸易试验区试行扩大国际船舶运输和国际船舶管理业务外商投资比例实施办法的公告 | 2014年1月27日 |

（续表）

| | 文　　号 | 类别 | 发布单位 | 文　　件　　名 | 发文日期 |
|---|---|---|---|---|---|
| 50 | 沪绿容〔2013〕352号 | 环境 | 上海市绿化和市容管理局 | 市绿化市容局关于中国(上海)自由贸易试验区管理委员会实施相关行政审批事项的公告 | 2013年11月13日 |
| 51 | — | 解读 | 上海市人民政府 | 9月29日中国(上海)自由贸易试验区情况说明会全程实录 | 2013年9月29日 |
| 52 | — | | 上海市人民政府 | 《中国(上海)自由贸易试验区管理办法》解读 | 2013年10月15日 |
| 53 | — | | 国家工商行政管理总局 | 国家工商总局《关于支持中国(上海)自由贸易试验区建设的若干意见》政策解读 | 2013年10月4日 |
| 54 | — | | 上海市工商行政管理局 | 上海市工商行政管理局《关于中国(上海)自由贸易试验区内企业登记管理的规定》的解读 | 2013年9月30日 |
| 55 | — | | 中国(上海)自由贸易试验区管理委员会 | 自贸试验区投资办事常见问题解答一 | 2013年10月10日 |
| 56 | — | | 中国(上海)自由贸易试验区管理委员会 | 自贸试验区投资办事常见问题解答二 | 2013年10月10日 |
| 57 | — | | 中国(上海)自由贸易试验区管理委员会 | 自贸试验区投资办事常见问题解答三 | 2013年10月23日 |
| 58 | — | | 中国人民银行上海总部 | 中国人民银行上海总部负责人就《关于金融支持中国(上海)自由贸易试验区建设的意见》答记者问 | 2013年12月2日 |

# 附录4 《中国(上海)自由贸易试验区外商投资准入特别管理措施(负面清单)(2014年修订)》

| 部门 | 领域 | 序号 | 特别管理措施 | 国民经济行业分类代码 |
|---|---|---|---|---|
| A 农林牧渔业 | A01 农业<br>A02 林业<br>A03 畜牧业<br>A04 渔业<br>A05 农林牧渔服务业 | 1 | 投资中药材种植、养殖须合资、合作 | A01 |
| | | 2 | 限制投资农作物新品种选育和种子生产(中方控股) | A02 |
| | | 3 | 投资农作物种子须合资、合作,且注册资本不低于50万美元,其中粮、棉、油作物种子企业中方投资比例应大于50%,且注册资本不低于200万美元 | A01 |
| | | 4 | 限制投资珍贵树种原木加工(限于合资、合作) | A02 |
| | | 5 | 禁止投资中国稀有和特有的珍贵改良品种研发、养殖、种植以及相关繁殖材料生产(包括种植业、畜牧业、水产业优良基因),转基因生物研发和转基因农作物种子、种畜禽、水产苗种生产 | A |
| | | 6 | 禁止投资中国管辖海域及内陆水域水产品捕捞 | A04 |
| B 采矿业 | | 7 | 限制投资特殊和稀缺煤类勘察、开采(中方控股) | B06<br>M747 |
| | B07 石油和天然气开采业 | 8 | 投资煤层气勘探、开发和矿井瓦斯利用须合资、合作 | B07<br>M747 |
| | | 9 | 投资石油、天然气的风险勘探、开发须合资、合资 | B07<br>M747 |
| | | 10 | 投资低渗透油气藏(田)的开发须合资、合作 | B07 |
| | | 11 | 投资油页岩、油砂、重油、超重油等非常规石油资源勘探、开发须合资、合作 | B07<br>M747 |
| | | 12 | 投资页岩气、海底天然气水合物等非常规天然气资源勘探、开发须合资、合作 | B07<br>M747 |

（续表）

| 部 门 | 领 域 | 序号 | 特 别 管 理 措 施 | 国民经济行业分类代码 |
|---|---|---|---|---|
| B 采矿业 | B08 黑色金属矿采选业 | 13 | 限制投资硫铁矿开采、选矿，以及硼镁铁矿石开采 | B08 |
| | B09 有色金属矿采选业 | 14 | 限制投资硼镁石开采，锂矿开采、选矿，以及贵金属（金、银、铂族）勘察、开采 | B09<br>M747 |
| | | 15 | 禁止投资钨、钼、锡、锑的勘察、开采和稀土、放射性矿产的勘察、开采、选矿 | B09<br>M747 |
| | B10 非金属矿采选业 | 16 | 限制投资重晶石勘察、开采（限于合资、合作） | B10<br>M747 |
| | | 17 | 要非金属矿勘察、开采，磷矿开采、选矿，盐湖卤水资源的提炼，以及天青石开采 | B10<br>M747 |
| | | 18 | 限制投资大洋锰结核、海砂的开采（中方控股） | B10 |
| | | 19 | 禁止投资萤石勘察、开采 | B10<br>M747 |
| | B11 开采辅助活动 | 20 | 限制投资硼镁铁矿石加工 | B11 |
| C 制造业 | C13 农副食品加工业 | 21 | 限制投资大米、面粉加工 | C131 |
| | | 22 | 限制投资豆油、菜籽油、花生油、棉籽油、茶籽油、葵花籽油、棕榈油等食用油脂加工（中方控股） | C133 |
| | | 23 | 限制投资生物液体燃料（燃料乙醇、生物柴油）生产（中方控股） | C136 |
| | | 24 | 限制投资玉米深加工 | C139 |
| | C15 酒、饮料喝精制茶制造业 | 25 | 限制投资黄酒、名优白酒生产（中方控股） | C151 |
| | | 26 | 投资中国传统工艺的绿茶生产加工须中方控股，禁止投资中国传统工艺的特种茶（白茶、黄茶、乌龙茶、黑茶、紧压茶等）生产加工 | C153 |
| | C16 烟草制造业 | 27 | 限制投资打叶复烤烟叶加工生产 | C161 |
| | | 28 | 投资二醋酸纤维素及丝束加工须合资、合作 | C169 |
| | C23 印刷和记录媒介复制业 | 29 | 限制投资出版物印刷（中方控股），注册资本不得低于 1000 万元人民币 | C231 |
| | | 30 | 投资只读类光盘复制须合资、合作，且中方控股或占主导地位 | C233 |

（续表）

| 部门 | 领域 | 序号 | 特别管理措施 | 国民经济行业分类代码 |
|---|---|---|---|---|
| C制造业 | C24文教、美工、体育和娱乐用品制造业 | 31 | 禁止投资象牙雕刻，虎骨加工，脱胎漆器、珐琅制品、宣纸、墨锭生产 | C243 |
| | C25石油加工、炼焦和核燃料加工业 | 32 | 禁止投资放射性矿产冶炼、加工 | C253 |
| | C26化学原料和化学制品制造业 | 33 | 限制投资乙炔法聚氯乙烯以及规模以下乙烯和后加工产品、纯碱、烧碱、硫酸、硝酸、钾碱、无机盐的生产 | C261 |
| | | 34 | 限制投资丁二烯橡胶（高顺式丁二烯橡胶除外）、乳液聚合丁苯橡胶、热塑性丁苯橡胶生产 | C265 |
| | | 35 | 限制投资易制毒化学品生产（麻黄素、3.4－亚基二氧苯基－2－丙酮、苯乙酸、1－苯基－2－丙酮、胡椒醛、黄樟脑、异黄樟脑、醋酸酐）、氟化氢等低端氟氯烃或氟氯化合物生产、感光材料生产 | C266 |
| | | 36 | 禁止投资武器弹药制造 | C267 |
| | C27医药制造业 | 37 | 限制投资麻醉药品及一类精神药品原料药生产（中方控股） | C271 |
| | | 38 | 禁止投资列入《野生药材资源保护条例》和《中国珍稀、濒危保护植物名录》的中药材加工 | C273<br>C274 |
| | | 39 | 禁止投资中药饮片的蒸、炒、炙、煅等炮制技术应用级中成药保密处方产品的生产 | C273<br>C274 |
| | | 40 | 限制投资血液制品的生产、纳入国家免疫规划的疫苗品种生产 | C276 |
| | C32有色金属冶炼和压延加工业 | 41 | 限制投资稀土冶炼、分离（限于合资、合作） | C323 |
| | C34通用设备制造业 | 42 | 限制投资400吨以下轮式、履带式起重机械制造（限于合资、合作） | C343 |
| | C35专用设备制造业 | 43 | 投资深水（3000米以上）海洋工程装备的设计须合资、合作 | C351 |

（续表）

| 部　门 | 领　　域 | 序号 | 特 别 管 理 措 施 | 国民经济行业分类代码 |
|---|---|---|---|---|
| C 制造业 | C35 专用设备制造业 | 44 | 限制投资 320 马力及以下推土机、15 吨级以上 30 吨级以下液压挖掘机、3 吨级及以上 6 吨级及以下轮式装载机、220 马力及以下平地机、压路机、叉车、135 吨级及以下电力传动非公路自卸翻斗车、60 吨级及以下液力机械传动非公路自卸翻斗车、沥青混凝土搅拌与摊铺设备和高空作业机械、园林机械和机具、商品混凝土机械（拖泵、搅拌车、搅拌站、泵车）制造 | C351 |
| | | 45 | 投资大型煤化工成套设备制造须合资、合作 | C352 |
| | | 46 | 投资空中交通管制系统设备制造须合资、合作 | C359 |
| | C36 汽车制造业 | 47 | 投资汽车整车、专用汽车、农用运输车生产须合资，中方股份比例不得低于 50%；股票上市的汽车整车、专用汽车、农用运输车股份公司对外出售胡法人股份时，中方法人之一必须相对控股且大于外资法人股份之和；同一家外商可在国内设立 2 家以下（含 2 家）生产同类（乘用车类、商用车类）整车产品的合资企业，如与中方合资伙伴兼并国内其他汽车生产企业可不受 2 家的限制 | C36 |
| | | 48 | 投资汽车嵌入式电子集成系统的制造和研发须合资、合作 | C366 |
| | | 49 | 投资新能源汽车能量型动力电池（能量密度 ≥ 110Wh/kg，循环寿命 ≥ 2000 次）外资比例不超过 50% | C366 |
| | C37 铁路、船舶、航空航天和其他运输设备制造业 | 50 | 投资轨道交通设备须合资、合作：高速铁路、铁路客运专线、城际铁路、干线铁路及城市轨道交通运输设备的整车和关键零部件（牵引传动系统、控制系统、制动系统）的研发、设计与制造；城市轨道交通乘客服务设施和设备的研发、设计与制造，高速铁路、铁路客运专线、城际铁路及城市轨道交通信息化建设中有关信息系统的设计与研发；轨道交通运输通信信号系统的研发、设计与制造，铁路噪声和振动控制技术与研发、铁路运输安全监测设备制造 | C371<br>C372 |
| | | 51 | 投资船舶低、中速柴油机及其零部件的设计，游艇的制造须合资、合作 | C373 |

（续表）

| 部门 | 领域 | 序号 | 特别管理措施 | 国民经济行业分类代码 |
|---|---|---|---|---|
| C 制造业 | C37 铁路、船舶、航空航天和其他运输设备制造业 | 52 | 投资船舶低、中速柴油机及曲轴的制造须中方控股 | C373 |
| | | 53 | 投资船舶舱室机械制造须中方相对控股 | C373 |
| | | 54 | 限制投资船舶（含分段）的设计、制造与维修（中方控股）；投资海洋工程装备（含模块）制造与修理须中方控股 | C373<br>C351<br>C433 |
| | | 55 | 投资民用通用飞机的设计、制造与维修须合资、合作 | C374<br>C433 |
| | | 56 | 投资航空发动机、航空辅助动力系统的设计、制造与维修须合资、合作；投资民用航空机载设备设计与制造须合资、合作 | C374<br>C433 |
| | | 57 | 投资 3 吨级以下民用直升机设计与制造须合资、合作，投资 3 吨级及以上民用直升机设计与制造须中方控股 | C374 |
| | | 58 | 投资民用干线、支线飞机的设计、制造与维修须中方控股 | C374<br>C433<br>C563 |
| | | 59 | 投资地面、水面效应飞机制造及无人机、浮空器设计与制造须中方控股 | C374 |
| | | 60 | 大排量（排量 >250ml）摩托车中外合资生产企业的中方股份比例不得低于 50%；股票上市的大排量（排量 >250ml）摩托车股份公司对外出售法人股份时，中方法人之一必须相对控股且大于外资法人股之和；统一外商可在国内建立 2 家以下（含 2 家）生产摩托车类整车产品的合资企业，如与中方合资伙伴联合兼并国内其他汽车生产企业可不受 2 家限制 | C375 |
| | C38 电气机械和器材制造业 | 61 | 制造 100 万千瓦超超临界火电机组用关键辅机设备制造须合资、合作：安全阀、调节阀 | C381 |

（续表）

| 部门 | 领域 | 序号 | 特别管理措施 | 国民经济行业分类代码 |
|---|---|---|---|---|
| C制造业 | C38电气机械和器材制造业 | 62 | 投资输变电设备制造须合资、合作：非晶态合金变压器、500千伏及以上高压开关用操作机构、灭弧装置、大型盆式绝缘子（1000千伏、50千安以上），500千伏及以上变压器用出现装置、套管（交流500、750、1000千伏有载、无载调压开关），直流输电用干式平波电抗器，±800千伏直流输电用换流阀（水冷设备、直流场设备） | C381 |
| | | 63 | 投资额定功率350MW及以上大型抽水蓄能机组制造须合资、合作：水泵水轮机及调速器、大型变速可逆式水泵水轮机组、发电电动机及励磁、启动装置等附属设备 | C381 |
| | | 64 | 禁止投资开口式（即酸雾直接外排式）铅酸电池、含汞扣式氧化银电池、含汞扣式碱性锌锰电池、糊式锌锰电池、镉镍电池制造 | C384 |
| | C39计算机、通信和其他电子设备制造业 | 65 | 投资民用卫星设计与制造、民用卫星有效载荷制造须中方控股 | C392 |
| | | 66 | 限制投资卫星电视广播地面接收设施及关键件生产 | C393 |
| D电力、热力、燃气及水生产和供应业 | D电力、热力、燃气及水生产和供应业 | 67 | 投资核电站的建设、经营须中方控股 | D44 |
| | | 68 | 限制投资电网的建设、经营（中方控股），限制投资城市人口50万以上的城市热力管网、燃气管网、供排水管网的建设、经营（中方控股） | D44<br>D45<br>D46 |
| E建筑业 | E48土木工程建筑业 | 69 | 投资支线铁路及其桥梁、隧道、轮渡和场站设施的建设、经营须合资、合作 | E481 |
| | | 70 | 投资铁路干线路网的建设、经营须中方控股 | E481 |
| | | 71 | 投资高速铁路、铁路客运专线、城际铁路基础设施综合维修须中方控股 | E481 |
| | | 72 | 投资城市地铁、轻轨等轨道交通的建设、经营须中方控股 | E481 |

（续表）

| 部 门 | 领 域 | 序号 | 特别管理措施 | 国民经济行业分类代码 |
| --- | --- | --- | --- | --- |
| F 批发和零售业 | F51 批发业<br>F52 零售业 | 73 | 限制投资粮食收购，承担储备粮经营管理和军粮供应任务的粮食企业须国有控股，限制投资粮食、棉花的批发，限制投资大型农产品批发市场建设、经营 | F511 |
| | | 74 | 限制投资烟草的批发、零售、配送 | F512<br>F522 |
| | | 75 | 除香港、澳门服务提供者可以独资、合资、合作形式提供音像制品（含后电影产品）分销外，限制其他国家或地区投资者投资音像制品（除电影外）的分销（限于合作） | F514<br>F524<br>F712 |
| | | 76 | 限制投资农药、农膜、保税油的批发、配送 | F516 |
| | | 77 | 禁止投资文物拍卖和文物商店 | F518<br>F524 |
| | | 78 | 限制投资农药、农膜的零售、配送（设立超过 30 家分店、销售来自多个供应商的不同种类和品牌商品的连锁店由中方控股） | F521 |
| | | 79 | 除同一香港、澳门服务提供者投资图书、报纸、期刊连锁经营的出资比例不得超过 65% 外，其他国家或地区投资者投资图书、报纸、期刊连锁经营，连锁门店超过 30 家的，不允许控股 | F524<br>F712 |
| | | 80 | 限制投资加油站（同一外国投资者设立超过 30 家分店、销售来自多个供应商的不同种类和品牌成品油的连锁加油站，由中方控股）建设、经营 | F526 |
| | | 81 | 限制投资直销，投资者须有 3 年以上在中国境外从事直销活动的经验，且公司实缴注册资本不低于 8000 万元人民币；限制投资网上销售（一般商品的网上销售除外） | F529 |

（续表）

| 部　门 | 领　　域 | 序号 | 特别管理措施 | 国民经济行业分类代码 |
|---|---|---|---|---|
| G 交通运输、仓储和邮政业 | G53 铁路运输业 | 82 | 限制投资铁路旅客运输公司（中方控股） | G531 |
| | G54 道路运输业 | 83 | 限制投资公路旅客运输公司（限于合资），从事班线客运、旅游客运、包车客运外资比例不超过 49%，主要投资者中至少一方必须是中国境外从事 5 年以上道路旅客运输服务的企业；从事道路客运站（场）经营须合资（外资比例不超过 49%）或合作 | G542 |
| | | 84 | 限制投资出入境汽车运输公司 | G543 |
| | G55 水上运输业 | 85 | 限制投资国内水路运输业务（中方控股），投资定期、不定期国际海上运输业务须合资、合作 | G551<br>G552 |
| | | 86 | 除从事公共国际船舶代理业务的，外资比例不超过 51% 外，限制投资船舶代理（中方控股） | G553 |
| | | 87 | 限制投资外轮理货（限于合资、合作） | G553 |
| | G56 航空运输业 | 88 | 投资航空运输业须中方控股，法人代表须为中国籍公民，经营年限不超过 30 年，其中投资公共航空运输业务的，单个外方（含关联方）投资比例不得超过 25% | G561 |
| | | 89 | 投资农林渔业通用航空公司须合资、合作，法定代表人须为中国籍公民，经营年限不得超过 30 年 | G562 |
| | | 90 | 投资从事公务飞行、空中游览的通用航空企业须中方控股，限制投资摄影、探矿、工业等通用航空企业（中方控股），法定代表人须为中国籍公民，经营年限不得超过 30 年 | G562 |
| | | 91 | 除香港、澳门服务提供者可以独资形式提供代理服务、装卸控制和通信联络及离港控制系统服务、集装设备管理服务、旅客与行李服务、货物与邮件服务、机坪服务、飞机服务等七项航空运输地面服务外，其他国家或地区投资者投资航空运输地面服务须合资、合作 | G563 |
| | | 92 | 投资航空油料项目须中方控股 | G563 |
| | | 93 | 除中国与其他世贸组织成员签署的自由贸易区协议允许的相关世贸组织成员服务提供者可与中国内地的计算机订座系统服务提供者成立中国内地企业控股的合资企业外，禁止其他国家或地区投资者投资民航计算机订座系统，相关投资需进行经济需求测试 | G563 |

（续表）

| 部　门 | 领　域 | 序号 | 特别管理措施 | 国民经济行业分类代码 |
| --- | --- | --- | --- | --- |
| G 交通运输、仓储和邮政业 | G56 航空运输业 | 94 | 投资民用机场的建设、经营须中方相对控股 | G563 |
| | | 95 | 禁止投资空中交通管制公司 | G563 |
| | G60 邮政业 | 96 | 禁止投资经营信件的国内快递业务和投资邮政公司 | G601<br>G602 |
| I 信息传输、软件和信息技术服务业 | I63 电信、广播电视和卫星传输服务 | 97 | 限制投资基础电信业务，外资比例不超过49% | I63 |
| | | 98 | 禁止投资各级广播电台（站）、电视台（站）、广播电视频道（率）、广播电视传输覆盖网（发射台、转播台、广播电视卫星、卫星上行站、卫星转收站、微波站、监测站、有限广播电视传输覆盖网） | I63 |
| | I64 互联网和相关服务 | 99 | 除应用商店以外，投资经营其他信息服务业务的外方投资比例不得超过50% | I64 |
| | | 100 | 投资经营国内因特网虚拟专用网业务的外方投资比例不得超过50% | I64 |
| | | 101 | 禁止投资新闻网站、网络视听节目服务、互联网上网服务营业场所、互联网文化经营（音乐除外） | I64 |
| | | 102 | 禁止直接或间接从事和参与网络游戏运营服务 | I64 |
| | I65 软件和信息技术服务业 | 103 | 除投资经营类电子商务的外方投资比例不得超过55%以外，投资经营其他在线数据处理与交易处理业务的外方投资比例不得超过50% | I65 |
| | | 104 | 禁止投资经营因特网数据中心业务 | I65 |
| J 金融业 | J66 货币金融服务<br>J67 资本市场服务<br>J68 保险业<br>J69 其他金融业 | 105 | 投资银行业金融机构须符合现行规定 | J66 |
| | | 106 | 限制投资保险公司（含集团公司，寿险公司外方投资比例不超过50%）、保险中介机构（含保险经纪、代理、公估公司）、保险资产管理公司 | J68 |
| | | 107 | 限制投资证券公司，外方参股比例不超过49%，初设时业务范围限于股票（包括人民币普通股、外资股）和债券（包括政府债券、公司债券）的承销和保荐、外资股的经纪、债券（包括政府债券、公司债券）的经纪和自营，持续经营2年以上符合相关条件的，可申请扩大业务范围；限制投资证券投资基金管理公司，外方参股比例不超过49%；限制投资证券投资咨询公司，仅限港澳证券公司，参股比例不超过49%；限制投资期货公司，仅限港澳服务提供者，参股比例不超过49% | J67 |

（续表）

<table>
<tr><th>部　门</th><th>领　　域</th><th>序号</th><th>特别管理措施</th><th>国民经济行业分类代码</th></tr>
<tr><td>J 金融业</td><td>J66 货币金融服务<br>J67 资本市场服务<br>J68 保险业<br>J69 其他金融业</td><td>108</td><td>投资融资租赁公司的外国投资者总资产不得低于500 万美元；公司注册资本不低于 1000 万美元，高级管理人员应具有相应专业资质和不少于 3 年从业经验</td><td>J69</td></tr>
<tr><td rowspan="3">K 房地产业</td><td rowspan="3">K70 房地产业</td><td>109</td><td>限以项目公司形式投资高档宾馆、高档写字楼、国际会展中心</td><td>K701</td></tr>
<tr><td>110</td><td>禁止投资别墅的建设、经营</td><td>K701</td></tr>
<tr><td>111</td><td>限以项目公司形式投资房地产二级市场交易</td><td>K704</td></tr>
<tr><td rowspan="9">L 租赁和商务服务业</td><td rowspan="9">L72 商务服务业</td><td>112</td><td>投资设立投资性公司，注册资本不得低于 3000 万美元，外国投资者应为外国公司、企业或其他经济组织，申请前一年该投资者的资产总额不低于 4 亿美元，且该投资者在中国境内已设立投资企业，其实缴注册资本超过 1000 万美元，或该投资者已设立 10 个以上投资企业，其实缴注册资本超过 3000 万美元</td><td>L721</td></tr>
<tr><td>113</td><td>限制投资法律咨询，外国律师事务所限以设立代表处的形式提供法律服务</td><td>L722</td></tr>
<tr><td>114</td><td>投资会计师事务所须合伙</td><td>L723</td></tr>
<tr><td>115</td><td>限制投资市场调查（限于合资、合作）</td><td>L723</td></tr>
<tr><td>116</td><td>禁止投资社会调查</td><td>L723</td></tr>
<tr><td>117</td><td>除允许香港、澳门服务提供者设立独资人才中介机构外，其他国家或地区投资者只能设立中外合资人才中介机构，外资比例不超过 70%，最低注册资本为 12.5 万美元，外方投资者应当是从事 3 年以上人才中介服务的外国公司、企业和其他经济组织</td><td>L726</td></tr>
<tr><td>118</td><td>投资从事出境旅游业务的旅行社限合资（不得从事赴台湾地区旅游业务）</td><td>L727</td></tr>
<tr><td>119</td><td>投资武装押运服务的保安服务公司外方投资比例不得超过 49%</td><td>L728</td></tr>
<tr><td>120</td><td>限制投资评级服务公司</td><td>L729</td></tr>
</table>

（续表）

| 部门 | 领域 | 序号 | 特别管理措施 | 国民经济行业分类代码 |
| --- | --- | --- | --- | --- |
| M 科学研究和技术服务业 | M73 研究和试验发展 | 121 | 禁止投资人体干细胞技术开发和应用 | M731 |
| | | 122 | 禁止投资基因诊断与治疗技术开发和应用 | M734 |
| | M74 专业技术服务业 | 123 | 限制投资测绘公司（中方控股）；禁止投资大地测量、海洋测绘、测绘航空摄影、行政区域界线测绘、地形图、世界政区地图、全国政区地图、省级及以下政区地图、全国性教学地图、地方性教学地图和真三维地图的编制、导航电子地图编制以及国务院测绘行政主管部门规定的其他测绘活动 | M744 |
| | | 124 | 限制投资空中摄影等特技摄影服务（限于合资） | M749 |
| N 水利、环境和公共设施管理业 | N76 水利管理业 | 125 | 投资综合水利枢纽的建设、经营须中方控股 | N762<br>N763 |
| | N77 生态保护和环境治理业 | 126 | 禁止投资自然保护区和国际重要湿地的建设、经营 | N771 |
| | | 127 | 禁止投资国家保护的原产于中国的野生动、植物资源开发 | N771 |
| P 教育 | P82 教育 | 128 | 投资经营性教育培训机构、职业技能培训机构须合作 | P82 |
| | | 129 | 投资非经营性学前教育、中等职业教育、普通高中教育、高等教育等教育机构，以及非经营性教育培训机构、职业技能培训机构限合作，不允许设立分支机构 | P82 |
| | | 130 | 禁止投资义务教育，以及军事、警察、政治、宗教和党校等特殊领域教育机构；禁止投资经营性学前教育、中等职业教育、普通高中教育、高等教育等教育机构 | P82 |
| Q 卫生和社会工作 | Q83 卫生 | 131 | 投资医疗机构不允许设立分支机构 | Q83 |
| R 文化、体育和娱乐业 | R85 新闻和出版业 | 132 | 禁止投资新闻机构 | R851 |
| | | 133 | 禁止投资图书、报纸、期刊的出版业务 | R852 |
| | | 134 | 禁止投资音像制品和电子出版物的出版、制作业务 | R852 |
| | R86 广播、电视、电影和影视录音制作业 | 135 | 除香港、澳门服务提供者外，限制投资电影院的建设、经营（中方控股） | R86 |
| | | 136 | 限制投资广播电视节目、电影的制作业务（限于合作） | R86 |
| | | 137 | 禁止投资广播电视节目制作经营公司、电影制作公司、发行公司、院线公司 | R86 |
| | R88 体育 | 138 | 禁止投资高尔夫球场的建设、经营 | R882 |
| | R89 娱乐业 | 139 | 限制投资大型主题公园的建设、经营 | R892 |

# 附录5 案例索引